Droit pénal des affaires

Bianca LAURET

Droit pénal des affaires

Facultés
Écoles Supérieures de Commerce
DCG et DSCG
Commissaires aux comptes
Avocats et Magistrats
Dirigeants d'entreprise
Gendarmerie et police

8e édition

ECONOMICA
49, rue Héricart, 75015 Paris

Première partie

LA THÉORIE GÉNÉRALE DE L'INFRACTION

Henri Capitant définit dans son vocabulaire juridique l'infraction comme *le fait prohibé sous menace de peine*.

Il faut envisager dans un premier temps la définition de ce fait prohibé : CHAPITRE I – LA DÉFINITION DE L'INFRACTION.

Dans un deuxième temps, il faut s'attacher à la répression de ce fait prohibé : CHAPITRE II – LA RÉPRESSION DE L'INFRACTION.

CHAPITRE I

La définition de l'infraction

Définir l'infraction, c'est tout d'abord s'intéresser à ses éléments constitutifs pour procéder ensuite à une classification au vu de ces éléments.

Section I : Les éléments de la constitution

Section II : La classification des infractions

SECTION I
Les éléments de la constitution

Dans ses dispositions préliminaires, le Code pénal souligne l'importance des éléments constitutifs de l'infraction.

Si aucun article ne les expose expressément, il ressort desdites dispositions l'existence de trois éléments communs dont la réunion constituera l'infraction :

– un élément légal, c'est-à-dire un fait violant un texte ;

– un élément matériel, c'est-à-dire un fait accompli matériellement ou commencé ;

– un élément moral, c'est-à-dire un fait pouvant être imputé à son auteur.

À ces éléments généraux viendront s'ajouter des éléments spéciaux propres à chaque infraction dont l'analyse fera l'objet des deux autres parties de cet ouvrage.

§1. L'ÉLÉMENT LÉGAL

• Le principe de la légalité des délits et des peines, conquête du XVIIIe siècle français, se trouve formulé dans l'adage « Nullum crimen, nulla poena sine lege ». Il est contenu dans l'art. 111-3 du Code pénal.

Cela signifie que les diverses autorités compétentes (Procureur de la République, Juge d'instruction, Juridiction de jugement, victime se constituant partie civile) doivent qualifier les faits au vu des textes existants.

• Quelle attitude doivent avoir ces autorités face à des faits pouvant constituer des infractions différentes ?

C'est le problème du *cumul idéal d'infractions*. Devant le silence de la loi, les juges ont décidé qu'il fallait en principe poursuivre le fait « sous sa plus haute expression pénale ». Cass. Crim. 21 avril 1976 (B Crim. N° 122) :

> « *Lorsqu'un fait constituant en vertu de la loi un délit correctionnel entre également dans les prévisions d'une disposition réglementaire punissant le même fait de peines correctionnelles, le fait doit être poursuivi et retenu sous sa plus haute expression pénale.* »

De même, lorsque des faits délictueux concourent à constituer une autre infraction, les juges retiennent les faits délictueux sous « leur plus haute expression pénale ».

Les juridictions en ont ainsi décidé à plusieurs reprises.

La Cour de cassation dans un arrêt rendu le 5 juin 1975 (B Crim. N° 146) donne une illustration de ce principe :

> « *Les juges qui ont constaté qu'une organisation publicitaire utilisée par des dirigeants de société faisant appel au public était une mise en scène tendant à persuader les détenteurs de capitaux de l'existence d'une fausse entreprise et d'un crédit imaginaire ont, à bon droit, retenu ce fait comme constituant une manœuvre frauduleuse d'escroquerie au sens de l'article 405 du Code pénal ; dès lors, la qualification de publicité mensongère prévue par la loi du 2 juillet 1963, puis par la loi du 27 décembre 1973, était inapplicable.* »

(Voir dans le même sens Cass. Crim. 5 janvier 2010 N° 09-83 693.)

• Les magistrats ont eu à régler un autre problème : un même fait peut-il donner lieu à une double condamnation ?

La réponse doit être nuancée.

• Quand le délinquant a violé des textes tendant à la protection des mêmes intérêts, une seule condamnation sera retenue.

Cass. Crim. 3 mars 66 B N° 79 :

Un prévenu était poursuivi sous la double prévention d'émission de chèque sans provision et d'escroquerie. Les juges du fond avaient retenu l'escroquerie mais relaxé le prévenu du chef de l'émission, cette dernière étant un des éléments de l'escroquerie. La Cour de cassation n'a pas suivi les juges du fond « *un même fait, autrement qualifié ne peut entraîner une double déclaration de culpabilité. Dès lors, lorsqu'un même fait se trouve poursuivi sous deux qualifications différentes, les juges ne doivent pas relaxer le prévenu du chef d'une des qualifications, mais seulement retenir le fait délictueux sous la plus haute expression pénale dont il est susceptible ».*

Les juges ont également prévu des qualifications exclusives les unes des autres :

Cass. Crim. 2 décembre 1971 (B Crim. N° 337) :

« *Un même fait ne peut donner lieu à une double inculpation. Et celui qui a frauduleusement soustrait ou détourné un objet ne peut, en même temps, être inculpé comme receleur du même objet. Les qualifications de vol et d'abus de confiance et celles du recel sont exclusives l'une de l'autre.* »

• En revanche, quand le délinquant a violé des textes ne tendant pas à la protection des mêmes intérêts, deux condamnations peuvent être prononcées.

Cass. Crim 9 avril 1970 (B Crim. N° 114) :

« *Lorsque des poursuites ont été exercées distinctement pour des faits constituant, d'une part, un délit de droit commun (infraction à la législation économique) et, d'autre part, un délit fiscal, c'est à bon droit que les juges répressifs ont prononcé deux condamnations, la seule obligation qui leur est imposée étant celle de respecter le maximum de peines prévues sauf à ordonner, s'ils l'estiment utile, la confusion des peines.* »

Il convient d'approfondir le principe de la légalité dans son élaboration, ses applications et sa disparition.

A) Son élaboration

Le principe est posé dans l'article 111-3 du Code pénal :

« *Nul ne peut être puni pour un crime ou pour un délit dont les éléments ne sont pas définis par la loi, ou pour une contravention dont les éléments ne sont pas définis par le règlement.*
Nul ne peut être puni d'une peine qui n'est pas prévue par la loi, si l'infraction est un crime ou un délit, ou par le règlement, si l'infraction est une contravention. »

Cette règle avait été posée dans l'article 8 de la Déclaration des Droits de l'Homme et du Citoyen du 27 août 1789 :

« *La loi ne peut établir que des peines strictement et évidemment nécessaires et nul ne peut être puni qu'en vertu d'une loi établie et promulguée antérieurement au délit et légalement appliquée.* »

Les Constitutions de 1946 et 1958 ont dans leurs préambules solennellement réaffirmé l'importance de cette Déclaration dans notre droit.

Ce principe soulève deux questions fondamentales :

– Comment interpréter la loi pénale ?

– Quelles sont les sources du droit pénal ?

1) L'interprétation de la loi pénale (art. 111-4 du Code pénal)

a) Le principe : l'interprétation stricte des lois pénales de fond relatives aux incriminations et aux peines

En matière pénale, il n'existe pas de principe général de responsabilité comme en matière civile (article 1382 du Code civil).

Aussi, il ne peut y avoir d'infraction sans texte. Le juge doit interpréter le texte littéralement ou rechercher la volonté du législateur.

Il ne doit pas raisonner par analogie. Dans l'hypothèse d'un vide juridique, le Tribunal saisi ne doit pas se référer à une situation équivalente. Il doit refuser d'entrer en voie de condamnation. Il appartient au législateur de combler ce vide.

Un exemple célèbre est le délit de filouterie d'aliments. Une loi du 26 juillet 1873 (article 401, alinéa 3 du Code pénal) est venue réprimer le fait par un individu de se faire servir dans un restaurant se sachant dépourvu de tout moyen de paiement. Avant ce texte, aucune infraction ne pouvait s'appliquer à cette situation et la relaxe s'imposait.

Illustrons ce propos par une décision de jurisprudence.

Cass. Crim. 14 novembre 1984 (D 86, IR 106) :

La loi du 2 février 1981 avait omis d'incriminer la tentative du délit de vol aggravé. Cette lacune a été comblée par la loi du 10 juin 1983. Mais dans le laps de temps, des juridictions saisies de ce problème avaient eu tendance à raisonner par analogie : la tentative existait pour le vol simple et devait donc, *a fortiori*, être réprimée dans le cadre d'un vol aggravé. La Cour de cassation a refusé cette interprétation :

> *« A violé l'article 382 du Code pénal, la Cour d'appel qui a considéré que la tentative de vol aggravé, non expressément mentionnée par le texte dans sa rédaction alors applicable, y figurait implicitement de par les dispositions de l'article 381 qui incrimine le vol simple ou sa tentative. »*

b) Les limites à cette interprétation stricte

• Première limite : l'existence de coutumes et de principes

L'existence immuable de certaines coutumes (des parents peuvent corriger leurs enfants, des boxeurs peuvent se porter des coups sans permission légale) et de certains principes généraux du droit (la rétroactivité des lois plus douces : toute loi nouvelle plus douce va s'appliquer y compris à des faits commis sous l'empire d'une loi ancienne plus sévère, voir *infra*).

• Deuxième limite : l'évolution du temps

Le droit doit s'adapter aux progrès et ne peut être en contradiction avec son époque. Les juges doivent rechercher le domaine d'application de certaines infractions et actualiser certaines notions que le législateur n'avait pu prévoir.

Un vol est un exemple topique. L'un de ses objets s'est actualisé : le vol de courant électrique est retenu par les juges (arrêt rendu par la Cour de cassation Crim. 3 août 1912. DP 1913.1.439). Il est désormais prévu par le Code pénal qui réprime en son article 311-2 le vol d'énergie.

L'élément constitutif du vol (la soustraction frauduleuse) a lui aussi connu une évolution dans un arrêt remarqué dit Logabax. (Cass. Crim. 8.01.1979 D 79 J 509 et GP 79 2 501 et Cass. Crim. 24.10.90 B N° 355)

Un salarié ayant toute latitude pour photocopier des documents au sein de l'entreprise avait reproduit un document confidentiel qu'il avait produit dans une instance en licenciement. Il a été condamné pour vol. La soustraction frauduleuse peut résulter dans le seul fait de photocopier :

> « *Dès lors, se rend coupable de ce délit le préposé qui, détenant matériellement certains documents appartenant à son employeur, prend, à des fins personnelles, à l'insu et contre le gré du propriétaire, des photocopies desdits documents appréhendant ceux-ci frauduleusement pendant le temps nécessaire à leur reproduction.* »

• Troisième limite : l'interprétation des juges

Le juge vient préciser certains éléments de l'infraction non définis par le législateur.

Le recel illustre cette situation. D'une définition classique de la détention, réception, l'acceptation d'une chose provenant d'une infraction, les juges retiennent désormais une notion supplémentaire, celle du recel-profit. Cette notion a été consacrée par le Code pénal (voir le chapitre consacré au recel ci-après).

2) *Les sources de la loi pénale*

a) *Les textes nationaux*

Depuis la constitution de 1958, la loi n'est plus la seule source du droit pénal. Si elle reste la seule source possible pour la détermination d'un crime ou d'un délit (article 34 de la Constitution), le pouvoir exécutif peut par des règlements créer de nouvelles contraventions (article 37 de la constitution : « les matières autres que celles qui sont du domaine de la loi ont un caractère réglementaire »).

• Les principaux textes auxquels il faudra se référer sont donc :

– le Code pénal ;

– le Code de procédure pénale ;

– le Code de la consommation ;

– le Code de commerce (le droit pénal des sociétés *in bonis* et en redressement ou liquidation judiciaire) ;

– le Code monétaire et financier (droit pénal en matière de chèques et cartes de paiement).

b) Les textes supranationaux

• Les textes communautaires :

Il existe diverses sources possibles. On peut citer les règlements communautaires établis par le conseil des communautés européennes.

Il existe également des conventions européennes (exemple : celle pour la sauvegarde des droits de l'homme et des libertés fondamentales signée le 4.11.1950 mais ratifiée par la France vingt-trois ans plus tard dans une loi du 31.12.1973).

• Les textes internationaux :

Il existe de nombreux traités d'extradition ainsi que d'autres textes luttant principalement contre les principaux fléaux mondiaux (drogue, terrorisme, fausse monnaie, ...). Exemple : convention de New York du 10.12.1984 contre la torture.

Après avoir ainsi procédé à la recension des principaux textes, analysons les principales conséquences de ce principe de la légalité.

B) Ses applications

1) Dans le temps

Il convient de distinguer les lois pénales de fond des lois pénales de forme. Ces dernières portent sur l'organisation judiciaire contrairement aux premières qui règlent les problèmes de droit.

a) Les lois pénales de fond

• Le principe : l'article 112-1 du Code pénal :

« *Sont seuls punissables les faits constitutifs d'une infraction à la date à laquelle ils ont été commis. Peuvent seules être prononcées les peines légalement applicables à la même date.* »

Dans un souci de protection de la liberté, un individu commettant une infraction sous l'empire d'un texte ne peut être jugé qu'au vu de ce texte. C'est le grand principe de la non rétroactivité de la loi pénale que l'on connaît également en droit civil. L'article 2 du Code civil énonce :

« *La loi ne dispose que pour l'avenir, elle n'a point d'effet rétroactif.* »

• Les limites :

– la première : l'ordre du législateur :

Le législateur peut attribuer expressément un caractère rétroactif à un texte pénal sauf s'il est plus sévère que le précédent. Toute décision contraire serait jugée en contradiction avec l'article 8 de la Déclaration des Droits de l'Homme. Le Conseil constitutionnel en a décidé ainsi dans un arrêt remarqué du 19, 20 janvier 1981 (D. 82441 ; JCP 81 1 19701). Désormais l'application de la loi nouvelle plus douce a valeur constitutionnelle :

« *Sont contraires à la Constitution les dispositions d'une loi tendant à limiter les effets de la règle selon laquelle la loi pénale nouvelle doit, lorsqu'elle prononce des peines moins sévères que la loi ancienne, s'appliquer aux infractions commises avant son entrée en vigueur et n'ayant pas donné lieu à des condamnations passées en force de chose jugée.* »

– la deuxième : l'application rétroactive des lois plus douces (rétroactivité in mitius) art. 112-1, al. 3 du Code pénal :

« *Toutefois, les dispositions nouvelles s'appliquent aux infractions commises avant leur entrée en vigueur et n'ayant pas donné lieu à une condamnation passée en force de chose jugée lorsqu'elles sont moins sévères que les dispositions anciennes.* »

Pour des raisons purement humanitaires, dès qu'une loi nouvelle est plus douce au niveau de l'incrimination ou de la sanction, elle doit s'appliquer de façon rétroactive.

Ainsi, les infractions réalisées avant la promulgation d'un texte plus clément et non encore jugées définitivement, sont soumises au nouveau texte (une peine d'amende est toujours considérée comme plus douce qu'une peine privative de liberté).

Cette règle sera écartée pour certaines infractions se prolongeant dans le temps. Les infractions continues comme le recel voient la volonté de l'auteur se prolonger dans le temps. Les infractions d'habitude échappent également à la rétroactivité in mitius. Ce sont celles que le législateur ne sanctionne qu'en cas de réitération. (Exemple : exercice illégal de la médecine.) Dans ces hypothèses, ce n'est pas le texte en vigueur au moment du commencement de l'infraction qui s'applique mais celui en vigueur au moment de sa consommation (même si un texte nouveau plus sévère est entré en application pendant la réalisation de l'infraction).

Le Conseil constitutionnel a remis ce principe en cause à l'occasion d'une QPC posée en matière de revente à perte (3 décembre 2010 N° 2010-74 QPC).

– la troisième : l'application rétroactive des lois nouvelles interprétatives :

La Cour de cassation est venue rappeler cette exception dans la trop célèbre affaire Barbie (Cass. Crim. 26.01.1984, JCP 84 II 20197). La Cour a déclaré rétroactive la loi du 26.12.1964 qui prévoyait l'imprescribilité des crimes de guerre. Cette loi n'est venue qu'interpréter l'accord du 8 août 1945 signé à Londres.

– la quatrième : l'application rétroactive des lois déterminant des mesures de sûreté :

Leur objet premier est de prévenir un état dangereux qui, par nature, se perpétue dans le temps. (Exemple : une cure de désintoxication.)

Ces mesures ne sont pas des sanctions. Aussi en aucune manière cette exception viole la Constitution.

b) Les lois pénales de forme

• Le principe : leur application immédiate (art. 112-2 du Code pénal)

Il s'agit des lois portant organisation de la justice (lois portant sur la compétence, la prescription, les actes de procédure tels que l'expertise, l'interrogatoire, les règles de mise en détention...).

Ces textes s'appliquent immédiatement aux procès en cours.

Il ne s'agit en aucune manière de rétroactivité. Cette dernière aurait pour effet d'abolir pour le passé tous les effets émanant de la loi ancienne.

Il n'y a aucune remise en cause des actes procéduraux déjà réalisés, mais simple application de la loi nouvelle dès son entrée en vigueur aux actes à venir.

• Les limites

Le législateur a prévu quelques limites à cette application immédiate. Ainsi les lois nouvelles relatives à la compétence ne s'appliqueront aux procès en cours que si un jugement en premier ressort n'est pas encore intervenu :

Cass. Crim. 13 novembre 1984, B N° 364, p. 963. D 86 IR 105 :

« *La loi du 21 juillet 82 étant une loi modifiant la compétence à partir de la mise en vigueur le 1.01.83, les juridictions jusque-là compétentes, notamment en application de l'article 63 ancien du Code de justice militaire, sont devenues incompétentes, les nouvelles dispositions des articles 697 et 697-1 du CPP devenant seules applicables à cette date, même aux procédures en cours, dès lors qu'il n'a pas été statué sur le fond.* »

De même, les lois nouvelles relatives aux voies de recours ne s'appliquent pas systématiquement aux procès en cours. Le texte ancien est maintenu s'il était encore en vigueur au jour du prononcé du jugement.

2) *Dans l'espace*

Il convient de distinguer les infractions commises sur le territoire de la France de celles commises hors du territoire de la France.

a) *Infractions commises sur le territoire français*

• Le principe : la territorialité

Toute infraction commise sur le territoire français doit être soumise à une juridiction française. L'article 113-2 du Code pénal dispose :

> « *L'infraction est réputée commise sur le territoire de la République dès lors qu'un de ses faits constitutifs a eu lieu sur ce territoire.* »

Le territoire comprend la France métropolitaine ainsi que les départements d'Outre Mer, les territoires d'Outre Mer, la mer territoriale et l'espace aérien.

Quant à l'acte visé par le texte, les juges l'entendent très largement. Est retenu l'acte caractérisant un des éléments constitutifs même s'il n'est pas lui-même répréhensible.

Cass. Crim. 12.02.1979 (D 79 IR 177) :

> « *Aux termes de l'article 693 du Code de Procédure Pénale, est réputée commise sur le territoire de la République toute infraction dont un acte caractérisant un des éléments constitutifs a été accompli en France. Il en est ainsi en cas d'abus de confiance commis par un mandataire, lorsqu'il a été constaté que la remise des objets avait eu lieu sur le territoire national.* »

et Cass. Crim. 11.04.1988 B N° 144 pour des actes préparatoires commis en France.

• Les limites : les immunités diplomatiques

Elles empêchent les juridictions françaises de poursuivre un diplomate pour des infractions commises en France pendant la durée de sa mission.

b) *Infractions commises hors du territoire français*

• Si l'auteur de l'infraction est français, les juridictions françaises seront compétentes pour le juger s'il ne l'a pas été définitivement à l'étranger (article 113-6 du Code pénal).

Voir par exemple : Cass. Crim. 26 mai 2010, Bull. Crim 2010, N° 91.

• Si l'auteur de l'infraction est étranger, les tribunaux français sont incompétents sauf si une victime est française et sauf en cas d'atteinte à l'État Français (article 113-7 et 113-10 du Code pénal).

Depuis une loi du 17 mai 2011, il existe une extension de compétence des tribunaux français aux infractions commises à bord d'un navire battant un pavillon français ou d'un aéronef immatriculé en France (articles 113-3 et 4 du CP).

• Dans certains cas particuliers, ce n'est plus la nationalité de l'auteur de l'infraction mais ses actes qui peuvent déterminer la compétence des juridictions françaises. Ainsi une loi du 30.12.1985 a prévu de rajouter au Code de procédure pénale un article 689-2, ainsi rédigé :

> « *Pour l'application de la convention contre la torture et autres peines ou traitement cruels, inhumains ou dégradants, adoptée à New York le 10 décembre 1984, peut être poursuivie et jugée dans les conditions prévues à l'article 689-1 toute personne coupable de tortures au sens de l'article 1er de la convention.* »

Par exemple Cass. Crim. 3 mai 1995, D. 95 IR 186.

De plus, il existe à un niveau international une collaboration policière bien connue sous le nom d'INTERPOL et judiciaire (multiplicité des traités et conventions), mais on peut regretter l'inexistence d'une codification du droit international pénal.

C) Sa disparition

Le législateur a prévu que certains faits fassent perdre à l'infraction son caractère répréhensible. Il s'agit des faits justificatifs qui ne peuvent s'interpréter que de manière restrictive puisqu'ils ont pour effet de supprimer l'infraction. Ces faits ont soit une origine légale, soit jurisprudentielle.

1) L'origine légale du fait justificatif

a) L'ordre de la loi et le commandement de l'autorité légitime (article 122-4 du Code pénal)

Celui qui accomplit un devoir ne peut être sanctionné. Un huissier ne viole pas un domicile en y pénétrant pour y pratiquer une saisie. De même un soldat est habilité à tuer, mais sa liberté n'est pas totale puisqu'il doit respecter les lois de la guerre. Un décret du 1er octobre 1966 a prévu la responsabilité de l'exécutant quand il accomplit un acte de commandement manifestement illégal auquel il obéit passivement.

À la permission de la loi les tribunaux assimilent celle de la coutume. Le tribunal de police de Bordeaux, le 18 mars 1981 a illustré cette assimilation :

« *Attendu qu'aux ordres de la loi au sens de l'article 327 du Code pénal, il convient d'assimiler la permission de celle-ci et la permission de la coutume que si les châtiments corporels ou même le traditionnel droit de correction ne correspondent plus à l'état de nos mœurs, les parents et les enseignants possèdent toujours, dans un but éducatif, un pouvoir disciplinaire pouvant éventuellement s'exercer sur de jeunes enfants sous forme de gifles ou tapes inoffensives.* »

Il ne faut pas confondre le commandement de l'autorité légitime avec l'ordre donné par son employeur.

Cass. Crim. 26 juin 2002 Bull. Crim. 2002, N° 148 : « *l'ordre reçu d'un supérieur hiérarchique ne constitue pas, pour l'auteur d'une infraction, une cause d'irresponsabilité pénale* ».

b) La légitime défense

L'article 122-5 du Code pénal énonce :

« *N'est pas pénalement responsable la personne qui, devant une atteinte injustifiée envers elle-même ou autrui, accomplit, dans le même temps, un acte commandé par la nécessité de la légitime défense d'elle-même ou d'autrui, sauf s'il y a disproportion entre les moyens de défense employés et la gravité de l'atteinte.*
N'est pas pénalement responsable la personne qui, pour interrompre l'exécution d'un crime ou d'un délit contre un bien, accomplit un acte de défense, autre qu'un homicide volontaire, lorsque cet acte est strictement nécessaire au but poursuivi dès lors que les moyens employés sont proportionnés à la gravité de l'infraction. »

Il s'agit de l'exercice d'un droit mais qui ne peut aboutir à un système d'autodéfense. Pour interdire aux citoyens de se rendre justice eux-mêmes, les juges appliquent strictement les conditions posées par la loi.

Première condition : la nécessité de la défense

Elle implique une obligation de riposte nécessaire et proportionnée à une attaque vraisemblable. Il appartient aux juges du fond d'apprécier si la défense est ou non en proportion avec l'attaque. Le Code pénal reconnaît la légitime défense des personnes et des biens.

A été considéré comme disproportionné « *un coup porté par un individu alcoolisé perché sur des talons et une riposte à l'aide d'un verre qui, par sa violence, a non seulement entraîné une blessure à la face mais aussi à la main* » (Cass. Crim. 8 janvier 2008 N° 07-83423 Bull. Crim. 2008 N° 1).

A été considéré comme proportionné un « léger coup donné à la jambe de l'élève » suite à un passage en force et des insultes proférées (Cass. Crim. 18 juin 2002 N° 01-88062 Dr. pénal 2002 Comm. 134).

Seconde condition : l'actualité de la défense

La riposte doit suivre l'attaque. Cette unité de temps et de lieu est indispensable pour éviter d'encourager tout esprit de vengeance.

À qui incombe la charge de la preuve de ces circonstances exceptionnelles ? C'est à celui qui invoque la légitime défense d'en rapporter la preuve.

Mais dans deux cas où le danger est particulièrement grave, le législateur a posé une présomption de légitime défense (article 122-6 du Code pénal) :

Il s'agit de repousser de nuit, dans un lieu habité l'entrée d'un individu par effraction, violence ou ruse.

Il s'agit également de la possibilité de se défendre contre les auteurs de vols ou pillages exécutés avec violence.

Cette présomption est simple, c'est-à-dire susceptible de preuve contraire. Ainsi en ont décidé les juges.

Cass. Crim. 19.02.1959 D 59 161 :

« *Si l'article 329, alinéa 1er, déclare légitime le meurtre commis, les blessures faites ou les coups portés pour repousser de nuit l'escalade ou l'effraction des murs et clôtures des maisons habitées ou de leurs dépendances, il s'agit là d'une présomption légale qui, loin de présenter un caractère absolu et irréfragable, est susceptible de céder devant la preuve contraire.* »

En l'espèce, les juges avaient écarté cette présomption, un propriétaire ayant tiré sur un individu en état d'ivresse qui avait pénétré dans son jardin en vue de rendre visite à un domestique. C'est l'absence de nécessité actuelle et d'un danger grave et imminent qui a conduit à la condamnation.

c) *L'état de nécessité*

C'est l'hypothèse dans laquelle une personne accomplit un acte défendu pour sauvegarder un intérêt supérieur. Cette notion proche de la contrainte a pris peu à peu son autonomie pour être consacrée par le Code pénal par l'art. 122-7. Si dans la contrainte, l'individu est obligé de commettre une infraction, dans l'état de nécessité il choisit de réaliser celle-ci pour éviter un mal imminent et injuste.

Le Tribunal correctionnel de Château-Thierry a rendu le 4 mars 1898 (S 99 II 1) une décision très remarquée en la matière (affaire Ménard). Il s'agissait d'une femme qui avait volé pour nourrir son enfant malade.

Désormais, il est de jurisprudence constante que l'individu qui évoque cette notion rapporte la preuve :

– qu'il n'a eu aucune part de responsabilité,

– qu'il n'a eu aucun autre moyen de se soustraire au mal,

– que l'intérêt sacrifié était de valeur inférieure aux intérêts menacés (Cass. Crim. 16.07.86 D 88 J. 390).

Les juges font une application rigoureuse de ces conditions : TGI de Paris, 24 novembre 1980 (D 82 101).

L'état de nécessité n'a pas été reconnu pour une mère de famille qui avait volé de la nourriture dans un supermarché de Poitiers (CA Poitiers 11 avril 1997. Voir la chronique de Frédéric Debove « La faim ne justifie pas les moyens » Dr. pénal 98 chro. 4).
La Cour d'appel de Paris a infirmé le jugement rendu par le tribunal correctionnel de Paris le 28 novembre 2000 (D 2001 J. 512) qui avait reconnu l'état de nécessité à une famille qui s'était installée dans un appartement de l'OPAC après avoir scié les gonds de la porte d'entrée.

Dans les différentes affaires d'OGM, les magistrats ont écarté l'état de nécessité : le danger imminent (en l'état de la science) n'était pas avéré (Cass. Crim. 7 février 2007 N° 06-80108 et Cass. Crim. 31 mai 2007 N° 06-86628).

Dans l'affaire dite de l'ours Cannelle (Cass. Crim. 1er juin 2010 N° 09-87159 Dr. pénal 2010 Comm. 89), le chasseur n'a pas bénéficié de ce fait justificatif : *« il s'est placé lui-même dans une situation de danger, et que ce comportement fautif antérieur au coup de feu ne lui permet pas d'invoquer l'état de nécessité pour justifier son acte »*.

En revanche a été relaxé celui qui s'est trouvé dans la nécessité, pour sauvegarder son propre chien, d'abattre celui qui l'agressait (Cass. Crim. 8 mars 2011 N° 10-82078 Dr. pén. 2011 Comm. 75 obs. M. Véron).

2) L'origine jurisprudentielle : le consentement de la victime

• Le principe : le consentement de la victime ne justifie pas une infraction.

Dans de nombreux domaines, les juges ont retenu la culpabilité de l'auteur d'une infraction qui avait reçu l'accord de sa victime.

La Cour de cassation illustre cette position dans un arrêt rendu le 5 novembre 1963 (D 64 52) :

> *« Dès lors, c'est à bon droit que les juges du fond ont condamné le gérant d'une société à responsabilité limitée pour abus de biens sociaux au motif qu'il aurait, à une époque où la société était prospère, reçu des mains de celui qui devait lui succéder à la gérance, une somme d'argent, encore que tous les associés aient donné leur accord à cette opération. »*

• Les limites :

Dans certains cas, la victime peut, en donnant son consentement, retirer un des éléments constitutifs de l'infraction. Dans ces hypothèses, le consentement joue le rôle d'un fait justificatif. (Exemple : vol, séquestration arbitraire, viol, ...)

Les tribunaux ont été confrontés à un problème particulier : celui de l'euthanasie. Pour des raisons d'éthique évidentes, le consentement de la victime n'est pas reconnu comme un fait justificatif. Toutefois, le législateur depuis une loi du 22 avril 2005 encadre dans les articles L. 1111-10 et suivants, du Code de la santé publique la fin de vie d'une personne « en phase avancée ou terminale d'une affection grave et incurable ».

§2. L'ÉLÉMENT MATÉRIEL

L'infraction va s'extérioriser par la manifestation d'un fait matériel. Si l'expression de cet acte sera spécifique pour chaque infraction, on peut relever des règles générales :

– relatives aux différentes manifestations de cet élément matériel : les modalités de la réalisation ;

– relatives aux degrés dans cette réalisation.

A) Les modalités de la réalisation

On peut relever quatre influences différentes (celle de l'attitude de l'auteur, celle du résultat, du contenu de l'infraction et celle du temps dans la réalisation de celle-ci).

1) L'influence de l'attitude de l'auteur

Elle peut être active ou passive.

a) L'infraction de commission

L'auteur commet ce que la loi prohibe. Dans la plupart des cas, l'élément matériel réside dans un acte positif (escroquer, abuser des biens ou du crédit de la société, présenter ou publier des comptes annuels inexacts, ...).

b) L'infraction d'omission

L'auteur ne commet pas ce que la loi lui commande de faire.

L'acte incriminé consiste en un acte négatif. Ces infractions sont peu nombreuses dans le Code pénal (article 223-6 : l'omission de porter secours à une personne en péril) mais sont, en revanche, très nombreuses dans le droit pénal des sociétés.

On peut relever les principales :

– lors de la constitution :

• l'omission de déclaration concernant la répartition des parts sociales entre associés (article L. 241-1 du Code de commerce pour les SARL).

– lors du fonctionnement :

• l'omission dans la tenue de divers documents comptables (article L. 241-4 pour les SARL et L. 242-8 du Code de commerce pour les SA) ;

• l'omission de réunir l'Assemblée Générale Ordinaire dans les six mois de la clôture de l'exercice (article L. 241-5 pour les SARL et L. 242-10 pour les SA) ;

• l'omission de désigner un commissaire aux comptes (article L. 820-4 du Code de commerce) ;

• l'omission par le commissaire aux comptes de révéler au Procureur de la République les faits délictueux dont il a eu connaissance (article L. 820-7).

– lors de la dissolution :

• l'omission quand les capitaux propres deviennent inférieurs à la moitié du capital social, de consulter les associés (article L. 241-6 dans les SARL) ou actionnaires (article L. 242-29 dans les SA) en vue de décider une éventuelle dissolution anticipée.

– lors d'une procédure de redressement judiciaire ou de liquidation judiciaire :

• l'omission de tenue de comptabilité (article L. 654-2 du Code de commerce : délit de banqueroute).

2) *L'influence du résultat*

a) Les infractions matérielles

Le résultat est un élément même de l'infraction. C'est le cas de la plupart des infractions qui seront consommées par la réalisation d'un dommage.

b) Les infractions formelles

L'infraction existe indépendamment du résultat. C'est le cas de l'empoisonnement (art. 221-5 du Code pénal).

3) L'influence du contenu même de l'infraction

a) Les infractions simples

L'infraction consiste dans un fait matériel unique (le vol : soustraction frauduleuse).

b) Les infractions complexes

L'infraction consiste dans la réalisation de plusieurs faits matériels. Pour incriminer l'escroquerie il faut relever un mensonge (faux nom ou fausse qualité) ou une manœuvre frauduleuse et une remise de la chose convoitée (voir *infra*).

4) L'influence du temps dans la réalisation

a) Les infractions instantanées

Elles ont la particularité de se réaliser en un trait de temps (le vol).

b) Les infractions continues

Elles se prolongent dans le temps par un renouvellement permanent de la volonté coupable de l'auteur. On y trouve les délits d'omission et quelques délits d'action comme le recel.

c) Les infractions d'habitude

Il s'agit d'infractions où l'auteur doit réitérer plusieurs faits semblables pour être incriminé (l'acte pris isolément n'est pas punissable). L'exemple classique est l'exercice illégal de la médecine.

Nous retrouvons ces diverses modalités dans la réalisation de l'infraction dans la deuxième section de ce chapitre, consacrée à la classification.

L'intérêt de ces distinctions apparaîtra alors clairement.

B) Les degrés de la réalisation

Il existe différentes phases possibles dans la réalisation de l'infraction. Il arrive que le fait matériel ne soit pas totalement consommé. L'auteur passe en général de la réflexion à la manifestation extérieure de son projet, aux actes préparatoires, ensuite au commencement d'exécution et enfin à la consommation.

Première étape : la résolution criminelle.

Elle n'est pas réprimée par le législateur.

Deuxième étape : la manifestation extérieure de la volonté coupable.

Elle n'est pas incriminée tant qu'il n'y a pas d'acte de matérialisation. Mais dans certains cas, le législateur érige cette simple manifestation en infraction. (Exemple : les articles 322-17 et 322-18 du Code pénal répriment les menaces.)

Troisième étape : les actes préparatoires

En principal, ils ne sont pas punissables. Ils ne tendent pas suffisamment à la réalisation de l'infraction.

Cass. Crim. 22 mai 1984 (B N° 187) :

« *La destruction volontaire d'un bien, objet de l'assurance, n'est qu'un acte préparatoire et ne saurait, en l'absence de demande de remboursement présentée par l'assuré, constituer le commencement d'exécution justifiant une condamnation pour tentative d'escroquerie.* »

Cass. Crim. 17 décembre 2008 N° 08-82085 Dr. pén. 2009 Comm. 35 :

« *Attendu que la destruction d'un véhicule et la plainte pour vol ne constituent que des actes préparatoires qui ne sauraient, en l'absence de déclaration de sinistre, constituer un commencement d'exécution justifiant une condamnation pour tentative d'escroquerie.* »

Toutefois, le législateur érige certains actes préparatoires en infraction. On peut citer à titre d'exemples :

– le délit de port d'arme prohibé (art. 431-5 et 431-10 du Code pénal) ;
– le délit d'association de malfaiteurs (article 450-1 du Code pénal) :

« *Constitue une association de malfaiteurs tout groupement formé ou entente établie en vue de la préparation, caractérisée par un ou plusieurs faits matériels, d'un ou plusieurs crimes ou d'un ou plusieurs délits punis d'au moins cinq ans d'emprisonnement.*
Lorsque les infractions préparées sont des crimes ou des délits punis de dix ans d'emprisonnement, la participation à une association de malfaiteurs est punie de dix ans d'emprisonnement et de 150 000 euros d'amende.
Lorsque les infractions préparées sont des délits punis d'au moins cinq ans d'emprisonnement, la participation à une association de malfaiteurs est punie de cinq ans d'emprisonnement et de 75 000 euros d'amende. »

Quatrième étape : la tentative

Il faut dans un premier temps délimiter la tentative punissable pour s'attacher dans un deuxième temps à sa répression.

1) La tentative punissable : sa délimitation

a) Les conditions de la tentative punissable

L'article 121-5 du Code pénal énonce :

« La tentative est constituée dès lors que, manifestée par un commencement d'exécution, elle n'a été suspendue ou n'a manqué son effet qu'en raison de circonstances indépendantes de la volonté de son auteur. »

Première condition : le commencement d'exécution
Le législateur n'a pas donné de définition. Aussi, la doctrine et la jurisprudence sont intervenues pour pallier cette carence.

• La doctrine s'oppose sur le point de savoir si le commencement d'exécution existe :
– quand il y a un agissement concrétisé par une opération matérielle (conception objective) ;
– ou quand il y a une volonté certaine de l'auteur de commettre l'infraction (conception subjective).

• La jurisprudence s'est inspirée de ces deux conceptions.
Depuis un arrêt ancien (Cass. Crim. 1er mai 1879 S 80 I 233), la Cour de cassation exerce un contrôle sur l'appréciation judiciaire de cette notion. Les formules utilisées par la Cour varient d'un arrêt à l'autre.
On peut en déduire une certitude et de nombreuses incertitudes.
– La certitude : il faut un lien de causalité directe entre l'acte et l'infraction ;
– Les incertitudes : elles sont dues aux formulations diverses avancées par la Cour :
· « actes qui tendent directement au délit avec l'intention de le commettre ».
(Cass. Crim. 29.12.1970 B N° 356 GP 71 1 134 et JCP 71 II 16770 ; Cass. Crim. 2 mai 1974 B 156 ; Cass. Crim. 11 juin 1975 B 150).
· « la tentative n'est caractérisée qu'à la double condition que l'acte ait eu pour conséquence directe de consommer le délit et que celui-ci soit entré dans la phase d'exécution ».
(Cass. Crim. 18 août 1973 B 339 ; Cass. Crim. 15 mai 1979 B 175).
· « le commencement d'exécution, au sens de l'article 2 du Code pénal n'est caractérisé que par des actes devant avoir pour conséquence directe et immédiate de consommer le crime, celui-ci étant ainsi entré dans la période d'exécution ».
(Cass. Crim. 25 octobre 1962 D 63 221).
Les deux dernières formulations sont plus objectives et semblent être utilisées quand la volonté de l'agent n'est pas certaine.

En revanche, lorsque la volonté est univoque, c'est la première formule qui est utilisée. L'affaire du magasin du Louvre illustre cette position (Cass. Crim. 29.12.1970 précité). Les inculpés faisaient partie d'une bande organisée qui avait mis en place un dispositif d'attaque (port d'armes, cagoules, faux nez, lunettes).

L'unification de la jurisprudence en la matière serait à tous égards, souhaitable.

Le Code pénal ne donne pas de définition de ce commencement d'exécution.

Dans certains domaines, comme la tentative d'escroquerie à l'assurance, on assiste à une évolution jurisprudentielle certaine.

En 1989, la déclaration d'un sinistre fictif devenait une tentative d'escroquerie si elle était accompagnée d'une demande d'indemnisation (Cass. Crim. 13 mars 1989 GP 89 1 p. 437 note J.P. Doucet).

En 1990, la tentative a été retenue alors qu'il n'y avait pas demande d'indemnisation mais envoi de documents tels qu'une demande d'évaluation des dégâts par expert (Cass. Crim. 10 mai 1990 B. Crim. N° 182).

En 1994, dans un arrêt rendu par la chambre criminelle de la Cour de cassation la simple « déclaration comme accidentel d'un incendie volontairement provoqué » a constitué une tentative d'escroquerie (Cass. Crim. 1er juin 1994 Rev. 94 Comm. 11 et Cass. Crim. 22.02.1996 D 96 IR 153).

Deuxième condition : l'interruption involontaire

La tentative est punissable quand la suspension de l'acte est due à des circonstances indépendantes de la volonté de l'auteur.

Le législateur a voulu encourager les désistements spontanés. Pour exonérer la responsabilité de son auteur, le désistement doit être volontaire et intervenu avant la consommation de l'infraction.

• Un désistement volontaire :

Les juges distinguent les causes internes (remords, peur, pitié, ...) considérées comme volontaires, et les causes externes (arrivée de la police, d'un témoin, ...) considérées comme involontaires.

Il existe toutefois des situations intermédiaires où les juges du fond devront apprécier.

Cass. Crim. 20 mars 1974 (B 124) :

« *L'intervention d'un tiers, alors même qu'elle a déterminé le désistement de l'auteur d'une tentative, n'exclut pas nécessairement le caractère spontané de ce désistement. Doit être annulé l'arrêt qui se borne à énoncer que le prévenu a mis fin à son action à cause de l'intervention d'un tiers et que, dès lors, son désistement n'a pas été volontaire, en omettant de répondre aux conclusions par lesquelles ledit prévenu soutenait que ce tiers s'était contenté de le dissuader de son entreprise, sans exercer aucune contrainte, et que les conseils ainsi reçus l'avaient conduit à suspendre sa tentative par un acte libre et spontané de sa volonté.* »

• Un désistement avant la consommation de l'infraction :

Dans l'hypothèse inverse, il s'agit de repentir actif qui n'exonère pas la responsabilité pénale du délinquant.

b) Les degrés dans la tentative punissable

Il existe trois degrés.

• Le premier degré : l'infraction est inachevée.

C'est le cas le plus classique, l'auteur s'est arrêté dans la réalisation.

• Le deuxième degré : l'infraction est manquée.

L'auteur a accompli tous les actes matériels mais n'a pas atteint le succès escompté. Il ne s'agit plus d'interruption mais d'échec dans la réalisation. Le législateur la prend en considération (article 121-5 du Code pénal précité) et la réprime comme l'infraction inachevée.

• Le troisième degré : l'infraction est impossible.

Il s'agit d'une infraction que son auteur ne peut réaliser. Les exemples sont peu nombreux et pourtant la doctrine a échafaudé de nombreuses théories à ce sujet. Citons trois arrêts pour illustrer cette notion :

– Cass. Crim. 9 novembre 1928 (DP 1929 1 97). L'infraction était impossible en raison de l'insuffisance des moyens utilisés. Il s'agissait d'un avortement qui avait échoué en raison de l'inefficacité des produits abortifs utilisés. La Cour de cassation a assimilé l'infraction impossible à l'infraction manquée.

– Cass. Crim. 23 juillet 1969 (D 70 361). « *Constitue le commencement d'exécution d'un vol le fait, par un individu, de pénétrer dans des voitures en stationnement pour y commettre des vols, la tentative ayant manqué son effet par l'intervention des gardiens de la paix. L'absence d'objets à l'intérieur des voitures, à la supposer établie, n'est qu'une des circonstances indépendantes de la volonté du prévenu, par suite de laquelle sa tentative a manqué son effet.* » Les juges également ont assimilé le délit impossible au délit manqué. En retenant cette qualification de tentative, les juges, pour pouvoir réprimer, doivent s'assurer que la tentative est punissable.

– Cass. Crim. 16.01.1986 (D 86 265) : « *A supposer établi que l'accusé, croyant sa victime encore en vie, ait exercé sur elle des violences dans l'intention de lui donner la mort, il importe, pour que soit caractérisée la tentative d'homicide volontaire, que la victime fût déjà décédée, cette circonstance étant indépendante de la volonté de l'auteur et les violences caractérisant un commencement d'exécution.* »

Cet arrêt va dans le sens retenu par les juges depuis ces dernières années, celui de la répression. Cette décision est la première à utiliser cette formule dans l'hypothèse d'une impossibilité tenant à l'état de cadavre de la victime.

2) La tentative punissable : sa répression

a) Les cas où il y aura répression

– en matière de crime, la tentative est toujours punissable (article 121-4 du Code pénal) ;

– en matière de délit, la tentative n'est punissable que si un texte de loi le prévoit. Citons plusieurs exemples :

• vol : article 311-13 du Code pénal,

• escroquerie : article 313-3 du Code pénal (Cass. Crim. 10.5.90 B N° 782),

• faux en écriture de commerce ou de banque : article 441-9 du Code pénal,

• détournement ou dissimulation de tout ou partie de leurs biens par un débiteur ayant fait l'objet d'un jugement d'ouverture de redressement judiciaire : article L. 626-14 du Code de commerce, « ou tenté de détourner ou dissimuler, tout ou partie de leurs biens, ... ».

En revanche, il n'y aura pas de répression :

– en matière de contravention ;

– en cas de tentative de complicité, cette situation n'étant prévue par aucun texte de loi.

Cass. Crim. 23 mars 1978 (D 79 319) :

> « *Ne donne pas de base légale à sa décision de condamnation, la Cour d'appel qui, alors que le prévenu avait été, en raison des circonstances, dans l'impossibilité de prêter effectivement le concours qu'il avait promis, n'a relevé à la charge de celui-ci qu'une tentative de complicité de recel non prévue par la loi.* »

b) La sanction

Le Code pénal est empreint de sévérité : l'auteur de la tentative encourt la même peine que celle prévue à l'encontre de l'auteur de l'infraction consommée.

Par exemple en matière de vol l'article 311-13 précise : « la tentative des délits prévus au présent chapitre est punie des mêmes peines. »

En pratique, cette identité des peines est rarement appliquée. Le juge peut moduler la peine en fonction du résultat obtenu.

§3. L'ÉLÉMENT MORAL

Pour que l'infraction soit constituée, il ne suffit pas d'un fait matériel prévu par un texte, il faut encore que son auteur en ait eu conscience et la volonté de l'accomplir.

Il faut définir plus précisément cet élément moral pour analyser ensuite les diverses causes de sa disparition.

A) Sa définition

Dans toutes les infractions les juges doivent relever un élément moral. Cela étant, celui-ci peut se présenter sous diverses formes :

– dans la plupart des infractions, l'auteur doit avoir voulu accomplir un acte illégal (les infractions intentionnelles) ;

– dans les autres, le simple fait d'accomplir l'acte illégal suffit à déterminer la culpabilité (les infractions non intentionnelles).

1) Les infractions intentionnelles

Le législateur n'a pas donné une définition générale de l'intention coupable.

Il convient de distinguer les mobiles et l'intention coupable qu'il est d'usage d'intituler dol.

Les mobiles correspondent aux raisons personnelles qui ont poussé le délinquant à agir. Ils ne suppriment pas l'infraction. Ainsi l'euthanasie pratiquée en vue de soulager la douleur d'autrui ne retire pas la qualification d'assassinat. Toutefois, les juges prennent en considération cet arrière-plan psychologique pour moduler la peine.

Le dol est spécifique à chaque infraction. Il ne varie pas avec la personnalité de l'auteur mais avec la nature de l'infraction. Ainsi dans toute escroquerie, l'intention coupable est la volonté d'obtenir la remise par l'un des moyens réprimés par la loi (voir chapitre ci-après consacré à l'escroquerie).

Il faut distinguer trois dols : un général, un spécial et un éventuel.

a) Le dol général

Il consiste dans la volonté et la conscience d'enfreindre la loi.

Dans le Code pénal, le législateur pose comme principe « *il n'y a point de crime ou de délit sans intention de le commettre* ». Il n'est plus obligé d'utiliser des mots caractérisant cette intention coupable tels que « sciemment », « avec connaissance », « frauduleusement », « volontairement », de « mauvaise foi », …

Pour chaque infraction intentionnelle, les juges doivent constater l'existence de cette intention. Les juges l'apprécient souverainement et dans bien des cas, l'intention frauduleuse s'induit des circonstances retenues par eux.

Cass. Crim. 11.02.1981 (B N° 53) :

« *Il n'est pas nécessaire pour établir légalement le délit d'abus de confiance, que l'intention frauduleuse soit expressément constatée ; il suffit qu'elle puisse s'induire des circonstances retenues par le juge. L'affirmation de la mauvaise foi étant nécessairement incluse dans la constatation du détournement.* »

En droit pénal des sociétés, il existait de nombreux délits matériels. La Cour de cassation admet pour ces derniers, que l'intention coupable consiste en la simple conscience de commettre un agissement contraire à la loi.

b) Le dol spécial

Le législateur incrimine dans certains cas une intention renforcée.

Celle-ci peut être la condition indispensable à la constitution d'une infraction ou bien simplement une condition venant moduler l'infraction.

– Première situation : l'intention renforcée, la condition de l'infraction.

Certaines infractions, pour être constituées, doivent contenir une volonté spécifique se différenciant de l'intention coupable.

Pour que le délit de présentation de comptes annuels infidèles soit constitué, il faut que l'auteur ait agi en vue de dissimuler la véritable situation de la société (voir *infra*).

– Deuxième situation : l'intention renforcée, la condition de modulation de l'infraction.

Certaines infractions peuvent avoir leur qualification modifiée par une intention renforcée. Ainsi, un homicide commis volontairement (dol général) est un meurtre. En revanche, un meurtre commis avec préméditation (dol spécial) est un assassinat (art. 221-3 du Code pénal).

c) Le dol éventuel

Le nouveau Code pénal a prévu une infraction nouvelle en cas de mise en danger délibérée d'une personne, même si le délit n'a pas entraîné de conséquences.

Art. 223-1 : « *Le fait d'exposer directement autrui à un risque immédiat de mort ou blessures de nature à entraîner une mutilation ou une infirmité permanente par la violation manifestement délibérée d'une obligation particulière de sécurité ou de prudence imposée par la loi ou le règlement est puni d'un an d'emprisonnement et de 15 000 € d'amende.* »

Ont été condamnés des skieurs ayant provoqué une avalanche dans une station de sport d'hiver en pratiquant le surf sur une piste interdite (Cass. Crim. 9 mars 99 Dr. pénal 2000 Comm. 81).

A été condamné un jeune qui avait fait une course avec d'autres voitures dans une cité où jouaient de nombreux enfants (Cass. Crim. 27 septembre 2000 Dr. pénal 2001 Comm. 17).

2) Les infractions non intentionnelles

Le législateur pour des infractions de moins grande gravité a prévu un élément moral atténué consistant en une faute. On peut en relever trois catégories : la faute simple, la faute délibérée et la faute caractérisée.

a) La faute simple

Elle consiste dans le fait d'enfreindre la loi. On n'utilise plus le terme d'infraction matérielle, mais d'infraction d'imprudence.

La faute n'est sanctionnée que si le dommage subi a été causé par cette faute. Il faut un lien de causalité directe entre la faute et le dommage.

> « *Il y a également délit lorsque la loi le prévoit, en cas d'imprudence, de négligence ou de manquement à une obligation de prudence ou de sécurité prévue par la loi ou le règlement s'il est établi que l'auteur des faits n'a pas accompli les diligences normales compte tenu, le cas échéant, de la nature de ses missions ou de ses fonctions, de ses compétences ainsi que du pouvoir et des moyens dont il disposait.* » (art. 121-3 al. 3 premier alinéa du Code pénal).

b) La faute délibérée

C'est la loi du 10 juillet 2000 qui a introduit cette notion dans le Code pénal (art. 121-3 al. 3). Lorsque l'auteur (personne physique) n'a pas causé directement le dommage il peut voir sa responsabilité engagée s'il a « *violé de façon manifestement délibérée une obligation particulière de prudence ou de sécurité prévue par la loi ou le règlement.* »

Il faut que sa faute ait créé ou contribué à créer la situation ayant permis la réalisation du dommage ou qu'il n'ait pas pris les mesures permettant de l'éviter.

Le fait de laisser au dépôt le matériel de blindage dont l'installation était prescrite par un texte a été considéré comme une faute délibérée (Cass. Crim. 12 septembre 2000 B Crim. N° 268).

Le fait de ne pas fournir des patins antidérapants exigés par un texte a été qualifié de : « manquement délibéré aux obligations de sécurité » (Cass. Crim. 27 octobre 2009 N° 09-80490).

c) La faute caractérisée

Lorsque l'auteur (personne physique) n'a pas causé directement le dommage il peut voir sa responsabilité pénale engagée s'il a exposé « autrui à un risque d'une particulière gravité » qu'il ne pouvait pas ignorer.

Cette notion a été également introduite par la loi du 10 juillet 2000 dans le Code pénal.

La faute caractérisée peut découler d'une succession d'imprudences ou d'une seule faute particulièrement grave.

Ayant commis plusieurs imprudences, sont concernés par exemple :

• une femme, propriétaire ayant causé une explosion. Elle n'avait pas vérifié son installation et s'était absentée plusieurs jours sans fermer le gaz (Cass. Crim. 18 novembre 2008 N° 08-81361 Bull. Crim. 2008 N° 233). A été également condamné le propriétaire qui a loué une chambre de service dont l'installation électrique était déficiente (Cass. Crim. 7 septembre 2010 N° 09-86137).

• Un enseignant qui a laissé partir un élève alcoolisé à la suite d'un repas organisé au sein de l'établissement (Cass. Crim. 12 janvier 2010 N° 09-81799 Dr. pén. 2010 Comm. 31 obs. M. Véron et AJ pénal 2010 241 obs. J. Lasserre Capdeville).

• Un chirurgien qui a commis un ensemble de manquements (Cass. Crim. 23 février 2010 N° 09-85791 Dr. pén. 2010 Comm. 58 et Cass. Crim. 16 novembre 2010 N° 09-87296 Dr. pén. 2011 Comm. 19) mais aussi un pédiatre (Cass. Crim. 18 mai 2010 N° 09-84433).

Il peut s'agir également d'une seule faute. On retrouve dans de nombreux arrêts la notion d'abstention coupable.

Pour un maire qui s'était abstenu de vérifier et faire vérifier des règles de sécurité (Cass. Crim. 11 juin 2003 N° 02-82622 Bull. Crim. 2003 N° 121).

Pour des professionnels qui n'ont pas assuré leur devoir d'information : dans le cadre de la vente d'une motocyclette dont le moteur avait été modifié (Cass. Crim. 15 juin 2010 N° 09-85784 Dr. pénal 2010 Comm. 136) mais aussi la vente d'un volet roulant ayant tué un jeune enfant (Cass. Crim. 29 juin 2010 N° 09-84436 AJ pénal 2010 553 obs. J. Lasserre Capdeville).

Dans l'hypothèse où une faute caractérisée ne peut pas être rapportée, la responsabilité pénale ne peut plus être engagée.

Il en a été ainsi pour une directrice et une institutrice dans l'affaire dite du Drac (Cass. Crim. 18 juin 2002 N° 01-85537 Bull. Crim. 2002 N° 139) mais aussi pour une institutrice impliquée dans le décès d'un de ses élèves ayant joué au jeu mortel du foulard (Cass. Crim. 10 décembre 2002 N° 02-81415 Bull. Crim. 2002 N° 223) et pour un professeur d'éducation physique (Cass. Crim. 26 novembre 2002 Bull. Crim. 2002 N° 211 Dr. pénal. 2003 Comm. 136).

B) Sa disparition

L'élément moral va disparaître quand son auteur n'aura pas eu la volonté et la clairvoyance suffisantes. À la différence des faits justificatifs, ce n'est pas l'infraction qui disparaît mais l'élément moral seul, à savoir la culpabilité de l'auteur. En revanche, les co-auteurs et complices peuvent être poursuivis et condamnés.

1) L'absence de volonté

Deux causes peuvent venir troubler la volonté d'un individu au point de la supprimer :
– la contrainte ou force majeure ;
– l'erreur.

a) La volonté imposée : la contrainte

L'article 122-2 du Code pénal énonce :

« *N'est pas pénalement responsable la personne qui a agi sous l'empire d'une force ou d'une contrainte à laquelle elle n'a pu résister.* »

Il appartient à celui qui invoque la contrainte de démontrer que l'infraction n'est pas due à son fait mais à une force imprévisible à laquelle il n'a pu résister. (CA Colmar 8.12.87 D88 J 131)

• Première condition : la force imprévisible
Les juges appliquent cette notion avec beaucoup de rigueur. Dans un arrêt célèbre (Tremintin) Cass. Crim. 29.01.1921 (S 22 1 185), un marin permissionnaire s'était enivré et n'avait pu regagner le paquebot « Savoie » sur lequel il devait embarquer. Les juges ont considéré que la faute commise retirait l'imprévisibilité et que la culpabilité pour désertion devait être maintenue.

Dans des arrêts plus récents, la Cour de cassation est venue rappeler que :

Cass. Crim. 8 juillet 1971 (B 222) :

« *La force majeure ne peut résulter que d'un événement indépendant de la volonté humaine et que cette volonté n'a pu ni prévoir, ni conjurer. L'indication d'une défaillance mécanique (usure lente et pro-*

gressive de la conduite d'huile du système de freinage d'un véhicule), que par sa nature même le conducteur avait la possibilité de prévoir et de prévenir par une vérification préalable de l'état de sa voiture avant d'en faire usage, ne saurait à elle seule constituer la force majeure, sans que les juges du fond aient spécifié les circonstances d'où résulte le caractère imprévisible et inévitable de ce fait. »

Cass. Crim. 15 novembre 2006 N° 06-80087 Dr. pénal 2007 Comm. 16 : « la contrainte ne peut résulter que d'un événement imprévisible et insurmontable ».

Ne peut être considéré comme imprévisible l'état de santé invoqué par le prévenu antérieur à la commission de l'infraction (Cass. Crim. 28 octobre 2009 N° 09-84484 Dr. pen. 2010 Comm. 4).

• Seconde condition : la force irrésistible

Les juges analysent cette notion avec grande sévérité.

Les juges retiennent plus facilement la contrainte physique (conditions météorologiques exceptionnelles, intervention d'un animal, ...) que la contrainte morale. Cette dernière n'exonérera l'auteur de toute responsabilité pénale que s'il a été impossible d'échapper au péril imminent que la menace faisait naître, sans commettre d'infraction.

Dans un arrêt du 3 octobre 1978 (D 79 360), la Cour d'appel de Basse-Terre a écarté la force majeure :

« *La simple incitation à commettre une infraction, spécialement à livrer des stupéfiants, ne saurait être assimilée à l'action d'une force irrésistible prévue par l'article 64 du Code pénal et ne fait nullement disparaître la culpabilité de l'auteur de l'infraction.* »

Cette notion de force majeure est rarement invoquée dans le droit des affaires, toutefois on peut citer un arrêt de la Cour de cassation du 30 mai 1972 (B 180) qui a exclu la force majeure :

« *Ne constitue pas un cas de force majeure la compensation effectuée d'office par une banque, entre les fonds reçus à titre de mandat par le mandataire et le compte personnel de celui-ci, dès lors qu'il lui appartenait de prendre toutes mesures utiles pour que cette compensation ne se produise pas.* »

Un sieur Dabrowiecki soutenait que les fonds provenant de ses clients (la société Pierany) avaient été déposés à la Deutschbank et que cet établissement les avaient compensés d'office avec son compte personnel. Il soutenait que le détournement avait eu lieu malgré lui.

Les juges ont exclu le caractère irrésistible de l'événement :

« *La force majeure prétendument tirée de l'opération effectuée par la Deutschbank, n'aurait pu résulter que d'événements provenant d'une cause étrangère, auxquels l'agent n'aurait pu résister et que tel n'était pas le cas.* »

C'est cette notion que le juge d'instruction a retenue pour rendre une ordonnance de non lieu en faveur de Madame Humbert et du docteur Chaussoy, après le décès de Vincent Humbert. Pour Madame Humbert ont été retenues une contrainte interne (envahissement de ses sentiments, devoir de loyauté envers son fils) et externe (publication de son livre et appel au chef de l'État). Pour le Docteur Chaussoy, sont évoqués la contrainte de la compassion à l'égard de la mère, la contrainte médiatique et le souci de préserver la dignité du malade.

b) La volonté faussée : l'erreur

– L'erreur de droit.

Pour voir sa responsabilité écartée, peut-on invoquer son ignorance de la loi ?

Il existe en France un principe général du droit : « Nul n'est censé ignorer la loi ».

La seule faveur accordée aux justiciables est la possibilité de soulever une exception d'ignorance quand l'infraction a été réalisée dans les trois jours qui suivent la publication au *Journal Officiel*.

Le Code pénal est venu légaliser la notion d'erreur de droit en son article 122-3 :

> « *N'est pas pénalement responsable la personne qui justifie avoir cru, par une erreur sur le droit qu'elle n'était pas en mesure d'éviter, pouvoir légitimement accomplir l'acte.* »

Cette admission légale de l'erreur de droit dans des conditions exceptionnelles présente de nombreux avantages au regard de l'équité.

Toutefois les magistrats ne retiennent l'erreur de droit que si l'erreur a porté sur une règle de droit et si le prévenu n'était pas en mesure de l'éviter. (Cass. Crim. 15 novembre 1995 Dr. pénal 96 Comm. 56)

Cass. Crim. 11 octobre 1995 Dr. pénal 96 Comm. 56 :

> « *que ne saurait constituer une telle erreur, celle qui est relative au sens ou à la portée d'une décision judiciaire susceptible d'être interprétée par le juge.* »

(voir dans le même sens Cass. Crim. 19 mars 1997 Dr. pénal 98 Comm. 107 ; Cass. Crim. 17.02.1998 B Crim. N° 60 ; Cass. Crim. 12 décembre 2006 N° 05-83235 Bull. Crim. 2006 N° 218.)

En revanche est soumis à une erreur de droit inévitable l'employeur qui applique, à tort, un accord professionnel moins favorable que la loi mais conclu sous l'égide du gouvernement (Cass. Crim. 24 novembre 1998 Dr. pénal 2000 Comm. 22).

A été déclaré erreur de droit le fait pour un individu de conduire avec son permis international, malgré l'annulation de son permis français, mais en possession d'une attestation remise par erreur (Cass. Crim. 11 mai 2006 N° 05-87099 Bull. Crim. 2006 N° 128).

– L'erreur de fait.

Pour voir sa responsabilité écartée, peut-on invoquer sa méprise ?

La réponse doit être nuancée. Il convient de distinguer l'influence de l'erreur, d'une part sur les infractions intentionnelles et, d'autre part, sur celles non intentionnelles.

• Les infractions intentionnelles et l'erreur :

La méprise de l'agent sur les conditions matérielles d'une infraction peut faire disparaître la culpabilité. Ainsi une personne qui prend par erreur le vêtement d'une autre ressemblant au sien ne peut être poursuivie pour vol, faute de volonté délictueuse.

L'absence de culpabilité ne sera pas systématique, outre l'obligation de preuve incombant à celui qui l'invoque, l'erreur peut laisser subsister une infraction non intentionnelle. Ainsi un pharmacien qui se trompe dans une préparation et qui fait absorber par erreur un produit dangereux à un client ne sera pas poursuivi pour crime d'empoisonnement mais pour délit d'homicide par imprudence.

• Les infractions non intentionnelles et l'erreur :

Elle ne vient pas exonérer la responsabilité de l'agent, elle vient au contraire la démontrer. Elle ne sera exonératrice que si elle présente les caractéristiques de la force majeure. Les exemples jurisprudentiels sont excessivement rares.

Cass. Crim. 16 novembre 1866 (DP 1867 1 87) :

« *Ainsi, lorsque, dans une battue aux loups régulièrement autorisée, l'un des habitants convoqués a tué un chevreuil en croyant tirer sur un loup, le juge correctionnel refuse avec raison de voir dans ce fait un délit de chasse, s'il est certain pour lui que cet habitant n'a ni connu ni pu connaître l'animal sur lequel il tirait et qu'il a été induit en erreur par les coups de feu que d'autres venaient de tirer avant lui sur le même animal en croyant également poursuivre un loup.* »

2) *L'absence de clairvoyance*

a) *Le trouble psychique ou neuropsychique*

Le Code pénal de 1810 parlait de démence.

Le nouveau Code pénal modifie ce terme pour une nouvelle formule bien décevante : « *n'est pas pénalement responsable la personne qui était atteinte, au moment des faits, d'un trouble psychique ou neuropsychique ayant aboli son discernement ou le contrôle de ses actes* » (art. 122-1).

Lorsqu'il y a abolition du discernement, c'est-à-dire aliénation totale, il y a irresponsabilité pénale. Seules des mesures administratives peuvent être prises à l'encontre du délinquant.

La preuve de cette aliénation se fait par expertise.

De nombreux médecins pensent qu'effacer le crime sans juger le criminel est source de traumatisme pour les victimes et fait perdre au délinquant sa nature humaine.

Depuis la loi N° 2008-174 du 25 février 2008, le juge d'instruction peut soit rendre une ordonnance d'irresponsabilité pénale, soit transmettre le dossier aux fins de saisine de la chambre d'instruction. Cette transmission est faite à la demande du procureur de la République ou d'une partie (article L. 706-120 du CPP). Peuvent être ordonnées une hospitalisation d'office (article L. 706-135 du CPP) et diverses mesures de sûreté (article L. 706-136 du CPP).

Lorsque le jugement de l'individu est seulement altéré, en cas d'aliénation partielle, la personne reste pénalement responsable. Mais la juridiction va devoir en tenir compte pour fixer la peine et le régime de celle-ci.

b) L'enfance

Si la majorité pénale a été fixée à 18 ans comme en matière civile, en revanche, la responsabilité pénale demeure fixée à 13 ans.

Tout individu âgé de moins de 13 ans est inapte à toute sanction pénale.

Une ordonnance du 2.02.1945 a prévu l'application de mesures de redressement.

La Cour de cassation, dans un arrêt en date du 13.02.1956 (D 57 349), dans un souci libéral a prévu que ces mesures de redressement ne soient applicables qu'à celui qui a voulu et compris son acte :

> « *Toute infraction même non intentionnelle suppose que son auteur ait agi avec intelligence et volonté ; si les articles 1 et 2 de l'ordonnance du 2.02.1945, modifiés par la loi du 24 mai 1951, posent le principe de l'irresponsabilité pénale du mineur, abstraction faite du discernement de l'intéressé, et déterminent les juridictions compétentes pour statuer lorsqu'un fait qualifié crime ou délit est imputé à des mineurs de 18 ans et pour prendre à leur égard les mesures de redressement approprié, encore faut-il, conformément aux principes généraux du droit, que le mineur dont la participation à l'acte matériel lui est reproché est établie, ait compris et voulu cet acte ; par suite, en cas de blessures par imprudence imputé à un enfant de 6 ans, un arrêt décide à bon droit qu'à cause de son jeune âge le mineur ne pouvait, faute de raison suffisante, répondre devant la Juridiction Pénale des enfants de l'infraction relevée contre lui.* »

L'ordonnance de 1945 a prévu quand le délinquant est âgé de plus de 13 ans, la possibilité de le condamner à une peine, lorsque les circonstances et la personnalité du délinquant leur paraîtront l'exiger.

Dans le cas inverse, des mesures de protection, d'assistance, de surveillance et d'éducation sont appliquées.

Le Code pénal en son article 122-8 réaffirme ces principes et renvoie le lecteur vers l'ordonnance du 2 février 1945.

L'unification souhaitée des différents textes ne s'est pas réalisée.

Depuis 2007, il y a eu de nombreuses modifications concernant la garde à vue, le contrôle judiciaire, la détention provisoire...

SECTION II
La classification des infractions

Les éléments constitutifs de l'infraction (élément légal, élément matériel, élément moral) servent de fondement au classement des infractions.

§1. LES CLASSIFICATIONS FONDÉES SUR L'ÉLÉMENT LÉGAL

Le législateur a prévu deux grandes classifications :

– la première est la division tripartite (crimes, délits, contraventions) fondée sur la peine ;

– la seconde est la division fondée sur la nature de l'infraction (celle de droit commun, celle politique et celle militaire).

A) La division tripartite fondée sur la peine

Pour des intérêts pratiques importants, il est indispensable de classer une infraction dans la catégorie des crimes, des délits ou des contraventions.

1) Le critère de différenciation

Le critère choisi par le législateur est celui de la peine qui est exclusif de tout autre.

a) Le principe

Il est posé à l'article 111-1 du Code pénal :

« *Les infractions pénales sont classées, suivant leur gravité, en crimes, délits et contraventions.* »

Le législateur a prévu une échelle des peines précise sur laquelle il conviendra de revenir lorsque sera abordée la sanction dans le chapitre suivant.

D'ores et déjà, il faut préciser quelles sont ces différentes peines principales.

– En matière de contravention, les peines encourues par les personnes physiques sont l'amende (montant maximum de 1 500 €) et des peines privatives ou restrictives de droits pour les contraventions les plus graves (celles de 5e classe). Le Code pénal a supprimé l'emprisonnement.

– En matière de délit, les peines encourues par les personnes physiques sont l'emprisonnement (durée maximum de 10 ans), l'amende, le jour-amende, le travail d'intérêt général, des peines privatives ou restrictives de droits.

– En matière de crime, les peines encourues par les personnes physiques sont la réclusion ou la détention criminelle à perpétuité ; la réclusion criminelle ou la détention criminelle à temps (30 ans ; 20 ans ; 15 ans au plus).

La réclusion est la peine prononcée pour les infractions de droit commun et la détention est le terme utilisé pour les infractions politiques.

L'article 131-2 du Code pénal ajoute que ces peines ne sont pas exclusives d'une peine d'amende.

Ont été supprimés le bannissement et la dégradation civique.

b) Les applications

Pour chaque infraction est prévue une sanction. C'est la peine qui détermine la nature de l'infraction.

Quand le législateur prévoit la possibilité de circonstances aggravantes modifiant la peine, c'est également la peine maximum qui va donner la qualification exacte. C'est ce qui explique la présence de certains voleurs devant les Cours d'assises quand l'infraction a été commise avec des circonstances aggravant la peine. Elles ont eu pour effet de transformer le délit en crime.

C'est le cas lorsque le vol est accompagné de violence entraînant une mutilation ou une infirmité permanente.

Quand le juge décide de réduire la peine fixée par le législateur à l'échelon inférieur (une peine criminelle devient correctionnelle), la nature de l'infraction n'est pas modifiée (le crime reste crime). Seule la peine est modulée.

2) *Les intérêts principaux de la différenciation*

a) *Les intérêts relatifs à la définition de l'infraction*

• La source légale

– pour les crimes et les délits, le pouvoir législatif est seul compétent ;

– pour les contraventions, le pouvoir exécutif est compétent (art. 111-2 du Code pénal).

• La tentative

– en matière de crime, elle est toujours punissable ;

– en matière de délit, elle n'est punissable que si un texte de loi le prévoit ;

– en matière de contravention, elle n'est pas punissable.

b) *Les intérêts relatifs à la sanction*

Il faut distinguer les règles relatives à la procédure de celles relatives aux sanctions.

• La procédure

– la compétence : la Cour d'assises est compétente pour connaître des crimes. Les Tribunaux Correctionnels sont compétents pour connaître des délits. Les Tribunaux de Police sont compétents pour connaître des contraventions, de cinquième classe.

Les contraventions des quatre premières classes relèvent du juge de proximité.

– les poursuites : le délai de prescription de l'action publique varie selon la catégorie (c'est le délai après lequel on ne peut plus poursuivre devant les Juridictions Pénales l'auteur d'une infraction). Le délai est de 10 ans en matière de crime, de 3 ans en matière de délit et d'un an en matière de contravention (article 7, 8, 9 du Code de procédure pénale) ;

– l'instruction : elle est obligatoire en matière de crime, facultative en matière de délit, et possible en matière de contravention (depuis 1959) à la requête du Procureur de la République (article 79 CPP).

• La sanction

– la règle du non cumul des peines que nous retrouverons dans le chapitre suivant n'est applicable qu'en matière de crime et de délit pour des peines de même nature. En revanche, les peines d'amende se cumulent entre elles (article 132-7 du Code pénal) ;

– la prescription de la peine (délai après lequel on ne peut plus faire subir à un condamné sa peine). Le délai est de 20 ans en matière de crime, de 5 ans en matière de délit et de trois ans en matière de contravention (art. 133-2 à 133-4 du Code pénal).

B) La division tripartite fondée sur 1a nature de l'infraction

Toute infraction qualifiée de crime, de délit ou de contravention va rentrer systématiquement dans une deuxième classification qui a ses propres intérêts : les infractions de droit commun, les infractions politiques et les infractions militaires.

1) Les infractions de droit commun et les infractions politiques

a) Le critère distinctif

Le législateur n'a pas fourni de critère précis pour différencier une infraction politique d'une infraction de droit commun. La seule indication qui nous est donnée consiste dans la fixation d'une échelle de peines particulière pour les crimes politiques.

En revanche, pour les délits, les peines ne sont pas spécifiques et la distinction n'est pas toujours aisée.

Certaines infractions ne soulèvent aucune difficulté telles que celles contre la sûreté de l'État ou contre la Constitution. Mais la solution n'est pas toujours évidente aussi la doctrine a échafaudé deux théories :

– la première retient un critère objectif où est pris en considération la nature du droit violé, l'objet de l'infraction ;

– la seconde retient un critère subjectif où est pris en considération les motifs qui ont poussé l'agent à commettre les faits délictueux.

La jurisprudence n'est pas favorable à cette seconde théorie. (Cass. Crim. 23.02.1954 D 55 465). Elle retient comme politique l'infraction troublant l'ordre politique (opposé aux intérêts privés) :

Cass. Crim. 9.12.1971 (B N° 348) :

« *L'action concertée menée à force ouverte par un groupe et au cours de laquelle des violences ont été exercées sur les personnes et des dommages causés aux biens constitue, quel que soit le mobile qui ait animé ses auteurs, une infraction de droit commun justifiant l'application de la contrainte par corps.* »

b) Les intérêts de cette distinction

Ils sont principalement au nombre de deux.

• Le premier : la compétence

Avant la loi du 4 août 1981, il existait une juridiction particulière habilitée à connaître des crimes et des délits contre la sûreté de l'État commis en temps de paix.

Cette juridiction d'exception s'appelait : la Cour de Sûreté de l'État.

Depuis la loi du 4 août 1981 supprimant cette juridiction, un des principaux intérêts a disparu. Les infractions politiques sont désormais jugées en temps de paix par les juridictions de droit commun et en temps de guerre par les juridictions des forces armées. Il subsiste quelques particularités concernant la composition de ces juridictions de droit commun que nous retrouverons lors de l'étude de ces juridictions (dans le chapitre suivant).

• Le second : les peines

– Il existe des peines criminelles particulières : la détention criminelle à perpétuité, la détention criminelle à temps.

C'est une ordonnance du 4 juin 1960 qui a remplacé les travaux forcés par la détention criminelle à perpétuité ainsi que la déportation dans une enceinte fortifiée en une détention criminelle à temps.

– Il n'existe pas de peines correctionnelles spécifiques.

2) Les infractions de droit commun et les infractions militaires

a) Le critère distinctif

Le Code de Justice Militaire (CJM) a prévu en son titre II (du livre III) les principales infractions d'ordre militaire :

– celles tendant à soustraire leur auteur à ses obligations militaires ;
– celles contre l'honneur ou le devoir ;
– celles contre la discipline ;
– les infractions aux consignes.

À ces infractions, il faut ajouter les infractions de droit commun commises par des militaires dans l'exécution du service.

b) Les intérêts de cette distinction

• Le premier : la compétence

Depuis la loi du 21 juillet 1982 qui a supprimé les Tribunaux Permanents des Forces Armées (TPFA), les infractions militaires commises en temps de paix sont désormais du ressort des juridictions de droit commun. En temps de guerre, les infractions militaires sont du ressort des juridictions des forces armées (article 697 du CPP).

• Le second : les peines

Il n'existe pas de peines principales spécifiques, en revanche, le CJM a prévu des peines venant s'ajouter aux peines de droit commun : exclusion de l'armée, privation de grade, privation du droit de porter des insignes (article L. 311-3 du CJM).

Au niveau de l'exécution des sanctions, il existe quelques particularités. Citons deux exemples :

– la condamnation ne fait pas perdre le bénéfice du sursis (article L. 265-2 du CJM) ;

– la condamnation ne constitue pas le condamné en état de récidive (article L. 265-3 du CJM).

§2. LES CLASSIFICATIONS FONDÉES SUR L'ÉLÉMENT MATÉRIEL

Nous avons déjà défini les principales classifications fondées sur l'élément matériel :

– les infractions de commission et d'omission ;
– les infractions matérielles et formelles ;
– les infractions simples et complexes ;
– les infractions instantanées et continues ;
– les infractions simples et d'habitude.

Quelques précisions supplémentaires doivent être données pour comprendre l'intérêt de toutes ces distinctions.

1) Les infractions instantanées et continues

• Premier intérêt : le délai de prescription de l'action publique

Pour les infractions instantanées : il court du jour de l'accomplissement de l'infraction (l'action ou l'omission).

Pour les infractions continues : il ne commence à courir que du jour où l'infraction cesse (exemple : dans l'hypothèse d'un port illégal de décoration, le jour où cesse le port).

• Second intérêt : la compétence

L'article 382 du CPP énonce :

« *Est compétent le Tribunal correctionnel du lieu de l'infraction, celui de la résidence du prévenu ou celui du lieu d'arrestation ou de détention de ce dernier...* »

Pour les infractions continues, il peut exister différents lieux de l'infraction et par là même, plusieurs tribunaux compétents.

• Troisième intérêt : la rétroactivité in mitius

Une loi nouvelle plus sévère peut s'appliquer aux infractions continues. Ceci se vérifie quand elle est promulguée alors que l'infraction commencée sous l'empire d'un texte ancien se prolonge après l'entrée en vigueur du texte nouveau.

• Quatrième intérêt : la possibilité d'une nouvelle poursuite

Elle sera possible pour les infractions continues lorsque les mêmes faits délictueux se poursuivent après une première condamnation devenue définitive.

2) Les infractions matérielles et formelles

Un des intérêts de la distinction réside dans un problème déjà abordé : celui de la tentative.

Dans les infractions matérielles tant que le résultat n'a pas été consommé, le désistement volontaire reste possible.

En revanche, dans les infractions formelles, le résultat importe peu. Elles sont consommées même si le résultat est inexistant. Aussi, le désistement n'est pas possible, seul le repentir actif est envisageable.

3) Les infractions d'habitude

Le délai de prescription de l'action publique commence à courir à compter du dernier acte constitutif de l'habitude.

4) Les infractions flagrantes et non flagrantes

L'infraction flagrante est celle qui est en train de se commettre ou qui vient de se commettre. L'infraction non flagrante a été commise depuis un certain temps.

L'intérêt de la distinction réside dans l'application d'une procédure particulière plus rapide, applicable aux seules infractions flagrantes appelée comparution immédiate.

§3. LES CLASSIFICATIONS FONDÉES SUR L'ÉLÉMENT MORAL

On différencie les infractions intentionnelles des infractions non intentionnelles.

- Premier intérêt : l'erreur de fait

Il a déjà été indiqué que l'erreur de fait peut exclure l'infraction intentionnelle alors qu'elle est sans effet sur les infractions non intentionnelles.

- Second intérêt : la tentative n'est jamais prévue par le législateur pour les infractions non intentionnelles.

- Troisième intérêt : la preuve de l'élément moral

Dans les infractions intentionnelles, il incombe à l'accusation de rapporter la preuve de l'intention coupable, le doute devant profiter à l'accusé.

Dans les infractions non intentionnelles où seule une faute est exigée, l'accusation se contente de relever la faute.

CHAPITRE II

La répression de l'infraction

Après avoir défini l'infraction, doivent être présentés les divers protagonistes au procès pénal :

– quel juge ?
– quelle sanction ?
– quel auteur ?
– quelle victime ?

SECTION I
Le juge de l'infraction

Les juridictions répressives comprennent les juridictions d'instruction et les juridictions de jugement.

Les premières sont chargées de rassembler les preuves et de décider ou non du renvoi de la personne mise en examen devant les secondes.

§1. LES JURIDICTIONS D'INSTRUCTION

Elles sont saisies dans diverses hypothèses après le plus souvent une enquête préliminaire permettant au Procureur de la République de recueillir des renseignements utiles pour prendre une décision en ce qui concerne les poursuites. Dans le cadre de cette enquête la police judiciaire va pouvoir procéder à des auditions de toute personne susceptible d'apporter des indications, procéder à des gardes à vue.

La garde à vue ne doit pas être confondue avec la rétention. Il s'agit du maintien d'une personne dans un local de police pour une durée ne pouvant excéder quatre heures (art. 62 du CPP).

La loi N° 2011-392 du 14 avril 2011 a modifié diverses règles relatives à la garde à vue (voir les chroniques de G. Roujou de Boubée D 2011 1570 et de M. Murbach AJ pénal 2011 359).

Peut être placée en garde à vue la personne « *à l'encontre de laquelle il existe une ou plusieurs raisons plausibles de soupçonner qu'elle a commis ou tenté de commettre un crime ou un délit puni d'une peine d'emprisonnement (art. 62-2 du CPP)* ».

Le délai est de 24 heures. Une prolongation de 24 heures est possible sur autorisation écrite et motivée du procureur de la République si l'infraction est un crime ou un délit passible d'emprisonnement supérieur ou égal à un an. Il existe un régime particulier pour les mineurs.

La personne gardée à vue dispose de droits.

Elle dispose d'un droit à l'information : l'officier de police judiciaire informe la personne gardée à vue sur les motifs de son placement ; sur le droit d'être assisté d'un avocat ; sur le droit de se taire ; sur la possibilité d'être examiné par un médecin (art. 63-1 du CPP).

Elle dispose d'un droit d'informer : elle peut faire prévenir un proche (art. 63-2 du CPP) et son employeur.

La personne peut « *faire prévenir sans délai par téléphone une personne avec laquelle il vit habituellement ou l'un de ses parents en ligne directe, l'un de ses frères et sœurs ou son employeur* » (articles 63-2 CPP).

La personne peut solliciter un avocat dès le début de la garde à vue. Il existe un régime exceptionnel pour certaines infractions (article 63-4 du CPP).

L'assistance de l'avocat concerne l'audition et la confrontation. Durant l'audition, l'avocat a un rôle d'observateur. Il peut intervenir au terme de l'audition en posant des questions à son client (art. L. 63-4-3 al. 2 du CPP).

Lorsque la police a terminé l'enquête préliminaire, elle en transmet les résultats au Procureur de la République afin que ce dernier prenne une décision sur les poursuites éventuelles.

Le ministère public va pouvoir requérir l'ouverture d'une information en saisissant par un réquisitoire introductif un juge d'instruction.

A) Le juge d'instruction : juridiction d'instruction du premier degré

Il est saisi soit par un réquisitoire introductif du Procureur de la République, soit par une plainte avec constitution de partie civile de la victime (article 51 du CPP).

L'instruction est obligatoire en matière de crime ; elle est facultative en matière de délit ; elle peut avoir lieu en matière de contravention si le Procureur de la République le requiert.

Le rôle du juge d'instruction est double :

– il est chargé à la fois d'informer (l'organe informateur) ;

– il est habilité à rendre des décisions juridictionnelles (l'organe juridictionnel).

1) L'organe informateur

L'article 81 du Code de procédure pénale précise :

« *Le juge d'instruction procède conformément à la loi, à tous les actes d'information qu'il juge utiles à la manifestation de la vérité. Il instruit à charge et décharge.* »

La recherche des preuves peut être accomplie personnellement ou sur délégation (commission rogatoire).

a) La recherche personnelle

• Divers moyens sont mis à la disposition du juge pour informer.

Il peut prescrire une enquête sur la personnalité de l'inculpé, sa situation matérielle, familiale ou sociale (art. 81 al. 5 CPP). En matière criminelle, il s'agit d'une obligation.

Il peut prescrire un examen médical.

Il peut se transporter sur les lieux pour effectuer toutes constatations utiles (art. 92 CPP).

Il peut procéder à des perquisitions et saisies (art. 92 CPP).

Il peut, sous certaines conditions prescrire « l'interception, l'enregistrement et la transcription de correspondances émises par la voie des télécommunications » (art. 100 CPP).

Il peut entendre toutes les personnes dont la déposition lui paraît utile (art. 101 CPP).

Il peut mettre en examen toute personne à l'encontre de laquelle il existe des indices graves ou concordants faisant présumer qu'elle a participé à une infraction.

Cette mise en examen résulte de l'interrogatoire de première comparution. Un témoin assisté peut également être mis en examen à la suite d'un interrogatoire ou de l'envoi d'une lettre recommandée.

Le juge d'instruction ne peut mettre en examen que s'il estime ne pas pouvoir recourir à la procédure de témoin assisté (article 80-1 al. 3 du CPP). Ce statut existe depuis 1987.

Ce statut se situe entre celui de témoin et celui de mis en examen.

Comme un témoin, il ne peut pas être mis en détention provisoire ou placé sous contrôle judiciaire ; il ne peut pas faire l'objet d'une ordonnance de renvoi en jugement.

Comme une personne mise en examen, il peut être assisté par un avocat ; il ne prête pas serment ; il est informé et reçoit l'ordonnance de règlement (voir la chronique de J. Pradel « Les personnes suspectes ou poursuivies après la loi du 15 juin 2000 » D 2001 chro. 1114).

Toute personne accusée d'une infraction est présumée innocente jusqu'à ce que sa culpabilité ait été établie. Cette culpabilité ne peut pas résulter de la mise en examen. Chacun a droit au respect de la présomption d'innocence.

Il peut interroger la personne mise en examen en respectant les règles établies aux articles 114 et s. du CPP, et organiser des confrontations.

Lors de la première comparution, le juge d'instruction doit faire connaître à la personne mise en examen les faits qui lui sont imputés et l'avertir qu'elle est libre de ne faire aucune déclaration. Le juge doit aviser la personne mise en examen de son droit de choisir un avocat ou d'en faire désigner un d'office.

Lors des interrogatoires ultérieurs, les avocats doivent être convoqués au plus tard cinq jours ouvrables avant l'interrogatoire et la procédure doit être mise à leur disposition quatre jours ouvrables au plus tard avant chaque interrogatoire (art. 114 al. 2 du CPP).

Les avocats peuvent se faire délivrer la copie de pièces ou d'actes du dossier mais pour leur usage exclusif (Cass. Ass. plén. 30 juin 1995 D 95 J 417 note Pradel).

• Pour obliger les individus à comparaître devant lui, il dispose d'importants pouvoirs.

L'article 122 du CPP l'autorise à décerner quatre mandats différents. Il s'agit :

– du mandat de recherche qui est l'ordre donné à la force publique de rechercher la personne à l'encontre de laquelle il est décerné en vue de la placer en garde à vue ;

– du mandat de comparution qui met en demeure la personne de se présenter devant le juge d'instruction ;

– du mandat d'amener qui est l'ordre donné à la force publique de conduire la personne immédiatement devant le juge d'instruction ;

– du mandat d'arrêt qui est l'ordre donné à la force publique de rechercher la personne et de la conduire devant lui ou dans une maison d'arrêt.

b) La commission rogatoire

Lorsque le juge d'instruction est dans l'impossibilité de procéder personnellement à tous les actes d'instruction, « il peut donner commission rogatoire aux officiers de Police Judiciaire afin de leur faire exécuter tous les actes d'information nécessaires dans les conditions et sous les réserves prévues aux articles 151 et 152 » (art. 81 du CPP).

De plus, le juge peut requérir par commission rogatoire tout juge de son tribunal, tout juge d'instance du ressort de ce tribunal ainsi que tout officier de Police Judiciaire et tout juge d'instruction en vue de procéder « aux actes d'information qu'il estime nécessaires dans les lieux soumis à la juridiction de chacun d'eux » (art. 151 du CPP).

L'objet de la commission rogatoire doit porter sur des actes d'instruction se rattachant directement à la répression de l'infraction visée aux poursuites.

Dans un arrêt de la Cour de cassation du 12 février 1985 (JCP 86. II. 20587), une évolution jurisprudentielle a été amorcée pour élargir l'objet des commissions rogatoires :

> « *De la combinaison des articles 81 alinéa 1 et 151 alinéa 3 du Code de procédure pénale, il résulte que le juge d'instruction, à qui il appartient de procéder à tous les actes utiles à la manifestation de la vérité, et qui peut, à cette fin, requérir par commission rogatoire l'accomplissement d'actes d'instruction se rattachant directement à la répression de l'infraction visée aux poursuites, a la faculté d'ordonner par ce moyen les recherches propres à déterminer les circonstances dans lesquelles ladite infraction a été commise.* »

2) L'organe juridictionnel

Le juge d'instruction peut se prononcer par voie d'ordonnance sur des questions contentieuses.

a) L'ordonnance de mise sous contrôle judiciaire

Si en principe la personne mise en examen reste libre, le juge peut prononcer le contrôle judiciaire en raison des nécessités de l'instruction ou à titre de mesures de sûreté.

Il peut être prononcé dès que la personne mise en examen encourt une peine d'emprisonnement. Le contrôle judiciaire a pour but d'éviter les inconvénients de la mise en détention et de laisser à l'individu le maximum de liberté compatible avec les nécessités de l'instruction. La personne n'est pas incarcérée, il subit certaines restrictions dont une liste est établie à l'article 138 du CPP. Toutes ces mesures sont de nature à faciliter sa surveillance (par exemples l'interdiction de quitter le territoire, fournir un cautionnement...).

b) Les ordonnances de règlement

Quand le juge d'instruction a terminé l'information, il doit communiquer le dossier au Procureur de la République. Celui-ci doit lui adresser ses réquisitions dans un délai d'un mois si la personne mise en examen est détenue et de trois mois dans les autres cas (art. 175 du CPP).

– *L'ordonnance de non-lieu*

Si le juge estime les charges insuffisantes ou si les faits ne constituent pas une infraction, il prononce une ordonnance de non-lieu (art. 177 du CPP).

– *L'ordonnance de renvoi*

Si les faits constituent une contravention, il rend une ordonnance de renvoi devant le Tribunal de Police ou la juridiction de proximité. Si les faits constituent un délit, il rend une ordonnance de renvoi devant le Tribunal correctionnel.

Dans les deux cas, la personne mise en examen devient prévenu (art. 178 et 179 du CPP).

– *L'ordonnance de mise en accusation*

Si les faits constituent un crime, le juge d'instruction transmet le dossier avec son ordonnance au procureur de la République. Ce dernier doit l'envoyer au greffe de la Cour d'assises (article 181 CPP).

c) *Les ordonnances en matière d'expertise*

Dans divers cas, le juge d'instruction doit rendre une ordonnance motivée en cas d'expertise (exemple : le refus d'expertise).

B) Le juge des libertés et de la détention

Il peut ordonner un contrôle judiciaire ou mettre en détention. La détention provisoire est une mesure exceptionnelle puisqu'elle aboutit à incarcérer la personne mise en examen.

La loi du 15 juin 2000 a dépossédé le juge d'instruction au profit du juge des libertés et de la détention. Il s'agit d'un magistrat du siège ayant rang de président, de premier vice président ou de vice président.

Il est saisi par une ordonnance motivée du juge d'instruction.

1) Les conditions

Il existe de nombreuses conditions :

– les conditions du prononcé.

La détention est toujours possible en matière criminelle.

En matière correctionnelle, le mis en examen doit encourir une peine d'emprisonnement supérieure ou égale à trois ans.

– les conditions relatives au cas de détention.

L'art. 144 du Code de procédure énonce les cas :

« *La détention provisoire ne peut être ordonnée ou prolongée que s'il est démontré, au regard des éléments précis et circonstanciés*

résultant de la procédure, qu'elle constitue l'unique moyen de parvenir à l'un ou plusieurs des objectifs suivants et que ceux-ci ne sauraient être atteints en cas de placement sous contrôle judiciaire ou d'assignation à résidence avec surveillance électronique :
1° Conserver les preuves ou les indices matériels qui sont nécessaires à la manifestation de la vérité ;
2° Empêcher une pression sur les témoins ou les victimes ainsi que sur leur famille ;
3° Empêcher une concertation frauduleuse entre la personne mise en examen et ses coauteurs ou complices ;
4° Protéger la personne mise en examen ;
5° Garantir le maintien de la personne mise en examen à la disposition de la justice ;
6° Mettre fin à l'infraction ou prévenir son renouvellement ;
7° Mettre fin au trouble exceptionnel et persistant à l'ordre public provoqué par la gravité de l'infraction, les circonstances de sa commission ou l'importance du préjudice qu'elle a causé. Ce trouble ne peut résulter du seul retentissement médiatique de l'affaire. Toutefois, le présent alinéa n'est pas applicable en matière correctionnelle. »

La jurisprudence a suivi la modification opérée par la loi du 20 novembre 2009. La détention provisoire doit être exceptionnelle. Le contrôle judiciaire et l'assignation à résidence avec surveillance électronique doivent avoir été préalablement envisagés (Cass. Crim. 12 octobre 2010 N° 10-85370 Bull. Crim. 2010 N° 155).

– les conditions de forme.

Elles sont prévues à l'article 145 du CPP :

« *Le juge des libertés et de la détention saisi par une ordonnance du juge d'instruction tendant au placement en détention de la personne mise en examen fait comparaître cette personne devant lui, assistée de son avocat si celui-ci a déjà été désigné, et procède conformément aux dispositions du présent article.*
« *Au vu des éléments du dossier et après avoir, s'il l'estime utile, recueilli les observations de l'intéressé, ce magistrat fait connaître à la personne mise en examen s'il envisage de la placer en détention provisoire.*
« *S'il n'envisage pas de la placer en détention provisoire, ce magistrat, après avoir le cas échéant ordonné le placement de la personne sous contrôle judiciaire, procède conformément aux deux derniers alinéas de l'article 116 relatifs à la déclaration d'adresse.*
« *S'il envisage d'ordonner la détention provisoire de la personne, il l'informe que sa décision ne pourra intervenir qu'à l'issue d'un débat contradictoire et qu'elle a le droit de demander un délai pour préparer sa défense.* »

C'est désormais au juge des libertés et de la détention de délivrer les mandats de dépôt (ordre donné au chef de l'établissement pénitentiaire de recevoir la personne mise en examen à l'encontre de laquelle a été rendue une ordonnance aux fins de placement en détention provisoire).

2) Les effets

La détention s'effectue dans une maison d'arrêt. Le temps réalisé en détention provisoire va s'imputer sur la peine privative de liberté.

a) La durée

– En matière correctionnelle, si la personne mise en examen n'a pas déjà été condamnée à une peine criminelle ou à une peine d'emprisonnement sans sursis supérieure à un an et si la peine encourue est inférieure ou égale à cinq ans, la durée ne peut excéder quatre mois.

Dans les autres cas un renouvellement est possible dans la limite de 12 mois.

À titre exceptionnel, la durée totale est portée à deux ans si les faits ont été commis hors du territoire national ou si la personne est poursuivie pour trafic de stupéfiants, terrorisme, association de malfaiteurs, proxénétisme, extorsion de fonds, infraction commise en bande organisée et si elle encourt une peine égale à dix ans d'emprisonnement (art. 145-1 du CPP).

– En matière criminelle, la durée de la détention maximum est d'un an. Mais des prolongations sont prévues par la loi : jusqu'à deux ans si la peine encourue est inférieure à vingt ans et trois ans si la peine encourue est supérieure ou égale à 20 ans (article 145-2 du CPP).

À titre exceptionnel, le délai peut être porté à quatre ans (terrorisme, trafic de stupéfiants...).

b) Le terme

Le juge d'instruction ou le juge des libertés et de la détention peut décider la mise en liberté sans demande du mis en examen.

En règle générale, c'est le principal intéressé qui la demande.

Il en fait la demande au juge d'instruction qui transmet le dossier au Procureur de la République. Ce dernier donne son avis. Le juge d'instruction peut décider la mise en liberté. En cas de refus, il transmet le dossier au juge des libertés et de la détention.

Il peut également saisir la chambre d'instruction s'il n'a pas été interrogé par le juge d'instruction depuis plus de quatre mois (article 148-4 du CPP).

c) L'indemnisation pour détention abusive

Peut être indemnisé celui qui a été détenu alors qu'il a bénéficié d'un non lieu, d'une relaxe ou d'un acquittement. L'indemnité est allouée par le premier président de la Cour d'appel dans le ressort de laquelle la décision a été rendue. Un recours est possible devant la commission nationale d'indemnisation des détentions provisoires.

La commission est composée de trois magistrats de la Cour de cassation et d'un représentant du Ministère Public.

C) La Chambre de l'instruction : la juridiction d'instruction du second degré

C'est une section de la Cour d'appel. Elle est composée de trois magistrats (un président de Chambre et deux conseillers), et d'un représentant du Ministère Public (le Procureur général ou un Substitut).

C'est un organe juridictionnel qui a des attributions variées.

1) Ses attributions principales

– Elle est compétente pour connaître des appels interjetés contre les ordonnances du juge d'instruction et du juge des libertés et de la détention.

– La Chambre de l'instruction est habilitée à contrôler la régularité des actes d'instruction. Elle peut annuler certains actes.

2) Ses attributions complémentaires

Il convient de distinguer les attributions complémentaires de la Chambre de l'instruction de celles du Président de la Juridiction.

a) Les attributions de l'organe collégial

– Les demandes de réhabilitation

L'article 783 du nouveau Code de procédure pénale précise :

« *La réhabilitation est soit acquise de plein droit dans les conditions prévues par les articles 133-13 et suivants du Code pénal, soit accordée par la Chambre de l'instruction…* »

– La procédure d'extradition

Toute demande d'extradition est adressée au gouvernement français. Elle est transmise par le Ministère des Affaires Étrangères au Ministère de la Justice. Il est procédé à un interrogatoire de l'étranger dont il est dressé procès-verbal. La Chambre de l'instruction est alors saisie du dossier. L'étranger comparaît devant elle. La Juridiction donne son avis motivé sur la demande d'extradition (article 696-15 du CPP).

– Le pouvoir disciplinaire

La Chambre de l'instruction a la possibilité d'exercer un contrôle sur l'activité des fonctionnaires civils et militaires, officiers et agents de la Police Judiciaire, pris en cette qualité (art. 224 CPP).

b) Les attributions du Président de la Juridiction

Il doit s'assurer du bon fonctionnement des Cabinets d'instruction et il doit visiter les maisons d'arrêt du ressort de la Cour d'appel.

Il a un rôle important dans la procédure du « référé-liberté » (article 187-1).

§2. LES JURIDICTIONS DE JUGEMENT

Les Juridictions de jugement statuent au fond sur l'infraction dont elles ont été saisies soit sur renvoi du juge d'instruction ou de la Chambre de l'instruction, soit directement par le Ministère Public ou la partie lésée (citation directe).

Ces Juridictions prononcent une décision soit de condamnation à une peine, soit de relaxe (délits et contraventions), soit d'acquittement (crimes). Elles statuent également sur l'action civile.

On distingue les Juridictions de droit commun et les Juridictions d'exception.

– Les Juridictions de droit commun sont compétentes pour juger toutes les infractions d'une catégorie déterminée.

– Les Juridictions d'exception sont déclarées compétentes par un texte pour connaître soit d'infractions de nature spéciale, soit d'infractions dont l'auteur a une qualité particulière.

Les décisions rendues par ces Juridictions de jugement pourront faire l'objet de voies de recours.

A) Les Juridictions de droit commun

1) Le tribunal de police

– Son organisation

La Juridiction est composée d'un seul juge (le Juge d'Instance) et d'un représentant du Parquet qui est le Procureur de la République ou son Substitut pour les contraventions de 5e classe, ou le Commissaire de Police. Son siège est au chef-lieu de l'arrondissement.

Le législateur, depuis ces dernières années, a prévu des procédures particulières devant ce tribunal pour obtenir un résultat plus efficace.

Il s'agit de la procédure simplifiée (art. 524 à 528-2 CPP) et de la procédure de l'amende forfaitaire (art. 529 à 530-3 CPP).

– Sa compétence

• compétence d'attribution

Il connaît des contraventions de cinquième classe (art. 521 CPP). Répondent à cette définition les infractions que la loi punit d'une peine d'amende n'excédant pas 1 500 € et 3 000 € en cas de récidive.

• compétence territoriale

Le tribunal saisi doit être celui du lieu où la contravention a été commise, du lieu de sa constatation ou de la résidence du prévenu (art. 522 CPP).

2) Le Tribunal correctionnel

– Son organisation

C'est la forme pénale du Tribunal de Grande Instance. La Juridiction est composée de trois magistrats (un président et deux juges assesseurs). Le siège du Ministère Public est tenu par le Procureur de la République ou un de ses Substituts.

Depuis une loi du 29 décembre 1972, le tribunal peut dans certains cas être composé d'un seul magistrat.

L'article 398-1 du CPP modifié par la loi du 14 mars 2011 vise de nombreuses infractions.

Le recours au juge unique n'est pas automatique.

Le dernier alinéa de l'article 398-1 du CPP l'écarte dans plusieurs cas :

« *Toutefois, le tribunal statue obligatoirement dans les conditions prévues par le premier alinéa de l'article 398 lorsque le prévenu est en état de détention provisoire lors de sa comparution à l'audience ou lorsqu'il est poursuivi selon la procédure de comparution immédiate. Il statue également dans les conditions prévues par le premier alinéa de l'article 398 pour le jugement des délits prévus au présent article lorsque ces délits sont connexes à d'autres délits non prévus par cet article.*

Le siège du Tribunal correctionnel est au chef-lieu du département.

Dans chaque Tribunal de Grande Instance, il doit y avoir un ou plusieurs juges d'instruction et un ou plusieurs juges de l'application des peines chargés de suivre l'exécution des peines.

– Sa compétence

• compétence d'attribution

Le Tribunal correctionnel connaît des délits (art. 381, 697 et 702, CPP). Sont des délits les infractions que la loi punit d'un emprisonnement ou d'une amende supérieure ou égale à 3 750 €.

Depuis la loi du 21 juillet 1982, il connaît également d'une grande partie du contentieux de l'ancienne Juridiction militaire (en temps de paix). De même, il est appelé à connaître des infractions contre la sûreté de l'État ou de nature à porter atteinte à un secret de la Défense Nationale depuis la disparition de la Cour de sûreté de l'État (loi du 4 août 1981).

• compétence territoriale

Le tribunal saisi doit être celui dans le ressort duquel le délit a été commis ou celui de la résidence du prévenu ou de son lieu d'arrestation (art. 382 CPP).

Depuis une loi du 6 août 1975 certains tribunaux correctionnels ont été spécialisés par les délits économiques et financiers (articles 704 et 705 du CPP).

Depuis la loi N° 2011-939 du 10 août 2011 des citoyens pourront être appelés comme jurés pour compléter le tribunal correctionnel et la Chambre des appels correctionnels pour les délits les plus graves (articles 399-2 du CPP). Cette loi restera expérimentale jusqu'au premier janvier 2014. Ces citoyens assesseurs peuvent être également amenés à compléter le tribunal de l'application des peines et la chambre de l'application des peines de la Cour d'appel (articles 712-13-1, 720-4-1 et 730-1 CPP).

3) La Chambre des appels correctionnels

– Son organisation

C'est une formation de la Cour d'appel composée de trois magistrats (un président et deux conseillers).

Le siège du Ministère Public est tenu par le Procureur Général ou les Avocats Généraux.

– Sa compétence

Elle a pour fonction de juger en appel des décisions rendues au premier degré par les tribunaux de police et les tribunaux correctionnels.

Il existe une restriction en matière de contravention.

L'article 546 du Code de procédure pénale modifié par une loi du 1er février 1994 précise : « *la faculté d'appeler appartient au prévenu, à la personne civilement responsable, au procureur de la République et à l'officier du ministère public près le tribunal de police lorsque l'amende encourue est celle prévue pour les contraventions de la cinquième classe, lorsqu'a été prononcée la peine prévue par le 1° de l'article 131-16 du*

Code pénal (suspension du permis de conduire), ou lorsque la peine d'amende prononcée est supérieure au maximum de l'amende encourue pour les contraventions de la deuxième classe (150 € au plus). »

4) La Cour d'assises

– Son organisation

C'est une Juridiction intermittente ne se réunissant qu'une fois par trimestre sauf sessions supplémentaires nécessaires. Elle est en principe fixée au chef-lieu du département.

Elle est composée de façon hybride : d'une part de trois magistrats (le président et deux assesseurs), d'autre part d'un jury composé de six personnes lorsque la Cour statue en premier ressort (article 296 du CPP modifié par la loi N° 2011-939 du 10 août 2011) et d'un représentant du Parquet. Le recrutement des jurés est soumis à des règles précises (art. 254 et s. du CPP). Dans chaque commune, le maire tire au sort publiquement à partir de la liste électorale un nombre de noms. Il doit s'agir de citoyens, âgés de plus de vingt-trois ans, « sachant lire et écrire en français, jouissant des droits politiques, civils et de famille, et ne se trouvant dans aucun cas d'incapacité ou d'incompatibilité énumérés par les deux articles suivants. » (art. 255 du CPP). Tout juré qui sans motif légitime n'a pas déféré à la convocation est condamné par la Cour à une amende. Cette Juridiction connaît diverses particularités.

Les principales sont les suivantes :

- la récusation

L'accusé a la possibilité de récuser quatre jurés et le Ministère Public trois, sans donner de justificatif, en première instance.

- la majorité de faveur

Pour prononcer une condamnation, il faut une majorité de six voix au moins sur neuf votants (art. 359 du CPP). Le bulletin blanc est considéré comme favorable à l'accusé.

- si l'accusé est en fuite, l'arrêt est rendu par contumace.

- il est possible de faire appel des décisions. L'appel est porté devant une autre cour d'assises désignée par la chambre criminelle de la Cour de cassation. Le nombre des jurés est porté à neuf (la majorité de faveur est fixée à huit voix au moins).

- les arrêts doivent être motivés (art. 327 du CPP).

– Sa compétence

• compétence d'attribution

Elle connaît des crimes et infractions connexes à un crime.

• compétence territoriale

Elle connaît des affaires instruites devant les tribunaux de son ressort (lieu du crime, résidence de son auteur, lieu de l'arrestation).

B) Les Juridictions d'exception

1) Les juridictions pour enfants

a) Le juge des enfants
(art 8 et s. de l'ordonnance du 2.02.1945)

Il a des pouvoirs analogues à ceux du juge d'instruction. De plus, par jugement rendu en Chambre du Conseil, il peut relaxer un mineur s'il estime que l'infraction n'est pas constituée, soit le remettre à ses parents, son tuteur ou ses gardiens, soit l'admonester, soit enfin prononcer une mesure de rééducation sans placement en collectivité.
Les règles relatives à la détention provisoire sont particulières.

b) Le tribunal pour enfants
(art. 13 et s. de l'ordonnance du 2.02.1945)

– Son organisation

Il est composé de trois magistrats (un président qui est le juge des enfants, deux assesseurs). Le siège du Ministère Public est tenu par le Procureur de la République.

– Sa compétence

Le tribunal connaît des délits et contraventions commis par des mineurs ainsi que des crimes commis par ceux de moins de 16 ans. Les mesures de placement ne peuvent être assorties de sanctions pénales qu'à l'égard des mineurs de plus de 13 ans. Entre 13 et 16 ans, les délinquants bénéficient de l'excuse atténuante de minorité. De 16 à 18 ans, ils peuvent en bénéficier.

c) Le Tribunal correctionnel pour mineur

Le législateur a instauré une nouvelle juridiction (loi N° 2011-939 du 10 août 2011) qui est une formation spécialisée du tribunal correctionnel (art. L. 251-7 du COJ).

– Son organisation

Il est composé de trois magistrats, dont un juge des enfants. Pour certains délits violents (art. 399-2 du CPP) viendront s'ajouter deux citoyens assesseurs (expérimentation à partir du 1er janvier 2012 dans deux Cours d'appel).

– Sa compétence

Il a vocation à juger les mineurs récidivistes, âgés au moment des faits de 16 à 18 ans et poursuivis par un délit punissable d'au moins trois ans d'emprisonnement. Il peut prononcer, comme le tribunal pour enfants : des mesures éducatives, des sanctions éducatives ou des peines.

d) La Cour d'assises des mineurs
(art. 1 de l'ordonnance du 2.02.1945)

Sa composition est similaire à celle de la Cour d'assises. Elle est compétente pour connaître des crimes commis par des mineurs âgés de plus de 16 ans (art. 20 de l'ordonnance du 2.02.1945). Les débats ne sont pas publics.

2) Les juridictions militaires

a) En temps de paix

Il existe un tribunal aux armées pour connaître des infractions commises par un militaire lorsque les armées stationnent ou opèrent hors du territoire national (art. L. 111-1 et s. du CJM).

b) En temps de guerre

Il existe des tribunaux territoriaux des Forces Armées, un haut Tribunal des Forces Armées pour le jugement des maréchaux, amiraux, officiers généraux et assimilés et membres du contrôle général des armées. Il existe aussi des tribunaux militaires aux armées (comme en temps de paix) (art. 699 et 701 CPP).

3) La Haute Cour de justice
(art. 67 et 68 de la Constitution)

– Son organisation

Elle est composée de 24 juges titulaires. La mise en accusation résulte d'un vote au scrutin public et à la majorité absolue rendu par les deux assemblées (Assemblée Nationale et Sénat).

Les décisions rendues ne sont pas susceptibles de voies de recours, ni de constitution de partie civile.

– Sa compétence

Elle est compétente pour connaître des crimes de haute trahison commis par le Président de la République dans l'exercice de ses fonctions.

4) La Cour de justice de la République

Une loi du 27 juillet 1993 a créé cette nouvelle juridiction en ajoutant un article 68-1 et 68-2 à la Constitution.

Elle est compétente pour juger les membres du gouvernement qui commettent des crimes ou délits dans l'exercice de leur fonction. Elle est composée de 15 magistrats : 12 parlementaires élus par l'Assemblée Nationale et le Sénat et 3 magistrats de la Cour de cassation.

Les particuliers peuvent déposer des plaintes. Elles font l'objet d'un tri par une commission des requêtes.

5) La juridiction en matière de terrorisme

La loi N° 86 1021 du 9.09.1986 a prévu des mesures particulières pour les infractions en relation avec une entreprise individuelle ou collective ayant pour but de troubler gravement l'ordre public par l'intimidation ou la terreur.

L'une des mesures de cette loi figure à l'article 706-25 du CPP.

Cet article prévoit que la cour d'assises doit être composée exclusivement de magistrats professionnels (un président et six assesseurs).

En effet, la loi du 9 septembre 1986 a dû prendre en considération les pressions réalisées sur les jurés dans ce type d'affaire (ex. : le procès d'Action Directe). Cette loi n'a pas créé une nouvelle juridiction mais a renvoyé au système institué par une loi du 21.07.1982 pour certaines infractions militaires (art. 697-1 CCP).

Il existe des règles particulières relatives à la poursuite et l'instruction des actes de terrorisme (articles 706-16 et s. du CPP).

C) Les voies de recours

Il s'agit des procédures au moyen desquelles les parties attaquent une décision rendue afin de la faire modifier ou réformer.

1) L'opposition (art. 489 et s. CPP)

Elle est susceptible d'être exercée contre les jugements des tribunaux de police, tribunaux correctionnels et arrêts d'appel rendus par défaut.

Lorsque le prévenu est jugé contradictoirement, cette voie de recours est irrecevable.

La décision est rendue par défaut dans deux cas.

Premier cas : le prévenu n'a pas eu connaissance de la citation qui ne lui a pas été délivrée à personne. Il n'a pas comparu (art. 412 du CPP).

Second cas : le prévenu a été régulièrement cité à personne mais a pu fournir une excuse reconnue valable par la juridiction devant laquelle il était appelé (art. 410 du CPP ; voir Cass. Crim. 1.02.1995 Dr. pénal 95 Comm. 162).

L'opposition doit être formée dans le délai de 10 jours suivant la signification (le délai est porté à un mois si le prévenu réside hors de France) par le prévenu (Cass. Crim. 13 juin 88 D 88 IR 242).

Dans l'hypothèse où le prévenu n'a pas eu connaissance de la signification, l'opposition est recevable jusqu'à l'expiration des délais de prescription de la peine (Cass. Crim. 20 mai 2009 Bull. Crim. 2009 N° 102).

L'opposition est portée à la connaissance du Ministère Public.

Si l'opposant est détenu, l'opposition peut être faite par une déclaration auprès du chef de l'établissement pénitentiaire (art. 490-1 du CPP).

L'opposition a pour objet de saisir la même Juridiction afin que le prévenu puisse bénéficier du double degré de Juridiction.

Un jugement n'est pas rendu par défaut lorsque le prévenu, présent au début de l'audience quitte le tribunal avant la fin de l'audience. Depuis une loi du 25 janvier 2011 une personne civilement responsable peut se faire représenter par son avocat. Le jugement, dans ce cas, sera contradictoire (article 415 du CPP).

2) *L'appel*
(art. 496 et s. CPP)

C'est une voie de recours qui permet de soumettre un litige déjà jugé à un nouvel examen par une juridiction supérieure (Chambre des appels correctionnels de la Cour d'appel).

Le droit d'appel est ouvert à toute partie au procès-verbal d'audience : le prévenu, le tiers civilement responsable, la partie civile, le Ministère Public, et certaines administrations poursuivantes.

Les délais pour faire appel : quand l'appelant est le procureur général, le délai est de deux mois à compter du prononcé du jugement.

Dans les autres cas, le délai est de 10 jours à compter du prononcé du jugement contradictoire. À titre exceptionnel, le délai court à compter de la signification du jugement (art. 498 al. 2 CPP).

Un délai supplémentaire de 5 jours est ouvert en cas d'appel d'une des parties pendant le délai légal. Ce délai supplémentaire peut être indispensable quand une des parties fait appel le dernier jour (l'appel incident) (voir Cass. Crim. 8.11.95 Dr. Pénal 96 Comm. 53).

L'appel est soit réalisé par une déclaration d'appel faite au Greffe de la Juridiction qui a rendu la décision attaquée soit au moyen d'une déclaration auprès du chef de l'établissement pénitentiaire si l'appelant est détenu. Est irrecevable l'appel interjeté par lettre ou télégramme (sauf force majeure).

En vertu de l'effet suspensif, la décision frappée d'appel ne peut recevoir exécution.

3) Le pourvoi en cassation

C'est une voie de recours extraordinaire qui ne peut être exercée que dans un seul cas : la violation de la loi.

La Cour de cassation ne juge pas l'affaire au fond mais vérifie si la loi a été bien appliquée.

Le pourvoi n'est possible que contre des décisions juridictionnelles rendues en dernier ressort.

Le délai pour ce pourvoi est de cinq jours à compter du prononcé de la décision attaquée.

La déclaration de pourvoi doit être faite soit au Greffe de la Juridiction qui a rendu la décision attaquée, soit au moyen d'une déclaration auprès du chef de l'établissement pénitentiaire si le demandeur en cassation est détenu.

Sauf dérogation accordée par le Président de la Chambre Criminelle, le mémoire du demandeur condamné pénalement doit parvenir au greffe de la Cour de cassation un mois au plus tard après la date du pourvoi (voir art. 585.1 du CPP et Cass. Crim. 3.11.94 Dr. pénal 94 Comm. 274).

4) Le pourvoi en révision

Lorsqu'une personne a été injustement condamnée, il est possible de faire réparer l'erreur judiciaire par la voie du pourvoi en révision régi par les articles 622 à 626 du Code de procédure pénale.

Le pourvoi est soumis à la Chambre criminelle de la Cour de cassation.

SECTION II
La sanction de l'infraction

C'est la contrepartie immédiate de la culpabilité : si la juridiction saisie estime que le fait constitue un crime (art. 362 CPP), un délit (art. 464 CPP) ou une contravention (art. 539 CPP), elle doit prononcer une peine.

Le droit français distingue la peine de la mesure de sûreté.

La peine est un châtiment infligé en vue de réprimer l'atteinte à l'ordre social.

La mesure de sûreté a pour objet d'assurer la défense sociale en prévenant un état dangereux. On peut citer comme exemple : l'internement des aliénés, les cures de désintoxication pour les alcooliques ou les toxicomanes.

Seules les peines feront l'objet d'une étude détaillée. Dans un premier temps, il convient de les présenter et d'en opérer un classement et dans un deuxième temps sera analysé l'utilisation que vont pouvoir en faire les juges :

– les peines édictées ;
– les peines infligées.

§1. LES PEINES ÉDICTÉES

Le nouveau Code pénal distingue les peines applicables aux personnes physiques, des peines applicables aux personnes morales.

A) Les peines applicables aux personnes physiques

Analysons les peines criminelles, correctionnelles et contraventionnelles.

1) Les peines criminelles

Il faut distinguer les peines principales qui sont celles envisagées par le législateur pour chaque infraction, des peines complémentaires et accessoires.

a) Les peines principales

– Pour les crimes de droit commun, la peine principale est la réclusion criminelle à perpétuité et la réclusion criminelle à temps (30 ans, 20 ans, 15 ans).

– Pour les crimes politiques, il s'agit de la détention criminelle à perpétuité et à temps.

Le nouveau Code pénal a supprimé les peines dites infamantes : le bannissement et la dégradation civique.

L'article 131-2 du Code pénal précise que ces peines peuvent se cumuler avec une peine d'amende (voir *infra*) et d'autres peines complémentaires.

b) Les peines complémentaires

Il s'agit de peines qui s'ajoutent à la peine principale, si le législateur en a prévu l'application.

Les magistrats ne sont pas obligés de les prononcer. Ces peines complémentaires sont prévues à l'art. 131-10 du Code pénal :

> « *Lorsque la loi le prévoit, un crime ou un délit peut être sanctionné d'une ou de plusieurs peines complémentaires qui, frappant les personnes physiques, emportent interdiction, déchéance, incapacité ou retrait d'un droit, injonction de soins ou obligation de*

faire, immobilisation ou confiscation d'un objet, confiscation d'un animal, fermeture d'un établissement ou affichage de la décision prononcée ou diffusion de celle-ci soit par la presse écrite, soit par tout moyen de communication au public par voie électronique. »

Ces peines vont atteindre la liberté du délinquant sur ses biens, sur ses droits, sur sa liberté d'aller et venir.

→ L'atteinte à la liberté sur ses biens

Il en existe trois applications.

– Première application : l'immobilisation d'un objet.

Cette sanction retire à un condamné l'un de ses biens provisoirement.

– Deuxième application : la confiscation.

Elle peut être soit totale, soit spéciale.

La confiscation totale est rarement prévue par le législateur. Il s'agit de l'appropriation par l'État des biens du délinquant. (Exemple : l'article 213-1 du Code pénal, pour les crimes contre l'humanité).

La confiscation peut être spéciale et porter sur un objet précis. Il s'agit de la chose qui a servi ou qui était destinée à commettre l'infraction ou qui en est le produit (article 131-21 du CP).

Elle est encourue de plein droit pour les crimes et délits punis d'une peine d'emprisonnement d'une durée supérieure à un an, à l'exception des délits de presse.

Elle sera obligatoire pour les objets qualifiés par la loi ou le règlement comme dangereux ou nuisibles.

Lorsque la chose confisquée n'a pas été saisie, ou ne peut être représentée, la confiscation peut être ordonnée en valeur (art. 131-21 du CP).

– Troisième application : la fermeture d'établissement.

Il s'agit d'une sanction se trouvant à mi-chemin entre la peine et la mesure de sûreté. Les juges l'analysent tantôt comme une peine (Cass. Crim. 20.01.1960 D 60 J 221), tantôt comme une mesure de police et de sécurité publique (Cass. Crim. 26.01.1965 D 65 SOM 78).

Enfin dans d'autres cas, les juges se refusent à la qualifier (Cass. Crim. 5 mai 1965 JCP 66 II 14609).

Nous retrouverons cette peine en matière correctionnelle où les exemples sont nombreux.

→ L'atteinte aux droits civils, civiques et politiques

Le nouveau Code pénal a supprimé en matière criminelle trois peines privatives de droits : l'interdiction légale, la double incapacité de disposer et recevoir à titre gratuit et la dégradation civique.

Le nouveau Code pénal a maintenu comme peine complémentaire l'interdiction des droits civiques, civils et de famille.

Dans la liste proposée à l'article 131-26 du Code pénal, le juge peut prononcer les interdictions de son choix.

La durée maximale de ces interdictions est de dix ans en cas de condamnation pour crime.

L'interdiction peut porter sur le droit de vote, d'éligibilité, d'être témoin, expert, tuteur, curateur, d'exercer une fonction juridictionnelle.

L'interdiction du droit de vote ou l'inéligibilité prononcées emportent interdiction ou incapacité d'exercer une fonction publique.

→ L'atteinte aux droits professionnels

Le principe de la liberté du commerce et de l'industrie proclamée par la loi le Chapelier du 2 et 17 mars 1791 connaît des limites légales.

L'exclusion de la vie des affaires s'exerce par la voie d'interdictions professionnelles.

Le législateur l'envisage comme peine complémentaire dans le nouveau Code pénal. L'interdiction peut être définitive ou temporaire, dans ce cas, elle ne peut excéder une durée de dix ans (art. 131-27 du CP).

Toute violation de cette interdiction est punie de deux ans d'emprisonnement et de 30 000 € d'amende (art. 434-40).

L'interdiction peut porter soit sur l'activité professionnelle ou sociale dans l'exercice de laquelle on à l'occasion de laquelle l'infraction a été commise. Elle peut porter sur toute autre activité à condition qu'elle soit définie par la loi qui réprime l'infraction.

→ L'atteinte aux droits affectant sa réputation

Deux procédés peuvent être utilisés : l'affichage de la décision et la diffusion de la décision.

– L'affichage de la décision

Cette peine peut être prononcée dans les cas prévus par la loi. La décision doit être affichée dans les lieux indiqués par les magistrats aux frais du condamné (art. 131-35 du nouveau Code pénal).

– La diffusion de la décision

Il s'agit de la diffusion de la décision soit par la presse écrite, soit par tout moyen de communication audio-visuelle.

Depuis une loi du 17 mai 2011 l'affichage et la diffusion peuvent être prononcées cumulativement (art. 131-35 du CP).

→ L'atteinte à la liberté d'aller et venir

Il existe deux peines différentes :

– L'interdiction de séjour (art. 131-31 du Code Pénal)

Il s'agit d'une peine commune aux matières criminelles et correctionnelles. Il s'agit de la défense faite au condamné de se présenter dans certains lieux ainsi que de l'application de diverses mesures de surveillance et d'assistance.

Le juge de l'application des peines est habilité à modifier la liste des lieux interdits ainsi que les mesures de surveillance et d'assistance. En cas de condamnation pour crime la durée de cette peine ne peut excéder 10 ans. En cas de condamnation pour un délit, elle ne peut excéder 5 ans.

– L'interdiction du territoire français

Il s'agit d'une peine qui peut être prononcée à l'encontre de tout étranger coupable d'un crime ou d'un délit lorsque la loi le prévoit.

Cette sanction entraîne la reconduction du condamné à la frontière après qu'il ait le cas échéant purgé sa peine de réclusion ou d'emprisonnement (art. 131-30 du nouveau Code pénal).

c) Les peines accessoires

C'est une peine automatique qui s'applique dès que certaines conditions sont réunies.

Le Code pénal les a interdites en son article 132-17 : « aucune peine ne peut être appliquée si la juridiction ne l'a expressément prononcée ». Ce principe de la nécessité de la peine figurait déjà dans l'article 8 de la Déclaration des droits de l'homme de 1789.

2) Les peines correctionnelles

On retrouvera les mêmes distinctions que pour les peines criminelles. Il faut y ajouter les peines alternatives, et la peine spécifique de sanction-réparation.

a) Les peines principales

Il s'agit de l'emprisonnement, l'amende, le jour-amende et le travail d'intérêt général.

– L'emprisonnement

L'article 131-4 prévoit huit échelles de peines. La plus élevée est de « dix ans au plus », la moins élevée est de « deux mois au plus ».

– L'amende

Elle est égale ou supérieure à 3 750 € : art. 381 du CPP.

Les juges doivent se référer aux seuils maximums prévu par le législateur qu'ils ne peuvent dépasser. Ils sont en revanche libres de prononcer une amende d'un montant inférieur à celle encourue.

Pour la fixer, les juges doivent tenir compte des circonstances de l'infraction et des ressources et charges du prévenu.

Pour des motifs d'ordre médical, professionnel ou social le juge peut accorder le fractionnement du paiement de l'amende. Les amendes vont se cumuler les unes avec les autres.

Pour en faciliter le recouvrement, le législateur a prévu la solidarité pour le paiement de l'amende quand le prévenu s'est entouré de coauteurs ou complices insolvables (art. 375-2 et 480-1 du CPP). Le législateur a également prévu la contrainte judiciaire (art. 749 du CPP). Il s'agit de l'emprisonnement du condamné pour une durée déterminée en fonction du montant de l'amende et des condamnations pécuniaires prononcés.

« *En cas d'inexécution volontaire d'une ou plusieurs condamnations à une peine d'amende prononcées en matière criminelle ou en matière correctionnelle pour un délit puni d'une peine d'emprisonnement, y compris en cas d'inexécution volontaire de condamnations à des amendes fiscales ou douanières, le juge de l'application des peines peut ordonner, dans les conditions prévues par le présent titre, une contrainte judiciaire consistant en* ***un emprisonnement*** *dont la durée est fixé par ce magistrat dans la limite d'un maximum fixé par la loi en fonction du montant de l'amende ou de leur montant cumulé.* »

Le maximum de la durée pour une amende supérieure à 15 000 € est de trois mois d'emprisonnement.

– Le jour-amende

Cette peine a été créée par une loi du 10 juin 1983.

Les conditions d'application sont les suivantes :

• le passé judiciaire du prévenu importe peu ;

• le prévenu doit être majeur et avoir commis un délit puni de l'emprisonnement.

Les conditions de réalisation sont les suivantes :

• le tribunal fixe un nombre de jours (le maximum est fixé à 360 jours en fonction des circonstances de l'infraction) pendant lesquels le condamné devra verser une amende dont le maximum a été fixé à 1 000 € par jour. L'amende est déterminée en fonction des ressources et des charges du condamné ;

• le condamné qui n'exécute pas la sanction est incarcéré pour une durée correspondant à la moitié du nombre de jours-amende impayés.

Jusqu'à la réforme du Code pénal, le jour-amende était une peine de substitution à l'emprisonnement. Le législateur en a modifié la nature et permet donc son cumul avec l'emprisonnement.

En revanche un cumul avec l'amende reste impossible.

(Voir la chronique de Damien Roure « les jours amendes : une sanction à redéfinir » D 96 Chro p. 64.)

En matière correctionnelle, le suivi socio-judiciaire peut être ordonné comme peine principale (art. 131-36-7 au CP).

b) Les peines complémentaires

On retrouve le même registre de peines complémentaires qu'en matière criminelle (voir *supra* les articles 131-10 et 131-27 du CP).

Il convient d'étudier de manière plus approfondie les incapacités commerciales. Jusqu'à la loi du 4 août 2008 deux textes prévoyaient comme peine accessoire l'interdiction d'exercer une profession commerciale ou industrielle et l'interdiction de diriger une entreprise commerciale, industrielle ou une société commerciale (DL du 8 août 1935 et DL du 30 août 1947). Ces interdictions ne s'analysent plus comme peine accessoire. Elles peuvent être prononcées comme peine complémentaire ou alternative.

– Peine complémentaire :
Il faut se référer à deux textes.
Premier texte : l'article 131-27 au CP

« Lorsqu'elle est encourue à titre de peine complémentaire pour un crime ou un délit, l'interdiction d'exercer une fonction publique ou d'exercer une activité professionnelle ou sociale est soit définitive, soit temporaire ; dans ce dernier cas, elle ne peut excéder une durée de cinq ans.
L'interdiction d'exercer une profession commerciale ou industrielle, de diriger, d'administrer, de gérer ou de contrôler à un titre quelconque, directement ou indirectement, pour son propre compte ou pour le compte d'autrui, une entreprise commerciale ou industrielle ou une société commerciale est soit définitive, soit temporaire ; dans ce dernier cas, elle ne peut excéder une durée de dix ans.
Cette interdiction n'est pas applicable à l'exercice d'un mandat électif ou de responsabilités syndicales. Elle n'est pas non plus applicable en matière de délit de presse. »

Second texte : l'article L. 249-1 du Code de commerce applicable au droit pénal des sociétés

« Les personnes physiques coupables des infractions prévues aux chapitres Ier à VIII du présent titre (droit pénal des sociétés) encourent également à titre de peines complémentaires l'interdiction, suivant les modalités prévues par l'article 131-27 du Code pénal, soit d'exercer une fonction publique ou d'exercer l'activité professionnelle ou sociale dans l'exercice ou à l'occasion de l'exercice de laquelle l'infraction a été commise, soit d'exercer une profession commerciale ou industrielle, de diriger, d'administrer, de gérer ou de contrôler à titre quelconque, directement ou indirectement, pour leur propre compte ou pour le compte d'autrui, une entreprise commerciale ou industrielle ou une société commerciale. Ces interdictions d'exercice peuvent être prononcées cumulativement. »

La violation de l'interdiction professionnelle est punie de deux ans d'emprisonnement et 30 000 € d'amende (article 434-40 du CP).

La violation de l'interdiction commerciale et de direction est punie d'un emprisonnement de deux ans et 375 000 € d'amende (article 434-40-1 du CP créé par la loi N° 2011-525 du 17 mai 2011).

– Peine alternative :

Cette possibilité est précisée par l'article L. 131-6 15° du CP :

« *Lorsqu'un délit est puni d'une peine d'emprisonnement, la juridiction peut prononcer, à la place de l'emprisonnement, une ou plusieurs des peines privatives ou restrictives de liberté suivantes : 15° L'interdiction, pour une durée de cinq ans au plus, d'exercer une profession commerciale ou industrielle, de diriger, d'administrer, de gérer ou de contrôler à un titre quelconque, directement ou indirectement, pour son propre compte ou pour le compte d'autrui, une entreprise commerciale ou industrielle ou une société commerciale.* »

c) *Les peines accessoires*

On retrouve la même règle qu'en matière criminelle (voir *supra*).

Elles sont interdites. Et pourtant on trouve encore en dehors du Code pénal des textes maintenant des peines accessoires. Citons par exemple en matière financière l'article L. 500-1 du CMF ; en matière immobilière les articles L. 241-3 et L. 241-7 du Code de la construction et de l'habitation. On peut y ajouter en matière d'assurance l'article L. 322-2 du Code des assurances. Toutes ces peines sont menacées.

d) *Les peines alternatives*

Dès 1975, le législateur est intervenu pour éviter les courtes peines d'emprisonnement dont l'accomplissement a souvent un résultat inverse à celui escompté.

C'est la notion moderne d'éclatement de la peine, celle-ci doit être individualisée pour gagner en efficacité (chronique de M. Delmas-Marty, Dalloz 1986 chro. 27 « Code pénal d'hier, droit pénal d'aujourd'hui, matière pénale de demain »). Ont été créées des peines de substitution à l'emprisonnement. Le nouveau Code pénal les a conservées mais il a apporté diverses modifications.

→ La présentation de ces peines alternatives

– Le travail d'intérêt général

Il est prévu à l'article 131-8 du Code pénal.

Il s'agit d'une réinsertion par le travail institué par une loi du 10 juin 1983. Celle-ci a été inspirée par divers pays utilisant déjà cette sanction : les pays anglo-saxons, la Suisse, la Pologne…

Les conditions d'application sont les suivantes :

• le passé judiciaire du prévenu importe peu ;

• le prévenu doit être présent puisqu'il doit accepter cette peine, restant libre de s'y opposer ;

• le prévenu doit être majeur ou mineur entre 16 et 18 ans.

Les conditions de réalisation sont les suivantes :

• le juge doit préciser la durée de la sanction (20 à 210 heures s'il est majeur et 20 à 120 heures s'il est mineur dans un délai maximum de 18 mois et d'un an pour les mineurs) ;

• le condamné doit effectuer un travail auprès d'un organisme public ou d'une association habilitée, dans le temps imparti par le juge. C'est le juge de l'application des peines ou le juge des enfants qui fixe les modalités d'exécution du travail et qui veille au juste accomplissement de la sanction ;

• le condamné doit se soumettre à certaines mesures de contrôle : visite médicale, recevoir les visites de l'agent de probation, informer le juge de l'application des peines de ses changements d'emploi, se faire autoriser par ce juge ses déplacements. Le juge de l'application des peines ou l'agent de probation s'assure de l'exécution du travail auprès d'un responsable désigné par l'organisme pour assurer la direction et le contrôle technique du travail ;

• le condamné peut, s'il est salarié, conserver son emploi, le but premier de cette sanction étant la réinsertion sociale ;

• l'organisme public ou l'association doit respecter les règles relatives au travail de nuit, à l'hygiène et à la sécurité prévues par le Code du travail.

Lorsque le condamné ne respecte pas les obligations mises à sa charge résultant d'un travail d'intérêt général, il encourt deux ans d'emprisonnement et 30 000 € d'amende (art. 434-42 du CP).

Cette peine n'est cumulable avec aucune autre peine. (Voir la chronique de Claire Nassat « Cumul impossible de certaines peines » : Dr. pénal 2001 chro. N° 24.)

– Un stage de citoyenneté ayant pour objet de rappeler les valeurs républicaines de « tolérance et de respect de la dignité humaine » (article 131-5-1 du CP). La durée maximum est d'un mois à compter de six heures par jour.

– Des peines alternatives qui concernent le véhicule automobile l'article 131-6 du CP prévoit cinq mesures différentes ; la suspension du permis pour cinq ans ou plus, l'interdiction de conduire certains véhicules, l'annulation du permis de conduire, la confiscation du véhicule ou son immobilisation pour une durée d'un an au plus.

– Des peines alternatives qui concernent les armes et la chasse.

Le législateur prévoit une interdiction de détenir ou de porter, pendant une durée de cinq ans au plus, une arme soumise à autorisation ;

un retrait du permis de chasser avec interdiction de solliciter la délivrance d'un nouveau permis ; une confiscation d'une ou de plusieurs armes dont le prévenu est propriétaire ou dont il a la libre disposition.

– Des peines alternatives qui ont un lien direct avec l'infraction.

Il s'agit de l'interdiction de se livrer à une activité professionnelle quand celle-ci a été utilisée sciemment pour préparer ou commettre le délit (art. 131-6-11° du CP). Il s'agit aussi de la confiscation spéciale du corps du délit, des choses produites par le délit ou de celles qui ont servi on été destinées à le commettre (art. 131-6-10° du CP).

Il s'agit enfin de l'interdiction de rencontrer certaines personnes (la victime, des condamnés) ou de paraître dans certains lieux.

– L'interdiction d'émettre des chèques pour cinq ans au plus.

→ Le régime de ces peines alternatives

Divers traits communs peuvent être relevés :

– Les juges ont la liberté de les utiliser. Toutefois ces peines ne peuvent être prononcées cumulativement avec les peines principales. En revanche les magistrats peuvent les cumuler les unes avec les autres.

– Ces peines s'inscrivent au casier judiciaire.

– Ces peines peuvent bénéficier d'un sursis simple. L'article 132-31 du Code pénal prévoit son application à l'exclusion de la confiscation.

– Ces peines peuvent être déclarées exécutoires par provision (art. 471 du CPP), c'est-à-dire qu'elles peuvent s'exécuter malgré l'appel interjeté par le condamné.

e) La sanction-réparation

Cette peine peut être prononcée à la place ou en même temps que la peine d'emprisonnement. Elle consiste dans « l'obligation pour le condamné de procéder, dans le délai et selon les modalités fixées par la juridiction, à l'indemnisation du préjudice de la victime (art. 131-8-1 du CP).

3) Les peines contraventionnelles

Il faut également distinguer la peine principale, des peines complémentaires et alternatives.

a) La peine principale

Il s'agit seulement de l'amende puisque le nouveau Code pénal a supprimé l'emprisonnement.

L'article 131-13 en précise le montant :

« 1) 38 € au plus pour les contraventions de la 1re classe ; 2) 150 € au plus pour les contraventions de la 2e classe ; 3) 450 € au plus

pour les contraventions de la 3e classe ; 4) 750 € au plus pour les contraventions de la 4e classe ; 5) 1 500 € au plus pour les contraventions de la 5e classe, montant qui peut être porté à 3 000 € en cas de récidive lorsque le règlement le prévoit. »

b) Les peines complémentaires

Il s'agit :

– de la suspension du permis de conduire pour une durée de trois ans au plus.

– des interdictions : pour trois ans au plus, les juges peuvent interdire le délinquant de détenir ou porter une arme soumise à autorisation.

Les juges peuvent également l'interdire de chasser en lui retirant son permis avec l'impossibilité de solliciter la délivrance d'un nouveau permis. Enfin, pour les contraventions les plus graves (5e classe), il peut être prononcé (toujours quand un texte le prévoit) l'interdiction temporaire d'émettre des chèques (pour trois ans au plus).

– des confiscations : il s'agit soit d'une arme, soit de la chose qui a servi ou était destinée à commettre l'infraction ou de la chose qui en est le produit.

– du travail d'intérêt général. Il s'agit d'une peine déjà étudiée (voir *supra*).

La durée en est plus courte : vingt à cent-vingt heures. Elle ne peut être appliquée que pour les contraventions de cinquième classe.

– des stages de sensibilisation à la sécurité routière ; stage de citoyenneté ; stage de responsabilité parentale.

c) Les peines alternatives

Pour les contraventions de cinquième classe, le Magistrat peut prononcer à la place de l'amende les peines suivantes :

– La suspension du permis de conduire pour un an au plus.

– L'immobilisation du véhicule pour six mois au plus.

– Les confiscations : elles sont identiques aux peines complémentaires.

– Les interdictions : de chasser ou d'émettre des chèques pour une année.

d) La sanction-réparation

Il s'agit du même principe qu'en matière correctionnelle (article 131-15-1 du CP).

B) Les peines applicables aux personnes morales

1) *Les peines criminelles et correctionnelles*

a) La peine principale
(art. 131-37 du CP)

Il s'agit de l'amende. Le taux maximum est égal au quintuple de celui prévu pour les personnes physiques.

b) Les peines complémentaires
(art. 131-39 du CP)

On retrouve des peines spécifiques aux seules personnes morales et des peines applicables aux personnes physiques et morales.

→ Les peines spécifiques
– Il s'agit de la dissolution de la personne morale. Cette sanction n'est pas applicable aux personnes morales de droit public, aux partis, groupements politiques, syndicats professionnels et aux institutions représentatives du personnel.
– Il peut s'agir (pour cinq ans au plus) de l'interdiction de faire appel public à l'épargne ; de l'exclusion des marchés publics, mais aussi du placement sous surveillance judiciaire (nomination d'un mandataire de justice : art. 131-46 du CP).

→ Les peines communes
On retrouve la fermeture de l'établissement qui a servi à commettre l'infraction.
Il y a également diverses interdictions :
– celle d'émettre des chèques (pour cinq ans au plus) ;
– celle d'exercer une ou plusieurs activités professionnelles ou sociales (pour cinq ans au plus).
On retrouve enfin la confiscation spéciale et l'affichage ou la diffusion de la décision.
– la sanction réparation (art. 131-39-1 du CP).

2) *Les peines contraventionnelles*

a) La peine principale

Il s'agit également de l'amende dont le taux maximum peut être porté au quintuple de celui prévu pour les personnes physiques.

b) Les peines complémentaires

– Pour toutes les contraventions, lorsque le règlement le prévoit, il peut être prononcé en plus de la peine principale la confiscation de la chose qui a servi ou était destinée à commettre l'infraction ou de la chose qui en est le produit.

– Pour les contraventions de cinquième classe, il peut être ajouté l'interdiction d'émettre des chèques pour trois ans au plus.

c) Les peines alternatives

À la place de l'amende, le juge peut prononcer la confiscation spéciale et (ou) l'interdiction pour un an d'émettre des chèques.

d) La sanction-réparation

Elle est possible pour les contraventions de cinquième classe (art. 131-44-1 du CP).

§2. LES PEINES INFLIGÉES

Les tribunaux ont une certaine latitude dans la détermination et l'exécution de la peine.

Mais le principe de la légalité des peines doit être respecté.

Les magistrats ne peuvent :

– s'écarter des seuils fixés par le législateur.

Cass. Crim. 10.05.1984 (Bull. Crim. 1984 N° 169) :

« *Encourt la cassation l'arrêt prononçant une peine d'amende dépassant le maximum prévu par la loi.* »

– infliger une peine dont le texte n'est pas encore en vigueur.

Cass. Crim. 21.06.1984 (Bull. Crim. 1984 N° 235) :

« *Il résulte de l'article 4 du Code pénal que ne saurait constituer une infraction pénalement répréhensible l'inobservation d'une disposition réglementaire non encore publiée.* »

Diverses précisions doivent être données relativement :

– à la fixation de la peine,

– à l'exécution de la peine,

– à l'extinction de la peine.

A) La fixation de la peine

S'il est prévu pour chaque infraction une peine, diverses causes vont entraîner soit son aggravation, soit son atténuation, soit son exemption.

1) *La peine aggravée*

Il existe deux sources possibles d'aggravation de la peine :
– une circonstance aggravante,
– la répétition d'infractions.

a) Les circonstances aggravantes

Les causes d'aggravation sont liées soit à la personne de l'auteur, soit aux modalités dans la réalisation de l'infraction.

– Exemples de circonstances aggravantes découlant de l'auteur de l'infraction :
• l'article 314-3 du Code pénal aggrave la peine quand l'auteur de l'abus de confiance est un officier public ou ministériel (voir *infra*) ;
• l'article 221-4-2° du Code pénal aggrave la peine en cas de parricide. Est qualifié parricide, le meurtre des pères ou mères légitimes, naturels ou adoptifs, ou de tout autre ascendant légitime.

– Exemples de circonstances aggravantes découlant des modalités dans la réalisation :
• Les articles 311-8 et 311-10 du Code pénal, prévoit une peine de réclusion criminelle pour l'auteur d'un vol accompli avec des violences et quand le vol a été réalisé avec le port d'une arme.
Cass. Crim. 04.01.85 B N° 9 :

« *Il suffit pour qu'elle soit caractérisée qu'un seul des auteurs de la soustraction frauduleuse, ne fut-il pas l'un des accusés, ait été porteur d'une arme au moment de l'action.* »

b) La répétition d'infractions

L'auteur d'une infraction peut être un infracteur occasionnel ou habituel.
Dans cette deuxième hypothèse, il peut :
– soit avoir commis différentes infractions non encore jugées définitivement (infractions en concours réel),
– soit être en état de récidive.

• Première situation : les infractions en concours réel

→ le principe :
L'article 132-2 du Code pénal énonce : « *Il y a concours d'infractions lorsqu'une infraction est commise par une personne avant que celle-ci ait été définitivement condamnée pour une autre infraction.* »

→ les applications du principe
Il faut envisager deux applications différentes.

Première application : les infractions en concours sont poursuivies ensemble devant la même juridiction.

Les magistrats vont qualifier toutes les infractions, mais vont se heurter au principe du non cumul des peines de même nature.

Ainsi « lorsque plusieurs peines de même nature sont encourues, il ne peut être prononcé qu'une seule peine de cette nature dans la limite du maximum légal le plus élevé. »

Les peines privatives de liberté (réclusion, détention, emprisonnement) sont considérées comme étant de même nature.

Échappent à cette règle les peines d'amende pour contraventions qui se cumulent entre-elles et avec celles encourues ou prononcées pour des crimes ou des délits en concours. Il faut y ajouter les amendes fiscales et douanières.

Seconde application : les infractions en concours sont poursuivies séparément. Dans ce cas, les peines prononcées s'exécutent cumulativement dans la limite du maximum légal le plus élevé.

Le législateur a prévu pour le condamné la possibilité d'une requête en confusion de peines (art. 132-4 du CP).

• Deuxième situation : la récidive

Le délinquant est en état de récidive lorsque après avoir été condamné définitivement, il commet une seconde infraction dans certaines conditions légales. Une condamnation devient définitive quand les recours sont éteints.

→ les conditions de la récidive

Il faut distinguer celles des personnes physiques, de celles des personnes morales.

• Les conditions pour les personnes physiques

Premier cas : la première infraction est un crime ou un délit puni de dix ans d'emprisonnement. Si le délinquant commet une deuxième infraction qui est un crime il y aura récidive. Si le maximum fixé pour cette deuxième infraction est vingt ou trente ans, il va encourir la perpétuité. Si le maximum fixé est de quinze ans, il va encourir trente ans (art. 132-8 du CP).

Deuxième cas : la première infraction est identique au premier cas. Le délinquant commet alors un délit en deuxième infraction.

Si ce délit est puni de la même peine et qu'il est commis dans les dix ans, le maximum des peines d'emprisonnement et d'amende encourue est tout simplement doublé.

Si ce délit est puni d'une peine d'emprisonnement supérieure à un an et inférieure à 10 ans et qu'il est commis dans les cinq ans, le maximum des peines encourues (emprisonnement et amende) est doublé.

Troisième cas : la première condamnation a été pour un délit.

Pour qu'il y ait récidive, la deuxième condamnation doit intervenir dans les cinq ans soit pour le même délit, soit pour un délit qui lui est assimilé (le vol, l'abus de confiance, l'escroquerie, l'extorsion, le chantage : art. 132-16 du Code pénal). Une fois encore, le maximum des peines encourues est doublé.

Quatrième cas : la première condamnation a été pour une contravention de cinquième classe.

Pour qu'il y ait récidive, la deuxième condamnation doit intervenir dans l'année pour la même contravention. Le maximum de la peine d'amende encourue est porté à 3 000 €.

• Les conditions pour les personnes morales

Premier cas : la première condamnation est intervenue pour un crime ou un délit puni en ce qui concerne les personnes physiques de 100 000 € d'amende.

La deuxième condamnation intervient pour crime. Il y aura récidive et le délinquant va encourir dix fois le maximum prévu par la loi.

Deuxième cas : la deuxième condamnation intervient pour délit. Si ce délit est puni de la même peine (100 000 €) et qu'il est commis dans les dix ans, la personne morale va encourir dix fois le maximum prévu par la loi. Il y aura la même conséquence, si le délit est puni d'une peine supérieure à 100 000 € dans les cinq ans.

Troisième cas : récidive de délit en délit.

On retrouve les mêmes règles que pour les personnes physiques. La peine est toujours décuplée.

Quatrième cas : récidive de contravention.

On applique les mêmes règles que pour les personnes physiques : la peine est décuplée.

→ la preuve de la récidive :

Pour connaître la situation pénale du délinquant, les tribunaux ont recours à la consultation de son casier judiciaire.

• Le casier des personnes physiques.

Une loi du 4.01.1980 est venue automatiser et centraliser à Nantes le relevé de toutes les informations concernant les condamnés.

Le casier est divisé en 3 volets.

Le bulletin N° 1 est délivré aux autorités judiciaires et aux greffes des établissements pénitentiaires (article 774 du CPP) ; il contient les informations suivantes (art. 768 du CPP) :

« 1° Les condamnations contradictoires ainsi que les condamnations par défaut, non frappées d'opposition, prononcées pour crime, délit ou contravention de la cinquième classe, ainsi que les déclarations de culpabilité assorties d'une dispense de peine ou d'un ajournement du prononcé de la peine sauf si la mention de la décision au bulletin N° 1 a été expressément exclue en application de l'article 132-59 du Code pénal ;

2° Les condamnations contradictoires ou par défaut, non frappées d'opposition, pour les contraventions des quatre premières classes dès lors qu'est prise, à titre principal ou complémentaire, une mesure d'interdiction, de déchéance ou d'incapacité ;
3° Les décisions prononcées par application des articles 8, 15, 15-1, 16, 16 bis et 28 de l'ordonnance N° 45-174 du 2 février 1945, modifiée, relative à l'enfance délinquante ;
4° Les décisions disciplinaires prononcées par l'autorité judiciaire ou par une autorité administrative lorsqu'elles entraînent ou édictent des incapacités ;
5° Les jugements prononçant la liquidation judiciaire à l'égard d'une personne physique, la faillite personnelle ou l'interdiction prévue par l'article L. 625-8 du Code de commerce ;
6° Tous les jugements prononçant la déchéance de l'autorité parentale ou le retrait de tout ou partie des droits y attachés ;
7° Les arrêtés d'expulsion pris contre les étrangers ;
8° Les condamnations prononcées par les juridictions étrangères qui, en application d'une convention ou d'un accord internationaux, ont fait l'objet d'un avis aux autorités françaises ou ont été exécutées en France à la suite du transfèrement des personnes condamnées. »
9° Les compositions pénales, dont l'exécution a été constatée par le procureur de la République :
10° Les jugements ou arrêts de déclaration d'irresponsabilité pénale pour cause de trouble mental, lorsqu'une hospitalisation d'office a été ordonnée en application de l'article 706-135 ou lorsqu'une ou plusieurs des mesures de sûreté prévues par l'article 706-136 ont été prononcées.

On y ajoute diverses informations relatives à des éventuelles grâces, suspension de peine, libération conditionnelle, réhabilitation, ... (art. 769 CPP).

On retire du casier les fiches relatives à :

– des condamnations amnistiées ;

– des condamnations prononcées depuis plus de 40 ans, non suivies d'une nouvelle condamnation ;

– des condamnations prononcées à l'encontre des mineurs de 18 ans et des personnes âgées de 18 à 21 ans sous certaines conditions (art. 770 CPP).

Le bulletin N° 2 est délivré aux préfets, administrations publiques, aux autorités militaires, aux présidents de tribunaux de commerce.

Depuis une circulaire du 10.02.1986, le service du casier a l'obligation de contrôler l'État civil des personnes qui font l'objet d'une demande d'extrait.

L'article 775 du CPP prévoit l'exclusion de diverses condamnations.

Les principales sont :
– celles exclues expressément par le tribunal (Cass. Crim. 5.02.90 B N° 62),
– celles relatives à l'enfance délinquante,
– celles effacées par la réhabilitation,
– celles prononcées pour contraventions ou assorties de sursis.

Le bulletin N° 3 est délivré à l'intéressé (art. 777 du CPP).
Il contient principalement :
– les condamnations à des peines privatives de liberté supérieure à 2 ans ;
– les condamnations à des interdictions, déchéances ou incapacités, en application des articles 131-6 à 131-11 du Code pénal pendant leur durée.

• Le casier des personnes morales.
Il est divisé en deux volets.
Le bulletin N° 1, délivrable aux autorités judiciaires contient :

« *1° Les condamnations contradictoires et les condamnations par défaut non frappées d'opposition, prononcées pour crime, délit ou contravention de la cinquième classe par toute juridiction répressive ;*
2° Les condamnations contradictoires ou par défaut non frappées d'opposition pour les contraventions des quatre premières classes, dès lors qu'est prise, à titre principal ou complémentaire, une mesure d'interdiction, de déchéance, d'incapacité, ou une mesure restrictive de droit ;
3° Les déclarations de culpabilité assorties d'une dispense de peine ou d'un ajournement, avec ou sans injonction, du prononcé de la peine ;
4° Les condamnations prononcées par les juridictions étrangères qui, en application d'une convention ou d'un accord internationaux, ont fait l'objet d'un avis aux autorités françaises.
Les modalités d'application du présent article sont déterminées par décret en Conseil d'État. » (art. 768-1 du CPP).

Le bulletin N° 2 est délivrable aux préfets, aux administrations de l'État, aux collectivités locales saisis de propositions ou de soumissions pour des adjudications de travaux ou marchés publics ; aux présidents du tribunal de commerce en cas de redressement judiciaire ou de liquidation judiciaire et aux juges commis à la surveillance du registre du commerce et des sociétés ; à'Autorité des marchés financiers pour les personnes morales demandant l'admission de leurs titres financiers aux négociations sur un marché réglementé.

2) La peine atténuée

Il existe des causes d'atténuation qui relevées par les juges vont s'imposer à eux. D'autres causes d'atténuation leur sont proposées par le législateur. Ils peuvent en user librement dans les limites légales.

a) La cause d'atténuation imposée

Le nouveau Code pénal a supprimé l'excuse de provocation.

En revanche la diminution de la peine en raison de l'âge du délinquant a été maintenue.

Entre 13 et 16 ans, lorsque la peine encourue est la réclusion criminelle à perpétuité, il ne peut être prononcé une peine supérieure à vingt ans de réclusion. Lorsque la peine encourue est une peine privative de liberté, il ne peut être prononcé une peine supérieure à la moitié de la peine encourue. Il en va de même en matière d'amende (art. 20-3 de l'ordonnance du 2.02.1945). Entre 16 et 18 ans, à titre exceptionnel, ces dispositions peuvent être écartées.

b) Les causes d'atténuation proposées

Le législateur a prévu diverses mesures d'atténuation relevant du pouvoir discrétionnaire des juges. Ces mesures permettent une plus grande individualisation de la sanction.

Diverses possibilités ont déjà été analysées :

– la non inscription de la condamnation au casier judiciaire (B2 et B3) ;

– l'utilisation des peines alternatives (voir *supra*).

D'autres causes d'atténuation sont prévues par le législateur :

– la réduction de la peine en dessous des maximums ;

– l'ajournement de la peine.

→ La réduction de la peine en dessous des seuils maximums.

Le nouveau Code pénal a supprimé les circonstances atténuantes. Mais les magistrats sont autorisés à prononcer des peines d'un montant inférieur à celui qui est encouru. En matière d'amende et d'emprisonnement la liberté du juge est grande. Elle n'est pas totale puisqu'il existe des seuils planchers.

En matière criminelle par exemple, il existe une peine minimale de deux ans pour celui qui encourt une peine de réclusion criminelle à perpétuité. Dans l'hypothèse où l'individu est récidiviste, la loi du 10 août 2007 a passé ce délai de deux à quinze ans.

Si à la première récidive le juge peut prononcer une peine inférieure, il en va différemment en cas de nouvelle récidive. Le seuil plancher s'impose sauf si l'accusé présente des garanties exceptionnelles d'insertion ou de réinsertion (article 132-18-1 du CP).

En matière correctionnelle, la loi du 10 août 2007 a institué des seuils minimums en cas de récidive (article 132-19-1 du CP).

Des seuils planchers ont également été institués par une loi du 14 mars 2011 pour certains faits de violence pour des primo-délinquants (article 132-19-2 du CP).

→ L'ajournement de la peine (art. 132-60 à 132-70 du CP) :

Le Code pénal a conservé le droit pour les magistrats de réserver leur décision sur la peine (malgré une reconnaissance de la culpabilité) pour aider les délinquants à se réintégrer dans la vie sociale.

L'ajournement peut prendre trois formes.

Première forme : l'ajournement simple. Pour le prononcer le tribunal doit constater la réunion de diverses conditions :

– le prévenu doit être présent (personne physique ou représentant de la personne morale),

– son reclassement doit être en voie d'être acquis,

– le dommage causé doit être en voie d'être réparé,

– le trouble causé doit être sur le point de cesser.

Deuxième forme : l'ajournement avec mise à l'épreuve.

Le Tribunal va fixer un délai d'épreuve (maximum un an) pendant lequel le prévenu, personne physique devra se soumettre à divers contrôles.

Troisième forme : l'ajournement avec injonction.

Dans des cas prévus par la loi ou les règlements, le tribunal pourra enjoindre à la personne physique ou morale déclarée coupable de se conformer à une ou plusieurs des prescriptions prévues par ces textes.

C'est le seul cas où la présence du prévenu n'est pas indispensable. Malheureusement, aucun texte ne fait référence à cette nouvelle possibilité.

3) La peine exemptée

Dans divers cas, le tribunal tout en pouvant constater la culpabilité ne va pas prononcer de peine.

a) Les causes d'exemption imposées

Dans des situations particulières, le législateur a prévu l'impossibilité pour les juges de prononcer une peine malgré la constatation de la culpabilité. Ces causes d'exemption peuvent justifier en revanche le prononcé d'une mesure de sûreté.

On peut les regrouper autour de deux idées.

– Première idée : le délinquant dénonce une infraction qui va se commettre et permet qu'elle ne se réalise pas.

Il s'agit d'infractions graves strictement définies par le législateur. Par exemples : de la livraison d'information, de matériel à une puissance étrangère ; de sabotage ; d'un attentat (art. 414-2 du CP) ; d'un acte de terrorisme (422-1 du CP) ; de contrefaçon ou falsification de monnaie (art. 442-9 du CP).

– Seconde idée : le délinquant commet certaines infractions contre un membre de sa famille. Il s'agit de l'immunité familiale (art. 311-12 du CP).

C'est une fin de non recevoir à l'action publique qui oblige le Parquet à classer l'affaire ou au tribunal à déclarer l'action irrecevable. Seul l'accès à l'action civile reste possible.

• les personnes visées :

• les époux (tant qu'ils ne sont pas séparés de corps ou autorisés à résider séparément),

• les parents en ligne directe (exclusion des frères et sœurs, cousins germains, oncles et neveux) ; seuls sont visés les ascendants et les descendants.

Le législateur ne vise pas le PACS (PACS et immunité familiale Dr. pénal 2000 chron. 32 J. Amcer).

• les infractions visées : le vol (article 311-12 du CP) sauf s'il porte sur des objets ou documents indispensables à la vie quotidienne de la victime (documents d'identité, moyens de paiement), l'abus de confiance (article 311-4 du CP), l'escroquerie (article 313-3 du CP), l'extorsion (article 312-9 du CP) et le chantage (article 312-2 du CP).

b) La cause d'exemption proposée

L'article 132-59 du Code pénal prévoit la possibilité pour le juge de ne prononcer aucune peine à l'encontre du condamné, si certaines conditions sont réunies (la dispense de peine) :

– le reclassement du délinquant est acquis ;

– le dommage est réparé ;

– le trouble causé par l'infraction a cessé.

Dans l'hypothèse où ces trois conditions sont réunies, l'application de la sanction de dispense de peine reste « *une faculté discrétionnaire dont les juges ne doivent aucun compte.* » Cass. Crim. 20.11.1985 B N° 368).

Désormais la juridiction qui prononce une dispense de peine peut décider que sa décision ne sera pas mentionnée au casier judiciaire.

La dispense de peine ne constitue pas une condamnation permettant l'inscription au fichier national automatisé des empreintes génétiques (Cass. Crim. 9 avril 2008 N° 07-85972 Bull. Crim. 2008 N° 97).

B) L'exécution de la peine

La peine prononcée peut être soit suspendue dans certaines conditions, soit exécutée selon certaines modalités.

1) La suspension de l'exécution

Le tribunal peut décider de suspendre la condamnation pour inciter le délinquant à se réinsérer. Cette suspension de peine peut être simple ou assortie de différentes mesures (sursis avec mise à l'épreuve).

a) Le sursis simple

→ Les conditions d'application :

– celles relatives au passé judiciaire du délinquant.

En matière criminelle, correctionnelle, ou contraventionnelle, le sursis simple ne peut être accordée à une personne physique que si elle n'a pas été condamnée dans les cinq ans qui précèdent les faits soit à une peine criminelle, soit à une peine correctionnelle.

En matière criminelle et correctionnelle, s'il s'agit d'une personne morale, elle ne doit pas avoir été condamnée dans le même délai à une amende supérieure à 60 000 €.

Cette amende est ramenée à 15 000 € en matière contraventionnelle ;

– celles relatives à la condamnation prononcée.

Pour les personnes physiques, il s'agit

• d'une condamnation à l'emprisonnement pour une durée de cinq ans au plus ; à l'amende ; au jour-amende ; aux peines alternatives mentionnées à l'article 131-6 du nouveau Code pénal (sauf la confiscation) ; aux peines complémentaires mentionnées à l'article 131-10 du Code pénal (sauf la confiscation, la fermeture d'établissement et l'affichage) ;

• d'une condamnation à une amende prononcée pour les contraventions de cinquième classe ainsi que des peines prévues par l'art. 131-14 (sauf la confiscation), aux articles 131-16-1°, 2°, 4° et 131-17 du Code pénal.

Pour les personnes morales, il s'agit des condamnations à l'amende et aux peines prévues à l'article 131-39-2°, 5°, 6° et 7° du Code pénal. Il s'agit aussi de l'interdiction d'émettre des chèques ou d'utiliser des cartes de paiement et de l'amende prononcée pour les contraventions de la cinquième classe.

Le tribunal peut ne prononcer le sursis que pour une partie de l'emprisonnement ou de l'amende.

→ Les effets :

– la peine n'est pas exécutée ;

– En matière criminelle et correctionnelle, la peine prononcée avec sursis est non avenue si le condamné n'est pas traduit en justice pendant le délai de 5 ans pour un nouveau crime ou délit sanctionné par une peine criminelle ou correctionnelle d'emprisonnement ferme ;

– En matière contraventionnelle, la peine prononcée avec sursis est non avenue si le condamné n'est pas traduit en justice pendant le délai de deux ans pour un crime, un délit ou une contravention de cinquième classe entraînant une nouvelle condamnation ferme emportant la révocation du sursis.

Par décision motivée, le tribunal peut décider la non révocation ou la révocation partielle.

b) Le sursis avec mise à l'épreuve

→ Les conditions d'application :

Le passé judiciaire du délinquant importe peu. En revanche, il existe des conditions relatives à la condamnation prononcée.

Pour qu'elle puisse être assortie de cette mesure, il doit s'agir d'une condamnation à l'emprisonnement pour une durée de cinq ans au plus, en raison d'un crime ou d'un délit de droit commun. Le sursis peut être total ou partiel.

Le législateur l'exclut dans certains cas (art. 132-41 du CP).

→ Les effets :

– la peine d'emprisonnement n'est pas exécutée ;

– la peine est non avenue si pendant le délai d'épreuve (entre 18 mois et 3 ans) le condamné n'a pas commis une nouvelle infraction ou un manquement aux mesures de surveillance et d'assistance, ayant entraîné une condamnation ordonnant la révocation du sursis ou l'exécution de la totalité de la peine.

Depuis la loi du 10 juin 1983, il existe une nouvelle modalité du sursis avec mise à l'épreuve : le sursis avec l'obligation d'accomplir un travail d'intérêt général (art. 132-54 du CP). Les conditions d'application sont identiques. Les règles relatives au TIG s'appliquent (voir *supra*). Le tribunal peut prévoir également des mesures de surveillance ou d'assistance sous le contrôle du juge de l'application des peines.

2) Les modalités d'exécution de la peine

Il convient de préciser certaines modalités d'exécution des peines privatives de liberté et de celles touchant le patrimoine.

a) Modalités d'exécution des peines privatives de liberté

Une loi du 22.11.1978, modifiée à diverses reprises, a prévu dans certains cas la non application de ces modalités en instituant une période de sûreté pendant laquelle le condamné ne peut bénéficier des dispositions concernant :

– la suspension ou le fractionnement de la peine ;
– le placement à l'extérieur ;
– les permissions de sortir ;
– la semi-liberté ;
– la libération conditionnelle.

Cette période de sûreté peut être obligatoire ou facultative (art. 132-23 du nouveau CP).

• La période obligatoire : elle va s'appliquer lorsque certaines infractions sont commises. Il s'agit des infractions réputées les plus graves (crimes contre l'humanité, le meurtre, le trafic de stupéfiants, le proxénétisme aggravé...).

La durée de cette période : en principe la durée est de la moitié de la peine ou de dix huit ans s'il s'agit d'une condamnation à la réclusion criminelle à perpétuité. Mais par décision spéciale, elle peut être portée au deux tiers de la peine et jusqu'à vingt deux ans en cas de réclusion criminelle à perpétuité. Par exception dans deux cas, cette période pourra être portée à trente ans. Il s'agit d'un meurtre ou d'un assassinat (meurtre avec préméditation) commis sur un mineur de quinze ans précédé ou accompagné de viol, tortures ou actes de barbarie (art. 221-3 et 221-4 du CP). À l'expiration de cette période de trente ans, le juge de l'application des peines peut saisir un collège de trois experts médicaux pour qu'ils se prononcent sur l'état de dangerosité du condamné (art. 720-4 du CPP).

• La période facultative : elle concerne toutes les autres infractions non énoncées. Dès qu'une juridiction de jugement prononce une peine privative de liberté ferme supérieure à cinq ans, elle peut prononcer une période de sûreté dont la durée maximale est de 22 ans en cas de condamnation à la réclusion criminelle à perpétuité. Dans les autres cas, cette durée peut aller jusqu'au 2/3 de la peine.

– Première modalité : le fractionnement ou la suspension de la peine.

Pour des motifs graves d'ordre médical, familial, professionnel ou social, la juridiction peut décider que l'emprisonnement (prononcé pour une durée d'un an au plus), l'amende, le jour-amende ou la suspension du permis de conduire sera exécuté par fraction (art. 132-27 et 28 du CP).

Lorsque le condamné est atteint d'une pathologie engageant le pronostic vital ou si le maintien en détention est incompatible avec son état de santé, la suspension de la peine peut être prononcée (art. 720-1-1 du CPP).

– Seconde modalité : le placement à l'extérieur (art. 723 du CPP).

Il permet au condamné d'être employé en dehors de l'établissement pénitentiaire à des travaux contrôlés par l'administration.

– Troisième modalité, les permissions de sortir (art. 723-3 du CPP).

Elles sont réglementées relativement à leur durée, leur motif et varient selon la durée de l'emprisonnement.

– Quatrième modalité : la semi-liberté.

Elle consiste pour le condamné à pouvoir exercer sans surveillance continue sa profession, de suivre un enseignement ou un traitement médical. À l'expiration du temps nécessaire à son activité, il doit rejoindre l'établissement pénitentiaire.

– Cinquième modalité : la libération conditionnelle (art. 729 CPP)

Pour en bénéficier, le condamné doit avoir exécuté :

• la moitié de sa peine, s'il est délinquant occasionnel ;

• s'il est récidiviste, la durée de la peine accomplie doit être au moins égale au double de la durée de la peine restant à subir ;

• 18 ans, s'il a été condamné à une peine de réclusion criminelle à perpétuité (22 ans si le condamné est en état de récidive légale).

Le bénéfice de cette mesure est accordé par le juge de l'application des peines ou le tribunal de l'application des peines.

Le prononcé de la libération peut être assorti de mesures d'assistance et de contrôle.

Toutefois, « en cas de condamnation assortie d'une période de sûreté d'une durée supérieure à quinze ans, aucune libération conditionnelle ne pourra être accordée avant que le condamné ait été placé pendant une période d'un an à trois ans sous le régime de la semi-liberté ou du placement sous surveillance électronique. La semi-liberté ou le placement sous surveillance électronique est alors ordonné par le tribunal de l'application des peines dans les conditions prévues par l'article 712-7, sauf si la peine restant à subir par le condamné est inférieure à trois ans. » (art. 720-5 du CPP)

– Sixième modalité : la réduction de peine.

Tout condamné à une peine privative de liberté peut voir sa peine réduite :

– Il existe un crédit de réduction de trois mois pour la première année et deux mois pour les années suivantes (sept jours par mois pour les peines inférieures à un an). Le crédit est réduit à deux mois et un mois pour le condamné récidiviste.

– Une réduction supplémentaire peut être accordée pour ceux qui manifestent des efforts sérieux de réadaptation sociale (réussite à des examens ; suivi d'une thérapie) dans la limite de trois mois par an (deux mois en cas de récidive). Cette réduction est accordée par le juge de l'application des peines, après avis de la commission de l'application des peines (art. 721-1 du CPP).

– Septième modalité : la prolongation de la peine (la rétention de sûreté). Il s'agit du placement d'une personne en centre socio-médico-judiciaire de sûreté à l'issue de la peine pour éviter la récidive.

Il doit s'agir d'une mesure exceptionnelle qui vise à priver de liberté une personne qui a purgé sa peine. Il doit s'agir d'une personne qui conserve une particulière dangerosité à la fin de l'exécution de sa peine (articles 706-53-13 et s. du CPP). Cette mesure est impossible pour les condamnations à une peine de réclusion criminelle inférieure à quinze ans.

b) Modalités d'exécution des peines affectant le patrimoine

Lorsque le condamné se refuse à payer l'amende fixée par les juges, diverses modalités peuvent être envisagées.

– Première modalité : la contrainte judiciaire (articles 749 à 762 du CPP).

Pour obliger le débiteur à payer sa dette, on procède à son emprisonnement.

Elle suppose une condamnation pour crime, délit ou contravention prononcée par une juridiction répressive.

> « *En cas d'inexécution volontaire d'une ou plusieurs condamnations à une peine d'amende prononcées en matières criminelle ou en matière correctionnelle pour un délit puni d'une peine d'emprisonnement, y compris en cas d'inexécution volontaire de condamnations à des amendes fiscales ou douanières, le juge de l'application des peines peut ordonner, dans les conditions prévues par le présent titre, une contrainte judiciaire consistant en un emprisonnement dont la durée est fixée par ce magistrat dans la limite d'un maximum fixé par la loi en fonction du montant de l'amende ou de leur montant cumulé.* » (art. 749 du CPP)

– Deuxième modalité : l'hypothèque légale du Trésor Public.

Elle porte sur les immeubles appartenant au délinquant condamné.

– Troisième modalité : le prononcé d'une astreinte.

Il s'agit d'une pénalité spéciale infligée au débiteur d'une obligation en vue de l'inciter à s'exécuter et dont le montant s'élève avec le retard.

C) L'extinction de la peine

Il faut distinguer l'extinction de la sanction de l'extinction de la condamnation.

1) L'extinction de la sanction avec maintien de la condamnation

a) Le décès du délinquant

Le principe de la personnalité des peines entraîne la suppression de la sanction. Seules subsistent les peines pécuniaires qui peuvent être exécutées sur le patrimoine du de cujus.

b) La prescription de la peine

Quand le condamné se soustrait à toute mesure d'exécution, la peine ne peut plus être exécutée après l'écoulement d'un délai qui varie selon la nature de l'infraction :

– 20 ans pour les crimes (art. 133-2 du CP) ;

– 5 ans pour les délits (art. 133-3 du CP) ;

– 3 ans pour les contraventions (art. 133-4 du CP).

La condamnation reste maintenue mais la peine ne peut plus être exécutée.

Elle reste inscrite au casier judiciaire. Le point de départ de ce délai commence à courir du jour où la condamnation est devenue définitive. Il faut que les délais accordés pour exercer les voies de recours soient expirés.

c) La grâce

Il s'agit d'une mesure individuelle accordée par le Chef de l'État. La grâce n'éteint pas la condamnation mais touche seulement son exécution. La condamnation reste maintenue au casier judiciaire.

Elle peut être totale : la sanction n'est pas exécutée.

Elle peut être partielle ou prévoir une peine de remplacement (commutation de peine).

La loi N° 2008-724 du 23 juillet 2008 a supprimé les grâces collectives.

2) *L'extinction de la sanction avec extinction de la condamnation*

a) L'amnistie

Cette mesure ne peut résulter que d'une loi votée par le Parlement. Elle peut avoir un caractère réel en précisant les différentes infractions amnistiées ou un caractère personnel en précisant les personnes couvertes par l'amnistie quelle que soit l'infraction commise.

L'amnistie fait disparaître de façon rétroactive la condamnation. Elle disparaît du casier judiciaire.

b) Le relèvement

Il concerne une partie spécifique de la condamnation.

Il s'agit de la possibilité pour les juges de prononcer l'extinction de la sanction relative aux interdictions, déchéances, incapacités et mesures de publication résultant de la condamnation (peine accessoire) ou « prononcé dans le jugement de condamnation » (peine complémentaire).

Le relèvement peut intervenir :

– soit au moment du prononcé de la condamnation (relèvement instantané).

Le juge est libre d'éviter l'application ou limiter la durée de ces peines qui menacent le condamné (interdiction, déchéance, incapacité) dans le jugement de condamnation.

– soit après cette condamnation, le requérant doit alors se soumettre à une procédure prévue à l'article 703 CPP (relèvement différé).

Le demandeur doit s'adresser au Procureur de la République ou au Procureur Général. La demande doit préciser la date de la condamnation et les lieux de résidence du requérant depuis sa condamnation ou sa libération.

Le procureur compétent s'entoure de tous renseignements utiles. Il peut prendre l'avis du juge de l'application des peines. Il saisit ensuite la juridiction compétente (celle qui a prononcé la condamnation). La juridiction saisie statue en chambre du conseil sur les conclusions du Ministère Public après avoir entendu ou dûment appelé le requérant ou son conseil. (Cass. Crim. 24.02.1988 B N° 97).

Il est fait mention de la décision par laquelle un condamné est relevé en marge du jugement ou de l'arrêt de condamnation et au casier judiciaire.

c) *La réhabilitation*

Elle concerne toute la condamnation.

La réhabilitation produit les mêmes effets que l'amnistie. La condamnation disparaît du casier judiciaire. Sont également effacées les incapacités et déchéances qui résultent de la condamnation. Contrairement à l'amnistie qui résulte d'une loi d'amnistie dont le contenu peut varier, la réhabilitation résulte de l'écoulement du temps (réhabilitation légale) ou d'une décision de magistrats (réhabilitation judiciaire).

→ La réhabilitation légale :

– elle est acquise de plein droit par le condamné qui pendant les délais fixés à l'art. 133-13 du CP, n'a pas subi de nouvelle condamnation à une peine criminelle ou correctionnelle. Ce délai est de trois ans pour une condamnation à l'amende à compter du jour de son paiement ;

– cinq ans pour une condamnation à un emprisonnement inférieur à un an ou une autre sanction pénale prononcée à titre principal ;

– dix ans pour une condamnation à un emprisonnement inférieur à dix ans ou pour des condamnations multiples dont le total ne dépasse pas cinq ans. Les personnes condamnées qui ne peuvent pas être réhabilitées devront attendre quarante ans pour que leur fiche soit retirée du casier judiciaire s'il n'y a pas eu une nouvelle condamnation à une peine criminelle ou correctionnelle (art. 769 du nouveau CPP).

Il existe des règles particulières en cas de récidive et pour les personnes morales. L'art. 133-14 du nouveau CP précise ;

> « *La réhabilitation est acquise de plein droit à la personne morale condamnée qui n'a, dans les délais ci-après déterminés, subi aucune condamnation nouvelle à une peine criminelle ou correctionnelle :*
> *1° Pour la condamnation à l'amende, après un délai de cinq ans à compter du jour du paiement de l'amende ou de la prescription accomplie ;*
> *2° Pour la condamnation à une peine autre que l'amende ou la dissolution, après un délai de cinq ans à compter soit de l'exécution de la peine, soit de la prescription accomplie.* »

→ La réhabilitation judiciaire :

– elle peut être formée passé un certain délai qui est de cinq ans pour les condamnés à une peine criminelle ;

– trois ans pour les condamnés à une peine correctionnelle ;

– un an pour les condamnés à une peine contraventionnelle.

Le délai court du jour où la condamnation est devenue irrévocable (amende) ou de la libération définitive (peine privative de liberté) ou de l'expiration de la sanction (sanction pénale autre que l'emprisonnement et l'amende prononcée à titre principal).

Le condamné adresse sa demande au Procureur de la République de sa résidence qui se fait fournir divers renseignements avant de transmettre le dossier au Procureur Général. Ce dernier saisit la chambre de l'instruction qui se prononce au vu de différents éléments prévus à l'article 788 CPP (le condamné doit justifier du paiement de frais, amende, dommages et intérêts, ...).

La réhabilitation « efface la condamnation, nul ne peut en faire état, elle fait cesser pour l'avenir toutes les incapacités ».

Il existe des règles particulières pour les personnes morales (art. 798-1 du nouveau CPP). C'est le représentant légal de la société qui va agir. Il adresse sa demande au procureur de la République du lieu du siège de la personne morale. La demande n'est recevable que si elle est formée après un délai de deux ans à compter de l'expiration de la durée de la sanction subie.

SECTION III
L'auteur de l'infraction

Pour qualifier les faits incriminés, le juge doit définir le rôle exact joué par le délinquant.

Si certains coupables agissent dans la solitude, fréquemment les infractions sont commises en groupe.

Le législateur distingue l'auteur, du complice.

§1. L'AUTEUR

C'est la personne qui accomplit tous les actes constitutifs de l'infraction. Il se peut que plusieurs personnes agissent de concert et commettent tous les éléments constitutifs. On parle alors de coauteurs.

A) L'action en solo

Il convient de distinguer l'infracteur général de l'infracteur spécial.

1) L'infracteur général

• Dans la plupart des cas, la qualité de l'auteur est indifférente : tombe sous le coup de la loi pénale toute personne qui transgresse la loi. Le législateur utilise les termes suivants : « quiconque », « celui », « tout individu » ...

• C'est celui qui commet l'infraction qui engage sa responsabilité pénale personnelle. Ce principe est rappelé souvent par les juges.

Cass. Crim. 30.12.1892 S 18941201 :

« *nul n'est punissable qu'à raison de son fait personnel.* »

On le retrouve dans l'article 121-1 du Code pénal.

En droit pénal il n'existe pas de grand principe de responsabilité pour autrui comme en matière civile (art. 1384 du Code civil).

Aussi, il est exclu que des parents soient condamnés à une sanction pénale pour des faits délictueux commis par leur enfant.

2) L'infracteur spécial

Le législateur précise ici la qualité de l'auteur. C'est chose courante dans le droit pénal des affaires.

Il s'agira du gérant de SARL ou de commandite par actions, des associés, des fondateurs, des dirigeants de la SA, du commissaire aux comptes... Par exemple, l'auteur du délit de présentation ou publication de comptes annuels infidèles (réprimé dans les SA à l'article L. 242-6 du Code de commerce) est nécessairement un dirigeant de droit ou de fait. Aussi, un expert comptable ne peut être poursuivi comme auteur, mais seulement comme complice s'il a participé à l'infraction.

Il faut envisager d'une part la responsabilité pénale du fait d'autrui et d'autre part la responsabilité pénale des personnes morales.

Si le principe veut que l'on ne soit responsable pénalement que de ses propres agissements, il existe des prescriptions légales prévoyant la responsabilité pénale d'un individu pour une infraction commise par un tiers.

a) La responsabilité pénale du fait d'autrui

La doctrine est divisée sur le point de savoir quel est le fondement juridique de cette responsabilité pour autrui. Certains y ont vu une application de la théorie du risque, d'autres de la théorie de la faute.

(Voir la chronique de M. Delmas Marty : « Le droit pénal, l'individu et l'entreprise ». Culpabilité « du fait d'autrui » ou du « décideur », JCP 85 I 3218.)

La jurisprudence d'une manière classique, précise que cette imputation constitue la contrepartie des pouvoirs du chef d'entreprise auquel incombe la charge de respecter les obligations prévues par les textes en vigueur (Cass. Crim. 8.02.1983 D 84 IR 173).

Il existe des applications légales et jurisprudentielles.

→ Les applications légales principales :

Citons plusieurs exemples

– l'article L. 433-18 du CP « *est puni de six mois d'emprisonnement et de 7 500 € d'amende le fait, par le fondateur ou le dirigeant de droit ou de fait d'une entreprise qui poursuit un but lucratif, de faire figurer ou de laisser figurer, dans une publicité réalisée dans l'intérêt de l'entreprise qu'il se propose de fonder ou qu'il dirige :*

1° Le nom, avec mention de sa qualité, d'un membre ou d'un ancien membre du Gouvernement, du Parlement, du Parlement européen, d'une assemblée délibérante d'une collectivité territoriale, du Conseil constitutionnel, du Conseil d'État, du Conseil économique, social et environnemental, du Conseil supérieur de la magistrature, de la Cour de cassation, de la Cour des comptes, de l'Institut de France, du conseil de direction de la Banque de France ou d'un organisme collégial investi par la loi d'une mission de contrôle ou de conseil ;
2° Le nom, avec mention de sa fonction, d'un magistrat ou d'un ancien magistrat, d'un fonctionnaire ou d'un ancien fonctionnaire ou d'un officier public ou ministériel ;
3° Le nom d'une personne avec mention de la décoration réglementée par l'autorité publique qui lui a été décernée.
Est puni des mêmes peines le fait, par un banquier ou un démarcheur, de faire usage de la publicité visée à l'alinéa qui précède. »

– l'article L. 3315-6 du Code des transports : le chef d'entreprise est responsable si « en tant que commettant », il a laissé contrevenir à ces dispositions... » (Cass. Crim. 13 octobre 2010 N° 10-81575 Jurisdata N° 201-020759 Dr. pénal 2011 Comm. 7).

– l'article. 121-1 du Code de la route :

« Le conducteur d'un véhicule est responsable pénalement des infractions commises par lui dans la conduite dudit véhicule.
Toutefois, lorsque le conducteur a agi en qualité de préposé, le tribunal pourra, compte tenu des circonstances de fait et des conditions de travail de l'intéressé, décider que le paiement des amendes de police prononcées en vertu du présent code sera, en totalité ou en partie, à la charge du commettant si celui-ci a été cité à l'audience. »

→ Les applications jurisprudentielles :

Les juges ne vont recourir à la responsabilité pour autrui que dans l'hypothèse où un texte prévoit une obligation légale à la charge du décideur. Sa responsabilité pénale est la contrepartie de son pouvoir de décision. Il est responsable de la violation des règlements spécifiques à son entreprise et d'une manière plus générale des infractions en matière de pollution, droit du travail, et de la santé. Il doit veiller à la stricte exécution des prescriptions réglementaires.

Peut-on s'exonérer d'une telle responsabilité ?

Le législateur ne nous donne malheureusement que peu d'indications. Les moyens d'exonération les plus souvent soulevés devant les tribunaux sont la délégation et l'absence de faute.

– Premier moyen d'exonération : la délégation

Il existe une jurisprudence très importante qui est venue affiner ce terme.

Il faut analyser le domaine d'application et les conditions de recevabilité.

• Le domaine d'application

La première décision rendue par la Cour de cassation remonte à 1902 (Cass. Crim. 28 juin 1902 Bull. Crim. N° 237).

Il a fallu attendre 1993 pour avoir une position de principe posée dans plusieurs arrêts :

Cass. Crim. 11 mars 1993 (Bull. Crim. N° 112 ; JCP E 1994 II 571 et Dr. pénal 93 Comm. 39 obs J.H. Robert).

La Cour de cassation a précisé que « *sauf si la loi en dispose autrement, le chef d'entreprise qui n'a pas personnellement pris part à la réalisation de l'infraction peut s'exonérer de sa responsabilité pénale s'il rapporte la preuve qu'il a délégué ses pouvoirs à une personne pourvue de la compétence, de l'autorité et des moyens nécessaires* ».

La délégation peut se faire dans de nombreux domaines : hygiène, sécurité mais aussi dans des domaines plus rares en matière de fixation de prix (Cass. Crim. 17.01.1994 D 95 J 577 note P. Casson) ; pour établir et vérifier des factures (Cass. Crim. 27.02.95 Dr. pénal 95 Comm. 150), pour le délit d'initié (Cass. Crim. 19.10.1995 Dr. pénal 96 Comm. 38 et D 96 IR p. 30 et CA Orléans 20 juin 1994 RJDA 12/94 N° 1302).

La délégation n'est pas toujours possible. Il existe des domaines d'exclusion.

Le fait d'avoir omis de consulter le comité d'hygiène et de sécurité et des conditions de travail (délit d'entrave) : Cass. Crim. 14 octobre 2003 N° 03-81366 Bull. Crim. N° 190 Dr. pén. 2004 Comm. 11 obs. J. H. Robert.

On retrouve la même impossibilité de délégation envers le comité central d'entreprise (Cass. Crim. 15 mai 2007 N° 06-84318 Bull. Crim. 2007 N° 126), mais aussi envers les institutions représentatives du personnel (Cass. Crim. 6 novembre 2007 N° 06-86027 Bull. Crim. 2007 N° 266).

• Conditions relatives à la délégation :

– elle doit être certaine

Cass. Crim. 27.02.1979 B 88 :

« *si pour être exonératoire, une telle délégation doit être certaine et exempte d'ambiguïté, sa preuve n'est pourtant soumise à aucune forme particulière. Encourt, dès lors la cassation la décision qui exige en la matière une preuve littérale.* »

La délégation tacite est exonératoire mais doit être établie par celui qui l'invoque (Cass. Crim. 30 mai 2000 *Petites Affiches* 19.01.2001 N° 14 p. 7).

Une délégation de fait a été écartée par les magistrats (Cass. Crim. 7 juin 2006 N° 05-86804) :

– elle doit être antérieure au fait

– elle doit être précise et partielle

Cass. Crim. 28.01.1975 B N° 32 :

« *une mission générale de surveillance et d'organisation des mesures de sécurité sur les chantiers donnés dans le contrat d'engagement d'un directeur de travaux par un chef d'entreprise ne peut, en l'absence d'instructions précises, valoir délégation de pouvoirs et exonérer de toute responsabilité l'employeur qui demeure tenu de veiller personnellement à l'observation des règles protectrices relatives à la sécurité des ouvriers.* »

Elle ne doit pas être générale (Cass. Crim 2 septembre 2008 N° 08-80408, RJDA 3/09 N° 221).

– elle doit être continue

La délégation subsiste même en cas de changement de président quand elle a été donnée au nom et pour le compte de la société (Cass. Crim. 4.02.97 (Droit social avril 1997 N° 56).

• Conditions relatives au délégataire :

La délégation peut être accordée à tous les niveaux de la hiérarchie de l'entreprise.

Le délégataire doit avoir un lien de subordination. Cass. Crim. 24 septembre 1998 RJDA 1/99 N° 48 :

« *Un gérant de société à responsabilité limitée, à qui il incombe personnellement de veiller au respect par celle-ci de ses obligations fiscales et comptables, ne peut pas s'exonérer de sa responsabilité pour fraude fiscale et omission d'écritures en comptabilité, en faisant valoir qu'il a délégué ses pouvoirs à un cabinet d'experts-comptables.* »

Le délégataire doit avoir une autorité nécessaire, une compétence suffisante et des moyens financiers.

Cass. Crim. 16.01.1971 B N° 192, 2.10.1979 B N° 267 ; Cass. Crim. 4.01.1984 B N° 5 ; Cass. Crim. 12.01.1988 B N° 15 ; Cass. Crim. 2 septembre 2008 N° 08-80408 (déjà cité) pour une délégation consentie le jour de l'embauche ; Cass. Crim. 12 mai 2009 N° 08-82187 pour une délégation sans octroi de budget ; Cass. Crim. 8 décembre 2009 N° 09-82183 (Bull. Crim. 2009 N° 210 (RJDA 4/10 N° 367 et D 2010 212), pour une délégation à un préposé âgé de vingt et un ans. Le délégataire doit accepter la délégation : Cass. Crim. 23 mai 2007 N° 06-87590 Bull. Crim. 2007 N° 138.

• Conditions relatives au déléguant :

– Il ne doit pas participer à la réalisation de l'infraction : Cass. Crim. 20 mars 1995 RJDA 6/95 N° 717 ; Cass. Crim. 6 février 2001 N° 00-84104 Dr. pén. 2001 Comm. 78 et Cass. Crim. 9 novembre 2010 N° 10-81074 Dr. pén. 2011 Comm. 39 obs. J. H. Robert. Dans cette dernière affaire le déléguant avait conservé la maîtrise des conditions de travail de tous les salariés. Sa délégation auprès des directeurs de magasin de la chaîne n'a pas été exonératoire. Il a été condamné comme auteur de travail dissimulé.

– Il ne peut déléguer ses pouvoirs à plusieurs personnes pour un même travail (Cass. Crim. 6 juin 89 B 243 et Cass. Crim. 23 novembre 2004 N° 04-81601 Bull. Crim. 2004 N° 295).

– La subdélégation est possible si le dirigeant a délégué ses pouvoirs à l'un de ses collaborateurs dans des conditions régulières.

Cass. Crim. 8.02.1983 (Bull. Crim. N° 48) :

Depuis un arrêt rendu par la chambre criminelle le 30 octobre 1996, l'autorisation du chef d'entreprise n'est plus nécessaire à la validité d'une subdélégation (Dalloz 97 IR 20).

– La possibilité de désigner pour l'ensemble des sociétés d'un groupe, un salarié investi d'une délégation de pouvoirs. (Cass. Crim. 26 mai 1994 D 95 J 111 note Reinhard).

Il n'est plus obligatoire que la délégation soit interne à la société ; elle peut être donnée pour un groupe de sociétés.

La délégation à une personne qui n'était pas son proposé mais salarié dans une société du groupe a été reconnue valable (Cass. Crim. 7.02.1995 RJDA 6/95 N° 657 et Cass. Crim. 13 octobre 2009 N° 09-80857 RJDA 2/10 N° 146).

– Second moyen : l'absence de faute

Analysons plus précisément la jurisprudence en matière d'accident du travail.

Jusqu'en 1976, la jurisprudence ne retenait comme cause d'exonération que la délégation.

Dans les années 80, les magistrats ont commencé à exonérer la responsabilité des dirigeants, quand ces derniers n'avaient commis aucune faute personnelle (Cass. Crim. 14 mars 1979 Bull. Crim 1979 N° 109 et Cass. Crim. 23 octobre 1990 B N° 354).

Si la faute de la victime a été la cause unique et exclusive du dommage, la responsabilité de l'employeur est exclue.

Si la victime a contribué partiellement à la réalisation du dommage, on retiendra la responsabilité de l'employeur (Cass. Crim. 16 mars 2010 N° 09-82041 Jurisdata N° 2010-003370).

b) *La responsabilité pénale de la personne morale*

L'article 54 de la loi Perben II du 9 mars 2004 a posé le principe de la responsabilité pénale générale des personnes morales quelle que soit l'infraction commise. Il faut analyser les conditions de mise en œuvre de la responsabilité.

→ Les personnes responsables

– Le principe : l'article 121-2 du nouveau Code pénal pose comme principe que toutes les personnes morales peuvent être concernées.

On y trouve les sociétés civiles et commerciales, les groupements, mais aussi les associations, syndicats, partis politiques, les institutions représentatives du personnel.

– Les limites: sont exclus totalement du texte les groupements dénués de la personnalité morale (société en participation, société créée de fait et l'État).

Sont exclus partiellement du texte les collectivités territoriales et leurs groupements qui ne peuvent être responsable pénalement « que des infractions commises dans l'exercice d'activités susceptibles de faire l'objet de conventions de délégation de service public. » (Ex. : transports en commun ; cantines...).

Les juges ont exclu la responsabilité d'une société qui avait absorbé une autre société faisant l'objet de poursuite pour blessures involontaires.

L'absorption avait fait perdre son existence juridique à la société absorbée. (Cass. Crim. 20 juin 2000 Bull. Crim. 2000 N° 237 RJDA 12/00 N° 1096 – RTD COM 2000 p. 1024 note B. Bouloc ; Cass. Crim. 26 juin 2001 D 2002 SOM 1802 et Cass. Crim. 14 octobre 2003 Bull. Crim. 2003 N° 189 Dr. pén. 2004 Comm. 20 obs. M. Véron).

Dans le cadre d'un groupe, la personne morale responsable est celle qui emploie la victime et non celle qui emploie le délégataire (Cass. Crim. 13 octobre 2009 N° 09-80857 Dr. pén. 2009 Comm. 154 obs. M. Véron et Cass. Crim. 23 novembre 2010 N° 09-85115 RJDA 3/11 N° 242).

→ La mise en œuvre de cette responsabilité

Le Code pénal a dû adapter le système pénal à cette nouvelle catégorie de délinquant avec des conditions particulières et des règles de poursuite spécifiques.

– Les conditions particulières

Après avoir contrôlé s'il s'agit d'une des personnes morales concernées, les magistrats devront relever la condition suivante. L'infraction a dû être réalisée pour le compte de la personne morale par leurs organes ou représentants (Cass. Crim. 26 juin 2001 Dr. pén. 2002 Comm. 8).

La personne morale ne pourra pas voir sa responsabilité engagée lorsque l'infraction aura été commise par un dirigeant dans son intérêt personnel.

La notion d'organe semble fixée. Il s'agit des personnes habilitées à prendre des décisions et à représenter la société (les dirigeants).

La notion de représentant divise la doctrine. Il faut entendre les administrateurs judiciaires et provisoires.

Les juges y ajoutent les délégués du chef d'entreprise (Cass. Crim. 1.12.1998 RJDA 2/99 N° 177 ; Cass. Crim. 9.11.1999 RJDA 3/00 N° 267 ; Cass. Crim. 30 mai 2000 Bull. Crim. N° 206), mais aussi un avocat (Cass. Crim. 21 mars 2000 Bull. Crim. 2000 N° 128) et plus curieusement un agent commercial (Cass. Crim. 23 février 2010 N° 09-81819 Dr. pénal 2010 Comm. 73 obs. J. H. Robert).

Les magistrats doivent-ils identifier l'auteur des manquements constitutifs du délit ?

Cette identification a été déclarée inutile dans un premier temps pour des infractions non intentionnelles : l'infraction « n'a pu être commise, pour le compte de la société que par ses organes ou représentants » (Cass. Crim. 20 juin 2006 N° 05-85255 Bull. Crim. 2006 N° 188 Dr. pén. 2006 Comm. 128).

À plusieurs reprises, les magistrats ont occulté l'identité de la personne physique : Cass. Crim. 15 janvier 2008 N° 07-80800 Dr. Pén. 2008 Comm. 71 ; Cass. Crim. 9 mars 2010 N° 09-80543 (D 2010 Études et Comm. 2135) où les magistrats se réfèrent à une défaillance du service d'accueil des urgences ; Cass. Crim. 16 mars 2010 N° 09-82041 Dr. pén. 2010 Comm. 74. Il en a été ainsi également dans un arrêt du 15 février 2011 N° 10-85324 Dr. pén. 2011 Comm. 62 à l'encontre de la SNCF suite à un accident subi par l'un de ses agents.

Dans un second temps, les magistrats n'ont pas identifié l'auteur des manquements pour des infractions intentionnelles (Cass. Crim. 28 janvier 2009 N° 07-81674 et Cass. Crim. 1er décembre 2009 N° 09-82140 Dr. pén. 2010 Comm. 74).

Cette position entraîne un renversement de la charge de la preuve. Il appartient à la personne morale de démontrer que l'auteur de l'infraction n'avait pas la qualité d'organe ou représentant.

Il existe toutefois des décisions de la Cour de cassation censurant des arrêts de la cour d'appel n'ayant pas identifié l'auteur : Cass. Crim. 23 juin 2009 N° 07-85109 Bull. Crim. 2009 N° 126 et Cass. Crim. 16 février 2010 N° 09-83991 Dr. pén. 2010 Comm. 74.

– Les règles de poursuite particulières

L'article 706-42 du CPP prévoit des règles de compétence spécifiques. Sont compétents : le procureur de la République et les juridictions du lieu de l'infraction mais aussi le procureur de la République et les juridictions du lieu du siège social de la personne morale.

L'article 706-43 du CPP organise des règles particulières de représentation de la personne morale au cours de la procédure.

La personne morale est en principe représentée par son représentant légal sauf si ce dernier fait l'objet de poursuites. Dans ce cas, le représentant légal peut saisir par requête le président du Tribunal de grande instance en vue de désigner un mandataire de justice pour représenter la personne morale.

Il ne peut pas s'agir du liquidateur judiciaire (Cass. Crim. 10 février 2010 *Petites affiches* 2 010 N° 146 p. 15).

L'article 706-45 du CPP organise des règles particulières concernant le contrôle judiciaire.

→ Le cumul possible des responsabilités

L'article 121-2 du Code pénal se termine par les termes suivants : « *la responsabilité pénale des personnes morales n'exclut pas celle des personnes physiques auteurs ou complices des mêmes faits* ».

Ce cumul interviendra très fréquemment pour les infractions intentionnelles.

B) La coaction

Comme l'auteur, il a personnellement réalisé tous les éléments constitutifs de l'infraction.

Dans certains cas, la Cour de cassation a tendance à considérer comme coauteur celui qui ne fait que coopérer à la consommation de l'infraction. Ainsi, le fait de faire le guet est un acte de coaction (Cass. Crim. 7.12.1954 D 55 221 et Cass. Crim. 25.05.1973 GP 73 1 SOM 94).

Le législateur a prévu d'ériger en infraction certaines situations particulières. On peut citer en exemple :

le délit d'association de malfaiteurs (art. 450-1 du CP).

(Voir la chronique de F. Rousseau « de quelques réflexions sur la responsabilité collective. Aspects de droit civil et de droit pénal » D 2011 1983.)

1) Les intérêts de la distinction

Le coauteur d'une contravention est punissable alors que le complice d'une contravention en principe ne l'est pas.

Certaines infractions commises avec le concours de coauteurs seront punis plus sévèrement (par exemple le vol, art. 311-4 du CP).

2) *Les problèmes posés par la coaction*

Des difficultés relatives à ces actions collectives se sont posées aux tribunaux. Il n'est pas toujours facile de déterminer avec précision la participation exacte de chacune des parties. Devant le silence de la loi, la Cour de cassation s'est prononcée avec sévérité à l'encontre de ceux qui participent à une infraction collective qu'elle soit intentionnelle ou non.

a) Premier problème : la participation collective à une infraction non intentionnelle

Il est parfois impossible de déterminer la personne qui a effectivement causé le résultat préjudiciable. Dans deux arrêts remarqués et critiqués, la Cour de cassation a eu recours à la notion de faute collective pour engager la responsabilité de tous les participants.

Dans un premier temps, elle s'est prononcée en cas d'actions concomitantes.

Cass. Crim. 7 mars 1968 B N° 81 et GP 68.1.319 :

> « *Lorsque deux prévenus ont participé ensemble à une action essentiellement dangereuse et créé, par leur commune imprudence, un risque grave auquel un tiers n'a pu échapper, le juge pénal est en droit de décider, sans avoir à préciser l'incidence directe sur leur victime, du rôle joué par chacun de ces prévenus que l'un et l'autre se trouvent également en faute au sens des articles 319 et 320 du Code pénal et doivent répondre des conséquences tant pénales que civiles qui en résultent.* »

Dans un deuxième temps, la Cour de cassation s'est prononcée dans l'hypothèse d'actions successives (Cass. Crim. 19 mai 1978 D 80 3). Deux personnes s'étaient servies de la même arme de guerre pour s'entraîner au tir. Un jeune garçon se situant à 1 500 mètres a été mortellement blessé par l'un des deux. Dans le doute, la Cour de cassation a relevé une faute collective d'imprudence : « *sont également en faute, au regard des articles 319 et 320 du CP, des prévenus qui ont participé ensemble à une action essentiellement dangereuse et créé, par leur commune imprudence, un risque grave dont un tiers a été victime, alors même qu'il n'a pas été possible de déterminer l'incidence directe sur la victime, des actes accomplis par chacun des prévenus* ». La Cour de cassation a, dans un souci évident d'équité, écarté le grand principe qui veut que le doute profite à l'inculpé.

b) Second problème :
la participation collective à une infraction intentionnelle

Depuis un arrêt de 1848, la Cour de cassation précise :

« *attendu que le coauteur d'un crime aide nécessairement l'autre coupable dans les faits qui consomment l'action, et devient par la force des choses légalement son complice.* » (Cass. Crim. 9 juin 1848 S 1848 1 527.)

Lors d'une action collective, quand l'auteur ne peut être déterminé de façon certaine, la Cour de cassation se réfère à la notion de complicité corespective pour retenir la culpabilité de tous ceux qui ont pris « une part active et personnelle à l'action commise » (Cass. Crim. 12.10.1961 B N° 399).

Lors d'une action collective, il en va de même, lorsque les juges ne peuvent apprécier si le dommage résulte de l'action d'un ou de plusieurs participants.

Cass. Crim. 13 juin 1972 B N° 195 :

« *Chaque membre du groupe est coauteur et même s'il n'a pas donné de coups suffisamment forts pour produire le résultat final, il est nécessairement le complice des coups plus graves qui ont été portés.* »

Ainsi dans tous les cas, les juges font une appréciation d'ensemble des faits délictueux et appliquent s'il y a lieu les circonstances aggravantes à tous les coauteurs.

§2. LE COMPLICE

A) La complicité qualifiée

Les trois conditions cumulatives pour incriminer un acte de complicité sont les suivantes : il faut un acte accessoire, un acte matériel et un acte intentionnel.

1) L'acte accessoire

Pour que la complicité soit retenue, les juges doivent relever un fait principal punissable.

a) Le fait principal

L'acte de complicité vient se greffer sur un acte principal.

Ce dernier doit être un crime ou un délit.

Qu'en est-il s'il s'agit d'une contravention ?

Le nouveau Code pénal innove sur cette question en opérant une distinction selon les cas de complicité. S'il s'agit d'une instigation (voir *infra*), la complicité de contravention est toujours possible.

S'il s'agit d'une aide, la complicité n'est possible que si un texte le prévoit (art. R. 625-1).

Cette infraction peut-elle être une infraction non intentionnelle ?

Les décisions de la Cour de cassation divergent sur ce point. Certaines appliquent les règles de la complicité (Cass. Crim. 14.12. 1934, DP 35.1.96), d'autres les écartent au profit de la coaction précisant que « *la complicité ne peut exister dans les cas d'infractions d'imprudence, la notion d'imprudence étant inconciliable avec toute idée d'accord, de volonté préalable ou d'intention indispensable pour qu'il puisse y avoir complicité* ». (Cass. Crim. 24.10.1956 B N° 675.)

Cette infraction peut-elle être une infraction d'omission ?

La réponse affirmative ne semble pas faire de doute. Citons un exemple.

Cass. Crim. 24.11.1980 B N° 314 :

> « *Dès lors c'est à bon droit qu'une cour d'appel condamne le complice du délit d'omission d'écritures comptables sur le fondement des articles 59 et 60 du Code pénal.* »

Cette infraction peut-elle être une infraction d'habitude ? Les magistrats ont répondu de manière positive sans exiger que l'acte de complicité soit répété pour être sanctionné (Cass. Crim. 19 mars 2008 N° 07-85054 Bull. Crim. 2008 N° 70 D 2008 AJ 1278 obs. S. Lavric).

b) Précisions relativement à l'adjectif « punissable »

Les agissements du complice tombent sous le coup de la loi pénale parce qu'ils se rattachent à une action elle-même punissable.

Les juges ont posé deux règles :

- Première règle : *il faut un fait principal punissable.*

Ce fait doit, d'une part, être incriminé par une loi (principe de la légalité des délits et des peines) et doit, d'autre part, être susceptible de recevoir une sanction. Les juges ne pourront poursuivre le complice d'une action non punissable. Le fait principal peut être prescrit, il peut être amnistié, il peut avoir disparu avec un fait justificatif, il peut ne pas tomber sous le coup de la loi pénale (exemple : les actes préparatoires), il peut tomber sous le coup d'une immunité (l'article 311-12 du nouveau CP exclut toute sanction pénale pour toutes soustractions commises entre époux, entre parents et enfants).

C'est une obligation pour les juges de constater les éléments de ce fait punissable. Cass. Crim. 25 octobre 1962 (D 63 221) : un sieur Lacour, docteur en médecine, familier d'une dame Walter avait conçu le projet d'attenter à la vie du fils adoptif de Mme Walter (Guillaume). Ce projet avait été confié pour sa réalisation à un sieur Rayon, hôtelier. Ce dernier informa Guillaume du dessein de sa mère adoptive. Les juges n'ont pu retenir un fait de complicité devant l'absence de fait principal punissable.

Pourtant dans un arrêt remarqué, la Cour de cassation est sortie du cadre de la criminalité d'emprunt en condamnant le complice alors que l'auteur principal du délit a été relaxé en l'absence de faute intentionnelle (Cass. Crim. 8 janvier 2003 N° 01-88065 Bull. Crim. 2003 N° 5).

• Seconde règle : *la culpabilité du complice est indépendante de celle de l'auteur principal.*

Il importe peu que l'auteur soit resté inconnu.

Cass. Crim. 18.11.1976 B N° 332 :

« *La circonstance que les auteurs principaux d'un délit de soustraction frauduleuse au paiement de l'impôt sont restés inconnus et n'ont pu être poursuivis ne saurait exonérer les complices de leur responsabilité pénale dès lors que les constatations souveraines des juges du fond établissent l'existence d'un fait principal punissable.* »

Il importe peu que la condamnation de l'auteur principal ne soit pas encore devenue définitive.

Cass. Crim. 10.04.1975 B N° 89 :

« *La condamnation est suffisamment justifiée à son égard, si la décision qui la prononce constate l'existence du délit et en relève les éléments constitutifs alors même que la condamnation de l'auteur principal ne serait pas encore devenue définitive.* »

Il importe peu que l'auteur principal pour des raisons personnelles n'ait pas été sanctionné (démence, contrainte, ...).

2) L'acte matériel

a) Présentation générale des cas de complicité

L'article 121-7 du Code pénal prévoit deux cas de complicité :
– par aide ou assistance,
– par instigation.

→ Premier cas : la complicité par aide ou assistance.

L'article 121-7 précise : « *est complice d'un crime ou d'un délit la personne qui sciemment, par aide ou assistance, en a facilité la préparation ou la consommation.* »

De nombreuses décisions retiennent ce cas de complicité.

Citons comme exemple Cass. Crim. 3.10.1983 (B N° 234) :

« *qu'en acceptant, en connaissance, d'ouvrir en 1975 et 1970 deux comptes bancaires dans deux établissements différents pour y faire transiter des sommes importantes au profit de son employeur, mais au détriment du Trésor Public qui ne pouvait ainsi recouvrer directement ce que lui devait le contribuable Serval, Duwat s'était, par aide et assistance et fourniture de moyens, rendu complice du détournement d'actif commis en 1978 par son employeur.* »

V. chronique A. Decocq JCP 83 I 3124 « Inaction, abstention et complicité par aide et assistance ».

Cass. Crim. 11.12.89 B 471 :

« *La prévenue, en occultant son état de femme mariée, a aidé son mari à dissimuler ses biens et revenus en lui servant de prête-nom dans le cadre d'une société commerciale.* »

Cass. Crim. 14.11.94 Dr. pénal 95 Comm. 58 : a été reconnu comme complice d'escroquerie celui qui vendait des cartes magnétiques usagées dont il avait retraité la mémoire.

Le nouveau Code pénal a supprimé la fourniture de moyens (fourniture de l'arme, du local pour faciliter la réalisation de l'infraction). Il faut désormais qualifier ces faits de complicité par aide.

→ Deuxième cas : la complicité par instigation.

« *Est également complice la personne qui par don, promesse, menace, ordre, abus d'autorité ou de pouvoir, aura provoqué à une infraction ou donné des instructions pour la commettre.* »

Ce cas de complicité peut prendre deux formes :

– la provocation.

Il s'agira de celui qui pousse l'auteur à commettre une infraction. Le législateur énumère les moyens par lesquels la provocation doit s'opérer. Il doit s'agir de dons, promesses, menaces, ordre, abus d'autorité ou de pouvoir.

Cass. Crim. 10.01.1973 (B N° 14) :

« *Se rend coupable de complicité de fraudes fiscales par provocation avec abus d'autorité ou de pouvoir un entrepreneur de bâtiment qui a invité un fournisseur de main-d'œuvre dont il était le principal, puis l'unique client, à s'abstenir de reverser au Trésor Public les sommes dont ce prestataire de services était redevable au titre de la TVA en lui imposant des facturations anormalement basses, faisant de la minoration de ces factures la condition du maintien de ses commandes.* »

Cass. Crim. 3.11.94 Dr. pénal 95 Comm. 58 :

A été reconnu comme complice de vol le gérant qui avait donné l'ordre à ses employés de récupérer chez une société cliente non seulement les quatorze moules demeurés impayés mais aussi tous les moules en possession du client.

Ce cas de complicité ne doit pas être confondu avec le mandat criminel qui sanctionne de dix ans d'emprisonnement et de 150 000 € d'amende le fait « de faire à une personne des offres ou des promesses ou de lui proposer des dons, présents ou avantages quelconques afin qu'elle commette un assassinat ou un empoisonnement » lorsque l'infraction n'a été ni réalisée, ni tentée (article 221-5-1 du CP).

– la fourniture d'instructions.

Il s'agira d'indications données dans le dessein de commettre l'infraction.

Cass. Crim. 13.03.1978 (B N° 91) :

« *caractérise, en tous ses éléments constitutifs, la complicité de délits assimilés à la banqueroute l'arrêt qui constate que trois préposés d'un établissement bancaire, qui connaissaient la situation irrémédiablement compromise d'une société à laquelle ils avaient consenti des découverts, ont donné aux dirigeants de cette société des instructions propres à les inciter à différer la déclaration de la cessation des paiements et à rembourser ladite banque de ses avances, au préjudice des autres créanciers.* »

A été condamné comme complice du délit de mise en danger d'autrui le passager d'un véhicule qui a donné l'ordre de passer l'intersection alors que le feu était rouge (Cass. Crim. 6 juin 2000 Dr. pénal 2000 Comm. 124).

L'article 121-7 du nouveau CP n'exige pas que les « instructions soient données directement par leur auteur » (Cass. Crim. 30 mai 89 B 222).

→ Troisième cas : le happy slapping.

Le Code pénal a ajouté en son article 222-33-3 un troisième cas de complicité couramment appelé happy slapping.

C'est « le fait d'enregistrer sciemment, par quelque moyen que ce soit, sur tout support que ce soit », des images relatives à la commission de différentes infractions prévues par les articles 222-1 à 222-14-1 et 222-23 à 223-31 du CP.

b) Les problèmes soulevés devant les tribunaux par ces mêmes cas

→ Premier problème : le moment de la réalisation de l'acte de complicité.

Si l'instigation ne soulève aucune difficulté puisqu'elle se réalise nécessairement antérieurement à l'infraction, il en va différemment pour le premier cas. Peut-on retenir la culpabilité de celui qui donne une aide postérieurement à la réalisation de l'infraction ? La Cour de cassation répond par l'affirmative dans une seule hypothèse : l'existence d'un accord préalable.

Cass. Crim. 8.11.1972 (B N° 329) :

« *Qu'en particulier, constitue un acte de complicité par aide ou assistance une intervention tendant à assurer la fuite de l'auteur principal, dès lors que cette protection résulte d'un accord préalable à l'infraction.* »

A été déclaré comme complice du faux l'associé d'une SARL pour avoir approuvé par son vote l'établissement d'un faux bilan (inscription au bilan d'une valeur de stocks minorés). Les magistrats ont déclaré l'acte concomitant car seule l'approbation des comptes conférait au document falsifié sa valeur de faux punissable susceptible de causer un préjudice (Cass. Crim. 22 août 95 Dr. pénal 96 Comm. 2).

Un administrateur judiciaire a été condamné pour la complicité d'un délit commis par un président du tribunal de commerce (délit de prise illégale d'intérêt). L'aide résultait d'un accord antérieur (Cass. Crim. 1er décembre 1998 Dr. pénal 1999 Comm. 80).

Certains faits postérieurs sont réglementés par le législateur. On peut citer comme exemple l'infraction de recel (article 321-1 du CP) qui intervient postérieurement à l'infraction principale. Il est donc possible d'être complice de l'infraction principale et receleur de cette même infraction.

Cass. Crim. 6.01.1970 (B N° 11) et Cass. Crim. 25.04.1974 (B N° 152) :

« *Rien ne s'oppose à ce que celui qui a été reconnu coupable d'avoir participé en qualité de complice à un abus de biens sociaux puisse être également retenu comme receleur des sommes provenant de ce détournement : s'agissant de faits distincts ces deux déclarations de culpabilité ne sont pas inconciliables.* »

De plus amples explications sur le recel seront données ultérieurement.

→ Deuxième problème : le caractère de l'acte de complicité.

Les cas de complicité prévus par le législateur sont des actions positives. L'inaction est exclue par le texte. Les juges rappellent souvent ce principe :

Cass. Crim 27.10.1971 (B N° 284) et Cass. Crim. 22.05.1984 JCP 1984 IV 244 :

« *La complicité par aide ou assistance ne peut s'induire d'une simple abstention et doit résulter de faits positifs.* »

Ces dernières années, la jurisprudence a pourtant connu une évolution importante ; on peut distinguer deux étapes :

• Première étape : l'acte collusoire explicite.

Dans certains cas l'entente morale entre l'auteur et le complice sera réprimée comme un acte positif. Sera condamné celui qui encourage l'auteur alors qu'il a les pouvoirs de prévenir l'infraction.

Citons plusieurs exemples.

Cass. Crim. 27.10.1971 (B N° 284) :

« *La complicité est encore caractérisée par la promesse d'un agent douanier de ne pas s'opposer, comme il l'aurait dû, du fait de ses fonctions, aux délits projetés, prouvant ainsi aux auteurs de ceux-ci l'assurance de pouvoir les commettre sans être inquiétés.* »

Cass. Crim. 22.12.1986 D 87 J 327 :

« *Se rend complice du délit de fraude fiscale commis par son client le notaire qui prête son concours, bien que sachant que les actes pour l'établissement desquels son office est requis constituent compte tenu de leur simultanéité et des majorations fictives de prix l'instrument nécessaire et obligatoire de la fraude.* »

• Seconde étape : l'acte collusoire implicite.

Les juges ont franchi une étape supplémentaire en retenant la culpabilité de celui qui laisse commettre une infraction mais sans entente explicite avec son auteur.

Citons deux exemples.

Cass. Crim. 15.01.1979 (B N° 21) :

« *Se rend complice du délit de fraude fiscale commis par son client, l'expert comptable qui n'observe pas son obligation professionnelle d'organiser, vérifier, apprécier et redresser la comptabilité de son client.* »

Cass. Crim. 28.05.1980 (D 80 IR 137) :

Les faits étaient les suivants : à la suite d'un accord tacite entre certains associés, la SA Distribution, Installation, Service (DIS) avait pris en charge pour deux exercices les rémunérations et certains frais du président du directoire de la SA DIS (Palligois) mais pris en sa qualité de gérant d'une autre société, la SARL Mage. L'abus de biens sociaux était caractérisé à l'encontre de Palligois. Les juges ont également retenu la complicité d'abus de biens sociaux à l'encontre d'un des membres du directoire, Pernot, pour avoir accepté cette pratique illicite alors qu'il avait les moyens de s'y opposer.

« *qu'en effet, si la complicité par aide et assistance ne peut s'induire d'une simple inaction ou abstention, elle se trouve en revanche caractérisée lorsque, comme en l'espèce, le deman-*

deur membre du directoire ayant connaissance des abus de biens sociaux auxquels se livrait son président, a laissé les commettre, alors qu'il avait les moyens que lui donne la loi de s'y opposer. »

Nous sommes bien loin de l'entente explicite prévue dans la première situation et, en revanche, bien proche de l'omission par négligence.

Cette jurisprudence déviante semblait abandonnée aujourd'hui.

Citons un arrêt rendu par la chambre criminelle de la Cour de cassation (Cass. Crim. 6 septembre 2000 N° 00-80 989 Dr. pénal 2000 Comm. 138). Les juges ont cassé un arrêt qui avait condamné un expert comptable comme complice d'abus de biens sociaux. On lui reprochait d'avoir accepté de laisser figurer au bilan les malversations d'un dirigeant.

Les juges ont cassé la décision puisqu'« *aucun acte positif antérieur ou concomitant à la réalisation de l'abus de biens sociaux* » n'avait été relevé.

Deux arrêts plus récents ont fait resurgir cette notion :

– Un arrêt du 31 janvier 2007 N° 05-85886 Bull. Crim. 2007 N° 25 et D 2007 J 1843 obs. B. Bouloc qui a retenu « l'incuriosité » du commissaire aux comptes.

– Un arrêt du 14 janvier 2009 N° 08-82106 (non publié) qui a retenu la responsabilité d'un banquier comme complice d'abus de biens sociaux pour ne pas s'être opposé à l'octroi de prêts à un ami « alors que ses fonctions lui donnaient le pouvoir et lui faisaient un devoir de les empêcher » (voir *infra*).

→ Troisième problème : les faits prétendument exonératoires.

Diverses décisions se sont prononcées avec sévérité pour rejeter des allégations sans portée sur l'incrimination.

• Première allégation : les faits de complicité n'étaient pas indispensables à la consommation de l'infraction.

Cass. Crim. 3.11.1981 (B N° 289) :

« *La complicité est punissable dès lors que les faits incriminés entrent dans les prévisions de l'article 60 du Code pénal sans que, de surcroît il soit besoin d'établir qu'ils étaient indispensables à la consommation de l'infraction reprochée à l'auteur principal.* »

• Deuxième allégation : le complice a averti l'auteur.

La Cour de cassation dans un arrêt du 15.01.1979 (B N° 21 précité) a précisé : « *les avertissements sur le risque encouru, adressés par le complice à l'auteur principal, ne sauraient retirer leur caractère délictueux aux actes de complicité commis antérieurement* ».

• Troisième allégation : l'obéissance ou le lien de subordination.

La Cour de cassation rejette ce fait en rappelant que : « *l'article 64 du CP n'admet comme cause de non-imputabilité que la force majeure et nullement l'obéissance que l'employé doit à celui qui l'emploie, et cet employé se rend complice des délits commis par son employeur lorsqu'il l'assiste dans les actes dont il peut apprécier le but et les conséquences dommageables* » (Cass. Crim. 22.06.1976 B N° 229).

La Cour de cassation s'est prononcée dans le même sens pour le lien de subordination : « *le lien de subordination qui existe entre un employé et celui qui l'emploie ne saurait avoir pour effet de soustraire cet employé à sa responsabilité pénale lorsqu'il se rend complice du délit de présentation de bilans inexacts commis par son employeur* » (Cass. Crim. 14.01.1980 B N° 21 et Cass. Crim. 3.10.1983 B N° 234).

→ Quatrième problème : la complicité de tentative.

L'acte tenté étant incriminé comme l'acte réalisé, les juges retiennent donc la notion de complicité de tentative. Illustrons cette prise de position par un arrêt.

Cass. Crim. 12.03.1985 B N° 110 :

> « *attendu que pour déclarer ce dernier coupable de complicité de la tentative d'extorsion de fonds commise par Pujol, les juges correctionnels énoncent qu'il est établi que Maître Benedetti, titulaire du pouvoir que lui avait donné Pujol en date du 3 mars 1982, ne pouvait ignorer, ainsi qu'il l'a reconnu lui-même, que ce notaire en fuite avait écrit à Maître Vicens et à Maître Garrigue au sujet de l'acte sous seing privé du 13 mai 1981, dont en sa qualité d'avocat il ne pouvait ignorer le caractère illicite.* »

En revanche, la tentative de complicité n'est passible d'aucune peine (Cass. Crim. 23 mais 1978 B N° 116).

→ Cinquième problème : la complicité indirecte.

Elle a été reconnue comme possible dans un arrêt de 15 décembre 2004 N° 04-81684 Bull. Crim. 2004 N° 322 : « *attendu qu'en prononçant ainsi, et dès lors que l'aide ou l'assistance apportée en connaissance de cause à l'auteur de l'escroquerie, même par l'intermédiaire d'un autre complice, constitue la complicité incriminée par l'article 121-7 du CP, la Cour d'appel a justifié la décision.* »

3) *L'acte intentionnel*

a) *Définition*

Pour que l'acte de complicité soit incriminé, il ne suffit pas d'un fait principal punissable, d'un acte de complicité prévu par le législateur, il faut aussi que le complice ait agi en connaissance de cause.

C'est une obligation pour les juges de constater cette mauvaise foi.

Pourtant des professionnels tels que des experts comptables ou des commissaires aux comptes ont vu leur responsabilité pénale engagée sans que l'intention coupable soit vraiment démontrée (Cass. Crim. 15 janvier 1979 Bull. Crim. 1979 N° 21 et Cass. Crim. 31 janvier 2007 N° 05-85886 déjà cité).

Il est possible que l'auteur dépasse l'intention du complice. Les juges doivent-ils alors considérer l'élément moral de la complicité comme constitué ?

Pour répondre à cette question les juges distinguent l'imprévisibilité totale de la prévisibilité.

b) L'intention du complice dépassée

→ Première situation : l'imprévisibilité totale.

L'auteur n'a pas commis l'infraction prévue par le complice. Il a choisi par exemple une autre victime. Dans cette hypothèse les juges excluent la complicité, faute d'élément intentionnel.

Cass. Crim. 10.03.1977 (B N° 91) :

> « *Par contre, aucun fait de complicité punissable ne saurait être retenu à la charge de celui qui donne mission à un homme de main de tuer une personne nommément désignée dès lors que, de sa propre volonté et sans être soumis à aucune pression extérieure, l'individu qui devait accomplir ce crime s'abstient de le commettre et donne volontairement la mort à une autre victime.* »

→ Seconde situation : la prévisibilité.

En revanche, les juges vont retenir la culpabilité du complice quand l'auteur n'a pas suivi le mode d'exécution prévu ou bien lorsque le déroulement de l'infraction s'est compliqué de circonstances aggravantes.

Cass. Crim. 31.12.1947 B N° 190 et Cass. Crim. 19.06.1984 JCP 1984 IV 276 :

> « *Aux termes de l'article 59 du CP, le complice est passible de la même peine que l'auteur du crime ou du délit et encourt la responsabilité de toutes les circonstances qui aggravent l'acte. Il suffit, dès lors pour justifier sa condamnation, qu'il résulte de l'arrêt qu'il a assisté avec connaissance l'auteur principal dans les faits qui ont préparé, facilité ou consommé le délit ; il n'est pas nécessaire que les circonstances aggravantes ayant accompagné l'acte et servi à le qualifier aient été connues de lui.* »

B) La complicité réprimée

Le complice encourt la même sanction que s'il avait été l'auteur principal. C'est l'abandon de l'application de la théorie de l'emprunt de pénalité. C'est l'article 121-6 du Code pénal qui a abandonné le principe de l'emprunt de pénalité : « sera puni comme auteur le complice de l'infraction, au sens de l'article 121-7 ».

Il faut envisager d'une part les effets de ce principe sur la fixation de la sanction pour déterminer ensuite la juridiction compétente pour connaître de ces actes de complicité.

1) Les effets relativement à la fixation de la peine

Ce changement était rendu nécessaire en raison de l'admission de la responsabilité pénale des personnes morales. On ne pouvait appliquer les mêmes peines aux personnes physiques et morales.

En pratique, cette modification aura une portée limitée.

La principale difficulté juridique se rencontre quand des circonstances aggravantes seront reconnues à l'encontre de l'auteur. Faudra-t-il les étendre au complice ?

Si elles lui sont personnelles (état de récidive), il faudra répondre par la négative. Les circonstances ne pourront concerner le complice.

S'il s'agit de circonstances réelles liées à l'infraction (vol la nuit, en groupe), il faudra répondre par l'affirmative. Le complice va encourir une peine aggravée.

Enfin, s'il s'agit de circonstances mixtes, il faudra appliquer la nouvelle règle à la lettre.

Ainsi, le complice du meurtre de l'un de ses parents va encourir la peine aggravée (réclusion criminelle à perpétuité) alors que l'auteur va encourir trente ans de réclusion. Dans l'ancien système le complice encourait la même peine.

2) Les effets relativement à la détermination de la juridiction compétente

Le complice doit être jugé par la juridiction compétente pour juger l'auteur principal. Des précisions doivent être fournies quand le fait principal et le fait de complicité n'ont pas été réalisés sur le territoire français.

Deux situations doivent être envisagées :

– Première situation : le fait principal a été commis à l'étranger et le fait de complicité sur notre territoire.

C'est l'article 113-5 du Code pénal : « *La loi pénale française est applicable à quiconque s'est rendu coupable sur le territoire de la République, comme complice, d'un crime ou d'un délit commis à l'étranger si le crime ou le délit est puni à la fois par la loi française et par la loi étrangère et s'il a été constaté par une décision définitive de la juridiction étrangère.* »

– Seconde situation : le fait principal a été commis en France et le fait de complicité à l'étranger. Le complice quelle que soit sa nationalité peut être traduit devant la juridiction française (Cass. Crim. 8 juin 1911 DP 1913 1 154).

SECTION IV
Les victimes de l'infraction

Une infraction donne naissance à deux actions distinctes :
– l'action publique,
– l'action civile.

L'action *publique* est celle exercée par les magistrats du Ministère Public, au nom de la Société et qui tend à l'application d'une peine contre le délinquant pour réparer le trouble social.

L'action *civile* est celle exercée par la victime ou ses ayants droit quand un dommage leur a été causé, en vue d'une condamnation du délinquant à des dommages et intérêts pour réparer le préjudice personnel subi.

§1. L'INTÉRÊT GÉNÉRAL : L'ACTION PUBLIQUE

Elle peut être mise en mouvement par les magistrats du Ministère Public, par la victime, ou par des administrations (Contributions directes et indirectes, Douanes, Eaux et Forêts, Postes) : l'action publique déclenchée.

Le législateur a prévu divers obstacles visant à empêcher l'exercice normal de l'action publique : l'action publique entravée.

A) L'action publique déclenchée

L'article 1er du CPP précise :

« L'action publique pour l'application des peines est mise en mouvement et exercée par les magistrats ou par les fonctionnaires auxquels elle est confiée par la loi. Cette action peut aussi être mise en mouvement par la partie lésée dans les conditions déterminées par le présent Code. »

1) Les sujets actifs

Il s'agit des magistrats du Ministère Public et de la partie lésée.

a) Les magistrats du Ministère Public

L'ensemble des magistrats du Ministère Public constitue le Parquet.

– La composition du Parquet :

• Près la Cour de cassation les représentants du Ministère Public sont le Procureur Général et les Avocats Généraux.

Le Parquet de la Cour de cassation n'a pas, à proprement parler, l'exercice de l'action publique : il est en général partie jointe au pourvoi formé par le Ministère Public ou les parties.

• Près la Cour d'appel, les représentants du Ministère Public sont le Procureur Général et ses Substituts (les Avocats Généraux).

Le Procureur Général représente le Ministère Public auprès de la Cour d'appel et de la Cour d'assises instituée au siège de la Cour d'appel.

Le Procureur Général doit veiller à l'application de la loi pénale dans l'étendue du ressort de la Cour d'appel. Il a un droit de surveillance sur les officiers et agents de la Police Judiciaire. Il a autorité sur tous les officiers du Ministère Public du ressort de la Cour d'appel.

• Près le Tribunal de Grande Instance, les représentants du Ministère Public sont le Procureur de la République et ses Substituts.

Quand la Cour d'assises est instituée au siège du tribunal, les représentants du Parquet sont identiques.

Le Procureur de la République est habilité :

– à recevoir les plaintes, les dénonciations et la suite à leur donner.

Il avise le plaignant du classement de l'affaire ainsi que la victime lorsque celle-ci est identifiée (art. 40-2 du CPP) ;

– à procéder à tous les actes nécessaires à la « recherche et à la poursuite des infractions à la loi pénale » (art. 41 du Code de procédure pénale) ;

– à décider, d'office ou sur requête, de la restitution des objets placés sous main de justice (art. 41-4 du CPP) ;

– à contrôler les mesures de garde à vue ;

– à proposer au délinquant sous certaines conditions une composition pénale. L'action publique ne doit pas être mise en mouvement (article 41-2 du CPP). Cette procédure peut être proposée dans une maison de justice et du droit.

• Près du Tribunal de Police, le représentant du Ministère Public est le Procureur de la République près du Tribunal de Grande Instance pour les contraventions de cinquième classe. Dans les autres cas, il s'agit du Commissaire de Police.

– Les moyens de déclencher l'action publique :

Ils sont au nombre de quatre : l'avertissement, la citation directe, le réquisitoire introductif, la convocation par procès-verbal.

• Premier mode d'exercice : l'avertissement (art. 389 du CPP).

Il est délivré par le Ministère Public. L'avertissement doit indiquer l'infraction poursuivie et viser le texte de loi la réprimant. Il saisit soit le Tribunal correctionnel, soit le Tribunal de Police lorsqu'il est suivi de la comparution volontaire de la personne à laquelle l'avertissement est adressé. En cas de non comparution, on doit recourir au deuxième procédé : la citation directe.

• Deuxième mode d'exercice : la citation directe.

Ce procédé peut prendre deux formes :

– celle d'une assignation délivrée à l'intéressé par un exploit d'huissier ;

– celle d'une convocation en justice sur instruction du Procureur de la République, notifiée au prévenu soit par un greffier, soit par le chef de l'établissement pénitentiaire si le prévenu est détenu (art. 390-1 du CPP).

Ce mode d'exercice ne peut être utilisé que pour les contraventions et les délits, si l'auteur est majeur et connu. La citation est en revanche impossible pour les crimes où l'instruction est obligatoire.

• Troisième mode d'exercice : le réquisitoire introductif (art. 80 du CPP).

Le Ministère public utilise ce moyen lorsqu'il s'agit d'une infraction pour laquelle le juge d'instruction doit obligatoirement être saisi (les crimes), ou lorsque sa désignation est facultative (délits complexes, expertise nécessaire, auteur en fuite).

Le réquisitoire introductif est un acte écrit et daté émanant du Procureur de la République, adressé à un juge d'instruction en vue de l'ouverture d'une information. Le juge d'instruction ne peut informer qu'en vertu de ce réquisitoire.

• Quatrième mode d'exercice : la convocation par procès-verbal et la procédure de comparution immédiate (art. 393 et s. du CPP).

– La convocation par procès verbal

Si l'affaire est en état d'être jugée et qu'une mesure de détention provisoire n'est pas nécessaire, le Procureur de la République convoquera le prévenu à comparaître dans un délai compris entre 10 jours et deux mois (art. 394 du CPP). Un contrôle judiciaire peut être décidé. La personne déférée a le droit à l'assistance d'un avocat. La victime est avisée.

– La comparution immédiate

Cette procédure est utilisée dans deux cas.

Premier cas : l'affaire est en état d'être jugée et le délinquant risque une peine au moins égale à deux ans d'emprisonnement.

Second cas : il y a un délit flagrant et la peine encourue est au moins de six mois d'emprisonnement. Si le tribunal peut se réunir le jour où le prévenu est présenté, il peut être jugé immédiatement. Un délai pour préparer la défense peut être demandé, (l'audience prochaine se tiendra dans un délai de deux à six semaines). Si la réunion du tribunal est impossible, une mesure de détention provisoire peut être envisagée (article 396 du CPP).

b) La partie lésée

Elle peut aussi mettre l'action publique en mouvement soit par voie de citation directe pour saisir la juridiction de jugement, soit par une plainte avec constitution de partie civile devant le juge d'instruction (voir *infra*).

2) Les sujets passifs

L'action publique est exercée contre le ou les auteurs ou complices d'infractions.

La peine est strictement personnelle, aussi l'action publique ne peut être exercée contre les héritiers du délinquant.

L'action est exercée à l'encontre du responsable de l'infraction ou si un texte de loi le prévoit contre une personne pénalement responsable du fait d'autrui (v. *supra* : La responsabilité du fait d'autrui).

B) L'action publique entravée

L'article 6 du Code de procédure pénale alinéa 1 énonce :

« *L'action publique pour l'application de la peine s'éteint par la mort du prévenu, la prescription, l'amnistie, l'abrogation de la loi pénale et la chose jugée.* »

L'alinéa 3 précise :

« *Elle peut, en outre, s'éteindre par transaction lorsque la loi en dispose expressément ou par l'exécution d'une composition pénale ; il en est de même, en cas de retrait de plainte, lorsque celle-ci est une condition nécessaire de la poursuite.* »

1) Le décès du délinquant

L'action publique s'éteint contre l'auteur de l'infraction décédé mais ne s'éteint pas vis-à-vis des coauteurs et des complices.

2) La prescription

Si elle n'est pas déclenchée dans un certain délai, l'action publique s'éteint. La notion d'oubli est venue dicter cette règle au législateur.

a) Le principe

– En matière de crime, l'action publique se prescrit par 10 années révolues à compter du jour où le crime a été commis (art. 7 du CPP).

– En matière de délit, l'action publique se prescrit par 3 années révolues (art. 8 du CPP).

– En matière de contravention, l'action publique se prescrit par une année révolue.

Quand elle est acquise, la prescription doit être relevée d'office par le juge.

Certaines infractions sont imprescriptibles (crimes contre l'humanité).

b) Les problèmes soulevés par la prescription sont nombreux :

– le point de départ du délai ;
– son interruption ;
– sa suspension.

→ Premier problème : le point de départ de la prescription

• Pour les infractions instantanées, le délai court en principe du jour où l'infraction a été consommée (exemple : le vol, où le délai court du jour de la soustraction frauduleuse). Le jour de la commission de l'infraction n'est pas compris et le délai n'expire qu'à la fin du dernier jour.

Pour éviter d'encourager les délinquants les plus habiles, cette règle connaît quelques exceptions. Il existe des exceptions légales et des exceptions jurisprudentielles.

• Les exceptions légales

– Premier exemple : la banqueroute et les infractions liées aux procédures collectives

L'article L. 654-16 du Code de commerce précise :

« *Pour l'application des dispositions des sections 1 et 2 du présent chapitre, la prescription de l'action publique ne court que du jour du jugement ouvrant la procédure de sauvegarde, de redressement judiciaire ou de liquidation judiciaire lorsque les faits incriminés sont apparus avant cette date.* »

– Deuxième exemple : le délit d'insolvabilité du débiteur créé par la loi du 8 juillet 1983

L'article 314-8 al. 3 du CP :

« *La prescription de l'action publique ne court qu'à compter de la condamnation à l'exécution de laquelle le débiteur a voulu se soustraire ; toutefois, elle ne court qu'à compter du dernier agissement ayant pour objet d'organiser ou d'aggraver l'insolvabilité du débiteur lorsque le dernier agissement est postérieur à cette condamnation.* »

– Troisième exemple : pour les infractions sexuelles commises contre des mineurs, le point de départ du délai se situe au jour de leur majorité, le délai est de vingt ans.

Ce délai concerne les délits prévus par les articles 222-12, 222-30 et 227-26 du CP.

– Quatrième exemple : pour des victimes particulièrement vulnérables, le point de départ court « à compter du jour où l'infraction apparaît à la victime dans des conditions permettant l'exercice de l'action publique ». Cette exception a été prévue par la loi N° 2011-267 du 14 mars 2011. Elle concerne certaines infractions limitativement citées par l'article 8 du Code de procédure pénale : abus de faiblesse (article 223-15-2 du CP), le vol (articles 311-3 et 311-4 du CP), l'abus de confiance (articles 314-1 à 314-3 du CP, l'escroquerie (articles 313-1 et 313-2 du CP), le délit de détournement d'objet saisi (article 314-6 du CP) et le recel (article 321-1 du CP).

• Les exceptions jurisprudentielles

– Première exception : en cas de dissimulation

Les juges peuvent, en cas de dissimulation, retarder le point de départ de la prescription au jour où l'infraction est apparue et a pu être constatée.

Cette exception ne s'applique qu'aux infractions suivantes :

– abus de confiance (Cass. Crim. 4.01.1935 GP 35. 1. 353) ;

– abus des biens, abus du crédit et abus de pouvoir (Cass. Crim. 7.12.1967 B N° 321) ;

– pratiques commerciales trompeuses (Cass. Crim. 20.02.86 JCP 86 IV-110) ;

– malversation et acquisition irrégulière par un auxiliaire de justice (Crim. 20.07.1982 B N° 195).

– Seconde exception : en cas de délit continué

Il s'agit de la même infraction qui se répète.

Par exemple, en matière d'escroquerie, lorsque les manœuvres frauduleuses se poursuivent sur une longue période et provoquent des remises successives, la prescription ne commence à courir qu'à partir de la dernière remise (Cass. Crim. 18 juillet 1968, B N° 234) ; on parle de délit continué. (Voir également Cass. Crim. 20 juin 1999 Dr. pénal 94 Comm. 260.)

• Pour les infractions continues, le délai court du jour où l'infraction cesse (exemples : délit de recel, proxénétisme…).

→ Deuxième problème : l'interruption du délai

L'article 7 du Code de procédure pénale prévoit que si pendant le délai fixé par le législateur se produit « un acte d'instruction ou de poursuite » le délai recommence à courir à son point de départ à compter du dernier acte interruptif. Dans un arrêt de la Chambre criminelle de la Cour de cassation du 9 mai 1936 (DH 36.333), les juges ont donné une définition de ces actes interruptifs qu'il conviendra d'illustrer d'exemples avant d'en voir leurs effets.

• Définition

Cass. Crim. 9 mai 1936 déjà visé :

« Il faut entendre par acte d'instruction ou de poursuite pouvant interrompre la prescription de l'action publique, ceux qui ont pour objet de constater les délits et d'en découvrir ou d'en convaincre les auteurs. »

• Les exemples :

– certains procès-verbaux

Cass. Crim. 12 décembre 1977 (B N° 394) et Cass. Crim. 29 novembre 1983 (B N° 323) :

« Les procès-verbaux de l'Administration des Douanes, lorsqu'ils émanent d'agents compétents, constituent des actes d'instruction et de poursuite, interruptifs comme tels de la prescription. »

Cass. Crim. 15 mai 1973 (B N° 222) :

« La prescription de l'action publique est interrompue par les procès-verbaux de gendarmerie tendant à la recherche et à la constatation de l'infraction énoncée, ces procès-verbaux étant des actes d'instruction au sens de l'article 7 du CPP. »

Cass. Crim. 16 décembre 1976 (B N° 371) :

« En conséquence, interrompent ladite prescription, les procès-verbaux régulièrement dressés par les agents de la Direction générale du commerce intérieur et des prix… »

Cass. Crim. 26 novembre 1985 (B N° 378) :

« Les procès-verbaux dressés par les inspecteurs du Travail dans l'exercice de leurs attributions de Police Judiciaire… »

– le dépôt d'une plainte avec constitution de partie civile

Cass. Crim. 23 avril 1985 (B N° 155) et Cass. Crim. 20 février 1986 (JCP 86. IV. 1 19) :

« Si le dépôt, constaté sans équivoque d'une plainte avec constitution de partie civile interrompt la prescription de l'action publique, ce n'est qu'à la condition que la consignation prévue par l'article 88 du CPP ait été ultérieurement versée dans le délai fixé par le juge d'instruction. »

Au cours de l'information, la partie civile peut être active et requérir des actes interruptifs de prescription (art. 82-1 du CPP).

– la citation

Cass. Crim. 18 février 1986 (JCP 86. IV. 1 19) :

« Si la citation ne peut mettre en mouvement l'action publique tant que sa notification au Ministère Public n'a pas été effectuée, elle

constitue néanmoins un acte de poursuite interruptif de prescription, mais à la condition que cette dénonciation intervienne avant la date à laquelle le prévenu est appelé à comparaître aux termes de la citation introductive d'instance. »

– les réquisitoires, les actes d'information effectués par le juge d'instruction ou par personne déléguée

Cass. Crim. 5 mars 1985 (B N° 103) :

« *Les instructions adressées par le Procureur de la République à un officier de Police Judiciaire entrent dans la classe des actes d'instruction ou de poursuites interruptifs de la prescription publique, dès lors qu'elles constituent l'exercice des pouvoirs que ce magistrat tient des dispositions de l'article 75 du CPP pour l'exécution des enquêtes préliminaires.* »

– les jugements et arrêts

– le visa du titre de l'amende pénale

Cass. Crim. 27 février 1985 (B N° 97) et Cass. Crim. 4 décembre 1985 (B N° 392) :

« *Le visa du titre de l'amende pénale fixe par lequel le Ministère Public manifeste sa volonté de réprimer la contravention, constitue, s'il intervient dans l'année de l'infraction, un acte de poursuite interruptif de la prescription...* »

– le mandement par lequel le Ministère Public requiert un huissier de justice de délivrer une citation à comparaître (Cass. Crim. 28.01.1988 B N° 44).

Ainsi il faut exclure : les dépositions, les plaintes sans constitution de partie civile, les simples demandes de renseignements adressées par le Procureur de la République au Président de la Chambre des Notaires (Cass. Crim. 3 février 1977, B N° 45), un simple rapport de police, des procès-verbaux ayant pour objet uniquement des renseignements (Cass. Crim. 31 octobre 1963. D 64. SOM 59), une demande d'aide judiciaire et l'enquête qu'elle nécessite (Cass. Crim. 19.03.1987 B N° 130).

• Les effets de l'interruption

– Les effets à l'égard de toutes les personnes concernées par l'infraction.

Cass. Crim. 17 février 1986 (JCP 86. IV. 119) :

« *Si selon l'article 10 du Code de procédure pénale, l'action civile ne peut plus être exercée devant la juridiction répressive après le délai d'expiration de l'action publique, tout acte de poursuite et d'instruction accompli dans ce délai interrompt la prescription des actions tant publiques que civiles non seulement à l'égard de tous les participants à l'infraction mais encore à l'égard de toutes les victimes de celle-ci.* »

– Les effets à l'égard d'infractions connexes, indivisibles

Si l'interruption de la prescription est en principe limitée à l'infraction visée par l'acte interruptif, les juges n'ont pas retenu cette règle pour des infractions connexes et indivisibles.

Lorsque deux infractions sont connexes, un acte interruptif concernant l'une d'elles « *a nécessairement le même effet à l'égard de l'autre* ». (Cass. Crim. 10 décembre 1979, B N° 353)

Il en est de même pour des infractions indivisibles « *même si les poursuites ont été exercées séparément* ». (Cass. Crim. 12 janvier 1972 B N° 17)

Il a même été jugé qu'un acte interruptif avait eu des effets sur des infractions non visées dans la plainte et le réquisitoire.

Cass. Crim. 30 juin 1971 (B N° 218) :

« *La plainte avec constitution de partie civile ou le réquisitoire introductif visant les agissements délictueux commis par les dirigeants d'une société, met en mouvement l'action publique et interrompt la prescription à l'égard de toutes les infractions même non visées par cette plainte ou ce réquisitoire, qui ont été commises dans le fonctionnement de la société.* »

– Les effets à l'égard du délai déjà écoulé

Il est anéanti ; l'acte interruptif fait recommencer à courir le délai à son stade initial.

→ Troisième problème : la suspension du délai

Dans certains cas, le délai de prescription va être suspendu. Les effets de suspension sont particuliers.

• Les cas de suspension

Le délai peut être suspendu par divers obstacles. Il peut s'agir d'un cas de force majeure (une occupation militaire – loi du 29 mars 1942 –, d'un cataclysme...) ou d'un obstacle juridique.

Citons quelques exemples :

– le pourvoi en cassation

Cass. Crim. 19 avril 1983 (D 83. I.R. 403) :

« *En cas de pourvoi en cassation, la prescription de l'action publique et de l'action civile, prévue par l'article 65 de la loi du 29 juillet 1881 est suspendue pendant la durée de l'instance en cassation jusqu'à la signification aux parties prescrite par l'article 614 du CPP, de la décision portant cassation.* »

– l'exception préjudicielle

Si une telle exception est retenue par les juges, il y aura suspension du délai pendant celui imparti par le juge pour faire juger cette exception (Cass. Crim. 13 janvier 1933. S. 1934. 1.200).

– la demande en mainlevée d'une immunité parlementaire à l'assemblée compétente (Cass. Crim. 3 février 1955. JCP. 55. II.8663)

– l'impossibilité d'agir de la partie poursuivante

Cass. Crim. 27 janvier 1986 (JCP. 86. IV.93) :

« *La prescription de l'action publique est suspendue lorsqu'un obstacle de droit met la partie poursuivante dans l'impossibilité d'agir. Spécialement, la partie civile ne disposant d'aucun moyen de droit pour obliger le juge d'instruction à accomplir un acte interruptif de la prescription de l'action publique, celle-ci est nécessairement suspendue à son profit.* »

Il doit s'agir d'une réelle impossibilité d'agir et non d'une négligence (Cass. Crim. 20 mars 1984. B N° 117).

La partie civile tient des articles 81 al. 9, 82-1, 156 et 173 al. 3 du CPP la faculté de demander à la juridiction d'instruction l'accomplissement de certains actes interruptifs (Cass. Crim. 26 mai 2009 N° 08-87855 Bull. Crim. 2009 N° 106).

Le délai a été suspendu de la date du dépôt de la plainte à celle du versement de la consignation dans le délai imparti (Cass. Crim. 7 septembre 1999 D 2001 J. 160).

• Les effets

La suspension n'anéantit pas le délai déjà écoulé. Dès que l'obstacle est levé, le délai de prescription reprend son cours normal en tenant compte du temps déjà écoulé.

3) L'amnistie et l'abrogation de la loi

L'infraction perd son caractère délictueux avec une loi d'Amnistie et par suite ne peut plus être poursuivie.

L'abrogation de la loi pénale comme l'Amnistie retire à l'acte son caractère délictueux puisqu'elle fait disparaître l'élément légal de l'infraction. L'amnistie est une cause d'extinction de l'action publique si elle intervient avant le prononcé de la condamnation. En revanche, si elle intervient après c'est une cause d'extinction de la peine (voir *supra*).

4) La chose jugée

L'autorité de la chose jugée par une juridiction pénale interdit de recommencer un nouveau procès et de juger une seconde fois le délinquant pour des mêmes faits (art. 368 du CPP).

5) Le retrait de la plainte

Lorsque la poursuite est subordonnée à une plainte de la victime, le retrait de celle-ci éteint l'action publique (délit de diffamation, de contrefaçon…).

6) La transaction

L'action publique peut disparaître à la suite d'une transaction intervenue entre l'administration et le délinquant dans des cas prévus par le législateur (en matière fiscale, de Douanes et d'Eaux et Forêts…).

§2. L'INTÉRÊT PARTICULIER : L'ACTION CIVILE

C'est l'action en réparation du dommage causé par une infraction.
Elle ne peut être mise en mouvement que par la partie lésée : l'action civile déclenchée.
Elle peut s'éteindre dans diverses hypothèses : l'action civile entravée.
Elle doit aboutir à la réparation du dommage causé : le dommage réparé.

A) L'action civile déclenchée

Cette action civile est réglementée par le législateur tant au niveau des protagonistes que des modes d'exercice.

1) Les protagonistes

a) Le demandeur à l'action

L'article 2 du Code de procédure pénale précise :

« *L'action civile en réparation du dommage causé par un crime, un délit ou une contravention appartient à tous ceux qui ont personnellement souffert du dommage directement causé par l'infraction.* »

L'action civile peut être exercée tant par une personne morale, que par une personne physique, dans certaines conditions.

– l'exercice de l'action civile par une personne morale
À diverses reprises, le législateur est venu organiser la possibilité d'agir pour des associations, des syndicats, certains subrogés dans les droits de la victime, certains ordres professionnels.

• Premier exemple : certaines associations

Les articles 2-1 à 2-21 du CPP reconnaissent à certaines associations les droits reconnus à la partie civile. Il s'agit d'associations régulièrement déclarées dont le but est la lutte contre le racisme (loi du 3 janvier 1985), les violences sexuelles (loi du 23 décembre 1980), l'enfance martyrisée (loi du 2 février 1981), les crimes de guerre et contre l'humanité (loi du 10 juin 1983), contre les discriminations fondées sur le sexe ou les mœurs (loi du 25 juillet 1985), contre la toxicomanie, contre la délinquance routière... Il s'agit également d'associations assurant la défense de personnes malades ou handicapées, de victimes d'accidents du travail ou de maladies professionnelles ou enfin d'actes de terrorisme (art. 2-9 du CPP modifié par la loi du 10 août 2011).

Les faits dénoncés doivent avoir causé un préjudice direct aux intérêts collectifs défendus par l'association.

À défaut d'habilitation législative, l'action civile ne peut être exercée que si l'association justifie d'un préjudice personnel et direct (Cass. Crim. 23 septembre 2003 N° 02-83984 *Petites affiches* 2004 J 8 affaire Giacometti).

• Deuxième exemple : certains syndicats professionnels

L'article L. 411-11 du Code du travail (loi du 10 mars 1920) prévoit leur action possible pour des faits portant un préjudice direct ou indirect à l'intérêt collectif de la profession qu'ils représentent.

A été déclarée irrecevable l'action syndicale pour des faits constitutifs de viol et harcèlement sexuel (Cass. Crim. 23 janvier 2002 Bull. Crim. 2002 N° 12 et Dr. pén. 2002 Comm. 66).

• Troisième exemple : certains subrogés dans les droits du créancier peuvent agir par la voie de l'intervention

On peut citer le Fonds de Garantie Automobile (art. 20 de l'ordonnance du 23 décembre 1958), les caisses de Sécurité sociale (art. L. 397 du Code de Sécurité sociale), et l'assureur de la victime (loi du 8 juillet 1983).

• Quatrième exemple : certains ordres professionnels

A été retenue l'action civile de l'Ordre des Médecins, des Pharmaciens, des Organes régionaux d'Officiers ministériels...

• Cinquième exemple : certaines sociétés civiles et commerciales ayant la personnalité morale, si elles remplissent les conditions prévues pour les personnes physiques, de déclencher l'action civile. Un préjudice direct est nécessaire ;

« qu'en effet, ne peut être qu'indirect par une société intervenant comme sponsor d'une équipe cycliste, le préjudice résultant de l'atteinte que porterait à son image de marque la commission imputée à un coureur de cette équipe d'infractions liées à la pratique du dopage » (Cass. Crim. 29 décembre 2009 N° 09-81159 Bull. Crim. 2009 N° 160.

Une personne morale étrangère est habilitée à se constituer partie civile (Cass. Crim. 8 décembre 2009 N° 09-81607 Bull. Crim. 2009 N° 205).

– l'exercice de l'action civile par une personne physique

Il peut s'agir soit de la victime, soit en cas de décès de celle-ci de ses héritiers ou de ses proches.

Dans certains cas, les actions peuvent émaner de diverses personnes.

Il faut distinguer trois hypothèses et relever diverses conditions.

• Les différentes hypothèses

Première hypothèse : la victime décède immédiatement.

Dans ce cas, les héritiers ne peuvent pas invoquer un préjudice de la victime décédée. Ils ne pourront pas agir en son nom mais en leur nom.

Peuvent avoir subi un préjudice moral le conjoint, les parents, les enfants, les frères et sœurs, des amis proches.

La Cour de cassation dans un arrêt remarqué a reconnu ce droit à la concubine (Cass. Crim. 19 juin 1975. B N° 161).

Deuxième hypothèse : la victime ne décède pas immédiatement.

Dans ce cas si diverses conditions sont réunies, une action va pouvoir être intentée par les héritiers au nom de la victime décédée et une action en leur nom propre.

C'est un arrêt rendu par la Cour de cassation (chambre mixte) le 30 avril 1976 (D 77 185) qui a reconnu le principe d'une action au nom de la victime même si aucune action n'avait pu être intentée de son vivant.

« Le droit à réparation du dommage résultant de la souffrance physique éprouvée par la victime avant son décès, étant née dans son patrimoine, se transmet à ses héritiers ; ne peut donc être rejetée la demande en dommages et intérêts formée par un fils au titre du préjudice successoral représenté par la souffrance subie par ses parents entre le jour de l'accident et leur décès. »

Un arrêt plus récent rendu par la Cour de cassation chambre criminelle le 28 octobre 1992 y a ajouté quelques précisions. Les magistrats devront constater qu'il y a bien eu conscience de la victime pour que le préjudice soit né et ait pu être transmis aux héritiers.

« *Ne peut donc être rejetée la demande d'indemnisation formée par les héritiers d'une victime, décédée quelques instants après l'accident et chez laquelle n'a été constatée aucune perte de conscience, pour obtenir réparation du dommage résultant pour ladite victime de la souffrance physique éprouvée avant son décès.* » (D 93 SOM 203).

La notion de « perte de chance de survie » est invoquée dans certaines affaires. Elle est parfois accueillie favorablement par les juges (Cass. Crim. 3 novembre 2010 N° 09-87375), parfois défavorablement (Cass. Crim. 5 octobre 2010 N° 10-81743).

Troisième hypothèse : la victime ne décède pas.

Dans ce cas, la victime peut agir ainsi que ses proches. Ces derniers sont habilités à agir depuis un revirement de jurisprudence opéré dans un arrêt rendu le 9.02.1989 (B Crim. N° 63 et GP 24-25 mai 89, p. 392 note J.P. Doucet) : « *il résulte des dispositions des articles 2 et 3 CPP que les proches de la victime d'une infraction de blessures involontaires sont recevables à rapporter la preuve d'un dommage dont ils ont personnellement souffert et découlant directement des faits objets de la poursuite* ».

Une décision a également accepté la recevabilité de l'action des proches en cas de blessures volontaires (Cass. Crim. 23 mai 91, D 92 SOM 95).

Toutefois, la partie lésée ne peut agir que si certaines conditions sont remplies.

Première condition : un dommage

Outre la capacité d'agir en justice, la partie lésée doit prouver un dommage actuel, certain, découlant directement de l'infraction. Il doit s'agir du dommage prévu par le texte d'incrimination.

Cass. Crim. 12 mars 1985 (B N° 107) :

« *Le délit de séquestration de personne a pour objet la protection des seules personnes physiques et une société, qui ne saurait exciper d'un préjudice direct et personnel, est sans qualité pour se constituer partie civile en raison de la séquestration de ses dirigeants.* »

Il peut s'agir d'un dommage matériel, corporel ou moral. Cass. Crim. 19 juin 1985 (B N° 236).

Seconde condition : un préjudice direct et personnel

La Cour de cassation a considéré pour le délit d'abus de biens sociaux que le préjudice des créanciers était seulement indirect.

Cass. Crim. 24 avril 1971 (B N° 117) :

« *Les créanciers de la société ne peuvent souffrir à raison de cette infraction que d'un préjudice qui, à le supposer établi, est indirect et dont la réparation, dès lors, ne peut, aux termes des dispositions conjuguées des articles 2 et 3 du CPP, être demandée aux juridictions répressives* » (voir dans le même sens Cass. Crim. 9 novembre 1992, RJDA 93 N° 1 p. 41).

Il en est de même pour des cautions (Cass. Crim. 25 novembre 1975 B N° 257).

A été déclaré recevable pour la première fois la recevabilité de l'action civile d'un enfant né d'un viol. Le préjudice moral réside dans le fait d'avoir connu les circonstances de sa conception (Cass. Crim. 23 septembre 2010 N° 09-82438 Bull. Crim. 2 010 N° 139).

b) Le défendeur à l'action

Le fondement juridique de l'action civile est l'article 1382 du Code civil (la responsabilité du fait personnel).

Aussi, la victime d'une infraction peut réclamer des dommages et intérêts à l'auteur, aux coauteurs, aux complices et à leurs héritiers, aux tiers civilement responsables (les parents, artisans, maîtres et commettants).

La Cour de cassation en assemblée plénière le 14 décembre 2001 (N° 00-82066 Bull. Crim. 2001 N° 17) a reconnu la responsabilité du préposé : « *mais attendu que le préposé condamné pénalement pour avoir intentionnellement commis, fût ce sur l'ordre du commettant, une infraction ayant porté préjudice à un tiers, engage sa responsabilité civile à l'égard de celui-ci* ».

Depuis la loi du 8 juillet 1983, lorsque des poursuites pénales sont exercées à l'occasion d'une infraction, d'homicide ou de blessures involontaires, les assureurs appelés à garantir le dommage sont admis à intervenir et peuvent être mis en cause devant la juridiction répressive (art. 388-1 du CPP) (V. Chronique de A. d'Hauteville : « L'intervention des assureurs au procès pénal en application de la loi du 8 juillet 1983 », JCP 84.I.3139).

2) Les modes d'exercice de l'action civile

La victime a le choix d'opter pour la voie pénale ou civile.

a) Option en faveur de la voie pénale

L'article 3 du Code de procédure pénale énonce :

« *L'action civile peut être exercée en même temps que l'action publique et devant la même juridiction.* »

Devant la juridiction répressive, la victime d'une infraction peut agir soit par voie principale, soit par voie d'intervention.

– l'action par voie principale

Lorsque le Ministère Public n'a pas mis en mouvement l'action publique, la partie lésée peut agir en utilisant deux moyens.

• Le premier moyen : la citation directe (art. 550 et s. CPP)

La victime peut citer directement le prévenu devant la juridiction de jugement par un exploit d'huissier, lorsque l'infraction est une contravention ou un délit pour lequel l'instruction n'est que facultative. Par la citation directe, la victime qui devient partie civile met en mouvement l'action civile et l'action publique.

Pour éviter les citations directes abusives, le législateur a pris diverses mesures.

Le Tribunal correctionnel va demander le dépôt d'une consignation au greffe dans un certain délai. Cette consignation n'est pas due si la partie civile a obtenu l'aide juridictionnelle ou si son action était jointe à celle du ministère public.

Lorsque la consignation est fixée, la partie civile doit en verser le montant sous peine de non recevabilité de la citation directe.

Le tribunal correctionnel qui prononce une relaxe peut citer la partie civile et la condamner au paiement d'une amende civile (maximum 15 000 €) si la citation est jugée abusive ou dilatoire. La consignation sert à en payer le montant.

• Le second moyen : la plainte avec constitution de partie civile (art. 85 et s. CPP)

Si l'auteur de l'infraction n'est pas identifié, si l'instruction est obligatoire ou si elle paraît nécessaire, la victime peut en portant plainte, se constituer partie civile devant le juge d'instruction compétent.

Ce droit pour la victime ne s'étend pas à la matière des contraventions de simple police.

La loi du 5 mars 2007 a posé une condition de recevabilité supplémentaire à l'article 85 al. 2 du CPP :

> « *Toutefois, la plainte avec constitution de partie civile n'est recevable qu'à condition que la personne justifie soit que le procureur de la République lui a fait connaître, à la suite d'une plainte déposée devant lui ou un service de police judiciaire, qu'il n'engagera pas lui-même des poursuites, soit qu'un délai de trois mois s'est écoulé depuis qu'elle a déposé plainte devant ce magistrat, contre récépissé ou par lettre recommandée avec demande d'avis de réception, ou depuis qu'elle a adressé, selon les mêmes modalités, copie à ce magistrat de sa plainte déposée devant un service de police judiciaire.* » (voir Cass. Crim. 9 juin 2009 N° 09-80081.)

Pour éviter les plaintes abusives, le législateur a prévu diverses mesures :

– 1re mesure : la consignation

La partie civile doit déposer au greffe dans un délai précisé une consignation dont le montant est fixé par le juge d'instruction en fonction des ressources du plaignant. Cette obligation disparaît si la partie civile a obtenu l'aide juridictionnelle, ou si le juge d'instruction estime que ses ressources sont insuffisantes.

La somme constituée est restituée lorsque l'action est fondée et qu'elle a abouti à une décision définitive constatant que la constitution de partie civile n'était ni abusive, ni dilatoire.

– 2e mesure : l'existence d'actions au profit de la personne dénoncée à tort

Outre la possibilité d'agir devant la juridiction civile (art. 1382 et 1383 du Code civil), le législateur a prévu une action civile en vue d'indemniser la victime d'une constitution abusive devant la juridiction pénale. L'article 91 du Code de procédure pénale prévoit que si le juge d'instruction rend une ordonnance de non-lieu après l'ouverture d'une information suivant le dépôt de plainte avec constitution de partie civile, la personne visée dans la plainte peut poursuivre en dommages et intérêts le plaignant devant le Tribunal correctionnel du lieu de l'instruction. Cette action en dénonciation téméraire sera recevable si le tribunal compétent est saisi dans les trois mois de la décision de non-lieu devenue définitive et si la constitution initiale avait été faite contre personne dénommée ou contre X, si elle contenait des précisions suffisantes pour identifier la personne visée (Cass. Crim. 11.12.1984 D 85 IR 202).

Le législateur (art. 392-1 du CPP) autorise également le Ministère Public à citer la partie civile devant le tribunal correctionnel où l'affaire a été instruite. Le tribunal, après une décision de non lieu peut prononcer une amende civile (maximum fixée à 15 000 € si la constitution de partie civile est abusive ou dilatoire). La consignation est utilisée pour en payer le montant.

Cette action civile devant la juridiction pénale ne doit pas être confondue avec l'action pénale en dénonciation calomnieuse prévue à l'article 226-10 du CP.

Il s'agit d'un délit punissable à l'encontre des personnes physiques et morales (art. 226-12 du CP).

L'article 226-10 précise :

> « *La dénonciation, effectuée par tout moyen et dirigée contre une personne déterminée, d'un fait qui est de nature à entraîner des sanctions judiciaires, administratives ou disciplinaires et que l'on sait totalement ou partiellement inexact, lorsqu'elle est adressée soit à un officier de justice ou de police administrative ou judiciaire, soit à une autorité ayant le pouvoir d'y donner suite ou*

de saisir l'autorité compétente, soit aux supérieurs hiérarchiques ou à l'employeur de la personne dénoncée, est punie de cinq ans d'emprisonnement et de 45 000 € d'amende.
La fausseté du fait dénoncé résulte nécessairement de la décision, devenue définitive, d'acquittement, de relaxe ou de non-lieu déclarant que le fait n'a pas été commis ou que celui-ci n'est pas imputable à la personne dénoncée.
En tout autre cas, le tribunal saisi des poursuites contre le dénonciateur apprécie la pertinence des accusations portées par celui-ci. »

Le classement sans suite ne figure plus parmi les décisions qui établissent nécessairement la fausseté du fait dénoncé (CA Paris 23.03.95 Dr. pénal 95 Comm. 141).

Une instruction clôturée par une ordonnance de non lieu rendue sur le constat de la transaction intervenue entre les parties n'a pas pour effet d'établir la fausseté des faits dénoncés (Cass. Crim. 21 janvier 1997 Dr. pénal 97 Comm. 74).

Le commissaire eux comptes est une autorité au sens de l'article 226-10 du CP : Cass. Crim. 26 mai 2010 N° 10-80392, Dr. pén. 2010 Comm. 91.

– *L'intervention*

Si le Ministère Public a exercé l'action publique, la victime de l'infraction peut se constituer partie civile, soit devant le juge d'instruction (à tout moment au cours de l'instruction par une simple déclaration ou l'envoi d'une lettre non équivoque), soit devant la juridiction de jugement « à l'audience même » (art. 418 du CPP).

Elle se fait soit par une déclaration au greffe avant l'audience, soit pendant l'audience par une déclaration ou le dépôt de conclusions.

Il est également possible de se constituer partie civile en adressant une lettre recommandée avec accusé réception au tribunal, 24 heures au moins avant l'audience, si la demande porte sur la restitution d'objets saisis ou sur des dommages et intérêts n'excédant pas le plafond de la compétence de droit commun des tribunaux d'instance en matière civile.

b) Option en faveur de la voie civile

L'article 4 du Code de procédure pénale énonce :

« *L'action civile peut être aussi exercée séparément de l'action publique.* » Elle est portée devant la juridiction civile.

L'action civile reste à plusieurs égards influencée par l'action publique.

- Première règle : le criminel tient le civil en état

Le Tribunal Civil saisi doit attendre pour statuer sur l'action civile que le tribunal répressif ait lui-même statué sur l'action publique (art. 4 alinéa 2 du CPP).

Depuis la loi du 5 mars 2007 :

« *La mise en mouvement de l'action publique n'impose pas la suspension du jugement des autres actions exercées devant la juridiction civile, de quelque nature qu'elles soient, même si la décision à intervenir au pénal est susceptible d'exercer, directement ou indirectement, une influence sur la solution du procès civil.* »
(art. 4 al. 3 du CPP).

• Deuxième règle : l'autorité sur le civil de la chose jugée au pénal
Le Tribunal Civil statuant après la juridiction répressive est lié par ce qui a été décidé. Ce principe disparaît dans un cas (voir la cinquième règle).

• Troisième règle : electa una via non atur recursus ad alteram
L'article 5 du CPP prévoit que la partie lésée par une infraction qui a exercé son action devant la Juridiction Civile ne peut plus la porter devant la Juridiction répressive. « *Il n'en est autrement que si celle-ci a été saisie par le Ministère Public avant qu'un jugement sur le fond ait été rendu par la Juridiction Civile.* »

• Quatrième règle : la prescription
L'action civile ne peut plus être engagée devant la Juridiction répressive après l'expiration du délai de prescription de l'action publique (art. 10 du CPP).

• Cinquième règle : l'article 4-1 du CPP

« *L'absence de faute pénale non intentionnelle au sens de l'article 121-3 du CP ne fait pas obstacle à l'exercice d'une action devant les juridictions civiles afin d'obtenir la réparation d'un dommage sur le fondement de l'article 1383 du Code civil si l'existence de la faute civile prévue par cet article est établie ou en application de l'article L. 452-1 du Code de la Sécurité sociale si l'existence de la faute inexcusable prévue par cet article est établie* » (voir CA Paris 20 avril 2000 D 2000 IR 147).

B) L'action civile entravée

L'action civile est éteinte soit par la prescription, soit par une des causes d'extinction des obligations prévues en Droit civil (le paiement, la compensation, la novation, la transaction, la renonciation du créancier), soit par l'autorité de la chose jugée quand une décision définitive sur le fond est intervenue contre laquelle il n'y a plus de voies de recours possible.

C) Le dommage réparé

Si l'auteur de l'infraction est tenu à la réparation civile intégrale du dommage qui en résulte, il appartient à la partie lésée de réclamer des dommages et intérêts.

Depuis ces dernières années, de nombreux textes sont venus renforcer la protection des victimes. Il existe divers moyens offerts à la victime pour que le préjudice subi soit réparé dans de meilleures conditions.

1) Premier moyen : la solidarité

– La solidarité pour les restitutions et les dommages et intérêts

Elle s'applique :

• aux personnes condamnées pour un même crime ou pour un même délit ;

• aux personnes condamnées pour des délits distincts quand ces infractions sont connexes (Cass. Crim. 1.02.1988 B N° 47).

– La solidarité pour les amendes (art. 480-1 du nouveau CPP)

Elle s'applique si le tribunal l'ordonne par une décision spéciale et motivée quand le prévenu s'est entouré de coauteurs ou de complices insolvables (Cass. Crim. 26 mars 90 B N° 130).

2) Deuxième moyen : l'aide juridictionnelle

Pour aider tous les justiciables à faire face aux frais entraînés par un procès, le législateur a institué une aide juridictionnelle pour les personnes justifiant de faibles ressources inférieures à un plafond dont le relèvement est opéré régulièrement.

3) Troisième moyen : le fonds de garantie des victimes des actes de terrorisme et d'autres infractions

Il a été créé par la loi N° 90589 du 6 juillet 1990 (D N° 901211 du 21.12.90).

La procédure varie en fonction de la nature de l'infraction.

→ S'il s'agit *d'actes de terrorisme*, ce fonds fixe le montant des indemnités (art. 706-16 CPP ; L. 126-1, L. 422-1 à 4 et R. 422-1 à 4 du Code des assurances).

• Le fonds de garantie peut être saisi par la victime, par le procureur de la République ou par l'autorité diplomate ou consulaire.

• Sont concernées :

– les victimes d'actes de terrorisme commis sur le territoire national ;

– les victimes françaises d'actes commis à l'étranger.

• Le délai pour agir : 10 ans à compter de l'acte de terrorisme.

• La réparation du préjudice : comme dans la loi précédente (L. du 9.09.86), elle doit être intégrale. De plus ce texte de 1990 ouvre aux victimes le bénéfice des dispositions législatives concernant les pensions militaires d'invalidité et des victimes de guerre.

→ S'il s'agit *d'infractions de droit commun*, les commissions d'indemnisation (CIVI) instituées par une loi du 8 juillet 1983 auprès de chaque TGI, sont chargées de fixer l'indemnité qui sera payée par le fonds de garantie (art. 706-3 à 706-14 CPP et R. 10-1 à R. 50-28 CPP).

• Pour saisir la commission compétente (celle du domicile de la victime ou celle de la juridiction pénale déjà saisie de l'infraction), il faut dans un premier temps déposer une requête (signée par la victime, son représentant légal ou son conseil) auprès du secrétariat de la commission (ou envoi par LR). Dans un second temps, cette requête est transmise au procureur de la République et au fonds de garantie.

• La décision rendue par la commission en chambre du conseil est notifiée à la victime et au fonds qui dispose d'un mois pour payer. Cette décision n'est pas susceptible d'appel, ni d'opposition. Seul un pourvoi en cassation peut être formé.

Sont concernées :

1) Les victimes qui ont subi une atteinte grave à la personne.

Il doit s'agir soit d'un viol ou d'une infraction prévue par les articles 222-22 à 222-30, 225-4-1 à 225-4-5 et 227-25 à 227-27 du Code pénal, soit d'une infraction qui a provoqué un arrêt de travail d'au moins un mois ou une incapacité permanente ou la mort. Sont exclus les préjudices résultant d'accident de la circulation, d'actes de chasse ou de destruction d'animaux nuisibles. La commission fixe une indemnité visant à réparer intégralement le préjudice.

2) Les victimes qui ont subi une atteinte corporelle moins grave ou un dommage matériel.

Il s'agit soit d'une atteinte corporelle ayant entraîné une incapacité totale de travail inférieure à un mois, soit d'un dommage matériel résultant d'un vol, d'une escroquerie ou d'un abus de confiance.

Dans cette deuxième hypothèses, la commission n'indemnisera la victime que si elle remplit les conditions suivantes :

– elle est dans une situation matérielle grave (ses ressources doivent être inférieures au montant permettant d'obtenir l'aide juridictionnelle partielle) ;

– elle doit justifier qu'elle n'a pu « obtenir à un titre quelconque une réparation ou une indemnisation effective et suffisante de son préjudice ».

L'indemnité allouée est plafonnée. Son maximum est égal au triple du montant mensuel du plafond déjà visé.

La faute de la victime peut entraîner un refus ou une réduction d'indemnisation (art. 706-3 CPP).

Voir chronique « l'indemnisation des victimes de la violence », GP 14 et 15.12.1990.

4) Quatrième moyen : le contrôle judiciaire

Une loi du 17 juillet 1970 a prévu la possibilité pour le juge d'instruction, d'ordonner le contrôle judiciaire. L'article 138 CPP énumère diverses obligations que le juge peut prononcer : remettre son passeport, fournir un cautionnement, ne pas émettre de chèque, ne pas conduire de véhicule, ne pas se rendre dans certains lieux, ne pas sortir des limites territoriales...

Une loi du 10 juillet 83 a prévu des nouvelles obligations. Parmi celles-ci, il y a la constitution de sûretés pour les victimes. L'article 138-15° précise : « *constitué dans un délai, pour une période et un montant déterminés par le juge d'instruction des sûretés personnelles ou réelles destinées à garantir les droits de la victime* ».

Le contrôle judiciaire peut être ordonné par le juge d'instruction dès que la personne mise en examen encourt une peine d'emprisonnement.

5) Cinquième moyen : l'article 314-7 du Code pénal

Cet article a prévu une nouvelle infraction : l'organisation frauduleuse de l'insolvabilité par un débiteur désireux de se soustraire à l'exécution d'une condamnation pécuniaire.

6) Sixième moyen : la prorogation de compétence

Depuis une loi du 8 juillet 1983 (art. 470-1 du CPP), le Tribunal correctionnel saisi peut relever une faute dommageable et accorder des dommages et intérêts selon les règles du Droit civil.

Trois conditions doivent être réunies pour que la compétence du tribunal soit prorogée :

– la juridiction doit avoir été saisie à l'initiative du Ministère Public ou sur renvoi d'une juridiction d'instruction (exclusion de la citation directe) ;

– la saisine doit porter sur une infraction non intentionnelle au sens de l'article 121-3 al. 2, 3, 4 du CP) ;

– et enfin, il faut une décision de relaxe.

Cette modalité évite à la victime de saisir la Juridiction civile compétente.

(V. Chronique de J. Pradel : « Un nouveau stade dans la protection des victimes », Dalloz 83, chronique p. 234 et celle de Claire Roca « De la dissociation entre la réparation et la répression dans l'action civile exercée devant les juridictions répressives » D. 91, chronique p. 85.)

Il en va de même en matière criminelle. L'art. 372 du CPP précise : « *la partie civile dans le cas d'acquittement comme dans celui d'exemption de peine, peut demander réparation du dommage résultant de la faute de l'accusé, telle qu'elle résulte des faits qui sont l'objet de l'accusation* ».

Dans deux autres hypothèses l'action civile va survivre à l'action publique. C'est le cas lorsque la juridiction correctionnelle a été saisie avant l'extinction de l'action publique suite à une décision sur le fond. Il peut s'agir du décès du prévenu (Cass. Crim. 15 septembre 2009 N° 08-86830 Bull. Crim. 2009 N° 154 AJ pénal 2009 499 obs. G. Royer) mais aussi de l'abrogation de la loi pénale (Cass. Crim. 22 mars 2011 N° 10-80203).

DEUXIÈME PARTIE

LES INFRACTIONS PRINCIPALES DE LA VIE EN SOCIÉTÉ

La vie en société suppose l'acceptation par le plus grand nombre des règles qui la régissent.

Le pays idéal serait celui dans lequel nul ne succomberait à la tentation d'enfreindre la législation tant civile, commerciale que criminelle.

Aussi, parmi les infractions les plus courantes, certaines relèvent de ce qu'il est convenu d'appeler **l'ORDRE PUBLIC GÉNÉRAL** (abus de confiance, escroquerie, faux en écritures, recel) : TITRE I.

D'autres relèvent de **L'ORDRE PUBLIC ÉCONOMIQUE ET FISCAL** : TITRE II.

Titre I — **L'ordre public général**

CHAPITRE I

L'abus de confiance

L'article 314-1 du Code pénal définit le délit d'abus de confiance :

> *L'abus de confiance est le fait par une personne de détourner, au préjudice d'autrui, des fonds, des valeurs ou un bien quelconque qui lui ont été remis et qu'elle a acceptés à charge de les rendre, de les représenter ou d'en faire un usage déterminé. L'abus de confiance est puni de trois ans d'emprisonnement et de 375 000 € d'amende.*

Cette infraction suppose la violation de la confiance que la victime a placée dans le délinquant. Ce dernier ne soustrait pas (vol), n'obtient pas (escroquerie), il profite d'une situation pour détourner au préjudice d'autrui une chose qui lui avait été légitimement remise.

Les trois infractions, vol, abus de confiance et escroquerie, ont en commun qu'elles attentent à la propriété d'autrui.

L'auteur du vol s'approprie, à l'insu du propriétaire, la chose convoitée.

L'auteur de l'escroquerie va se faire remettre la chose convoitée à l'aide de manœuvres frauduleuses.

L'auteur de l'abus de confiance n'utilise ni la force, ni la ruse ; il s'approprie une chose qu'il détient ; il trahit la confiance du remettant.

Dans une première partie seront analysés les éléments constitutifs de l'infraction (la confiance trahie), pour analyser dans un deuxième temps la répression de l'infraction (le détournement puni).

SECTION I
La confiance trahie

Pour que le délit soit punissable, diverses circonstances exigées par la loi doivent être réunies. Les juges du fond vont devoir les constater (Cass. Crim. 13 février 1985 B N° 73).

Pour que l'infraction soit constituée, les juges du fond doivent relever :

– des conditions préalables (§ 1) qui ne sont pas en elles-mêmes délictueuses ;

– un détournement (§ 2 Élément matériel) ;

– la mauvaise foi de l'auteur de l'infraction (§ 3 Élément moral).

§1. LES CONDITIONS PRÉALABLES

Elles sont au nombre de trois : il faut la remise (A) d'une chose (B) en vertu d'un contrat (C).

A) La remise

1) Sa nature

La victime doit avoir remis à titre précaire la chose. Elle la confie volontairement mais passagèrement. Elle ne doit pas transférer la propriété. Ceci résulte des termes mêmes de la loi : « *à la charge de les rendre ou représenter, ou d'en faire un usage déterminé* ».

La remise en propriété exclut donc le délit. (Cass. Crim. 5 mai 2010 N° 09-85455 D 2010 Études et Comm. 2494).

La Cour de cassation fait pourtant une exception lorsque le transfert de propriété est assorti d'une obligation légale. Il en va ainsi en cas de remise de subvention ou de taxe d'apprentissage (Cass. Crim. 9 janvier 2008 N° 07-83425 Dr. pén. 2008 Comm. 50 obs. M. Véron et Cass. Crim. 13 janvier 2010 N° 08-83216 Dr. pén. 2010 Comm. 61).

2) Les parties à la remise

– Le remettant

La victime doit avoir nécessairement un droit privatif sur la chose. Elle peut l'avoir remis personnellement ou fait remettre par un tiers.

Cass. Crim. 20 octobre 2010 N° 09-87362 Dr. pén. 2011 Comm. 1 obs. M. Véron : « *L'abus de confiance ne suppose pas nécessairement que l'objet détourné ait été remis au prévenu en vertu d'un contrat conclu directement avec son propriétaire* ».

– Celui qui reçoit la chose

Il ne peut être ni propriétaire, ni possesseur. La possession conduit à l'acquisition de la propriété. La possession est composée de deux éléments : un élément matériel (le corpus), et un élément intellectuel (l'animus).

Ce dernier consiste, dans l'intention chez celui qui possède matériellement, de se comporter en propriétaire.

Celui qui va recevoir la chose en vertu d'un contrat, ne peut en principe, prétendre agir comme le ferait le propriétaire. Il n'est pas possesseur parce que l'élément intentionnel fait défaut. Il n'est que détenteur précaire.

L'infraction va consister à transformer cette détention initiale en possession.

B) L'objet de la remise

Le Code pénal a supprimé l'énumération limitative pour une formule plus générale : « *Des fonds, des valeurs ou un bien quelconque* ».

Il faut exclure les biens immobiliers ou les droits réels portant sur un immeuble (Cass. Crim. 10 octobre 2001 N° 00-87605 Bull. Crim. N° 205 Dr. pén. 2002 Comm. 1 obs. M. Véron et Cass. Crim. 14 janvier 2009 N° 08-83707 Dr. pén. 2009 Comm. 65 obs. M. Véron).

1) Les meubles corporels

Il s'agit des meubles ordinaires, d'immeubles par destination (ex. : tapisserie scellée), d'argent, et de choses pouvant être l'objet d'un commerce (ex. : un fichier de clientèle).

2) Les valeurs incorporelles

On peut citer les valeurs mobilières (Cass. Crim. 30 mai 96 Dr. pénal 96 Comm. 186), les bons publics, les rentes sur l'État, les effets de commerce, les chèques, les cartes de crédit (Cass. Crim. 19 mai 2004 N° 03-83675 Bull. Crim. 2004 N° 125).

3) Le bien incorporel

Un pas supplémentaire a été franchi avec un arrêt rendu par la chambre criminelle de la Cour de cassation le 14 novembre 2000 N° 99-84522 (D 2001 J 1423. Voir la note de Sylvain Copain « Le début d'une évolution sur la nature de la chose susceptible d'appropriation frauduleuse » Dr. pénal 2001 chro. 16). Un chef d'une entreprise de vente par correspondance était poursuivi pour avoir conservé le numéro de la carte de crédit d'une cliente et l'avoir utilisé pour obtenir un paiement indu.

A été également sanctionné le détournement d'un projet de réalisation d'une borne de gestion (Cass. Crim. 22 septembre 2004 N° 04-80285 Bull. Crim. 2004 N° 218).

Dans le domaine informatique ont été qualifiés d'abus de confiance le détournement par un salarié de son ordinateur et de la connexion internet pour visiter des sites à caractère pornographique (Cass. Crim. 19 mai 2004 N° 03-83953 Bull. Crim. 2004 N° 126), mais aussi le détournement de données informatiques (Tribunal correctionnel de Clermont-Ferrand 21 juin 2010 Dr. pén. 2010 Comm. 116).

Dans un arrêt du 1er décembre 2010 (Cass. Crim. 1er décembre 2010 N° 09-88478 Dr. pénal 2011 Comm. 29 obs. M. Véron), la Cour de cassation semble stopper cette évolution : *« le détournement d'un contrat n'est pénalement punissable que s'il porte sur l'écrit le constatant, mais non sur les stipulations qu'il contient. »*

C) Cause de la remise

L'ancien article 408 du Code pénal exigeait la remise d'un bien mobilier en vertu de contrats limitativement prévus : le louage, le dépôt, le mandat, le nantissement, le prêt à usage ou pour un travail salarié ou non salarié.

Le nouveau Code pénal a supprimé cette liste mais a maintenu la nécessité d'un lien entre le délinquant et la victime. En effet, l'auteur de l'infraction a accepté qu'une chose lui soit remise à charge de la rendre, la représenter ou d'en faire un usage déterminé. Aussi, les magistrats devront s'assurer de l'existence de ce lien.

Des situations qui échappaient jusqu'alors à la répression pourront désormais être prises en considération.

Citons deux exemples significatifs.

Premier exemple : l'article L. 3221-2 du Code général des collectivités territoriales précise que « le président du conseil général est l'ordonnateur des dépenses du département... ». A été sanctionné le président qui a détourné des deniers dans le cadre de ce mandat (Cass. Crim. 1er mars 2000 N° 99-81513 Bull. Crim. 2000 N° 97).

Second exemple : un gérant de tutelle entretenant une liaison avec le juge des tutelles avait été autorisé à effectuer des prélèvements anticipés d'émoluments sur les revenus de majeurs protégés et à percevoir des émoluments supplémentaires non justifiés (Cass. Crim. 3 décembre 2003 N° 02-80041 Bull. Crim. 2003 N° 232).

Dans ces deux espèces, il n'y avait pas de lien contractuel mais un mandat reçu du législateur dans le premier cas et un mandat issu d'une décision de justice dans le second cas. Plus fréquemment, les magistrats vont relever un lien contractuel.

1) L'existence du lien entre le délinquant et la victime

Citons différents exemples.

a) Le louage

Aux termes de l'article 1709 du Code civil « *le louage de chose est un contrat par lequel une des parties s'oblige à faire jouir l'autre d'une chose pendant un certain temps et moyennant un certain prix que celle-ci s'oblige de lui payer* ».

• Premier problème : le contrat de crédit-bail, de location-vente et de cession de bail

Les juges assimilent au contrat de location celui de crédit-bail.

Cass. Crim. 14.02.1979 D 79 IR 177 :

« *A la différence du contrat de location-vente, le contrat de crédit-bail comporte essentiellement une convention de louage, qui le fait entrer dans la catégorie des contrats énumérés à l'article 408 CP.* »

Il ne faut pas confondre le crédit-bail, la location-vente et la cession de bail (lease back).

Le crédit-bail : il s'agit d'une opération financière de crédit où les parties vont devoir respecter diverses obligations. Le bailleur reste propriétaire pendant la durée du contrat. Il donne en location un bien qu'il a acheté en vue de cette location. Le locataire, quant à lui, s'engage à payer ses loyers et peut, à l'expiration d'un certain délai, lever l'option et se rendre acquéreur.

La location-vente : elle consiste en un bail assorti d'une promesse de vente. Très souvent, la location-vente déguise une vente à tempérament avec réserve de propriété où les loyers convenus ne sont que des fractions du prix de vente. Les juges ne retiennent pas l'apparence et refusent dans ce cas de sanctionner (Cass. Crim. 9.11.87 GP 17-18.08.1988, p. 8).

La cession de bail : l'emprunteur transfère au prêteur, dès le départ, la propriété d'un bien. Suivant une formule de location assortie d'une promesse unilatérale de vente, l'emprunteur rachète progressivement la propriété du bien. Le transfert de propriété exclut l'infraction.

• Second problème : contrat de location-gérance

Dans le cadre de ce contrat, le locataire détient des éléments corporels servant à l'exploitation du fonds de commerce. Les juges ont dû préciser à quel titre ces éléments corporels étaient remis.

Cass. Crim. 25.11.1985 B N° 371 :

« *Il résulte des constatations des juges du fond que le prévenu détenait à titre de louage ces éléments corporels servant à l'exploitation du fonds de commerce qu'il avait pris en location-gérance.* »

b) Le dépôt

Aux termes de l'article 1915 du Code civil « *le dépôt, en général, est un acte par lequel on reçoit la chose d'autrui à la charge de la garder et de la restituer en nature* ».

Le dépôt peut porter sur des corps certains (dépôt régulier) ou sur des corps fongibles (dépôt irrégulier).

• Premier problème : le dépôt régulier

Il s'agit d'un contrat réel se formant par la tradition (remise de la main à la main) d'une chose mobilière et corporelle. Le dépôt régulier ne transfère pas la propriété, le dépositaire ne reçoit que la détention. Il doit conserver la chose et la restituer dans l'état où elle se trouve à l'extinction du contrat.

Les exemples d'abus de confiance sont nombreux.

Cass. Crim. 18.02.1981 B N° 66 :

« *Constitue un dépôt, le contrat par lequel une société spécialisée dans le commerce des pierres précieuses, remet des bijoux à une personne exerçant une activité analogue en accompagnant cette remise d'un document portant le nom de "confié" établi suivant les usages de la profession.* »

Cass. Crim. 14.06.1978 B N° 197 :

« *Commet le délit d'abus de confiance, le prévenu qui détourne des objets par lui vendus à un tiers, mais dont il était prévu qu'il restait dépositaire.* »

Cass. Crim. 20 janvier 2008 N° 07-82204 : dans le cadre d'un contrat de dépôt vente portant sur des véhicules d'occasion (Dr. pén. 2008 Comm. 66).

• Second problème : le dépôt irrégulier

Il porte sur des choses fongibles non individualisées (ex. : une somme d'argent). Il s'agit d'un contrat par lequel les parties sont convenues que le dépositaire restituera non la chose déposée, mais une chose équivalente. Contrairement au dépôt régulier, il opère transfert de la propriété.

Dans cette hypothèse, l'infraction n'est réalisée que si le dépositaire se met dans l'impossibilité de restituer l'équivalent de la valeur reçue.

Cass. Crim. 16.02.1934 S 35 1 116 et Cass. Crim. 8.06.1977 B N° 207 :

« *l'arrêt qui qualifie à tort de mandataire le prévenu qui a reçu des fonds en dépôt, constate en réalité l'existence d'un contrat de dépôt. Le détournement de ces fonds n'en implique pas moins la violation de l'un des contrats de l'article 408 CP.* »

Qu'en est-il pour la banque ? L'article 312-2 du CMF l'autorise à utiliser les fonds déposés « mais à charge pour elle de les restituer ». Le déposant en perd la propriété mais acquiert un droit de créance sur la banque matérialisé par un solde créditeur. A été sanctionnée « l'appropriation indue du solde créditeur (Cass. Crim. 20 juillet 2011 D 2011 2242 obs. J. Lasserre-Capdeville).

c) Le mandat

Aux termes de l'article 1984 du Code civil : « *le mandat ou procuration est un acte par lequel une personne donne à une autre pouvoir de faire quelque chose pour le mandant et en son nom. Le contrat ne se forme que par l'acceptation du mandataire* ».

C'est le cas qui se présente le plus souvent dans la vie des affaires où le contrat de mandat est d'un usage courant.

– *La source et la forme du mandat*
Cass. Crim. 4.05.1977 B N° 153 :

« *Le mandat, quelle que soit sa source ou sa forme, qu'il soit notamment exprès ou tacite, peut donner lieu à un abus de confiance. Au cas de mandat tacite, les juges du fond doivent énoncer les faits et circonstances desquels résulte le mandat afin de permettre à la Cour de cassation d'exercer son contrôle sur l'exacte qualification du contrat de base.* »

Il suppose l'accomplissement d'actes juridiques.

– *Ses domaines d'application*

→ le mandat dans le cadre des entreprises
Dans le cadre des sociétés, et plus généralement des entreprises, l'existence d'un mandat est souvent retenu par les juges. Ils pourront désormais retenir le contrat de société.

• Premier cas : la société de fait
Cass. Crim. 18.02.1976 B N° 61 :

« *Dans la société de fait, les associés peuvent être les mandataires les uns des autres, en ce qui concerne la gestion de la société et, à ce titre, passibles en cas de détournement, des dispositions de l'article 408 CP.* »

• Deuxième cas : les sociétés civiles
Cass. Crim. 10.11.1971 B N° 307 :

« *Se rend coupable d'abus de confiance le dirigeant d'une société civile mandataire de celle-ci, qui dissipe les fonds sociaux dans son intérêt personnel et ainsi les détourne.* »

Même solution pour le gérant d'une société civile immobilière (Cass. Crim. 11.05.1977 B N° 172).

• Troisième cas : la société en participation
Cass. Crim. 13.06.1983 B N° 83 :

« *Dans la société en participation, l'un des associés peut, dans les rapports avec des co-associés, être un mandataire et, à ce titre, passible en cas de détournement des dispositions de l'article 408 CP.* »

• Quatrième cas : le GIE (Groupement d'Intérêt Économique)
Cass. Crim. 27.01.1986 B N° 34 :

« *Le président d'un GIE constitué dans les conditions prévues par l'ordonnance du 23.09.1967 est le mandataire des diverses sociétés membres de ce groupement, il commet un abus de confiance lorsqu'il détourne, à des fins étrangères à leur destination, les sommes qui lui étaient confiées au titre de ses fonctions.* »

• Cinquième cas : les sociétés commerciales
Cass. Crim. 9.01.1980 B N° 14 :

« *Est à bon droit condamné pour abus de confiance, le gérant d'une SARL qui ayant, en cette qualité et à titre de mandat, reçu le versement d'un souscripteur à une augmentation de capital, a affecté les fonds aux besoins de trésorerie de la société et les a ainsi détournés en les employant à une fin autre que celle prévue au contrat* » (Voir dans le même sens Cass. Crim. 16 octobre 2002 RJDA 5/03 N° 496).

Le président du conseil d'administration d'une SA a été également condamné dans une situation équivalente (Cass. Crim. 7 mai 69 Bull. Crim. 69 N° 155 D 69 SOM 91).

De même, dans une SA, le président du conseil d'administration a été condamné pour abus de confiance pour avoir : « *ayant adhéré à une convention par laquelle il s'est engagé à verser à une institution de prévoyance des sommes précomptées sur le salaire de ses employés en vue de leur constituer une retraite complémentaire ne remet pas à cette institution les fonds ainsi prélevés en exécution de cette adhésion laquelle s'analyse en un contrat de mandat* ». (Voir dans le même sens CA Versailles 14.12.1993 GP 16, 17 mars 94 p. 16.)

Le Code de commerce en ses articles L. 242-6 3° (SA) et L. 241-3 4° (SARL) réprime l'usage abusif fait par les dirigeants sur les biens de la société. Il est possible que la qualification d'abus des biens et celle d'abus de confiance entrent en conflit. Si le détournement porte sur les biens de la société, les juges devront les qualifier d'abus des biens (cette infraction est réprimée plus sévèrement que l'abus de confiance). En revanche, si les détournements ne portent pas sur les biens de la société, seule la qualification d'abus de confiance peut être retenue.

• Sixième cas : le commerçant
Cass. Crim. 12.12.1983 B N° 83 :

« *Est mandataire le commerçant qui reçoit des marchandises pour les revendre à un prix imposé avec obligation de restituer les invendus* » et Cass. Crim. 10.02.1986 B N° 48.

→ le mandat dans le cadre d'opérations commerciales ou bancaires
Cass. Crim. 21.03.1973 B N° 140 :

« *Le créancier qui refuse de restituer des billets à ordre alors que le montant de ceux-ci lui a été réglé par anticipation par le débiteur avant leur échéance et qu'il ne détient plus ces effets qu'avec le mandat tacite de les détruire ou de les rendre, commet le délit d'abus de confiance.* »

Cass. Crim. 18.05.1960 B N° 268 :

« *A été poursuivi pour abus de confiance celui qui, étant mandaté pour négocier une traite, avait conservé le produit de l'escompte.* »

→ le mandat donné à des professionnels dans l'exercice de leurs fonctions.
Citons divers exemples.

• Premier cas : les agents d'affaires
Cass. Crim. 17.11.1970 B N° 297 :

« *L'agent d'affaires qui retient de mauvaise foi et contre la volonté du mandant des pièces qui lui avaient été remises à titre de mandat ne peut se prévaloir d'un droit de rétention et commet un abus de confiance.* »

• Deuxième cas : les agents immobiliers
Cass. Crim. 12.02.1979 B N° 59 :

« *A été condamné celui qui a retenu indûment des fonds représentant un acompte sur le prix de vente.* »

• Troisième cas : le syndic de propriété
Cass. Crim. 12.11.1985 B N° 349 :

« *A été condamné le syndic qui ne fait pas raison au mandant de tout ce qu'il a reçu en vertu de sa procuration.* »

• Quatrième cas : les officiers ministériels
La qualité d'officier ministériel aggrave la peine (voir *infra*).

• Cinquième cas : les commissionnaires

Cass. Crim. 15.10.1974 B N° 294 :

« *Se rend coupable d'abus de confiance, le commissionnaire négociant usager d'un marché d'intérêt national qui, agissant en qualité de commissionnaire, détourne le montant de sommes qui lui sont remises à titre de mandat.* »

• Sixième cas : les agents d'assurance

Cass. Crim. 23.01.1995 Dr. pénal 95 Comm. 119 : « pour avoir détourné les primes d'un contrat d'assurance sur la vie ».

Cass. Crim. 7.06.1993 RTDC avril-juin 1994 p. 386 : pour avoir conservé des fonds qui ne leur appartiennent pas au-delà de la date limite.

• Septième cas : le gestionnaire de patrimoine (Cass. Crim. 10 avril 1995 Juris. data N° 002167)

→ le mandat occasionnel

Cass. Crim. 12.10.95 D 95 IR 263 et Dr. pénal 96 Comm. 33

Une personne avait dans un contrat post mortem confié à un mandataire la mission de donner à son décès à différents membres de sa famille 20 000 F en bons au porteur. Le mandataire n'en avait reversé qu'une partie et conservé l'autre.

d) Le nantissement

Aux termes de l'article 2071 du Code civil : « *le nantissement est un contrat par lequel un débiteur remet une chose à son créancier pour sûreté de la dette* ».

Il s'appelle gage lorsqu'il porte sur une chose mobilière et antichrèse s'il porte sur une chose immobilière.

Le nantissement peut porter sur des corps certains ou des choses fongibles (bijoux, meubles, valeurs mobilières, effets de commerce, somme d'argent destinée à garantir l'exécution d'une obligation). L'auteur du détournement est nécessairement le créancier gagiste.

Cass. Crim. 9.07.1953 B N° 239 :

« *mais attendu qu'il résulte des faits constatés par l'arrêt attaqué et des termes de l'acte que Martin a remis les 500 000 F à Chedorge comme sûreté d'une obligation de faire, devant en cas d'inexécution, se résoudre en dommages et intérêts ; que dans ces faits se trouvent réunis les caractères essentiels du contrat de nantissement, définis par l'article 2071 du Code civil : une chose qui en fait l'objet, la remise de cette chose au créancier et la détention pour sûreté de la dette, but principal de ce genre de contrat.* »

Il ne faut pas confondre l'abus de confiance avec le délit prévu à l'article 314-5 du nouveau CP (délit de détournement d'objet remis en gage, voir *infra*). Si la condition préalable (le gage) et l'élément matériel sont identiques (destruction ou détournement), l'auteur de l'infraction est nécessairement le débiteur.

e) Le prêt à usage ou commodat

Aux termes de l'article 1875 du Code civil : « *le prêt à usage ou commodat est un contrat par lequel l'une des parties livre une chose à l'autre pour s'en servir, à la charge par le preneur de la rendre après s'en être servi* ».

Peut être l'objet de cette convention tout ce qui est dans le commerce et qui ne se consomme pas par l'usage.

Le prêteur conserve la propriété de l'objet prêté.

Le prêt à usage ne peut pas porter sur des choses fongibles.

Il ne faut pas confondre le prêt à usage avec le prêt de consommation.

Ce dernier porte sur des choses que l'emprunteur a le droit de consommer (prêt d'argent). L'emprunteur devient le propriétaire de la chose prêtée. Le prêt de consommation est translatif de propriété et ne peut pas entraîner une poursuite pour abus de confiance, (Cass. Crim. 14.02.2007 Dr. pén. 2007 Comm. 84).

f) Le travail salarié ou non

Par remise pour un travail salarié ou non, il faut entendre celle qui a pour but de permettre à celui qui reçoit la chose d'effectuer un travail convenu.

On peut distinguer trois cas :

• Premier cas : le travail peut se réaliser sur l'objet confié qui sera réparé, transformé.

Cass. Crim. 8 mars 1982 (B 69) :

« *L'arrêt qui qualifie à tort de mandataire le prévenu qui a reçu des objets d'art afin de les restaurer moyennant une rémunération constate en réalité l'existence d'un travail salarié.* »

• Deuxième cas : le travail peut se réaliser également à propos de l'objet utilisé pour l'accomplissement d'actes juridiques ou de certaines démarches.

Cass. Crim. 6 novembre 1978 (D 79.129) :

« *A justifié sa décision, la Cour d'appel qui, pour déclarer coupable d'abus de confiance un expert-comptable qui, malgré une mise en demeure, avait persisté à retenir les pièces comptables qui lui avaient été confiées par une entreprise, a énoncé que l'inté-*

ressé prétendant obtenir un supplément d'honoraires à raison de travaux exécutés pour les années antérieures, ne justifiait pas de ce chef d'une créance certaine, liquide et exigible et ne pouvait donc se prévaloir d'un droit de rétention sur les documents à lui confiés pour l'exécution de son travail. »

Cass. Crim. 2 mars 1992 JCP 92 IV N° 2245 p. 246 et RTD COM 46 avr. juin 93 p. 388 :

« *Constitue un détournement le fait pour un entrepreneur de transport de retenir la mauvaise foi et contre la volonté de son client les marchandises qui lui ont été remises pour un travail salarié et qui ne sont restituées que sous la contrainte de poursuites judiciaires.* »

• Troisième cas : le travail convenu n'est pas effectué mais une rémunération a été remise par avance.

Le fait par une personne de conserver une provision versée sans effectuer le travail convenu est-il constitutif d'abus de confiance ?

La Cour de cassation a exclu l'infraction ayant considéré que les sommes versées comme provision constituaient une rémunération dont le versement était translatif de propriété.

Cass. Crim. 17 mars 1976 (B 98) :

« *Il n'y a pas abus de confiance lorsque les fonds ont été remis, non à l'un des titres énumérés dans l'article 408 du Code pénal, mais comme une rémunération payée d'avance.* »

g) *Le contrat d'échange*

Pourront désormais constituer le délit d'abus de confiance des détournements commis à l'occasion de contrat tel le contrat d'intégration.

La Cour de cassation ne casserait plus aujourd'hui la décision de la Cour d'appel comme elle a pu le faire dans un arrêt du 3 octobre 1991 (D 91 IR 261).

h) *Le contrat de vente*

Dans la vente au comptant, le vendeur qui a livré la chose n'est pas coupable d'abus de confiance, s'il tente de la reprendre, mais de vol.

L'acheteur ne peut être poursuivi pour abus de confiance s'il dispose de l'objet acheté alors même qu'il n'en a pas payé le prix.

Mais, en revanche, si le vendeur refuse de livrer la chose, il viole une obligation contractuelle susceptible d'abus de confiance.

Cass. Crim. 14 juin 1978 (B N° 197) :

« *Commet le délit d'abus de confiance, le prévenu qui détourne des objets par lui vendus à un tiers, mais dont il était prévu qu'il restait dépositaire.* »

Qu'en est-il en cas de vente avec clause de réserve de propriété ?

La Cour de cassation dans un arrêt du 8 avril 2009 N° 08-83981 a retenu l'abus de confiance : « *aux termes de la convention précitée, les véhicules étaient facturés par le constructeur à son départ de l'usine et restaient sa propriété jusqu'au paiement par le concessionnaire* ». Il y avait eu une remise à titre précaire.

2) La preuve du lien entre le délinquant et la victime

Il convient de prouver l'existence du contrat, qui ne peut être fait même devant la juridiction criminelle, que conformément aux règles du Droit civil, étant entendu que la preuve d'un contrat commercial conclu entre deux commerçants est libre.

a) Les actes conclus entre deux commerçants

L'article L. 110-3 du Code de commerce précise :

« *À l'égard des commerçants, les actes de commerce peuvent se prouver par tous moyens, à moins qu'il n'en soit autrement disposé par la loi.* »

La liberté de la preuve est écartée quand le législateur exige, pour la validité du contrat, la rédaction d'un écrit (exemple : contrats de sociétés commerciales, contrats de vente et de nantissement d'un fonds de commerce, devoir de facturation pour tout achat de produits).

b) Les actes conclus entre un commerçant et un non commerçant ou entre deux non commerçants

– Le principe : la preuve testimoniale

L'article 1341 du Code civil prévoit qu'il doit être passé « *acte devant notaires ou sous signatures privées de toutes choses excédant une somme ou une valeur fixée par décret* ».

Le décret du 20 août 2004 a fixé à 1 500 € la valeur au-delà de laquelle un écrit est exigé.

– Les exceptions

Cass. Crim. 3 janvier 1985 (B 3) :

« *La preuve du contrat civil dont l'abus de confiance présuppose l'existence doit, lorsque l'existence de ce contrat est déniée, être faite conformément aux règles du Droit civil.* »

(Dans le même sens Cass. Crim. 1.06.87 B N° 224.)

• 1re exception : l'article 1347 du Code civil

Cet article écarte les règles prévues à l'article 1341 du Code civil lorsqu'il existe un commencement de preuve par écrit. Cet écrit doit émaner de celui contre lequel la demande est formée.

• 2e exception : l'article 1348 alinéa 1 du Code civil

La preuve par témoin sera possible quand l'une des parties n'a pas eu la possibilité de se procurer une preuve où l'a perdue par suite d'un cas fortuit ou de force majeure.

Cass. Crim. 5 novembre 1980 (B 289) :

« *L'application de l'article 1348 du Code civil est justifiée lorsque le créancier a été dans l'impossibilité de se procurer une preuve par écrit. Cette impossibilité doit s'entendre non seulement de l'impossibilité physique mais aussi de toute impossibilité morale.* »

• 3e exception : l'article 1348 alinéa 2 du Code civil

La règle prévue à l'article 1341 du Code civil reçoit exception quand une partie ou le dépositaire n'a pas conservé le titre original et « *présente une copie qui en est la reproduction non seulement fidèle mais aussi durable* ».

• 4e exception : le dépôt

L'article 1924 du Code civil prévoit que « *lorsque le dépôt, étant au-dessus du chiffre prévu à l'article 1341, n'est point prouvé par écrit, celui qui est attaqué comme dépositaire, en est cru sur sa déclaration, soit pour le fait même du dépôt, soit pour la chose qui en faisait l'objet, soit pour le fait de sa restitution* ».

De même, l'article 1950 du Code civil prévoit que la preuve par témoin peut être reçue pour le dépôt nécessaire (il s'agit de celui qui a été forcé par un accident, un incendie, ou autre événement imprévu) « *même quand il s'agit d'une valeur supérieure au chiffre prévu à l'article 1341* ». (Voir Cass. Crim. 1.07.1992 GP 14 au 16.03.93 p. 31.)

c) Le juge et la preuve du contrat

– Les juges du fond

Il appartient aux juges du fond d'interpréter les contrats intervenus entre les parties.

Cass. Crim. 20 novembre 1973 (B N° 423) :

« *La détermination de la nature du contrat dont la violation caractérise l'abus de confiance est souverainement déduite, par les juges du fond, des éléments de fait dès lors que les motifs ne présentent ni insuffisance, ni contradiction, ni dénaturation de la convention.* »

Il a été jugé que les juges du fond ne sont pas tenus de préciser de façon expresse en vertu de quel contrat, le prévenu détenait la chose « *dès lors que les énonciations de la décision permettent de dégager la nature dudit contrat* ». (Cass. Crim. 25 novembre 1985 B N° 371).

– La Cour de cassation

La détermination de la nature du contrat, lorsqu'elle repose sur la dénaturation des clauses d'une convention, est soumise au contrôle de la Cour de cassation. Ce contrôle ne peut être exercé que s'il existe des précisions suffisantes sur la nature et les modalités du contrat.

Le contrôle est exclu quand la détermination du contrat résulte d'une interprétation sans dénaturation fondée sur une appréciation souveraine de la volonté des parties (Cass. Crim. 28 mai 1970, D.71 21 et Cass. Crim. 14 février 1979, B N° 68).

§2. L'ÉLÉMENT MATÉRIEL

L'abus va consister en un détournement, causant un préjudice.

Le détournement désigne un acte impliquant la volonté chez le possesseur à titre précaire de devenir propriétaire (Cass. Crim. 16 juin 2011 N° 10-83 758).

A) Le détournement

Le détournement peut prendre trois formes différentes :
- la non restitution de la chose convoitée ;
- son délaissement ;
- un usage abusif de la chose convoitée.

1) La non restitution

Les juges doivent constater un détournement frauduleux.

A été jugé comme tel, le fait par un syndic de copropriété de conserver de mauvaise foi, contre la volonté du mandant, des comptes de gestion et documents comptables qu'il ne détenait qu'à titre de mandat (Cass. Crim. 5 avril 1973, B N° 177).

L'expert comptable ne peut non plus se prévaloir d'un droit de rétention pour conserver des documents confiés pour l'exécution de son travail (Cass. Crim. 6 novembre 1978, D 79 IR 129).

De même, l'agent d'affaires ne peut se prévaloir d'un droit de rétention pour retenir des pièces et documents remis par son client.

Cass. Crim. 17 novembre 1970 (B N° 297) :

> « *Constitue un détournement le fait par un mandataire de retenir de mauvaise foi et contre la volonté du mandant des effets, deniers, marchandises, billets, quittances ou tous autres écrits contenant ou opérant obligation ou décharge, qui ne sont détenus qu'au titre de mandat et qui ne sont restitués que sous la contrainte de poursuites judiciaires.* »

Il n'est pas nécessaire que les juges constatent que le prévenu se trouve dans l'impossibilité de restituer les sommes détournées.

L'abus de confiance est caractérisé « *dès lors que, comme en l'espèce, un mandataire omet volontairement de révéler qu'il détient des fonds destinés à son mandant afin de ne pas devoir les représenter* » (Cass. Crim. 8 novembre 1982, B 242).

Les juges ont également condamné la présidente d'une SA qui s'était placée dans une situation interdisant la restitution du produit des titres de transport (Cass. Crim. 3 juillet 1997 Dr. pénal 98 Comm. 15), mais aussi un prestataire qui n'avait pas restitué les « bips » et cartes confiés par l'entreprise (Cass. Crim. 5 janvier 2010 N° 09-83693).

2) Le délaissement

À plusieurs reprises, les juges ont qualifié de détournement, le fait d'abandonner la chose confiée.

Cass. Crim. 14 février 1979 (D 79 IR 177) :

« *Le délaissement constitue un acte de disposition, caractérisant le détournement au sens de la loi.* »

3) L'usage abusif

C'est la forme la plus délicate.

L'article 314-1 du Code pénal vient sanctionner un détournement frauduleux et non l'inexécution d'un contrat.

Pour qu'il y ait détournement, l'article 314-1 du Code pénal n'exige pas que le prévenu se soit approprié la chose confiée ni qu'il en ait tiré un profit personnel.

Pour que le détournement tombe sous le coup de la répression, il faut que le propriétaire de la chose se trouve dans l'impossibilité d'exercer ses droits sur celle-ci.

Cass. Crim. 9 avril 1973 (D 75.257) :

« *Il suffit qu'elle ait été détournée, c'est-à-dire que le propriétaire ne puisse plus exercer ses droits sur elle, par suite des agissements frauduleux de celui qui ne la détenait qu'en vertu d'un des contrats limitativement déterminés par la loi.* »

Aussi, le seul usage de la chose confiée n'entre pas dans les prévisions de l'article 314-1 du Code pénal, pas plus que le retard dans la restitution.

Cass. Crim. 11 juin 1980 (D 1981 IR 154) :

« *N'est pas légalement justifié l'arrêt qui, pour déclarer le prévenu coupable d'abus de confiance, se borne à dénoncer qu'ayant loué des véhicules automobiles pour une durée déterminée, il ne les avait pas rendues dans le délai imparti, alors que le retard dans la restitution de la chose louée n'implique pas nécessairement le détournement ou la dissipation de cette chose, élément essentiel de l'abus de confiance.* »

Les juges doivent rechercher si le possesseur précaire a voulu, même momentanément, se comporter comme le propriétaire de la chose.

Divers exemples peuvent être cités :

– Le directeur salarié d'un hôtel qui a utilisé la machine à timbrer de l'établissement pour son usage personnel.

Cass. Crim. 16 janvier 1984 (D 84 IR 224) :

« L'empreinte résultant du fonctionnement d'une machine à timbrer constitue un écrit contenant une obligation et une décharge au sens de l'article 408 du Code pénal ; l'utilisation d'une telle machine par le mandataire, à des fins personnelles, constitue un détournement au sens dudit texte. »

– Le chef de fabrication d'une société de confection qui a utilisé à des fins personnelles un véhicule qui lui avait été confié pour les nécessités de son activité :

Cass. Crim. 13.02.1984 (D 84 IR 224) :

« Si le seul usage de la chose confiée n'entre pas dans les prévisions de l'article 408 du Code pénal, il n'en est pas de même lorsque cet usage implique la volonté du possesseur de se comporter, même momentanément, comme le propriétaire de la chose. »

– Le gérant d'une SARL qui a reçu des fonds pour les affecter à une augmentation de capital et qui les utilise pour éteindre les dettes de la société (Cass. Crim. 9 janvier 1980, B N° 14).

– Le mandataire des souscripteurs d'une société en formation qui ne restitue pas les fonds confiés lorsque la société n'est pas immatriculée (Cass. Crim. 10 mai 93 GP 6 et 7.10.93 p. 12).

– Le président d'un GIE qui a engagé à des fins personnelles des dépenses étrangères à l'objet du groupement (voyage au Brésil, souscription d'un contrat d'assurance vie...) dont le montant a été réglé au prorata de leur participation par les sociétés composant le GIE (Cass. Crim. 27 janvier 1986, B N° 34).

– La communication pour copie a été reconnue comme constitutive d'un détournement. Les juges ont considéré qu'elle avait porté atteinte aux droits du propriétaire. Lors du dépôt, cet usage n'avait pas été prévu entre les parties.

Le fait que l'original des bandes magnétiques ait été restitué ne retire pas le caractère délictueux.

Cass. Crim. 8 décembre 1971 (B N° 341) :

« Le détournement d'une marchandise résulte d'une utilisation à des fins étrangères à celles qui avaient été stipulées ; des bandes magnétiques, support du texte d'un feuilleton radiophonique, sont détournées par le dépositaire, qui les communique à un utilisateur pour lui permettre d'enregistrer une copie, peu importe que l'original soit retourné au dépositaire. »

– Le président d'une association qui avait effectué des retraits importants sur le compte de l'association.

Cass. Crim. 22.11.1978 (B N° 325) :

« *attendu que les juges du fond, après avoir constaté que Leclerc, qui avait effectué, sur le compte de l'association olympique de Marseille, des retraits importants, et qui n'a pas justifié de l'emploi de l'intégralité des sommes retirées, énoncent qu'il a usé de procédés malicieux et méthodiques pour échapper à la représentation de ces sommes qu'il avait mandat d'utiliser pour le compte de l'association.* »

– Le responsable d'une agence de location de véhicules qui a omis d'enregistrer sur le registre de caisse les règlements effectués par les clients en espèces et de les reverser à son employeur.

Cass. Crim. 28.11.1994 RTDC 95 N° 2 p. 492.

– Le greffier du tribunal de commerce

« *il n'y a pas eu seulement usage abusif ou prolongé de ces fonds mais bien détournement révélé par le caractère systématique du retard excessif érigé en pratique de fonctionnement, que de cette façon d'opérer se déduit l'intention délictueuse du prévenu qui utilisait en pleine connaissance de cause des fonds remis par des particuliers à des fins étrangères à celles prévues et que le BODACC et l'INPI, par les retards de règlement, subissaient nécessairement un préjudice et pouvaient être exposés à divers tracas de la part de commerçants* » (Cass. Crim. 6 septembre 2000 Dr. pénal 2001 Comm. 14).

– Le gérant d'une SNC qui a fait prendre en charge par la société des dépenses personnelles étrangères à son objet (Cass. Crim. 10 avril 2002 D 2002 J 2536).

– Le chauffeur qui a détourné la carte de crédit remise pour acheter du carburant destiné au véhicule de la société en remplissant à son profit régulièrement un jerrycan, « il n'a pas fait l'usage convenu entre les parties » (Cass. Crim. 19 mai 2004 Bull. Crim. 2004 N° 125).

B) Le préjudice

L'article 314-1 du Code pénal précise :

« *Au préjudice d'autrui.* »

Les juges doivent, pour caractériser l'abus de confiance, vérifier que les choses détournées l'ont été au préjudice d'une personne ayant un droit privatif sur la chose.

Le préjudice éventuel suffit à caractériser l'infraction :

« *l'existence du préjudice, qui peut n'être qu'éventuel se trouve nécessairement incluse dans la constatation du détournement* » (Cass. Crim. 13 janvier 2010 N° 08-83216 Dr. pén. 2010 Comm. 61).

C'est au moment du détournement ou de la dissipation qu'il faut se placer pour apprécier l'existence du préjudice ou de l'éventualité du préjudice.

Le préjudice au détriment du détenteur est sanctionné.

L'employée d'un expert comptable avait détourné des chèques dont certains avaient été établis par des clients du cabinet à l'ordre du Trésor public ou à l'ordre du cabinet. La constitution de partie civile de l'expert comptable a été acceptée pour l'ensemble des chèques (Cass. Crim. 6 mars 1997 Dr. pénal 97 Comm. 105).

Il en va de même pour le banquier qui subit un préjudice direct quand l'un de ses employés opère des détournements au préjudice de clients de cette banque (Cass. Crim. 8 janvier 1998 Dr. pénal 98 Comm. 73).

§3. L'ÉLÉMENT MORAL

L'intention frauduleuse consiste dans la connaissance par l'auteur de l'infraction de sa possession précaire et de la conscience de causer un préjudice au propriétaire, possesseur ou détenteur en abusant de la chose confiée.

• Il n'est pas nécessaire que l'intention frauduleuse soit expressément constatée ; « *il suffit qu'elle puisse s'induire des circonstances retenues par le juge. L'affirmation de la mauvaise foi étant nécessairement incluse dans la constatation du détournement.* ». (Cass. Crim. 11 février 1981, B N° 53) et Cass. Crim. 12 mai 2009 N° 08-87418 Dr. pén. 2009 Comm. 108).

De nombreuses décisions se sont prononcées en ce sens.

Ainsi :

– une mise en demeure infructueuse,

– un acte de dissipation,

– la découverte des objets détournés à la suite d'une perquisition, peuvent suffire à caractériser cette intention frauduleuse.

Cass. Crim. 25 novembre 1985 (B N° 371) :

« *Attendu que pour déclarer le demandeur coupable d'abus de confiance, les juges énoncent que Krieguer n'avait pas été en mesure de représenter les biens qui ne lui avaient été confiés qu'à titre précaire dans le cadre du contrat de location-gérance ; qu'il s'était approprié certains de ces biens qui n'ont été découverts et restitués à leur propriétaire que grâce à des perquisitions, circonstances qui suffisent à caractériser la mauvaise foi du prévenu.* »

Cass. Crim. 16.03.1987 B N° 122 :

« *Caractérise à la fois le détournement et l'intention frauduleuse de son auteur, l'arrêt qui énonce que le prévenu a délibérément utilisé des fonds remis à une fin étrangère à celle qui avait été stipulée.* »

(Voir dans le même sens Cass. Crim. 10.04.1995 Dr. pénal 95 Comm. 197.)

• Il n'est pas nécessaire que l'intéressé ait retiré un enrichissement personnel.

Cass. Crim. 26 septembre 96 (RJDA 1/97 N° 160) : « *se rend coupable d'un abus de confiance le président d'une Chambre des métiers qui utilise une subvention reçue à des fins autres que celles pour lesquelles celle-ci avait été versée.* »

• Le repentir actif est sans incidence sur l'intention coupable (Cass. Crim. 17 novembre 2004 N° 03-87167 Dr. pén. 2005 Comm. 78 et Cass. Crim. 9 février 2011 N° 10-80801 Dr. pén. 2011 Comm. 59).

Cass. Crim. 20 juillet 2011 (N° 10-81726 ; D 2011 2114 obs. M. Bombled et D 2011 2242 obs. J. Lasserre – Capdeville) :

« *l'abus de confiance est d'autant plus caractérisé que la banque, sous couvert de soit-disant "frais d'écriture", s'est appropriée le reliquat des comptes créditeurs de sept clients en inscrivant le montant des sommes sans intention de les restituer, à l'époque où ces opérations ont été passées ; que peu important que, postérieurement à l'enquête, la banque ait tenté une régularisation, en cantonnant les sommes ainsi détournées dans ses comptes.* »

SECTION II
Le détournement puni

Quand les éléments constitutifs de l'infraction sont réunis, les juges vont appliquer les pénalités envisagées par le législateur et tenir compte de diverses règles relatives aux poursuites, aux exceptions et aux fins de non recevoir ainsi que diverses règles de droit commun.

§1. LES PÉNALITÉS

L'abus de confiance doit être distingué sous deux aspects différents :

– l'infraction peut être un abus de confiance simple ;
– l'infraction peut être un abus de confiance aggravé.

A) L'abus de confiance simple

1) Les peines principales

– Pour les personnes physiques :

L'article 314-1 du Code pénal prévoit un emprisonnement de trois ans et une amende de 375 000 €.

– Pour les personnes morales :

L'article 314-12 du Code pénal prévoit une amende égale au quintuple de celle prévue pour les personnes physiques.

2) Les peines complémentaires

– Pour les personnes physiques :

L'art. 314-10 du Code pénal prévoit les peines complémentaires suivantes :

> « *1° L'interdiction des droits civiques, civils et de famille, suivant les modalités prévues par l'article 131-26 ;*
> *2° L'interdiction, suivant les modalités prévues par l'article 131-27, soit d'exercer une fonction publique ou d'exercer l'activité professionnelle ou sociale dans l'exercice ou à l'occasion de l'exercice de laquelle l'infraction a été commise, soit d'exercer une profession commerciale ou industrielle, de diriger, d'administrer, de gérer ou de contrôler à un titre quelconque, directement ou indirectement pour son propre compte ou pour le compte d'autrui, une entreprise commerciale ou industrielle ou une société commerciale. Ces interdictions d'exercice peuvent être prononcées cumulativements ;*
> *3° La fermeture, pour une durée de cinq ans au plus, des établissements ou de l'un ou de plusieurs des établissements de l'entreprise ayant servi à commettre les faits incriminés ;*
> *4° L'exclusion des marchés publics pour une durée de cinq ans au plus ;*
> *5° L'interdiction, pour une durée de cinq ans au plus, d'émettre des chèques autres que ceux qui permettent le retrait de fonds par le tireur auprès du tiré ou ceux qui sont certifiés ;*
> *6° La confiscation de la chose qui a servi ou était destinée à commettre l'infraction ou de la chose qui en est le produit, à l'exception des objets susceptibles de restitution ;*
> *7° L'affichage ou la diffusion de la décision prononcée dans les conditions prévues par l'article 131-35.* »

– Pour les personnes morales :

L'article 314-12 du Code pénal autorise les magistrats à utiliser les peines complémentaires prévues à l'article 131-39 qui ont déjà fait l'objet d'une étude (voir *supra*).

B) L'abus de confiance aggravé

Il est prévu deux causes d'aggravation de la peine principale.

1) Première cause d'aggravation

Elle recouvre plusieurs hypothèses.

Première hypothèse : L'abus de confiance a été commis par une personne faisant appel au public.

L'auteur du détournement doit avoir agi soit comme dirigeant d'une entreprise commerciale ou industrielle, soit pour son propre compte.

La condition préalable est limitativement énumérée :

– il ne peut s'agir que de la remise de fonds ou valeurs ;

– la remise de fonds ou valeurs doit suivre un appel au public effectué par l'un des modes usuels de publicité (articles de journaux, prospectus, notices...).

Tribunal correctionnel de Paris 26.08.1974, JCP 75 IV 101 :

> « *Il suffit, pour l'aggravation de la peine prévue à l'article 408 alinéa 2 CP, que la remise précédant le détournement ait été causée par un appel au public, et qu'il y ait entre les deux opérations un lien au moins intellectuel.* »

La peine principale est portée à sept ans d'emprisonnement et 750 000 € d'amende.

Deuxième hypothèse : L'abus de confiance a été commis par une personne qui, de manière habituelle se livre ou prête son concours à des opérations portant sur les biens d'un tiers pour le compte duquel elle recouvre des fonds ou valeurs.

Dans cette seconde hypothèse, la peine principale est également majorée à sept ans d'emprisonnement et 750 000 € d'amende.

Troisième hypothèse : l'abus de confiance a été commis au détriment d'une association qui fait appel au public pour collecter des fonds à des fins d'entraide humanitaire ou sociale.

Quatrième hypothèse : l'abus de confiance a été commis au préjudice d'une personne particulièrement vulnérable (Cass. Crim. 6 avril 2011 N° 10-86778).

2) *Seconde cause d'aggravation*

La peine principale peut être portée à dix ans d'emprisonnement et à 1 500 000 € d'amende quand l'abus est réalisé par un officier public ou ministériel ou un mandataire de justice.

• *Les officiers publics*

Il s'agit des fonctionnaires publics qui ont détourné des fonds remis dans le cadre de leurs fonctions.

Toutefois, il existe des infractions spécifiques. Par exemple, pour les détournements de deniers publics ou privés ou des pièces, titres, actes, effets mobiliers détenus par tout percepteur (ou commis à une perception), et tout dépositaire et comptable public (art. 432-15 du Code pénal).

• *Les officiers ministériels*

La liste légale des officiers ministériels comprend : les notaires, huissiers, avocats au Conseil d'État et à la Cour de cassation, les agents de change, les courtiers et commissaires priseurs (art. 91 de la loi du 28.04.1816).

Citons deux exemples :

Cass. Crim. 11 octobre 1978 (B 267) : pour un notaire
(Voir également Cass. Crim. 19 avril 1994 Dr. pénal 95 Comm. 33 et Cass. Crim. 6 avril 2011 N° 10-82 318.)

Et Cass. Crim. 10 janvier 1984 (D 84 IR 244) : pour un huissier

Pour que la cause d'aggravation s'applique, il suffit que les remises aient été faites en considération de la qualité de l'auteur.

Il a été jugé qu'il n'était pas nécessaire que les sommes détournées « *aient été remises dans l'exercice ou à l'occasion de l'exercice de ses fonctions, dès lors qu'elles l'ont été en considération de sa qualité* » (Cass. Crim. 6 juin 1978, B 179).

• Les mandataires de justice. On peut citer principalement les administrateurs judiciaires et les mandataires liquidateurs.

Dans l'ancien Code pénal, lorsque l'auteur de l'abus de confiance était un officier public ou ministériel, il s'agissait d'un crime.

§2. LES ACTES DE POURSUITES

Il s'agit des actes par lesquels le Ministère Public ou la partie civile défèrent les auteurs d'infractions pénales aux juridictions compétentes (juridictions d'instruction ou de jugement).

A) L'action publique

Les magistrats du Ministère Public doivent tenir compte de divers obstacles susceptibles d'empêcher les poursuites.

1) La prescription de l'action publique

L'abus de confiance est une infraction instantanée.

– Le principe
Le délai de prescription de l'action publique doit commencer à courir du jour de l'abus.

– Les exceptions
• L'exception jurisprudentielle :
Pour éviter d'encourager les délinquants les plus habiles, les juges, depuis un arrêt de 1935, ont prévu une autre règle quand le détournement est resté caché.
Cass. Crim. 4 janvier 1935 (GP 35.1.353) :

« Si l'auteur d'un abus de confiance a dissimulé ses détournements par des réponses dilatoires à ses victimes et empêché de constater les éléments de l'infraction, le point de départ de la prescription est retardé d'autant. »

La formule usuelle utilisée désormais est la suivante :
– le délai de prescription ne commence à courir que du jour « *où le détournement est apparu et a pu être constaté et notamment, où la victime a eu toutes les possibilités de s'assurer des circonstances du détournement* » (Cass. Crim. 11 février 1981, B 53, voir également Cass. Crim. 14.04.93 D 93 J 616 ; Cass. Crim. 4.09.1995 Dr. pénal 96 Comm. 6 et Cass. Crim. 27 janvier 2010 N° 09-81816 Dr. pén. 2010 Comm. 60 obs. M. Véron).

• L'exception légale :
L'article 8 du CPP officialise cette exception jurisprudentielle en faveur des victimes particulièrement vulnérables (loi du 14 mars 2011). On peut s'étonner de cette nouvelle exception qui ne modifie en rien la règle posée par les juges depuis 1935.

2) L'immunité familiale
(article 314-4 du CP)

L'article 311-12 du nouveau Code pénal est applicable à l'abus de confiance (Cass. Crim. 27 octobre 1916, DP 1920.1.92).
L'immunité ne peut s'appliquer si les détournements sont commis au préjudice d'une société à laquelle l'un des époux appartient.

B) L'action civile

La victime (le propriétaire, possesseur, détenteur) est habilité à obtenir la réparation du préjudice qui lui a été causé.

Cass. Crim. 13 octobre 1971 (B 260) :

« *Est recevable et bien fondée, l'action civile d'une compagnie d'assurances contre son agent général qui a détourné des sommes qu'il avait perçues indûment de tiers dès lors qu'il est établi que c'est en cette qualité d'agent général qu'il a reçu ces sommes. Le préjudice dont se prévaut cette partie civile procède bien directement de l'abus de confiance commis par son mandataire.* »

Dans un souci de protection des victimes, il a été décidé que les tribunaux français pouvaient être saisis quand le détournement est commis en France et lorsqu'il est constaté que la seule remise des objets a eu lieu sur le territoire français (Cass. Crim. 12 février 1979, B 60).

C'est une extension de l'article 693 du Code de procédure pénale qui prévoit la compétence des tribunaux français quand un acte caractérisant un de ses éléments constitutifs de l'infraction a été accompli en France.

Si le détournement est bien un des éléments constitutifs, il en va différemment de la remise qui n'est qu'une condition préalable à l'infraction.

§3. LES FINS DE NON RECEVOIR ET LES EXCEPTIONS

A) Les fins de non recevoir

On peut en citer plusieurs :
- le quitus,
- la restitution, le désistement et la solvabilité de l'auteur,
- les mobiles.

1) Le quitus

L'accord de la victime ne retire pas l'infraction.

Cass. Crim. 16 décembre 1975 (B 279) :

« *L'assentiment sur le quitus donné par l'Assemblée générale d'une association à des opérations qui constituent des abus de confiance au préjudice de cette association, ne saurait effacer le caractère délictueux des détournements.* »

2) La restitution, le désintéressement, la solvabilité

Cass. Crim. 19 avril 1967 (B 125) :

« *La restitution opérée postérieurement à la consommation du détournement n'efface pas l'abus de confiance.* »

Cass. Crim. 21 janvier 1976 (B 25) :

« *Le désintéressement de la victime intervenu postérieurement à la consommation du détournement n'efface pas l'abus de confiance.* »

Cass. Crim. 8.11.1982 (B N° 242) :

« *Pour caractériser l'abus de confiance, il n'est pas nécessaire que les juges du fond constatent que le prévenu se trouve dans l'impossibilité de restituer les sommes qu'il a détournées.* »

La solvabilité de l'auteur du détournement ne supprime pas l'infraction.

3) Les mobiles

Si les juges peuvent en tenir compte pour diminuer la peine, la motivation de l'auteur n'efface pas l'infraction.

Tribunal correctionnel de la Seine, 2 novembre 1951. JCP 52. II.6701 : le secrétaire d'un comité d'entreprise avait détourné des fonds du comité pour venir en secours à des grévistes d'une autre entreprise.

B) Les exceptions

Lorsqu'il est poursuivi, l'auteur de l'abus de confiance peut s'efforcer de paralyser l'action publique en soulevant divers moyens : la nullité du contrat, la compensation, la novation.

Si le premier moyen ne supprime jamais l'infraction, il en va différemment des deux autres exceptions.

1) L'exception de nullité

Pour qu'un contrat soit valide, quatre conditions doivent être remplies :

- le consentement de la partie qui s'oblige, ne doit pas être vicié ;
- la capacité de contracter ;
- un objet certain formant la matière de l'engagement ;
- une cause licite.

L'auteur du détournement peut-il invoquer l'absence d'une de ces conditions pour éviter une condamnation ?

Il est de jurisprudence constante que la nullité du contrat ne peut entraîner l'impunité de la personne qui a commis le détournement.

Il est possible, pour une victime peu scrupuleuse du respect des lois, d'invoquer devant un tribunal répressif sa propre turpitude et de se constituer partie civile.

Le détournement est consommé même si le contrat violé est nul quelle que soit la cause invoquée.

Cass. Crim. 20 juin 1984 (B 233) :

« *Le prévenu poursuivi du chef d'abus de confiance qui, ayant reçu des fonds en qualité de mandataire, les a détournés de l'usage qu'il devait en faire, ne saurait, pour échapper tant à sa responsabilité pénale que civile, se prévaloir d'une prétendue illicéité du contrat en vertu duquel il avait reçu lesdits fonds.* »

La Cour d'appel n'était pas tenue de « *de se prononcer sur la prétendue illicéité de la cause du contrat en vertu duquel Corazza avait reçu la somme détournée, dès lors que le prévenu ne pouvait trouver un motif d'impunité dans le vice de la convention qu'il avait violée au détriment de la propriétaire des fonds et que la responsabilité de celui-ci à l'égard de la partie civile résultait, non de l'inexécution de l'obligation contractuelle, mais de la commission de l'infraction.* »

(Dans le même sens : Cass. Crim. 10 mai 90 B N° 179 et Cass. Crim. 16 juillet 92 GP 14 au 16 mars 93 p. 31.)

2) L'exception de compensation

L'article 1289 du Code civil prévoit que « *lorsque deux personnes se trouvent débitrices l'une envers l'autre, il s'opère entre elles une compensation qui éteint les deux dettes, de la manière et dans les cas ci-après exprimés* ».

Pour que la compensation puisse s'effectuer, il faut que les deux dettes aient pour objet une somme d'argent ou une certaine quantité de choses fongibles de la même espèce.

Il faut aussi que les deux dettes soient liquides et exigibles.

Cass. Crim. 30 mai 1972 (B 180) :

« *En matière d'abus de confiance, l'exception de compensation ne, peut être invoquée dès lors que la créance alléguée n'est ni liquide ni exigible. Ne constitue pas un cas de force majeure, la compensation effectuée d'office par une banque, entre les fonds reçus à titre de mandat par le mandataire, et le compte personnel de celui-ci dès lors qu'il lui appartenait de prendre toutes mesures utiles pour que cette compensation ne se produise pas.* » (Voir Cass. Crim. 26 octobre 1992 RTDC N° 493 p. 724.)

En principe, la cause de la dette importe peu pour que la compensation puisse s'effectuer.

Toutefois, dans trois cas l'article 1293 du Code civil prévoit l'impossibilité de compenser.

• *Première exception :* « dans le cas de la demande en restitution d'une chose dont le propriétaire a été injustement dépouillé »

La Cour de cassation à plusieurs reprises a fait application de cette première exception.

Cass. Crim. 3 décembre 1981 (B 322) et Cass. Crim. 11 février 1981 (B 81) :

> « *Le mandataire ne peut compenser les sommes qu'il prétend lui être dues avec celles dont il a injustement dépouillé la victime.* »

Il s'agissait d'un mandataire qui avait reçu pouvoir d'effectuer au nom du mandant des opérations sur ses comptes. Le mandataire avait effectué des prélèvements à son intention sans autorisation du mandant. Il invoquait une compensation entre les sommes détournées et les honoraires que devait lui verser le mandant.

• *Deuxième exception :* « dans le cas de la demande en restitution d'un dépôt et du prêt à usage »

• *Troisième exception :* « dans le cas d'une dette qui a pour cause des aliments déclarés insaisissables »

Ainsi la compensation ne peut être valablement invoquée que si toutes les conditions prévues par le Code civil sont remplies et si l'auteur du détournement ne se trouve pas dans l'une des trois exceptions prévues à l'article 1293 du Code civil.

Il faut enfin que la compensation invoquée soit de nature à supprimer totalement le délit reproché. Si elle ne peut jouer que pour une partie des choses détournées, elle ne supprime pas l'infraction.

3) L'exception de novation

L'article 1271 du Code civil précise :

> « *La novation s'opère de trois manières :*
>
> *1) lorsque le débiteur contracte envers son créancier une nouvelle dette qui est substituée à l'ancienne, laquelle est éteinte ;*
> *2) lorsqu'un nouveau débiteur est substitué à l'ancien qui est déchargé par le créancier ;*
> *3) lorsque, par l'effet d'un nouvel engagement, un nouveau créancier est substitué à l'ancien, envers lequel le débiteur se trouve déchargé.* »

En invoquant la novation comme moyen de défense, le prévenu peut prétendre qu'à sa dette antérieure en a été substituée une nouvelle à la suite d'un accord. Il peut alors invoquer le fait que le titre nouveau en vertu duquel il possède les deniers ou objets reçus ne figurent plus dans la liste légale : de dépositaire il est devenu échangiste ; de locataire il est devenu propriétaire.

Pour être admise, la novation doit répondre à diverses conditions :

• *Première condition :* la novation ne se présume pas ; il faut que la volonté de l'opérer résulte clairement de l'acte (art. 1273 du Code civil).

Toutefois, la preuve de la novation peut être faite par tous moyens. Les juges du fond apprécient souverainement si l'intention de nover résulte ou non des circonstances. Il a été jugé que « *la volonté de nover ne résulte pas de la simple remise de traites par le débiteur à son créancier, dès lors que la remise de ces traites a été un artifice ayant un caractère frauduleux* ». (Cass. Crim. 19 octobre 1977, B N° 309)

• *Seconde condition :* la novation doit intervenir avant la consommation du détournement.

Cass. Crim. 21 décembre 1971 (B N° 363) :

« *La prétendue novation ne saurait produire d'effet alors que le délit d'abus de confiance est déjà consommé* » et Cass. Crim. 19.12.1973 (B N° 474).

D'une manière générale, les juges retirent l'impunité dans peu d'hypothèses. Tous les exemples jurisprudentiels donnés ont un point commun : la Cour de cassation a rejeté tous les pourvois invoquant une des trois exceptions susvisées.

C) Le fait justificatif

Il s'agit d'un fait réservé au salarié. Pour la première fois la Cour de cassation (Cass. Crim. 16 juin 2011 N° 10-85079 Dr. pén. 2011 Comm. 100 obs. M. Véron D 2011 2254 obs. G. Beaussonie) a étendu à l'abus de confiance la jurisprudence existant en matière de vol depuis 2004 (Cass. Crim. 11 mai 2004 N° 03-85521 Bull. Crim. 2004 N° 117) : « *justifie sa décision la Cour d'appel qui relaxe du chef de vol le salarié qui, sans l'autorisation de son employeur a appréhendé ou reproduit des documents de l'entreprise dont il a eu connaissance à l'occasion de ses fonctions, dès lors qu'il se déduit des motifs de l'arrêt que leur production était strictement nécessaire à l'exercice des droits de sa défense dans le litige l'opposant à ce dernier* ».

Dans l'espèce de 2011, le salarié avait transféré sur son ordinateur personnel des documents de l'entreprise pour préparer sa défense dans le cadre d'une instance prud'homale. L'ordonnance de non lieu rendue par le juge d'instruction concernait le vol et l'abus de confiance.

§4. DIVERSES RÈGLES DE DROIT COMMUN

Diverses règles relatives à la tentative, à la complicité et au recel d'abus de confiance doivent être précisées.

A) La tentative

Le détournement doit avoir été consommé. L'article 314-1 du nouveau CP ne réprime pas la tentative. Cette omission s'explique par le fait que le délinquant a déjà la détention de l'objet. Il ne peut être interrompu dans ses actes d'exécution, n'ayant pas à s'emparer de la chose convoitée.

B) La complicité d'abus de confiance

Elle est régie par les règles de droit commun prévu par les articles 121-6 et 121-7 du CP.

A été reconnu comme complice d'abus de confiance, l'avocat qui avait par le canal de son compte professionnel appréhendé des sommes importantes. Pour assurer la clandestinité de l'opération, il avait porté sciemment de fausses imputations sur le compte pour laisser croire que les valeurs acquises avec les fonds d'une société étaient destinées aux mandataires légaux de trois sociétés immobilières alors qu'il les avait remises à l'un d'entre eux sans reçu (Tribunal correctionnel de Paris, 19.03.1974 GP 19.05.1974, p. 377).

La Cour d'appel de Paris s'est également prononcée dans un arrêt sur la complicité d'abus de confiance d'un banquier.

Cour d'appel de Paris 30.06.1977 D 78 325 :

> « *À l'occasion d'une poursuite pour abus de confiance et complicité d'abus de confiance, il ne saurait être contesté que dès lors qu'il reçoit de son client un ordre, le banquier est tenu de l'exécuter et que si, à cette occasion, sa responsabilité pénale ne saurait être engagée, encore faut-il qu'il n'ait pas eu conscience du caractère délictuel des mouvements de fonds enregistrés dans le compte incriminé, qu'en pareil cas, s'il ne prend pas la décision de le clore d'office, il se rend complice de l'auteur de l'infraction, en maintenant à sa disposition l'usage d'un compte, grâce auquel l'infraction se trouve facilitée ou consommée.* »

C) Le recel d'abus de confiance

Il est possible dans les termes de droit commun prévu à l'article 321-1 du CP.

Cour d'appel de Paris 30.06.1977 D 78 325

« *Il ne peut y avoir recel de fonds obtenus à l'aide d'un délit d'abus de confiance, lorsque le droit de disposer des fonds portés en compte n'appartient qu'au titulaire du compte ; il n'en saurait autrement que si, se substituant à ce dernier et en connaissance de leur provenance frauduleuse, le banquier les affectait d'office au crédit d'un compte à découvert et en devenait ainsi l'un des bénéficiaires.* »

Toutefois, il a été jugé que l'auteur de l'abus de confiance ne peut être poursuivi pour recel quand il conserve l'objet du délit.

Cass. Crim. 2.11.1971 (B N° 337) :

« *Un même fait ne peut donner lieu à une double inculpation. Et celui qui a frauduleusement soustrait ou détourné un objet ne peut, en même temps, être inculpé comme receleur du même objet. Les qualifications de vol et d'abus de confiance et celles de recel sont exclusives l'une de l'autre.* »

En matière de prescription : « *le recel du produit d'un abus de confiance ne saurait commencer à se prescrire avant que l'infraction dont il procède soit apparue et ait pu être constatée dans les conditions permettant l'exercice de l'action publique* » (Cass. Crim. 7 mai 2002 N° 02-80797 Bull. Crim. 2002 N° 108).

SECTION III
Divers délits voisins

Diverses infractions proches de l'abus de confiance doivent être signalées : divers détournements et l'organisation frauduleuse de l'insolvabilité. Le nouveau Code pénal n'a pas repris le délit d'abus de blanc-seing dont les faits tomberont désormais sous la qualification de faux en écriture ou d'abus de confiance.

§1. DIVERS DÉTOURNEMENTS

Le législateur a prévu des infractions spécifiques pour les détournements d'objets saisis ou d'objets gagés.

A) Le détournement d'objets saisis

L'article 314-6 du nouveau Code pénal :

« *Le fait, par le saisi, de détruire ou de détourner un objet saisi entre ses mains en garantie des droits d'un créancier et confié à sa garde ou à celle d'un tiers est puni de trois ans d'emprisonnement et de 375 000 € d'amende.*
La tentative de l'infraction prévue au présent article est punie des mêmes peines. »

1) Les éléments constitutifs

– *Condition préalable :* une saisie.

La nature de la saisie importe peu. Les juges ont étendu le domaine d'application de l'infraction en cas de séquestre judiciaire.

– *L'élément matériel :* le détournement ou la destruction de l'objet saisi par le saisi.

Une vente de parts sociales indisponibles est un détournement.

(Cass. Crim. 24 septembre 1997 Juris. Data N° 004484)

– *L'élément moral :* l'intention frauduleuse résulte de la connaissance de la saisie par l'auteur du détournement.

(Cass. Crim. 6 mai 1998 Juris. Data N° 002850)

2) La tentative

Contrairement à l'abus de confiance, la tentative de détournement d'objets saisis est réprimée.

3) La prescription

Le point de départ peut être retardé si la victime est vulnérable (art. 8 du CPP).

B) Le détournement d'objets donnés en gage

L'article 314-5 du Code pénal :

« *Le fait, par un débiteur, un emprunteur ou un tiers donneur de gage, de détruire ou de détourner l'objet constitué en gage est puni de trois ans d'emprisonnement et de 375 000 € d'amende.*
La tentative de l'infraction prévue au présent article est punie des mêmes peines. »

1) *Éléments constitutifs*

– *La condition préalable :* l'existence d'un gage civil ou commercial.

Le contrat de gage se prouve librement s'il est conclu entre deux commerçants. Dans les autres cas, il se prouve selon les règles du Droit civil.

– *L'élément matériel :* le détournement ou la destruction par le propriétaire de l'objet donné en gage.

Cette formulation a soulevé des problèmes d'interprétation jurisprudentielle.

Doit-on appliquer cette infraction au débiteur resté en possession du gage ?

Si le législateur a prévu, en instituant certaines sûretés réelles mobilières, un renvoi aux peines de l'abus de confiance (les warrants pétroliers, industriels, agricoles et hôteliers ; les hypothèques maritimes, sur les avions), comment faut-il considérer les sûretés sans dépossession sur lesquelles le législateur est resté muet ?

Dans cette hypothèse, les juges ont fait application de cette infraction.

Tribunal correctionnel de la Seine 12.10.1955 D 56.259 :

> « *L'article 400 paragraphe 5 punissant le détournement d'objets donnés en gage, s'applique au débiteur resté en possession du gage dans les conditions prévues par la loi du 29 décembre 1934 (décret du 30 septembre 1953) sur le crédit automobile.*
> *La preuve du détournement frauduleux résulte de l'attitude du débiteur de signer la sommation de remettre le gage que lui signifie le créancier gagiste.* »

Il en va de même en cas d'aliénation de titres nantis (circul. ANSA N° 2592, avril 1992, CJ 5.02.92 N° 189) et en cas de non représentation d'une partie du matériel nanti (Cass. Crim. 14 juin 1994 Dr. pénal 94 Comm. 233).

Le paiement postérieur au détournement du gage ne fait pas disparaître le délit (Cass. Crim. 16 mai 2001 N° 00-84780 ; Bull. Crim. 2001 N° 125 ; Dr. pén. 2001 Comm. 127).

– *L'élément moral :* l'intention frauduleuse résulte de la connaissance du gage par l'auteur du détournement.

2) *La tentative*

Elle est réprimée.

§2. L'ORGANISATION FRAUDULEUSE DE L'INSOLVABILITÉ

Il s'agit d'une infraction que l'on retrouvait dans l'ancien Code pénal sous la rubrique banqueroute et escroquerie.

Le nouveau Code pénal l'a insérée de manière judicieuse dans le chapitre intitulé « des détournements ».

L'auteur de cette infraction sera un débiteur ou un dirigeant de droit ou de fait d'une personne morale.

A) Les éléments constitutifs

1) L'élément légal

L'infraction est prévue et réprimée par l'article 314-7 du Code pénal.

2) L'élément matériel

L'auteur a dû organiser ou aggraver son insolvabilité.

Il a pu augmenter son passif ou diminuer l'actif de son patrimoine.

Il a pu diminuer ou dissimuler tout ou partie de ses revenus.

Il a pu également dissimuler certains de ses biens.

3) L'élément moral

L'auteur a dû agir de mauvaise foi avec une intention bien particulière. On parle alors de dol spécial.

S'il est débiteur, il a commis l'infraction « en vue de se soustraire à l'exécution d'une condamnation de nature patrimoniale prononcée par une juridiction répressive ou, en matière délictuelle, quasi délictuelle ou d'aliments, prononcée par une juridiction civile ».

Les décisions ou conventions homologuées portant obligation de verser des prestations, subsides aux contributions aux charges du mariage sont assimilées aux condamnations au paiement d'aliments.

Si l'auteur est dirigeant, il a dû agir en vue de soustraire la personne morale « aux obligations pécuniaires résultant d'une condamnation prononcée en matière pénale, délictuelle ou quasi délictuelle ».

B) Pénalités

Il convient de distinguer celles encourues par les personnes physiques, de celles encourues par les personnes morales.

1) Pénalités encourues par les personnes physiques

– La peine principale est un emprisonnement de trois ans et 45 000 € d'amende.

Le complice peut être tenu solidairement aux obligations pécuniaires dans la limite des fonds ou de la valeur vénale des biens reçus à titre gratuit ou onéreux.

– Les peines complémentaires sont la confiscation (de la chose qui a servi ou était destinée à commettre l'infraction ou de la chose qui en est le produit, à l'exception des objets susceptibles de restitution) et l'affichage ou la diffusion de la décision.

2) Pénalités encourues par les personnes morales

Il s'agit de l'amende (le taux maximum de l'amende est toujours égal au quintuple de celui prévu pour les personnes physiques) et des mêmes peines complémentaires que pour les personnes physiques.

C) Prescription de l'action publique

Le délai est de trois ans mais le point de départ du délai suit une réglementation particulière.

La prescription ne court qu'à compter de la condamnation à l'exécution de laquelle le débiteur a voulu se soustraire. Lorsque le dernier agissement pour organiser ou aggraver l'insolvabilité est postérieur à cette condamnation, le point de départ se situera au jour du dernier agissement.

§3. LA DISPARITION DU DÉLIT D'ABUS DE BLANC-SEING

Le nouveau Code pénal n'a pas conservé cette incrimination.

Les magistrats sanctionnent soit sous la qualification d'abus de confiance, soit sous la qualification de faux.

L'abus de confiance est retenu quand le prévenu est mandaté et opère à cette occasion un détournement. Par exemple, le prévenu qui utilise des chèques en blanc signés par le tireur à son profit au lieu de payer des factures (Cass. Crim 21.09.1994 Dr. pénal 95 Comm. 3).

Le délit de faux est retenu si le prévenu altère la vérité en inscrivant par exemple sur des chèques signés en blanc des sommes supérieures à celles dont il avait été convenu entre les parties (Cass. Crim. 18 mai 1994 Bull. Crim. N° 187 et Dr. pénal 1994 Comm. 205).

CHAPITRE II

L'escroquerie

L'escroquerie s'apparente à l'abus de confiance et au vol en ce sens que l'auteur de ce délit veut s'approprier frauduleusement le bien d'autrui.

L'escroc va se servir de moyens frauduleux pour obtenir la remise volontaire de l'objet convoité.

Si dans l'abus de confiance, la remise de l'objet en vertu d'un contrat est un préalable non délictueux, en revanche, dans l'escroquerie, la remise consomme l'infraction.

C'est l'article 313-1 du Code pénal qui prévoit et réprime cette infraction :

> *« L'escroquerie est le fait, soit par l'usage d'un faux nom ou d'une fausse qualité, soit par l'abus d'une qualité vraie, soit par l'emploi de manœuvres frauduleuses, de tromper une personne physique ou morale et de la déterminer ainsi, à son préjudice ou au préjudice d'un tiers, à remettre des fonds, des valeurs ou un bien quelconque, à fournir un service ou à consentir un acte opérant obligation ou décharge.*
> *L'escroquerie est punie de cinq ans d'emprisonnement et de 375 000 € d'amende. »*

Pour que l'infraction soit consommée, elle doit nécessairement être commencée par l'emploi de moyens frauduleux :

– Section I : le délit commencé
– Section II : le délit consommé

SECTION I
Le délit commencé

L'article 313-1 du Code pénal distingue trois moyens frauduleux qui vont pouvoir commencer l'infraction :

– l'utilisation d'un faux nom ou d'une fausse qualité (§ 1)
– l'abus d'une qualité vraie (§ 2)
– l'emploi de manœuvres frauduleuses (§ 3)

§1. LE MENSONGE UTILISÉ

Le mensonge utilisé par l'escroc doit nécessairement porter sur un faux nom ou une fausse qualité.

S'il est rapporté que la preuve de cette utilisation mensongère a été la cause déterminante de la remise par la victime, l'infraction sera constituée.

A) L'usage d'un faux nom

Il s'agit de l'utilisation d'un autre nom que le sien pour se faire remettre l'objet convoité. Le juge devra indiquer le nom usurpé et s'assurer que l'usage du faux nom a été la cause déterminante de la remise (Cass. Crim. 7 septembre 2011 N° 10-87 586).

Le simple usage d'une autre identité que la sienne peut constituer une infraction spécifique. Ainsi l'article 433-19 du Code pénal réprime celui qui dans un acte public ou authentique ou dans un document administratif destiné à l'autorité publique, utilise un autre nom que celui assigné par l'état civil.

De même sera réprimé par l'article 781 du nouveau CPP, celui qui prend un faux nom pour se faire délivrer un casier judiciaire (7 500 € d'amende).

Lorsque ces infractions spécifiques viennent en concurrence avec l'escroquerie, seule cette dernière sera poursuivie. En raison de la règle du cumul idéal d'infractions (voir *supra*), seule l'infraction la plus sévèrement réprimée doit être poursuivie.

B) L'usage d'une fausse qualité

La qualité d'une personne résulte de son état, de sa profession et de ses titres.

Les juges entendent le terme de fausse qualité de façon restrictive.

1) Le domaine d'application de la fausse qualité

Pour réprimer les fraudes aux allocations, il est possible d'utiliser l'article L. 5413-1 du Code du travail qui prévoit une infraction spécifique : « *le fait d'établir de fausses déclarations ou de fournir de fausses informations pour être inscrit ou demeurer inscrit sur la liste de demandeurs d'emploi mentionnée à l'article L. 5411-1 est puni d'une amende de 3750 €.* »

Pour les punir plus sévèrement, les juges ont tendance à délaisser cette infraction spécifique au profit de l'escroquerie.

Cour d'appel de Paris, du 27 septembre 1978 (D 79, IR 178) :

« *S'est rendu coupable du délit d'escroquerie celui qui, ayant été licencié pour cause économique de l'emploi salarié qu'il occupait, s'est fait inscrire au chômage et alors qu'il avait pris l'engagement d'aviser immédiatement l'ASSEDIC s'il reprenait une activité professionnelle, qu'elle soit salariée ou non et que, dans une déclaration de ressources, il avait certifié sur l'honneur n'avoir aucune ressource autre que ASSEDIC et aide publique, s'est présenté tous les quinze jours au bureau de pointage en se prévalant de la fausse qualité de chômeur et sans jamais révéler à l'autorité qualifiée sa véritable activité de commerçant, exploitant seul et sans aucun contrôle, dans le même temps, en tant que gérant majoritaire d'une société, un restaurant qui lui permettait de pourvoir à son entretien.* »

(Voir également Cass. Crim. 8 avril 99 Dr. pénal 1999 Comm. 126.)

– La fausse qualité de salarié ;

Tribunal correctionnel de Paris du 15.05.1985 (GP 26-27 06 1985 J 12) :

« *Qu'en produisant une créance fictive de congés payés et d'indemnité de licenciement auprès du syndic, A. avait fait sciemment usage d'une fausse qualité de salarié et conduit le GARP à lui verser, sur l'état transmis par le syndic, la somme de 110 000 F, et s'était ainsi rendu coupable d'escroquerie.* »

(Voir également Cass. Crim. 12.12.1988 GP 15 juin 1989, p. 435.)

– Le faux lien de parenté ;

Une femme s'était prétendue la mère d'un soldat disparu pour obtenir des fonds.

Cass. Crim. 10.12.1926 (DH 1927 67) :

« *Prend la fausse qualité prévue à l'article 405 CP et commet le délit d'escroquerie la femme qui, se prétendant faussement mère d'un soldat décédé à la guerre, alors qu'elle savait qu'il était déserteur, se fait remettre, en produisant les pièces nécessaires, l'allocation attribuée aux ascendants des militaires disparus ou décédés.* »

– La fausse qualité de mandataire ;
Cass. Crim. 18.07.1968 (B N° 233) :

« *Si le fait de se prétendre faussement créancier n'est pas une prise de fausse qualité au sens de l'article 405 CP, constitue au contraire une prise de fausse qualité constituant un élément caractéristique du délit d'escroquerie le fait de se prétendre mensongèrement mandataire d'un créancier véritable.* »

– La fausse qualité d'ecclésiastique ;
Tribunal correctionnel de Lisieux 5.09.1979 (JCP 80 II 19308) :

« *L'individu qui, se faisant passer pour un ecclésiastique, obtient ainsi la confiance de certaines personnes, commet une escroquerie ou une tentative de ce délit s'il se fait remettre ou tente de se faire remettre par elle des sommes d'argent en usant de sa qualité usurpée.* »

– La fausse qualité de concessionnaire exclusif ;
Cass. Crim. 4.12.1969 (D 70 114) :

« *Est coupable d'escroquerie le président directeur général d'une société qui dit faussement ladite société concessionnaire exclusive d'une maison de commerce, une telle affirmation constituant une prise de fausse qualité au sens de l'article 405 CP.* »

– La fausse qualité d'infirme ; Cass. Crim. 30 avril 2003 N° 02-86256 Dr. pén. 2003 Comm. 119.

• *L'usage d'une fausse profession*
Cass. Crim. 21 avril 1970 (B N° 136) :

« *Le fait de se dire faussement antiquaire, par conséquent commerçant, constitue une prise de fausse qualité au sens de l'article 405 du Code pénal.* »

Citons également :
– La fausse qualité de conseiller financier, Cass. Crim. 16.03. 87 B N° 124 ; la fausse qualité d'expert (Cass. Crim. 23 janvier 2008 N° 07-81641) ;
– La fausse qualité de chef d'entreprise (Cass. Crim. 8 septembre 2004 N° 03-87369 et Cass. Crim. 19 mai 2005 N° 04-85692) ;
– La fausse qualité de magistrat (Cass. Crim. 11 mars 2009 N° 08-84413) ;
– La fausse qualité de policier (Cass. Crim. 18 novembre 2008 N° 07-88693).

De même, le prévenu qui « *a pris la fausse qualité d'inspecteur Michelin ou d'inspecteur du guide Michelin pour se faire remettre certaines sommes par les hôteliers* » (Cass. Crim. 26 juin 1974 B N° 240) et celui qui a pris la fausse qualité de commerçant (Cass. Crim. 9 mai 90 B N° 175).

• *L'usage d'un faux titre*

Il s'agit de l'usage illicite de titre de Notaire, de Docteur, d'Avocat.

Ce moyen frauduleux est réprimé à l'article 433-17 du Code pénal :

« *L'usage, sans droit, d'un titre attaché à une profession réglementée par l'autorité publique ou d'un diplôme officiel ou d'une qualité dont les conditions d'attribution sont fixées par l'autorité publique est puni d'un an d'emprisonnement et de 15 000 € d'amende.* »

Pour la fausse qualité de médecin voir Cass. Crim. 8.02.1995 D 95 IR 87 et par la fausse qualité d'avocat Cass. Crim. 30 avril 2003 N° 02-83 879.

2) *Le domaine d'exclusion de la fausse qualité*

L'affirmation d'un droit est exclu par la jurisprudence.

– Le droit de propriété ;

Le fait de se prétendre faussement propriétaire n'est pas constitutif d'une fausse qualité.

Cass. Crim. 7 octobre 1969. (D 71.286) :

« *Le fait de se dire faussement propriétaire de tonneaux de vin ne constitue pas une prise de fausse qualité au sens de l'article 405 du Code pénal, l'affirmation d'un droit ne devant pas être* confondu *avec l'usurpation d'une qualité.* »

Ainsi, le simple fait de se dire faussement propriétaire d'un bateau ne constitue pas une prise de fausse qualité (Cass. Crim. 5 octobre 2005 N° 04-85448).

– Le droit de créance ;

Depuis une décision, Cass. Crim. 7 octobre 1969 (B N° 242), les juges refusent de considérer comme l'usage d'une fausse qualité, le fait de se prétendre faussement créancier.

Cass. Crim. 6 octobre 1980 (D 81 IR 141) :

« *Alors en outre, que le fait de se prétendre mensongèrement créancier ne constitue pas une prise de fausse qualité au sens de l'article 405 du Code pénal.* »

§2. L'ABUS DE QUALITÉ VRAIE

Le Code pénal dans son ancienne rédaction n'assimilait pas l'abus de qualité vraie, à la prise d'une fausse qualité.

Toutefois les magistrats réprimaient ceux qui profitaient d'une qualité qui inspire confiance au titre des manœuvres frauduleuses. Désormais, l'abus de qualité vraie est un moyen frauduleux au même titre que les autres.

A été considéré comme abusant de sa qualité de mandataire l'agent immobilier qui « *ayant reçu mandat de vendre un immeuble, fait signer à son client une promesse de vente à un prix donné, sans préciser le nom de l'acheteur, puis, à l'insu de son client, revend l'immeuble pour son compte personnel à un prix supérieur à celui fixé par son mandant, et conserve pour lui à la fois une commission qui, dans ces circonstances, est indue, et la différence entre le prix payé par l'acheteur et celui consenti par le vendeur, différence qui aurait dû revenir au vendeur, client et mandant de l'agent immobilier lequel n'a pu s'approprier cette somme qu'en dissimulant sa qualité de contrepartiste* » (Cass. Crim. 27 mars 1973, B N° 151 et Cass. Crim. 18 juillet 1985, B N° 273).

De même, a été considéré comme abusant de sa qualité vraie de mandataire, le directeur comptable des établissements Dassault (Vathaire) qui avait obtenu du directeur de l'agence bancaire de M. Dassault une entrevue urgente. Au cours de celle-ci, il lui avait précisé qu'il était chargé d'effectuer un retrait dans le plus grand secret de 8 millions de francs sur le compte personnel de Marcel Dassault. Le directeur d'agence savait que Vathaire avait une procuration et lui remit les fonds en billets de banque.

Cass. Crim. 23 mars 1978 (D.79 319) :

> « *Les juges relèvent que le prévenu s'est fait remettre des fonds retirés du compte de Dassault, à l'insu de ce dernier en abusant de sa qualité de mandataire.* »

Dans un arrêt rendu par la chambre criminelle de la Cour de cassation en date du 6 avril 1993 (GP 8 et 9 septembre 93 chro. p. 12) a été retenu l'abus de la qualité vraie d'avocat. Ce dernier avait fait pression auprès de la victime d'agissements délictueux imputés à ses clients pour la persuader de se désister.

A été également sanctionné l'avocat qui s'est fait remettre de l'argent en affirmant faussement à sa victime qu'il fallait corrompre un administrateur judiciaire pour obtenir de la juridiction commerciale des décisions favorables (Cass. Crim. 30 juin 99 D 99 IR 224).

Un directeur de maison de soins a été condamné pour avoir escroqué la Caisse primaire d'assurance maladie. Il avait abusé de sa qualité vraie de directeur d'établissement (Cass. Crim. 21 mars 1996 Dr. pénal 96 Comm. 155).

Un notaire a été également sanctionné (Cass. Crim. 11 mars 2009 N° 08-83401).

§3. LES MANŒUVRES FRAUDULEUSES EMPLOYÉES

En l'absence des moyens frauduleux susvisés, les juges doivent constater l'existence de manœuvres.

Le nouveau Code pénal n'indique plus les buts vers lesquels doit tendre l'escroc. Il simplifie en précisant que ces manœuvres doivent tromper la victime. Cette dernière peut être une personne physique ou morale.

On retrouvera probablement les mêmes interprétations qu'auparavant. Mais les magistrats disposeront d'une plus grande souplesse d'action.

A) La tromperie porte sur une fausse entreprise

1) La définition

– Le terme *entreprise* est entendu au sens large. Il englobe toutes les affaires commerciales, financières, industrielles, mais aussi la « mise à exécution d'un dessein frauduleux préalablement conçu », CA Paris 20.12.1988 (GP 1989 du 21 mars, p. 230).

– L'adjectif *fausse* est interprété par les juges de deux façons.

a) Première hypothèse : l'entreprise totalement fictive

Il s'agit d'une entreprise créée uniquement pour commettre ce type d'infractions.

Deux exemples classiques peuvent être donnés :

• Premier exemple : « le carambouillage »

Il consiste dans le fait de revendre une marchandise sans l'avoir achetée.

Chronologiquement, les faits sont les suivants : il y a ouverture d'un fonds dont le propriétaire achète à crédit les marchandises. Il les revend immédiatement, fut-ce à perte ; le produit lui permet de faire d'autres achats accompagnés soit de lettres de change, soit de billets à ordre. Lorsque les diverses reventes ont procuré suffisamment de sommes liquides, l'escroc disparaît laissant les traites impayées à l'échéance (CC 14.03.79 B N° 106 ; Cass. Crim. 18 novembre 2009 N° 09-81612).

• Second exemple : les sociétés « taxis »

Il s'agit d'entreprises fictivement créées qui, par un circuit de fausses facturations, obtiennent un crédit d'impôts pour les prétendues sommes versées au titre de la TVA. Cass. Crim. 13 octobre 1971 (B N° 261) et Cass. Crim. 13 mars 1995 RJDA 7/95 N° 927 :

« *La passation en comptabilité de fausses factures d'achat destinées, par imputation d'un crédit de TVA fictif, à réduire le montant de la TVA à payer, est constitutif d'escroquerie. Le fait pour l'animateur d'une officine de fausse facturation de fournir en connaissance de cause de telles pièces comptables constitue un cas de complicité d'escroquerie par aide, assistance et fourniture de moyens.* »

Il peut s'agir également d'individus se référant à une société faussement indiquée comme inscrite au registre du commerce (Cass. Crim. 5 janvier 2010 N° 09-83693).

b) Seconde hypothèse : l'entreprise devient fictive

Il s'agit d'une société qui a réellement existé, mais qui est détournée de son but.

Son caractère fictif est dû soit à l'utilisation de moyens frauduleux, soit à l'existence de circonstances fausses.

- *Les moyens frauduleux*

« *Est une fausse entreprise, la société qui, bien qu'ayant une existence apparente, ne poursuit ses opérations que par des moyens frauduleux.* »

Cette formulation a été reprise par les juges dans bien des hypothèses.

Citons quelques exemples. A été considéré comme frauduleux, le fait pour une entreprise en état de cessation des paiements (24 protêts), qui continuait à acheter des marchandises à crédit pour les revendre au comptant et à perte.

Cass. Crim. 2 février 1972 (B N° 41) :

« *Qu'une entreprise de façade dont la prolongation constituait en soi une manœuvre frauduleuse de ses dirigeants à l'égard d'éventuels fournisseurs.* »

A été considéré comme moyen frauduleux, le fait par une entreprise d'agir « *sans fonds propres, n'assurant sa trésorerie qu'à l'aide d'expédients, sans personnel stable et qualifié* » (Cass. Crim. 22 avril 1977, B N° 131).

Également, une SARL dont le capital n'avait pas été libéré par les associés avec leurs fonds mais uniquement avec le produit d'un emprunt, qui était dépourvue de capitaux propres et grevée de frais généraux très importants, notamment du fait de la publicité qu'elle entretenait et des rémunérations excessives prélevées par ses dirigeants.

Cass. Crim. 9.01.1978 (B N° 10) :

« *Ainsi Hébert était le créateur d'une fausse entreprise dont l'activité ne s'est exercée que par l'emploi de moyens frauduleux et notamment par la constitution d'une société de façade.* »

A été considéré comme moyen frauduleux le fait pour des dirigeants d'une association à but humanitaire d'en modifier l'objet. L'entreprise est devenue fictive quand elle a eu pour but principal la remise de fonds aux dirigeants de l'association, au préjudice des donateurs (CA Paris 29 mai 1995 Dr. pénal 95 Comm. 251).

- *L'existence de circonstances fausses*

Cass. Crim. 25 juillet 1978 (B N° 243) :

« *Est fausse entreprise, au sens de l'article 405 du Code pénal, non seulement celle qui est entièrement fausse, mais encore celle qui, ayant quelque réalité sur certains points, présente dans d'autres des parties essentielles qui la composent, des circonstances entièrement fausses.* »

Il s'agissait de quatre individus se disant dirigeants d'une société (Makai Corporation) qui avaient passé une commande de billets d'avion à une agence de voyages.

« *Attendu que pour déclarer Guyot coupable d'escroquerie, les juges du fond énoncent que la soi-disant société Makai, qui ne s'était procuré des fonds que par des moyens frauduleux, n'avait en France aucune existence légale, ni aucune activité ; qu'il en était de même à l'étranger, où son siège social était inconnu ; et qu'ayant fait état de cette entreprise de façade, le demandeur s'était livré à des manœuvres qui avaient été déterminantes de la remise des fonds.* »

2) La nature de cette manœuvre

Les juges retiennent divers aspects pris par ces manœuvres :
– l'utilisation de tiers ;
– l'utilisation de mise en scène.
Il s'agit des deux hypothèses les plus courantes.

a) L'utilisation des tiers

L'escroc va faire intervenir un personnage en vue de persuader la victime de lui remettre l'objet du délit.

Il importe peu que ce tiers soit de bonne ou de mauvaise foi.

(Exemple pour un tiers de bonne foi : Cass. Crim. 21 février 1996 Dr. pénal 96 Comm. 156.)

Il peut s'agir soit d'une personne réelle, soit d'une personne fictive, soit de plusieurs personnes.

• L'intervenant est une personne réelle
Cass. Crim. 9 novembre 1977 (B N° 344) :

« *Constitue une manœuvre frauduleuse caractérisant le délit d'escroquerie l'intervention d'un tiers, vendeur de matériel qui, par la remise d'une facture pro-forma à un acheteur éventuel, confirme la sincérité de conditions de marché qu'il sait cependant être inexactes ou même imaginaires et qui, donnant ainsi l'apparence de la vérité aux allégations mensongères de l'acheteur auprès d'une société de crédit dont il sollicite un prêt pour financer l'achat du matériel, persuade cette société de l'existence d'une entreprise au moins pour partie fausse.* »

• L'intervenant est un tiers imaginaire
Cass. Crim. 25 juillet 1972 (B N° 256) :

« *Constituent des manœuvres frauduleuses au sens de l'article 405 du Code pénal, le fait par un individu, en l'espèce un agent d'affaires, de tromper des clients grâce à une communication téléphonique tenue avec un tiers, en présence de ces clients, mais dans des conditions d'écoute telles, que les clients ne pouvant entendre que les questions posées par l'agent d'affaires, mais non les réponses faites par le tiers, l'agent d'affaires a pu, sans risque de démenti, dénaturer le sens des réponses que ses questions avaient reçues et persuader ainsi ses clients de l'existence d'une fausse entreprise.* »

• L'action de plusieurs intervenants
Cass. Crim. 23 novembre 1977 (B N° 367) :

« *Tel est le cas de l'intervention combinée et l'ensemble des actes de plusieurs personnes, agissant dans le dessein commun de persuader l'existence d'une fausse entreprise philanthropique.* »

b) L'utilisation d'une mise en scène

A été considérée comme mise en scène, l'organisation d'une publicité.

Il faut que le procédé de diffusion constitue une véritable mise en scène destinée à donner force et crédit au mensonge.

Cass. Crim. 3 juillet 1975 (B N° 179) :

« *Se rend coupable d'escroquerie l'individu qui crée des sociétés fictives ou partiellement fausses et qui, pour persuader les tiers d'acquérir des droits d'entrée, dits de franchise, recourt à une publicité intensive et mensongère, destinée à les convaincre de la réalité et de la prospérité de ces sociétés.* »

De même dans l'affaire de la Garantie foncière.
Cass. Crim. 5 juin 1975 (B N° 146) :

« *Les juges qui ont constaté qu'une organisation publicitaire utilisée par des dirigeants de sociétés faisant appel au public était une mise en scène tendant à persuader les détenteurs de capitaux de l'existence d'une fausse entreprise et d'un crédit imaginaire, ont, à bon droit, retenu ce fait comme constituant une manœuvre frauduleuse d'escroquerie au sens de l'article 405 du Code pénal ; dès lors, la qualification de publicité mensongère prévue par la loi du 2 juillet 1963, puis par la loi du 27 décembre 1973, était inapplicable.* »

A été également jugé comme mise en scène, le fait d'utiliser des documents d'apparence commerciale.
Cass. Crim. 20 février 1974 (B N° 76) :

« *Constitue une mise en scène qui caractérise une manœuvre frauduleuse au sens de l'article 405 du Code pénal, le fait pour un individu d'utiliser des documents d'apparence commerciale qui, contenant des allégations fallacieuses ont persuadé la victime que cet individu avait une entreprise importante alors qu'en réalité, il s'agissait d'une affaire de très petite envergure et ont ainsi déterminé son cocontractant à lui faire remettre des fonds en paiement de matériel que l'escroc était incapable de fournir.* »

Ont été considérés comme mise en scène, divers agissements délictueux visant à persuader l'existence de fausses entreprises charitables.
Cass. Crim. 10 juillet 1968 (D 69.50) :

« *Se rend coupable d'escroquerie le commerçant qui, pour faire croire que les produits vendus sont fabriqués par des aveugles et vendus à leur bénéfice, utilise des tracts publicitaires et remet à ses courtiers des cartes de délégués, de nature à tromper les acheteurs éventuels.* »

B) La tromperie porte sur un pouvoir ou un crédit imaginaire

1) La définition

a) Le pouvoir imaginaire

Il recouvre des situations variées ; l'individu qui exploite les croyances superstitieuses, celui qui prétend obtenir les faveurs d'un tribunal, d'une autorité administrative, celui qui use d'une situation de puissance, d'une autorité contraire à la réalité.

b) Le crédit imaginaire

Il s'agit de manœuvres tendant à persuader la victime d'une situation pécuniaire ou d'une solvabilité contraire à la réalité.
Cass. Crim. 9 avril 1973 (B N° 184) :

« *Il n'est pas nécessaire que le crédit de l'existence duquel on a persuadé ou tenté de persuader la victime, soit entièrement imaginaire pour que le délit d'escroquerie soit caractérisé.* »

Cass. Crim. 1er juin 2011 N° 10-83568 :

« *Attendu que pour déclarer M. X coupable d'escroqueries, l'arrêt retient que celui-ci a fait ouvrir le compte (et s'est fait délivrer un chéquier) pour créer l'illusion de moyens financiers qu'il ne possédait pas et qu'il n'avait pour but que de tromper les commerçants en vue d'obtenir la remise de biens.* »

Il existe de nombreuses applications jurisprudentielles.

2) La nature de cette manœuvre

Les juges ont retenu principalement trois modalités différentes :
– la mise en scène,
– la production de documents mensongers,
– l'intervention de tiers.

a) La mise en scène

Les juges la définissent comme « *une machination* », *c'est-à-dire la combinaison de faits, l'arrangement de stratagèmes, l'organisation de ruses, en un mot une mise en scène ayant pour but de donner crédit au mensonge* ». (Cass. Crim. 25 mai 1977, B N° 191)

• Exemples de mise en scène tendant à persuader l'existence d'un *pouvoir imaginaire*.
– l'exploitation de croyances surnaturelles
Cass. Crim. 17 février 1970 (B N° 67) :

« *Constituent des manœuvres frauduleuses au sens de l'article 405 du Code pénal, les agissements concertés de deux époux qui, en utilisant des pratiques de chiromancie, de cartomancie et d'astrologie et en corroborant par leurs propos respectifs des mensonges toujours renouvelés, organisent une mise en scène destinée à faire croire faussement à leur victime qu'en leur remettant de l'argent elle viendra en aide à une personne chère ayant besoin de secours.* »

Cass. Crim. 27 février 1984 (D.84 IR 267) :

« *Se rend coupable d'escroquerie, la personne qui, pour obtenir la remise d'importantes sommes d'argent et d'objets de valeur, se livre à des manœuvres frauduleuses, en particulier exorcisme sur photographies, sur objet appartenant aux victimes, et aspersion d'eau bénite, soit une mise en scène destinée à persuader l'existence d'un pouvoir de guérison et de désenvoûtement totalement imaginaire, cette personne ayant toujours reconnu ne posséder aucun pouvoir de clairvoyance, désenvoûtement ou guérison.* »

– le fait de s'attribuer un pouvoir officiel en réalité imaginaire
Cass. Crim. 18 juin 1974 (B N° 222) :

« *Est constitutive de manœuvres frauduleuses au sens de l'article 405 du Code pénal, la mise en scène réalisée par un agent de recouvrement pour persuader les débiteurs de ses clients qu'il dispose d'un pouvoir officiel, en réalité imaginaire, et pour obtenir ainsi d'eux, grâce à ce stratagème, le versement de sommes d'argent.* »

A été considéré également comme une mise en scène, le fait de dissimuler « *une partie de l'acte qui contenait pour l'acheteur l'obligation de verser une importante partie du prix comptant, alors qu'avait été promis un long crédit pour la totalité* » (C.C. 18 juillet 1968 B N° 233).

• Exemples de mise en scène tendant à persuader la victime de l'existence d'un *crédit imaginaire*
Cass. Crim. 9 mai 1973 (B N° 213) :

« *Se rend coupable d'escroquerie le commerçant qui, ayant des difficultés financières, passe une commande de marchandises en indiquant la domiciliation d'une personne solvable et obtient la livraison de ces marchandises, le vendeur ayant reçu des renseignements bancaires favorables sur le compte de ce tiers, puis, lors de la création des traites, fait changer, avec le concours du représentant du vendeur, mais contrairement aux instructions de ce dernier, le nom du tiré et la domiciliation, de sorte que les traites établies sur une entreprise inexistante demeurent impayées.* »

Cass. Crim. 20 juin 1974 (B N° 233) :

« *La présentation, pour obtenir la remise de marchandises, de chèques tirés sur un compte soldé par un individu qui, ancien titulaire d'une procuration, n'a aucun droit sur les formules qu'il continue d'utiliser et qui n'ont plus que l'apparence de chèques, constitue une mise en scène en vue de persuader la victime d'un crédit imaginaire au sens de l'article 405 du Code pénal.* »

Cass. Crim. 14 novembre 2007 N° 07-83208 ; Bull. Crim N° 280, Dr. pén. 2008 Comm. 33 :

« *Constituent une mise en scène des demandes de paiement de crédits indus de TVA.* »

Voir dans le même sens Cass. Crim. 6 avril 2011 N° 10-85209. AJ pénal 2011 367 obs. J. Lasserre Capdeville :

« *attendu que constituent les manœuvres frauduleuses caractérisant le délit d'escroquerie des demandes de paiement de crédits indus de TVA justifiées par des déclarations mensuelles de chiffre d'affaires indiquant un montant fictif de taxe déductible sous le couvert d'une comptabilité inexacte...* ».

b) La production de documents mensongers

Ne peut être considéré comme une manœuvre, le document mensonger émanant de la main de l'escroc.

Hormis le cas du faux nom et de la fausse qualité, le mensonge seul ne suffit pas à commencer l'infraction.

Cass. Crim. 11 février 1976 N° 75-91806 (B N° 54) :

« *Dès lors, un simple mensonge, même produit par écrit, ne constitue pas une manœuvre frauduleuse au sens de l'article 405, lorsqu'il n'est appuyé par aucun fait extérieur destiné à lui donner force et crédit.* »

Aussi, faut-il déterminer les faits extérieurs reconnus comme tels par les juges et ceux qui sont refusés par eux.

- Les faits extérieurs acceptés :

– l'existence de documents établis ou attestés par un tiers

Cass. Crim. 14 mars 1979 (B N° 107) :

« *Constitue une manœuvre frauduleuse au sens de l'article 405 du Code pénal, la production à l'appui d'allégations mensongères, d'un document délivré par une administration publique tendant à faire croire à l'existence d'un crédit imaginaire.* »

Cass. Crim. 14 novembre 1979 (B N° 321) :

« *Constitue une tentative d'escroquerie, le fait pour un individu de présenter en justice un document émanant d'un tiers dont la bonne foi a été surprise, en l'espèce un constat d'huissier qui sans être intrinsèquement mensonger, ne faisait que relater une mise en scène et qui, destinée à tromper la religion du juge, était susceptible, si la machination n'avait pas été déjouée, de faire rendre une décision de nature à préjudicier aux intérêts de l'autre partie.* »

Cass. Crim. 19 décembre 1979 (B N° 370) :

« *Constitue une manœuvre frauduleuse de nature à persuader l'existence d'un crédit imaginaire, la remise à l'assureur de certificats établis par des médecins, même de bonne foi, abusés par des mensonges auxquels ils ont donné force et crédit en constatant des affections simulées.* »

Cass. Crim. 20 mai 2009 N° 08-87280 Dr. pén. 2009 Comm. 124 sanctionnant un infirmier ayant rempli de fausses feuilles de soins :

« *Ces feuilles de soins, dont la teneur était corroborée par un acte extérieur, la signature des patients, ne constituent pas de simples mensonges mais des manœuvres frauduleuses.* »

A été en revanche cassé, l'arrêt ayant condamné en masseur-kinésithérapeute ayant appliqué sur les feuilles de soins une cotation supérieure à celle prévue par la nomenclature, faute d'éléments extérieurs (Cass. Crim. 24 septembre 1998 N° 97-81748 Bull. Crim. 98 N° 236).

– la production de bilan volontairement falsifié

Cass. Crim. 16 mars 1970 N° 68-90266 (B N° 107) et Cass. Crim. 8 novembre 1976 (B N° 317) :

« *Si de simples mensonges ne peuvent caractériser les manœuvres frauduleuses constitutives de l'escroquerie, il en est autrement lorsqu'à ces mensonges se joint un fait extérieur leur donnant créance. Il en est ainsi de la production d'un bilan volontairement falsifié.* »

Cass. Crim. 17 décembre 1974 (B N° 371) :

« *Constitue des manœuvres frauduleuses caractérisant le délit d'escroquerie le fait par un directeur de société coopérative agricole de présenter à une banque, pour obtenir des prêts, des bilans établis à partir d'une comptabilité falsifiée et qui font ressortir une situation prospère alors qu'en réalité ces bilans, s'ils avaient été sincères, auraient été déficitaires.* » (Dans le même sens Cass. Crim. 18.01.1988 D 88 IR 68 et Cass. Crim. 9 août 1989 N° 88-82521 Rev. soc. 90 p. 63 obs. B Bouloc.)

– l'utilisation d'un procédé électronique

Cass. Crim. 16 mars 1976 (B N° 97) :

« *Constitue une manœuvre frauduleuse au sens de l'article 405 du Code pénal, la présentation d'écrits mensongers de nature à persuader l'existence d'un crédit imaginaire, dès lors que ces écrits émanent de l'utilisation d'un procédé électronique de calcul et de gestion leur donnant force et crédit.* »

– l'utilisation d'une carte de crédit volée
Rennes 26 janvier 1981 (D.82 IR 500) :

« *Le fait, pour une personne, de tenter de se procurer du numéraire en introduisant dans un distributeur automatique de billets une carte dont elle n'était pas titulaire, même si elle n'y parvient pas, est constitutif des manœuvres caractérisant le délit d'escroquerie.* »

– dans le cadre d'un contrat d'affacturage
Cass. Crim. 3 juin 1985 (B N° 211) :

« *Constitue la manœuvre frauduleuse de l'escroquerie dans le cadre d'un contrat d'affacturage, la transmission par l'adhérent au factor de quittances subrogatives certifiant que les créances, dont cet adhérent affirmait disposer sur des tiers et dont il sollicitait conformément au contrat conclu le paiement immédiat auprès du factor, étaient engendrées par des livraisons de marchandises de sa fabrication, bien que celles-ci n'aient pas été effectuées, lorsque les quittances subrogatives ont été accompagnées du double des factures prétendument adressées par ledit adhérent à ses clients.* »

– dans le cadre d'une cession de créances
Cass. Crim. 22.02.93 RTDC 94 N° 1 p. 131 et GP 18 au 20 juillet 93 Chro. p. 10 :

« *Que, dès lors, selon les juges, en inscrivant sur les bordereaux de cession remis à la banque Paribas des créances qui étaient sorties du patrimoine de la société Sodemecane, soit qu'elles eussent déjà été réglées, soit que leur provision eût été transférée à un autre établissement financier, les responsables de Sodemecane ont procédé à la production de titres inexacts, ce qui constitue, non de simples mensonges écrits, mais de « véritables manœuvres frauduleuses », au sens de l'art. 405 C. pén.* »

(Voir dans le même sens Cass. Crim. 6.04.1994 D 94 IR 154.)

– le tirage de traites sur un tiré fictif
Cass. Crim. 5 octobre 1977 (B N° 290) :

« *Que notamment les traites portant désignation comme tiré, d'une fausse entreprise, ne constituent pas de simples mensonges écrits, mais des manœuvres frauduleuses destinées à persuader l'existence d'un crédit imaginaire.* »

– La présentation de fausses factures

Cass. Crim. 12 septembre 2006 (N° 05-87609 Dr. pén. 2006 Comm. 157 obs. M. Véron) :

« *La présentation de fausses factures pour obtenir indûment une garantie constitue une manœuvre frauduleuse et non pas un simple mensonge écrit.* »

Cette présentation de fausses factures n'est pas toujours retenue comme constitutive de manœuvres. Un individu fournissait des bouteilles de gaz à une société. Dans les factures, il majorait la quantité livrée sachant que le paiement était assuré par la secrétaire sans aucune vérification. La Cour de cassation a cassé l'arrêt de la Cour d'appel de Caen en précisant que « *le fait pour un commerçant d'envoyer une facture pour demander le paiement d'une somme, en réalité non due en tout ou en partie ne constitue qu'un mensonge écrit* » (Cass. Crim. 30 avril 2003 N° 02-84505).

Analysons d'autres mensonges refusés.

• Les faits refusés :

Lorsque le document mensonger a été forgé par l'escroc et qu'il n'existe aucun fait extérieur, les juges refusent de caractériser cette situation de manœuvres frauduleuses.

Cass. Crim. 6 décembre 1972 (B N° 381, p. 217) :

« *Encourt la cassation, l'arrêt qui, pour condamner un prévenu pour escroquerie, se borne à énoncer que l'envoi à une caisse de Sécurité sociale de fausses attestations fabriquées par ce prévenu à son bénéficie en vue d'obtenir des prestations indues, constitue les manœuvres frauduleuses destinées à persuader cet organisme d'un crédit imaginaire sans constater que l'emploi de ces fausses attestations a été accompagné de faits extérieurs, d'actes matériels, d'une mise en scène ou d'une intervention de tiers propres à leur donner force et crédit. Les agissements relevés par l'arrêt constituent en réalité le délit prévu et réprimé par l'article L. 409 du Code de la Sécurité sociale.* »

Cass. Crim. 9 avril 1973 (B N° 184) :

« *Ainsi, le fait de produire à l'appui d'une demande en justice un état dressé par le demandeur lui-même, et énumérant des dettes qu'il prétend avoir payées pour le compte du défendeur, ne saurait, même si cet état est mensonger, caractériser à lui seul le délit d'escroquerie. Il n'en serait autrement que si l'arrêt relevait des manœuvres destinées à imprimer force et crédit à cet état et ainsi à tromper le juge ou la partie adverse.* »

Le fait de dissimuler l'existence de créances avec nantissement sur les parts sociales n'a pas été jugé comme manœuvre, mais simples « *allégations mensongères qui, à elles seules et bien que formulées par écrit, ne peuvent constituer des manœuvres frauduleuses* ». (Cass. Crim. 11.02.1976, D. 76 295)

Cass. Crim. 3 novembre 1983 (JCP 84. IV. p. 10) :

« *Le tirage direct d'une lettre de change sur une banque pour la mobilisation d'une créance sur l'étranger avec nantissement au profit du porteur, lorsque l'allonge qui l'accompagne comporte des mentions erronées ou fallacieuses, ne peut, à lui seul, caractériser la manœuvre frauduleuse constitutive d'une escroquerie, dès lors qu'aucun tiers n'intervient, que toutes les mentions de l'effet de commerce comme de son allonge, émanent du créancier supposé et que les seules signatures y figurant sont celles du banquier qui avance les fonds et du prétendu créancier installé en France, sans qu'il soit porté aucune acceptation du tiré vivant à l'étranger.* »

Les magistrats n'ont pas retenu dans les liens de la prévention un individu ayant émis délibérément 23 chèques sans provision : « *la constatation d'allégations mensongères qui, bien que formulées par écrit et de façon réitérée, ne peuvent constituer des manœuvres frauduleuses* » (Cass. Crim. 1er juin 2005 N° 04-87757 Bull. Crim. N° 167 Dr. pén. 2005 Comm. 147 et RTD Com. 2006 224 obs. B Bouloc). Nous avons vu dans un arrêt récent (Cass. Crim. 1er juin 2011 N° 10-83568) que l'ouverture d'un compte ayant pour seul but de se faire délivrer un chèquier destiné à créer l'apparence d'une solvabilité a été sanctionnée. Le recours à la notion de « stratagème » par les magistrats paraît inadapté. Il n'y avait pas eu une succession d'actes importants pour mettre la victime (les commerçants) en confiance (voir la chronique de J. Lasserre Capdeville « escroquerie par stratagème » D 2011 2008).

Il faut des circonstances extérieures (Cass. Crim. 26 mars 1974 N° 73-90584 Bull. Crim. N° 129 ; Cass. Crim. 25 septembre 1997 N° 97-80810).

Voir La chronique de M.P. Lucas de Leyssac (D 81. 17) « L'escroquerie par simple mensonge ».

c) L'intervention d'un tiers

– La remise à l'escompte d'un billet à ordre ou d'une lettre de change

• Pour un billet à ordre.

Cass. Crim. 29 novembre 1982 (D 83 IR 143) :

« La remise à l'escompte d'un billet à ordre accepté par le tiré et avalisé par un tiers, assortie de la production d'une reconnaissance de dette antidatée et souscrite par le signataire du billet pour une dette fictive, caractérise l'ensemble des éléments tant matériels qu'intentionnels de l'escroquerie. »

• Pour une lettre de change.

La mise en circulation d'effets de complaisance est dans certaines conditions constitutives d'escroquerie.

L'effet de complaisance n'est pas en lui-même délictueux. Il s'agit pour une personne en difficulté de demander à un « ami » de l'autoriser à tirer sur lui une lettre de change bien qu'il ne soit titulaire à son égard, d'aucune créance.

Si le tirage se renouvelle et si, avant l'échéance, l'effet est retiré pour être remplacé par un autre effet de même montant, ou d'un montant majoré, les effets se chevauchent les uns les autres, on parle de traites de cavalerie.

Pour que le délit d'escroquerie soit constitué, il faut une circonstance accréditant aux yeux de la victime le document mensonger. Il peut s'agir de la prise de fausse qualité mais, plus souvent, il y a intervention d'un tiers (un tiré accepteur, un donneur d'aval).

Cass. Crim. 9 mai 1979 (B N° 168) :

« Constitue le délit d'escroquerie, la présentation à l'escompte d'une traite fictive, obtenue grâce au concert frauduleux ayant existé entre le tireur et un prétendu débiteur insolvable. »

– L'échange de chèques

Il a été jugé que constitue une manœuvre frauduleuse (Cass. Crim. 9 octobre 1974. B N° 285) :

« L'échange entre deux individus d'une série de chèques sans provision qui, se créditant apparemment les uns les autres, à la date calculée de leurs remises réciproques, permet à l'un des émetteurs d'obtenir de sa banque des sommes indues. »

– La remise d'une facture pro-forma majorée

La Cour de cassation déclare que « *constitue une manœuvre frauduleuse, l'intervention d'un tiers, garagiste, qui certifie, par la remise d'une facture pro-forma à un acheteur éventuel, un prix de vente de véhicule supérieur au prix réellement convenu et permet ainsi à l'acheteur d'obtenir d'une société de crédit, un prêt supérieur à celui qu'il aurait obtenu en indiquant le prix exact du véhicule* » (Cass. Crim. 24 février 1970, GP 1970, 20-23 juin).

– Le faux témoignage d'un tiers
Cass. Crim. 14 juin 1977 (B N° 215) :

« *Attendu qu'il résulte de l'arrêt attaqué que Plaisance a été poursuivi devant la juridiction correctionnelle, sous la prévention d'avoir, à Antibes, le 7 août 1972, en employant des manœuvres frauduleuses pour persuader l'existence d'un crédit imaginaire, notamment en faisant à son assureur une fausse déclaration d'accident confirmée par la déclaration d'un tiers, tenté de se faire remettre la somme de 76 200 F par la compagnie d'assurances L'Abeille, et avoir ainsi tenté d'escroquer partie de la fortune de ladite compagnie d'assurances.* »

Le tiers peut être de bonne foi (Cass. Crim. 18.01.88 B N° 22, CA Douai 14.12.1989 D 91 SOM 63).

C) La tromperie porte sur des promesses

1) La définition

L'escroc abuse de la crédulité de sa victime. Il s'agit de promesses qu'il est décidé à ne pas honorer.

Ainsi, les escroqueries à la construction et au logement reposent sur l'espoir chimérique de faire obtenir au souscripteur une maison, un appartement pour se loger.

2) La nature de cette manœuvre

Les juges ont retenu divers aspects pris par ces manœuvres :
- la mise en scène,
- l'utilisation de documents mensongers,
- l'intervention de tiers.

a) La mise en scène

A été considéré comme une mise en scène, le fait de modifier l'étiquetage dans un magasin pour y faire apparaître un prix inférieur à celui fixé.

Cass. Crim. 9 mars 1983 (D 1984. 209) :

« *Caractérise l'existence de telles manœuvres, les juges qui relèvent que le prévenu a été interpellé dans un supermarché au moment où il présentait à la caisse pour paiement des marchandises dont il avait modifié l'étiquetage pour y faire apparaître un prix inférieur que celui réellement fixé, manège qui avait été observé par un témoin.* »

Les juges ont tendance à qualifier plutôt de vol le fait par un individu de modifier non l'étiquetage mais le contenu d'un produit.

Le fait dans une escroquerie au mariage de publier une annonce contenant une promesse fallacieuse de vie commune accompagnée de diverses sorties, de l'interdiction de voir ses proches... (Cass. Crim. 28 mars 96 Dr. pénal 96 Comm. 183).

b) La production de documents mensongers

Cass. Crim. 7 mai 1974 (B N° 160) :

« *L'ambiguïté volontaire d'une publicité intensive qui fait naître l'espérance d'un événement chimérique constitue une manœuvre frauduleuse au sens de l'article 405 du Code pénal.* »

Cass. Crim. 18.01.1988 B N° 22 :

« *constitue une escroquerie de la part d'un gérant de société le fait de céder à un tiers les parts sociales de l'un des associés, en obtenant de ce tiers son adhésion à cet achat, à l'aide de faux bilans sociaux certifiés exacts par un expert.* »

c) L'intervention d'un tiers

Cass. Crim. 19 mai 1971 (B N° 165) :

« *Les manipulations de cartes auxquelles a recours un tricheur pour supprimer l'aléa dans un jeu de cartes constituent des manœuvres frauduleuses au sens de l'article 405 du Code pénal.* »

SECTION II
Le délit consommé

Pour que l'infraction soit consommée, il faut que l'escroc se fasse remettre l'objet convoité en connaissance de cause (élément matériel et moral) : § 1. Le délit constitué.

Pour que l'infraction soit réprimée, les juges vont devoir constater la réunion de tous les éléments constitutifs et tenir compte des diverses règles relatives à la poursuite : § 2. Le délit réprimé.

§1. LE DÉLIT CONSTITUÉ

A) L'élément matériel

Le législateur réprime celui qui reçoit la chose convoitée au même titre que celui qui tente de la recevoir (l'escroquerie réalisée ; l'escroquerie tentée).

1) L'escroquerie réalisée

Pour que l'infraction soit consommée, l'escroc a dû déterminer la victime, à son préjudice ou au préjudice d'un tiers, à remettre des fonds, valeurs ou bien quelconque, à fournir un service ou à consentir un acte opérant obligation ou décharge.

a) L'acte de la victime

Le nouveau Code pénal a ajouté à la remise traditionnelle deux autres actes qui peuvent consommer l'infraction.

→ Premier acte : la remise

• Son moment

Elle doit être obligatoirement postérieure à l'emploi des moyens frauduleux, provoquée par eux.

• Son objet

Elle peut porter sur des fonds, valeurs ou bien quelconque. La remise d'immeuble reste exclue du champ de cette infraction (Cass. Crim. 15 juin 1992 RTDC 46 juillet-sept 93 p. 588).

Toutefois, l'escroquerie peut consister à employer des manœuvres pour déterminer la remise d'un acte de transfert de la propriété d'un immeuble (Cass. Crim. 23 janvier 1997 Dr. pénal 97 Comm. 93).

Condamnation d'un médecin se faisant délivrer en grande quantité des médicaments en vue de se constituer gratuitement un stock payé indûment par la caisse primaire d'assurance maladie : Cass. Crim. 29 juin 2010 N° 09-81661 Bull. Crim. 2010 N° 120.

• Sa forme

Elle importe peu. Il peut s'agir d'un virement, d'une délivrance d'une signature…

L'auteur de la remise est en principe la victime, mais il peut s'agir d'un tiers.

Cass. Crim. 26 juillet 1971 (B N° 242) :

« Le délit d'escroquerie est constitué non seulement lorsque l'escroc s'est fait remettre directement par la victime des fonds, meubles, obligations, dispositions, billets, promesses, quittances

ou décharges, mais encore lorsque cette remise est obtenue indirectement en conséquence de la réussite de la machination frauduleuse mise en œuvre. »

Le réceptionnaire est en principe l'escroc, mais il peut s'agir de tiers.

Cass. Crim. 6 octobre 1977 (B N° 293) :

« *En conséquence, si les fonds ont été remis entre les mains d'un tiers, la victime est recevable dans sa constitution de partie civile contre le prévenu dès lors que la remise des fonds par elle consentie est la conséquence directe des manœuvres frauduleuses auxquelles s'est livré l'auteur de l'infraction.* »

→ Deuxième acte : la fourniture d'un service

Il s'agit d'une des nouveautés de cette infraction.

C'est désormais sous cette désignation que seront poursuivies les escroqueries envers les entreprises ou l'État prestataire de services.

– On y retrouvera l'escroquerie au parc-mètre.

Cass. Crim. 10 décembre 1970 (B N° 334) et Cass. Crim. 21 mai 1978 (B N° 170) :

« *L'utilisation d'une rondelle sans valeur pour déclencher le mécanisme d'un compteur de stationnement dit « parcmètre », constitue une manœuvre frauduleuse destinée, par le déplacement de l'aiguille, à obtenir décharge du prix du stationnement en persuadant les contrôleurs du paiement de ce prix. Les éléments du délit d'escroquerie sont donc réunis dans ce cas.* »

– L'escroquerie au taxiphone

Aix, 13 septembre 1972 (JCP 72. II. 17 240) :

« *Constitue donc le délit d'escroquerie le procédé consistant à introduire quelques jetons dans un taxiphone, à téléphoner normalement à un premier correspondant puis, la communication terminée, à agir d'une certaine façon sur le cadran de sorte que la tonalité reparaît et qu'il est possible de téléphoner à nouveau indéfiniment sans utiliser d'autres jetons.* »

A été condamné pour escroquerie l'informaticien qui vendait des télécartes à puce rechargeable (Tribunal correctionnel de Toulouse 23 juin 1993 RTDC 94 N° 1 p. 130).

– L'escroquerie au minitel (Tribunal correctionnel de Mende 31 janvier 1991 RTDC 44 oct. et déc. 91).

→ Troisième acte : le consentement d'un acte opérant obligation ou décharge.

Citons deux exemples.
– La décharge par imputations scripturales valant remise d'espèces Cass. Crim. 13 octobre 1971 (B N° 261) :

« *Est justifiée la condamnation du dirigeant d'une société pour fraudes fiscales et escroquerie, dès lors que les juges du fond constatent qu'ayant organisé un circuit fictif de facturation, le prévenu a, d'une part, éludé le paiement d'une partie des taxes à la valeur ajoutée dues par la société et a, d'autre part, obtenu du Trésor Public par l'effet de cette manœuvre frauduleuse, décharge, par imputations scripturales valant remise d'espèces, des sommes dont la société était redevable au titre de ces taxes.* »

Voir dans le même sens (Cass. Crim. 13 mars 1995 RJDA 7/95 N° 927).

– La présentation de factures falsifiées
Cass. Crim. 24 avril 1984 (B N° 142) :

« *Constitue remise d'une quittance ou décharge au sens de l'article 405 du Code pénal, la présentation aux fins d'acquit, au vendeur de marchandises, de factures falsifiées faisant apparaître des quantités inférieures à celles réellement livrées et par voie de conséquence, un montant inférieur aux sommes réellement dues.* »

b) Le préjudice

• Définition légale

Le législateur, à la lecture de l'article 313-1 du Code pénal, prévoit l'exigence d'un préjudice pour la victime ou pour un tiers (le mari de la victime, par exemple pour des séances de « désenvoûtement » payées par la femme sur des fonds provenant de la communauté : Cass. Crim. 9 juillet 96 N° 95-81058 Bull. Crim. 96 N° 287 Dr. pénal 97 Comm. 32).

• L'application jurisprudentielle

N'a pas été qualifié d'escroquerie, faute de préjudice, le fait de s'être fait remettre un titre de séjour à la suite de manœuvres frauduleuses. La carte de séjour ne s'achetant pas, il n'y avait pas « atteinte à la fortune d'autrui » (Cass. Crim. 26.10.1994 Dr. pénal 95 Comm. 65 et D 95 SOM Com. 187.)

Dans un arrêt rendu par la Cour de cassation le 9 septembre 2009 N° 09-80431 on assiste à une interprétation très extensive de la notion de préjudice. Un dirigeant d'un club de rugby avec l'aide d'un notaire avait déposé six chèques sur un compte bloqué pour faire croire à sa solvabilité. La fédération sportive avait maintenu ce club au classement dit « Top 16 » alors que six opérations avaient été par la suite annulées.

On pouvait difficilement parler de préjudice à l'égard de la fédération, la seule victime incontestable ayant été le club injustement éliminé.

2) L'escroquerie tentée

Elle est punissable dans les termes du droit commun (art. 313-3 du CP). Voir les règles générales relatives à cette notion.

Cass. Crim. 25 avril 1972 (B N° 142) :

« *La tentative d'un délit, lorsqu'elle a été manifestée par un commencement d'exécution et si elle n'a manqué son effet que par des circonstances indépendantes de la volonté de son auteur, est considérée, dans les cas déterminés par une disposition spéciale de la loi, comme le délit même. Il en est ainsi de la tentative du délit d'escroquerie aux termes mêmes de l'article 405 du Code pénal.* »

De nombreux exemples peuvent être cités tout particulièrement dans deux hypothèses.

- Première hypothèse : *l'escroquerie au jugement*

Cass. Crim. 7 janvier 1970 (B N° 14) :

« *Le vendeur d'un fonds de commerce, créancier du remboursement d'une partie des impositions, commet une tentative d'escroquerie en produisant des photocopies falsifiées de documents fiscaux au soutien d'une assignation en paiement. Bien que l'exercice de l'action en justice constitue un droit, sa mise en œuvre devient en l'espèce une manœuvre tendant à la consommation de l'infraction.* » (Voir également Cass. Crim. 9 février 2011 N° 10-81988.)

- Seconde hypothèse : *l'escroquerie à l'assurance*

Cass. Crim. 22.02.1996 (B N° 89) :

« *suffit à constituer le commencement d'exécution caractérisant la tentative, la déclaration de sinistre faite à l'assureur, lorsqu'elle est accompagnée, comme en l'espère, d'un faux document destiné à entraîner l'application du contrat.* »

B) L'élément moral

1) Définition

L'auteur de l'escroquerie doit avoir eu conscience que c'est l'emploi des moyens frauduleux qui a déterminé la victime à lui remettre l'objet du délit. Le Ministère Public devra rapporter la preuve de cette mauvaise foi. Les juges du fond ont un pouvoir souverain pour apprécier cet élément intentionnel.

Cass. Crim. 10 octobre 1977 (B N° 298) :

> « *L'appréciation de l'élément intentionnel, en matière d'escroquerie, rentre exclusivement dans les attributions des juges du fond et leur déclaration de ce chef n'encourt la censure de la Cour de cassation que si elle est en opposition avec les constatations mêmes de l'arrêt attaqué.* »

2) Fins de non recevoir

Les mobiles et le consentement de la victime.

Les juges peuvent les prendre en considération pour atténuer la peine, mais ils ne suppriment pas l'infraction.

Cass. Crim. 18 novembre 1969 (D 70. 437) :

> « *Dans cet arrêt, l'escroc invoquait que les travaux qu'il avait commandés étaient pour partie « utiles au demandeur » et que ce dernier avait consenti à l'accomplissement de ceux-ci.* »

Ces deux arguments n'ont pas été retenus.

§2. LE DÉLIT RÉPRIMÉ

Les éléments constitutifs réunis, les juges vont se référer aux pénalités prévues par le législateur ainsi qu'aux règles relatives aux poursuites et celles de droit commun.

A) Les pénalités

1) L'escroquerie simple

a) Les peines encourues par les personnes physiques

– Les peines principales

Il s'agit d'un emprisonnement de cinq ans et une amende de 375 000 €.

– *Les peines complémentaires*

Elles sont prévues à l'art. 313-7 du nouveau Code pénal :

« *1° L'interdiction des droits civiques, civils et de famille, suivant les modalités prévues par l'article 131-26 ;*
2° L'interdiction, suivant les modalités prévues par l'article 131-27, soit d'exercer une fonction publique ou d'exercer l'activité professionnelle ou sociale dans l'exercice ou à l'occasion de l'exercice de laquelle l'infraction a été commise, soit d'exercer une profession commerciale ou industrielle, de diriger, d'administrer, de gérer ou de contrôler à un titre quelconque directement ou indirectement, pour son propre compte ou pour le compte d'autrui, une entreprise commerciale ou industrielle à une société commerciale. Ces interdictions peuvent être prononcées cumulativement ;
3° La fermeture, pour une durée de cinq ans au plus, des établissements ou de l'un ou de plusieurs des établissements de l'entreprise ayant servi à commettre les faits incriminés ;
4° La confiscation de la chose qui a servi ou était destinée à commettre l'infraction ou de la chose qui en est le produit, à l'exception des objets susceptibles de restitution ;
5° L'interdiction de séjour, suivant les modalités prévues par l'article 131-31 ;
6° L'interdiction, pour une durée de cinq ans au plus, d'émettre des chèques autres que ceux qui permettent le retrait de fonds par le tireur auprès du tiré ou ceux qui sont certifiés ;
7° L'affichage ou la diffusion de la décision prononcée dans les conditions prévues par l'article 131-35. »

Il faut y ajouter l'exclusion possible des marchés publics pour une durée de cinq ans au plus (art. 313-8 du CP).

b) Les peines encourues par les personnes morales

Elles sont identiques à celles prévues pour l'abus de confiance.

Une loi du 12 mai 2009 avait modifié l'article 313-9 du Code pénal supprimant comme peine complémentaire la dissolution possible de la personne morale. Cette modification du texte est apparue dans une affaire impliquant la scientologie. Le texte a été de nouveau modifié par une loi du 24 novembre 2009. Ce dernier a rétabli la dissolution comme peine complémentaire.

2) *L'escroquerie aggravée*

a) La peine

Il s'agit d'un emprisonnement de sept ans et d'une amende de 750 000 €, ainsi que les mêmes peines complémentaires et accessoires que dans le cas précédent.

b) Les cas :

Il existe plusieurs cas d'aggravation.

Ils sont liés soit à la qualité de l'auteur ou de la victime soit au fait que l'infraction ait été réalisée en bande organisée.

– Les cas liés à la qualité de l'auteur

On retrouve l'escroquerie commise par une personne faisant appel au public en vue de l'émission de titres ou en vue de la collecte de fonds à des fins d'entraide humanitaire ou sociale.

Cass. Crim. 9 juin 1980 (B N° 180) :

« *L'appel au public, au sens de l'alinéa 2 de l'article 405 du Code pénal, peut être caractérisé par une publicité fallacieuse diffusée par la voie de la presse ou distribuée, et tendant à persuader les tiers d'acquérir les parts d'un groupement d'intérêts économiques.* »

On trouve également deux autres cas. L'auteur est une personne dépositaire de l'autorité publique (Cass. Crim. 6 avril 2011 N° 10-82318) ou chargée d'une mission de service public et agit dans le cadre de sa fonction ou à l'occasion de l'exercice de sa fonction. Il y a également celui qui prétend indûment avoir l'une de ces qualités.

– Les cas liés à la fragilité de la victime

La peine sera aggravée lorsque l'escroc choisit pour cible une personne particulièrement vulnérable en raison de son âge, d'une maladie, d'une infirmité, d'une déficience physique ou psychique ou enfin d'état de grossesse.

Cette fragilité doit être apparente ou connue de l'auteur.

– Le cas lié à la réalisation de l'infraction en bande organisée

Il s'agit d'un cas d'aggravation qui vise plus particulièrement les escroqueries de grande ampleur.

La bande organisée est définie par le Code pénal comme un groupement ou une entente établie en vue de la préparation d'une ou plusieurs infractions (art. 132-71 du CP).

La peine est portée à 10 ans d'emprisonnement et 1 000 000 € d'amende.

B) Les actes de poursuite

1) L'action publique

Il existe des obstacles susceptibles d'empêcher les poursuites : la prescription de l'action publique et l'immunité familiale.

a) La prescription de l'action publique

• Le principe

L'escroquerie est une infraction instantanée. Le délit de prescription de l'action publique commence à courir soit du jour de la remise, si l'infraction a été consommée (Cass. Crim. 30 juin 99 N° 98-82009 Bull. Crim. 99 N° 170 Dr. pénal 2000 Comm. 13), soit du jour des dernières manœuvres, si l'infraction a été tentée.

Si la victime est particulièrement vulnérable le délai court à compter du jour où l'infraction apparaît à la victime (article 8 du CPP modifié par la loi du 14 mars 2011).

• Les applications jurisprudentielles

Les juges ont dû se prononcer dans l'hypothèse de remises successives.

Cass. Crim. 18 juillet 1968 (B N° 234) :

« *Dès lors, quand, dans une escroquerie complexe, des manœuvres frauduleuses multiples et répétées se poursuivent sur une longue période, forment entre elles un tout indivisible et provoquent des remises successives, la prescription ne commence à courir qu'à partir de la dernière remise ou délivrance.* »

(Voir dans le même sens Cass. Crim. 20.06.1994 Dr. pénal 94 Comm. 260 ; Cass. Crim. 26.09.1995 Dr. pénal 96 Comm. 61 et Cass. Crim. 2.04.1996 Dr. pénal 96 Comm. 185.)

Cette même attitude a été retenue également en matière de tentative (Cass. Crim. 9 mai 1972, B N° 161).

Les juges refusent d'étendre la solution particulière prévue pour l'abus de confiance.

Cass. Crim. 20 mars 1984 (D.84 IR 433) :

« *La prescription du délit d'escroquerie constitué par un acte unique commence à courir du jour où cet acte a été commis et non du jour ou cet acte aurait été connu de celui qui s'en prétend victime.* » (Voir dans le même sens Cass. Crim. 24 septembre 2008 N° 07-84868 et Cass. Crim. 8 septembre 2010 N° 09-85961.)

b) L'immunité familiale (art. 311-12 du CP)

Elle est étendue par le législateur à l'escroquerie (art. 313-3 al. 2 du CP).

2) L'action civile

Les règles de droit commun s'appliquent (voir *supra*).
Cass. Crim. 28 novembre 1973 (B N° 439) :

« Si la victime de faits susceptibles d'être qualifiés escroqueries, abus de blancs-seings ou faux et usage de faux en écritures de commerce est une société, personne morale, cette société ne saurait être bien fondée en son action civile qu'autant que les agissements délictueux dont elle prétend demander réparation ont été de nature à tromper la personne physique qui la représentait. Lorsque tel n'est pas le cas, la société n'a subi qu'un préjudice indirect. »

La Cour de cassation dans un arrêt du 14 novembre 2007 N° 07-80576 (Bull. Crim. 2007 N° 277) a considéré que l'utilisation frauduleuse d'un code d'accès bancaire ayant permis à l'auteur de l'escroquerie d'obtenir de la banque la remise de sommes indûment prélevées sur le compte de ses parents porte un préjudice direct à l'établissement bancaire, dépossédé des fonds qu'il détient et qu'il est tenu de représenter à son client.

C) Diverses règles de droit commun

1) L'auteur et le complice d'escroquerie

a) L'auteur

C'est celui qui a commis tous les éléments constitutifs de l'infraction.

Il a été jugé qu'un gérant était responsable pénalement d'escroqueries commises après son départ, mais dont la manœuvre frauduleuse avait été conçue par lui.
Cass. Crim. 9 janvier 1978 (B N° 10) :

« Le fondateur et premier gérant d'une société fictive constituée pour persuader l'existence d'une entreprise qui était fausse est responsable pénalement même des escroqueries qui ont été commises après la cessation de ses fonctions de gérant dès lors qu'il résulte des constatations des juges du fond que toutes les escroqueries s'enchaînent les unes aux autres comme procédant de la manœuvre frauduleuse initiale conçue et voulue pour lui dans toutes ses conséquences. »

b) Le complice d'une infraction consommée

Cass. Crim. 9 janvier 1973 (B N° 10) :

« *Est constitutif de manœuvres frauduleuses le fait, pour un dirigeant de société, de procéder à une augmentation de capital fictive afin de tromper un prêteur éventuel et d'obtenir de lui en faveur de la société, un prêt qu'il n'aurait pas consenti sans une augmentation de capital exigée par lui. Se rend complice de cette escroquerie celui qui, en connaissance de la machination projetée et pour en permettre la réalisation, met à la disposition de l'escroc les fonds nécessaires à la régularisation apparente de l'augmentation de capital, pour ensuite les reprendre, dès les formalités légales de l'augmentation de capital accomplies, et sans que ces fonds aient été remplacés par d'autres.* »

Cass. Crim. 28 mai 1970 (B N° 174) :
Est sanctionné le directeur d'une agence bancaire ayant facilité l'escompte de traite fictive.
Cass. Crim. 31 janvier 2007 N° 06-81258 (Bull. Crim. 2007 N° 25).
Est sanctionné un commissaire aux comptes qui a certifié des comptes sans réserve pendant plusieurs années ayant permis la commission d'escroquerie.

c) Le complice d'une infraction tentée

Tribunal correctionnel de Paris, 13 janvier 1982 (D 83 IR 47) :

« *Se rendent complices de tentative d'escroquerie les personnes qui remettent au service informatique d'une banque une bande magnétique confectionnée sous la dénomination d'emprunt d'une société industrielle et dont les données apocryphes tendaient à des virements bancaires d'un montant supérieur à 21 millions de francs.* »

2) Le recel d'escroquerie

A été jugé comme receleur « *Jean Kay et Danielle Marquet qui avaient acquis au moyen des fonds escroqués par de Vathaire à Marcel Dassault, un bateau en construction au Pirée* » (Cass. Crim. 23 mars 1978, D. 79 319).

D) Délits voisins

Il existe des situations proches de l'escroquerie que le Code pénal avait ignorées, plaçant les juges dans l'impossibilité d'avoir recours à cette infraction.

Aussi, pour ne pas laisser impunis des agissements délictueux, des textes sont venus combler ce vide juridique. Ils sont regroupés dans le Code pénal et dans des textes spécifiques.

1) Le Code pénal

a) L'abus de faiblesse
(art. 223-15-2 et s. du CP)

L'ancien Code pénal en son article 406 réprimait celui qui abusait des besoins, des faiblesses ou des passions d'un mineur pour lui faire souscrire un engagement.

Le nouveau Code pénal a supprimé ce délit pour créer une infraction plus générale visant à protéger le faible.

Il s'agit du mineur mais aussi de toute personne vulnérable. On retrouve la même définition de la vulnérabilité que celle déjà exposée lors de l'analyse de l'aggravation de la peine d'escroquerie (voir *infra*).

Depuis 2009, ce délit n'est plus répertorié avec les infractions voisines de l'escroquerie mais dans les atteintes à la personne humaine. On peut s'en étonner puisque dans la jurisprudence le délinquant vise avant tous les biens du « faible ».

L'élément matériel de ce délit consiste à obliger la victime à un acte ou une abstention qui lui sont gravement préjudiciables. Les peines principales sont l'emprisonnement (trois ans) et l'amende (375 000 €).

L'auteur doit avoir connaissance de la situation de faiblesse de la victime (Cass. Crim. 5 avril 2011 N° 10-84355 Dr. pénal 2011 Comm. 91 obs. M. Véron).

L'abus de faiblesse doit s'apprécier au moment où est accompli l'acte gravement préjudiciable à la personne (Cass. Crim. 26 mai 2009 N° 08-85601 Bull. Crim. 2009 N° 104 Dr. pén. 2009 Comm. 118).

« Les proches de la victime d'un abus frauduleux de l'état de faiblesse sont recevables à rapporter la preuve d'un dommage dont ils ont personnellement souffert et qui découle directement des faits, objet de la poursuite » (Cass. Crim. 3 novembre 2009 N° 08-88438 Bull. Crim. 2009 N° 182).

Le point de départ de la prescription peut être retardé au jour de la découverte par la victime (art. 8 au CPP).

b) La filouterie
(art. 313-5 du CP)

Ce délit vise à réprimer les individus qui se sachant dépourvus de tous moyens de paiement ou habités par la volonté de ne pas payer, se seront fait nourrir, loger, remplir le réservoir de leur véhicule ou transporter en taxi ou voiture de place.

Ils encourent six mois d'emprisonnement et 7 500 € d'amende.

c) *La fausse qualité de propriétaire* (art. 313-6-1 du CP)

« Le fait de mettre à disposition d'un tiers, en vue qu'il y établisse son habitation moyennant le versement d'une contribution ou la fourniture de tout avantage en nature, un bien immobilier appartenant à autrui, sans être en mesure de justifier de l'autorisation du propriétaire ou de celle du titulaire du droit d'usage de ce bien, est puni d'un an d'emprisonnement et de 15 000 € d'amende. »

d) *L'usurpation d'identité* (art. 226-4-1 créé par la loi n° 2011-267 du 14 mars 2011)

« Le fait d'usurper l'identité d'un tiers ou de faire usage d'une ou plusieurs données de toute nature permettant de l'identifier en vue de troubler sa tranquillité ou celle d'autrui, ou de porter atteinte à son honneur ou à sa considération, est puni d'un an d'emprisonnement de de 15 000 € d'amende.

Cette infraction est punie des mêmes peines lorsqu'elle est commise sur un réseau de communication au public en ligne. »

2) *Les textes spécifiques*

– Le Code de la Sécurité sociale

L'article L. 114-13 punit de 5 000 € d'amende « *quiconque se rende coupable de fraude ou de fausse déclaration pour obtenir, ou faire obtenir ou tenter de faire obtenir des prestations ou des allocations de toute nature, liquidées et versées par les organismes de protection sociale, qui ne sont pas dues, sans préjudice des peines résultant de l'application d'autres lois, le cas échéant* ».

– Le Code du travail

L'article L. 5 429-1 du Code du travail réprime celui qui aura tenté d'obtenir ou obtenu en fraude de ses droits des allocations d'aide aux travailleurs privés d'emploi.

La peine encourue est 4 000 € d'amende « sous réserve de la constitution éventuelle du délit d'escroquerie ».

– Le Code de la construction et de l'habitation

Il sanctionne pénalement celui qui essaie d'obtenir l'aide personnalisée au logement alors qu'il n'en est pas bénéficiaire (art. L. 351-13), celui qui sollicite indûment une prime de déménagement ou de réinstallation (art. L. 651-5).

CHAPITRE III

Le faux et usage de faux en écriture

Le législateur, dans les articles 441-1 à 441-12 du Code pénal, réprime deux types d'infractions différentes.

D'une part, est sanctionné celui qui fabrique le faux.

D'autre part, est sanctionné celui qui utilise le faux. Il s'agit d'une infraction distincte : le faussaire n'est pas toujours l'utilisateur.

Depuis une ordonnance du 23 décembre 1958, tous les faux commis dans les écritures privées, de commerce ou de banque, ont été correctionnalisés. Seuls sont maintenus comme crime, les faux en écritures publiques ou authentiques, dans certaines hypothèses.

L'infraction de faux ou d'usage de faux suppose l'existence d'un support dont la nature et la teneur devront être appréciées par les juges.

Ne constitue pas un faux, l'altération verbale de la vérité. Celle-ci est réprimée par d'autres infractions (le délit de faux témoignage : article 434-13 du CP ; le délit de faux serment : article 434-17 du CP).

Dans une première section seront analysés les délits de faux et dans une seconde section les délits d'usage de faux.

SECTION I
Les délits de faux

Le législateur distingue des infractions différentes en fonction de la nature de l'écrit falsifié.

Il existe un délit de faux en général et des faux spéciaux.

§1. LE FAUX EN GÉNÉRAL

Il s'agit du faux commis dans un écrit ou tout autre support d'expression de la pensée.

On retrouve une définition générale dans l'article 441-1 du Code pénal :

> « *Constitue un faux toute altération frauduleuse de la vérité, de nature à causer un préjudice et accomplie par quelque moyen que ce soit, dans un écrit ou tout autre support d'expression de la pensée qui a pour objet ou qui peut avoir pour effet d'établir la preuve d'un droit ou d'un fait ayant des conséquences juridiques.*
> *Le faux et l'usage de faux sont punis de trois ans d'emprisonnement et de (45 000 €) d'amende.* »

Pour que l'infraction soit consommée, les juges devront relever l'existence d'un support altéré causant un préjudice.

A) Le support

Il faut distinguer sa nature, de sa teneur.

1) Sa nature

Il peut s'agir d'un écrit ou tout autre support d'expression de la pensée.

Citons quelques exemples.

a) Les écritures de commerce et de banque

On peut distinguer quatre types différents d'écritures de commerce et de banque :

- les instruments de crédit et de paiement,
- les écritures comptables,
- les écritures sociales,
- des écrits relatifs au commerce,
- des écritures de banque.

→ Les instruments de crédit et de paiement

Parmi les effets de commerce, seule la lettre de change est réputée acte de commerce entre toutes personnes (art. L. 110-1 10° du Code de commerce).

A été jugé comme faux en écritures de commerce le fait par une personne d'ajouter une mention falsifiée sur une lettre de change acceptée (Tribunal correctionnel de Paris, 2 avril 1969, D 69.674).

Dans les autres cas, les juges devront vérifier s'il s'agit d'instruments de crédit ou de paiement ayant une cause commerciale. Ont été considérés comme écritures de commerce ou de banque et non comme chèques, les chèques de voyage.

Cass. Crim. 20 janvier 1960 (D 6 1.5 6)

« *Si les chèques de voyage ont les apparences extérieures du chèque, ils ne répondent pas à la qualification juridique du chèque et exprime non pas un mandat mais seulement un engagement de payer, contracté par le banquier émetteur.* »

La Cour de cassation a refusé d'appliquer les peines spécifiques prévues pour les falsifications de chèques.

→ Les écritures comptables

– Les livres de commerce

Ont été considérés comme écritures de commerce « *les livres de commerce, aussi bien les livres dont la tenue est facultative que les livres dont la tenue est obligatoire* » (Cass. Crim. 13 mars 1968, D 68.360).

– Le bilan

Cette même décision a considéré le bilan comme une écriture de commerce.

(Voir également Cass. Crim. 17 décembre 2003 N° 03-80955 Dr. pén. 2004 Comm. 60.)

– Le relevé de caisse (Cass. Crim. 14 mai 1990 B N° 188).

→ Les écritures sociales

– Les procès-verbaux

A été considéré comme écriture de commerce le procès-verbal d'une assemblée.

Cass. Crim. 10 janvier 1956 (D 56 SOM127) :

« *Le fait de mentionner faussement dans le procès-verbal de la délibération d'une assemblée réunissant les porteurs de parts d'une SARL, la présence de sociétaires qui en fait n'y assistaient pas, des lors que cette fausse mention est de nature à porter éventuellement préjudice à autrui.* »

L'établissement d'un procès verbal d'une assemblée qui ne s'est pas tenue constitue un faux (Cass. Crim. 19 novembre 2003 N° 02-87697).

A été considéré également comme écriture de commerce, le procès-verbal du conseil d'administration. (Cass. Crim. 16 mars 1970, JCP 71. II.16813 ; Cass. Crim. 10 septembre 2003 N° 02-88151.)

– Les feuilles de présence d'une assemblée

A été considérée comme écriture de commerce, la feuille de présence qui doit être obligatoirement tenue lors de toute assemblée. (Cass. Crim. 16 mars 1970, JCP 71. II.16813 et Cass. Crim. 21 mars 1972, JCP 72. II. 17178 et Cass. Crim. 9 mars 2005 N° 04-83146.)

– Les rapports des commissaires aux comptes

La Cour de cassation a jugé que constitue un faux en écriture de commerce, le fait pour les commissaires aux comptes de mettre à la disposition des actionnaires un rapport comportant une date fausse qui avait été portée uniquement dans le dessein de dissimuler la date effective de mise à disposition des actionnaires (Cass. Crim. 12 janvier 1981, D 81.348).

→ Divers écrits relatifs au commerce

– les feuilles de salaire

Ont été considérées comme écritures de commerce, les feuilles de paiement de salaire des ouvriers d'une entreprise. (Cass. Crim. 13 mars 1968, B N° 87 ; Cass. Crim. 7 septembre 2005 N° 04-87080 Bull. Crim. 2005 N° 220.)

– une fausse facture ayant une valeur probatoire

Cass. Crim. 3 février 1970 (B N° 47) :

« *Une facture est une écriture de commerce dont la falsification peut donner naissance aussi bien à un préjudice individuel qu'à un préjudice social.* »

– faux bon de livraison

Cass. Crim. 5 janvier 1978 (B N° 8)

→ Des écritures de banque

Cass. Crim. 3.01.1991 D 91 IR 66 :

« *L'employé d'une agence bancaire a ouvert et fait fonctionner dans la comptabilité de son employeur quatre comptes bancaires ouverts à des noms imaginaires et a déposé des chèques sur ces comptes dans le but de favoriser la fraude fiscale d'un commerçant dès lors que les documents falsifiés, qui sont des pièces justificatives de la comptabilité de la banque, constituent des titres au sens de l'article 150 CP.* »

Cass. Crim. 8 juin 1994 RTDC 95 N° 1 p. 169 et Dr. pénal 94 Comm. 256 : a été réprimé la fausse indication d'une date de valeur qui causait un préjudice à la banque. Celle-ci avait un manque à gagner des agios et avait versé des intérêts non dus.

b) Les écritures privées

Il s'agit d'écritures qui ne peuvent être classées dans les catégories précédentes.

Citons divers exemples :

– une quittance passée entre non commerçants
Cass. Crim. 24 février 1972 (B N° 78) :

« *Justifie sa décision l'arrêt déclarant établis les délits de faux en écriture privée et d'usage de faux, dès lors qu'il résulte de ses constatations et énonciations que l'altération de la vérité, sciemment commise par le prévenu dans une quittance de règlement amiable, était susceptible de porter préjudice à autrui et que l'intéressé en avait connaissance.* »

– une attestation
Cass. Crim. 6 mars 1978 (B N° 219) :

« *Attendu qu'il résulte des constatations des juges du fond que Valensi, employé par les Établissements Brunel comme voyageur-livreur, a établi sur papier à en-tête de son employeur, et revêtu du cachet de l'entreprise de celui-ci, une attestation non signée le faisant apparaître comme ayant pour occupation exclusive et constante le placement des articles de catalogue ; qu'il s'est servi de ce document pour obtenir de la préfecture de la Marne la délivrance d'une carte de voyageur-représentant-placier.* »
Cass. Crim. 17 décembre 2008 (N° 08-82280 Dr. pén. 2009 Comm. 45) pour une fausse attestation de stage.

– un calque de plan
Cass. Crim. 13 juin 1978 (B N° 195) :

« *Caractérise le délit d'usage de faux en écriture privée le fait de produire en justice, pour s'opposer à une demande en paiement d'honoraires émanant d'un géomètre, le calque d'un plan établi par ce technicien et revêtu d'une signature substituée à celle de son auteur ainsi que d'une fausse date, le document ayant été forgé par le prévenu dans le seul but de se constituer à lui-même un titre.* »

– un testament olographe (Cass. Crim. 30 novembre 1971, B N° 326)
– une feuille de décompte d'indemnité journalière
Cass. Crim. 4 août 1980 (B N° 46) :

« *La falsification de feuilles de décomptes d'indemnités journalières de maladie, émanant d'une Caisse primaire de Sécurité sociale, constitue un faux en écritures privées et non pas, comme l'a retenu à tort la Cour d'appel, le faux portant sur des documents administratifs entrant dans les prévisions de l'article 153 du Code pénal.* »

– un ticket d'autobus (Cass. Crim. 19 décembre 1974, B N° 378.)

– un constat amiable.
Cass. Crim. 1er juin 1981 (B N° 177) :

« *Commet un faux en écriture privée le conducteur d'un véhicule qui, après avoir refusé de procéder à l'établissement d'un constat amiable d'accident de la circulation, falsifie un tel constat en y ajoutant sa signature et des mentions écrites dont certaines inexactes. Le faux constat amiable peut être préjudiciable dans la mesure où il influe sur l'indemnisation du dommage.* »

– une lettre missive (Cass. Crim. 28 novembre 1968, B N° 323 et Cass. Crim. 1er octobre 1990, B N° 325.)

– un contrat (Cass. Crim. 9 mai 1984, B N° 161) ; il s'agissait d'un contrat de cession de fonds de commerce.

– un bail (Cass. Crim. 26.02.1990 B N° 94).

c) Les autres supports d'expression de la pensée

Il s'agit d'une définition plus moderne du faux. On peut y inclure les films, bandes magnétiques, disquettes.
Une lettre de change relevée falsifiée sera réprimée par cette infraction.
Le législateur n'a pas repris le délit spécifique de falsification de documents informatisés. Il a préféré l'inclure dans l'infraction générale.

2) *Sa teneur*

La nécessité du support ne suffit pas ; les juges vont devoir relever sa force juridique.

a) Le document, source d'un droit

Les juges utilisent diverses formules pour préciser que le faux n'est punissable que si le document falsifié est source d'un droit ou d'une obligation.
Les divers termes employés sont les suivants :

– le document doit constituer *un titre*
N'ont pas été considérées comme titre des déclarations établies par un prévenu qui avait attesté sur l'honneur un domicile qu'il savait erroné en vue de toucher des indemnités de déplacement.

Cass. Crim. 7 mars 1972 (B N° 86). (Décision dans le même sens : Cass. Crim. 23 novembre 1972, B N° 357) :

« *De simples déclarations établies par un prévenu en sa propre faveur ne représentent que ses seules affirmations sujettes à vérification ; l'écrit qu'il relate ne peut constituer un faux en écritures privées au sens de l'article 150 du Code pénal, cet écrit ne constituant pas un titre au profit de celui qui l'a établi et ne faisant pas preuve pour lui.* »

N'ont pas été considérés comme des titres des devis minorés, qui sont par nature soumis à discussion pas plus qu'un faire-part de décès publié dans une rubrique nécrologique d'un journal (Cass. Crim. 15 septembre 1999 et 27 octobre 1999 Dr. pénal 2000 Comm. 42).

Les notes d'honoraires sont soumises par leur nature à discussion et vérification et n'ont aucun caractère probatoire (Cass. Crim. 13 février 2002 N° 00-85338 Bull. Crim. 2002 N° 29).

Un problème a été soulevé relativement aux fausses factures.

En principe, ces dernières ne constituent pas des titres.

Cass. Crim. 12 décembre 1977 (B N° 393) :

« *Des écrits mensongers, tels que des mémoires, notes ou factures, qui sont par leur nature soumises à discussion et à vérification, ne constituent pas, en l'absence de toutes autres précisions, des titres susceptibles d'entrer dans les prévisions des articles 147 et 150 du Code pénal.* »

En revanche, le délit de faux peut être consommé quand ces fausses factures sont enregistrées et altèrent la comptabilité.

Cass. Crim. 24 avril 1984 (D 86. 125) :

« *S'il est vrai que des documents ou écrits mensongers tels que des notes et factures, qui sont par leur nature soumis à discussion et à vérification, ne constituent pas en eux-mêmes des titres susceptibles d'entrer dans les prévisions des articles 147 et 150 du Code pénal, il en est autrement dès lors que, comme en l'espèce, les fausses énonciations résultant de ces opérations fictives ont été reportées sur les livres comptables de la société, pour leur donner l'apparence d'actes de commerce réels et y traduire l'existence d'une activité commerciale, en fait imaginaire.* »

Cass. Crim. 19.10.1987 B N° 3 53 :

« *La fabrication de factures sans cause, au nom d'une entreprise de pure façade ou d'une société fictive, constitue l'élément matériel du délit de faux en écritures de commerce et leur comptabilisation, celui d'usage de faux.* »

Cass. Crim. 30 mars 1992 (RTDC 46, janv. mars 1993 p. 188) :

« *Constituent des titres les factures jointes à l'appui des bordereaux de cessions de créances.* »

Cass. Crim. 19 septembre 1995 (Dr. pénal 96 Comm. 34) :

« *La facture litigieuse, acceptée par le destinataire et passée en comptabilité, présentait le caractère d'un titre.* »

(Voir dans le même sens Cass. Crim. 20 juin 2007 N° 06-88825 Dr. pén. 2007 N° 11 et Cass. Ass. plénière 4 juillet 2008 N° 00-87102 Bull. Crim. 2008 Assemblée plénière N° 2.)

– le document doit avoir *une valeur probatoire*
Cass. Crim. 26 novembre 1974 (B N° 348) :

« *Constitue un faux la fabrication de conventions, dispositions, obligations ou décharges, ainsi que de tout document susceptible de constituer un mode de preuve, dès lors qu'intentionnellement commise, elle est de nature à porter préjudice à un tiers.* »

Il s'agissait en l'espèce d'une déclaration de cautionnement illimité.

Une ordonnance prescrivant des médicaments, est « *au sens de l'article 441-1 du CP, un écrit qui a pour objet d'établir la preuve d'un droit ou d'un fait ayant des conséquences juridiques* » (Cass. Crim. 14 janvier 2009 N° 08-84207).

– le document doit être sources *d'obligations*
Une lettre de change qui n'est pas acceptée ne constitue pas un titre mais une simple allégation soumise à vérification.

Cass. Crim. 28 mai 1962 (B N° 212) et Cass. Crim. 5 novembre 98 (D 2000 J 431).

En revanche une demande de permis de construire faussement attribuée à un architecte est un écrit « *qui a pour effet d'établir la preuve d'un fait ayant des conséquences juridiques* » (Cass. Crim. 13 octobre 1999 Dr. pénal 2000 Comm. 42).

Il en va de même pour une fausse date insérée dans une lettre de candidature pour éviter une sanction pour concurrence déloyale (Cass. Crim. 25 février 2009 N° 08-82797 Dr. pén. 2009 Comm. 78).

b) La mention substantielle

Les juges distinguent dans l'écrit susceptible d'être faussé :
– d'une part, les mentions susceptibles d'être erronées qui ne modifient pas la substance de l'acte. L'auteur de celles-ci ne peut être poursuivi sur le fondement de cette infraction ;
– d'autre part, les mentions fondamentales qui, faussées, modifient la substance de l'acte et causent un préjudice.

N'a pas été considéré comme une mention substantielle, le fait de déclarer dans une transaction la fausse qualité de célibataire et de domicile d'une des parties (Cass. Crim. 9 avril 1962, B N° 175).

De même, une dame S. avait engagé une instance prud'homale contre la Caisse d'Épargne d'Auch dont le directeur était J. Coutureau. Elle souhaitait poursuivre son activité jusqu'à 65 ans soit jusqu'en 1981. Au cours des débats, fut produit l'original du procès-verbal d'une délibération du bureau d'administration de la Caisse. Sur ledit original, il était précisé que la fin de carrière était fixée en 1976 ; or, sur la photocopie produite figurait la date réelle 1981. Le directeur avoua avoir voulu rectifier l'erreur matérielle.

Cass. Crim. 20 octobre 1982 (B N° 229) :

« *Attendu que pour relaxer le prévenu du chef de faux en écriture privée et débouter la partie civile de ses demandes, la Cour d'appel, après analyse des circonstances de fait, énonce que la mention litigieuse n'intéresse pas la substance du document considéré ; dès lors qu'ils ont sans contradiction retenu souverainement que la substitution de date relevée n'était pas de nature à causer un préjudice à la partie civile.* »

B) L'altération de l'écrit

Il doit s'agir d'une altération frauduleuse quel que soit le moyen utilisé.

Le législateur ne donne plus de précision sur les techniques utilisables par le faussaire.

Traditionnellement, l'altération pouvait se réaliser par commission ou par omission. Aucun changement n'a été remarqué.

1) L'altération de la vérité par commission

Le législateur ne distingue plus l'altération matérielle de l'altération intellectuelle.

→ L'altération matérielle

Le faux est dit matériel lorsqu'il s'effectue par une altération physique d'un écrit laissant des traces et pouvant être décelée par expertise.

Les procédés sont les suivants :

– 1er procédé : *la signature fausse ou contrefaite :*

• 1re hypothèse : la fausse signature

Elle consiste pour une personne à signer un acte d'un nom qui ne lui appartient pas ou de celui d'une personne imaginaire.

Ainsi, l'individu qui utilise la signature sur une lettre de change de deux commerçants (Cass. Crim. 18 janvier 1961 B N° 33).

• 2e hypothèse : l'imitation de signature

Tombe également sous le coup de la répression, l'individu qui imite la signature d'un autre.

Cass. Crim. 29 octobre 1979 (D 80 IR 443) :

« *A caractérisé en tous ses éléments les délits de faux en écritures de commerce et d'usage de faux, la Cour d'appel énonçant que le prévenu a imité la signature de l'administrateur de la société en bas du procès-verbal de délibération du conseil d'administration.* » (Voir Cass. Crim. 11 février 2009 N° 08-81731 Bull. Crim. 2009 N° 37 pour de faux statuts de société.)

Les fausses signatures par procédé non manuscrit seront également réprimées.

– 2e procédé : *l'altération d'écritures* :

Elle consiste dans un changement matériel pouvant consister en une addition, une suppression, une surcharge, un grattage ou tous autres procédés fallacieux.

Exemple : la surcharge dans un registre de brocanteur.

Cass. Crim. 28 octobre 1985 (B N° 327) :

« *Que les juges énoncent que le fait de modifier des écritures portées sur ledit registre et destinées à constater des actes et opérations et d'y ajouter après coup mention de transactions antérieures parfois de plusieurs mois, constitue un faux matériel indiscutable qui entraîne la perte de la fiabilité et de la valeur probatoire que la rigueur imposée par le règlement dans sa tenue, confère à un tel document.* »

A été jugé également comme altération d'écritures, le fait de modifier la substance d'un ticket d'autobus.

Cass. Crim. 19 décembre 1974 (GP 1975. 1.201) :

« *Le fait de recouvrir des tickets d'autobus d'une couche plastifiée pouvant empêcher d'apparaître, de faire disparaître, ou encore de rendre effaçables sur les billets litigieux des signes ou caractères normalement indélébiles destinés à faire preuve entre les parties au contrat de transport, est susceptible d'entrer dans les prévisions de l'article 150 du Code pénal.* »

– 3e procédé : *la contrefaçon d'écritures* :

Il s'agit de l'imitation d'une écriture. Ce procédé vient souvent se combiner avec les précédents.

– 4e procédé : *la fabrication de conventions, dispositions, obligations ou décharges* :

Il s'agit de celui qui va, soit se créer de toute pièce un document, soit en modifier le contenu en y ajoutant une mention supplémentaire.

• 1re hypothèse : l'auteur du faux crée de toute pièce un document

Cass. Crim. 26 novembre 1974 (B N° 348) :

« *La fabrication d'un document forgé pour servir de preuve constitue un faux matériel susceptible de porter préjudice à un tiers, même si ce document est conforme à l'original.* »

Les juges veulent réprimer celui qui se fabrique lui-même une preuve écrite.

Il n'est pas nécessaire que la signature soit faussée.

Cass. Crim. 8 février 1978 (B N° 44) :

« *Le faux par fabrication de conventions, dispositions, obligations ou décharges se commet dans la rédaction même de l'acte et avant sa signature. Il n'est pas nécessaire que la signature soit faussée, il suffit qu'elle ait été obtenue frauduleusement.* »

• 2e hypothèse : l'insertion après coup de mentions non prévues initialement dans la convention, disposition, obligation ou décharge

Cass. Crim. 18 avril 1970 (D 70.595) :

« *L'employé du banquier escompteur d'une lettre de change tirée par un de ses clients sur un tiers commet le délit de faux en écriture de commerce en ajoutant, à l'insu de ce tiers acceptant, la mention « valeur reçue en travaux exécutés », destinée à déterminer la Banque de France à réescompter une traite qui ne présentait pas les garanties requises, les travaux n'ayant pas été effectivement exécutés.* »

→ L'altération intellectuelle

Contrairement à l'altération matérielle, l'altération intellectuelle ne laisse aucune trace physique. Elle consiste dans une modification du contenu de l'acte.

La preuve de l'altération intellectuelle est souvent plus difficile à rapporter.

Il existe plusieurs procédés :

– 1er procédé : *la supposition de personnes*

L'auteur du délit énonce faussement dans l'acte le nom d'une personne.

Il mentionne par exemple comme présente une personne n'ayant pas assisté à la rédaction de l'acte.

Cass. Crim. 10 janvier 1956. D 56 SOM 127, où le faussaire avait mentionné dans le procès-verbal de la délibération d'une assemblée la présence de sociétaires qui en fait n'y assistaient pas.

– 2e procédé : *la dénaturation de la substance ou des circonstances*

Ce procédé va se réaliser selon divers moyens :

- l'écriture de « conventions autres que celles qui auraient été tracées ou dictées par les parties » ;

- la constatation « comme vrais des faits faux » ;

- l'aveu « des faits qui ne l'étaient pas ».

Ont été jugés comme faux intellectuels :

• le fait d'inscrire « *de fausses indications dans des écritures de commerce au sens de l'article 150 du Code pénal* » (Cass. Crim. 29 avril 1971 B N° 129).

• le fait « *de tenir la main passive d'une personne en état de pré-coma et dépourvue de lucidité pour l'amener à rédiger un testament olographe implique nécessairement l'altération de la vérité dans l'écrit argué de faux, sans avoir à rechercher quelle était l'intention réelle du testateur* » (Cass. Crim. 30 novembre 1971, B N° 326).

– 3e procédé : *La simulation*

Elle consiste à créer un acte apparent qui ne correspond à aucune opération réelle ou à déguiser un acte véritable sous l'apparence d'un autre.

Cette feinte n'est réprimée que si les parties ont voulu tromper les tiers.

Cass. Crim. 12 décembre 1977 (B N° 393) :

> « *Si les énonciations mensongères auxquelles les parties croient pouvoir consentir dans une convention peuvent ne constituer qu'une simple simulation non punissable, il en est autrement lorsque les fausses énonciations ont été concertées avec l'intention coupable de tromper les tiers et de leur porter éventuellement un préjudice.* »

Il s'agissait de l'établissement d'un contrat de travail contenant des clauses fictives pour permettre à une partie de prétendre à des avantages illicites en cas de congédiement.

2) *L'altération de la vérité par omission*

La Cour de cassation dans un arrêt du 25 février 1982 (D 82 IR 333), a rejeté le pourvoi dirigé contre un arrêt de la Cour d'appel de Poitiers.

Cette dernière avait retenu l'infraction alors que seules des omissions d'écritures avaient été relevées.

Ainsi, pour la première fois, la notion de faux en écriture par omission d'écritures est consacrée par la Cour de cassation. Cette solution avait déjà été adoptée par les juges pour le délit de présentation ou publication de bilans inexacts.

Cass. Crim. 25 janvier 1982, déjà citée :

> « *Le délit de faux en écriture de commerce ou de banque est constitué par le fait, pour une personne chargée de la tenue des comptes d'une entreprise, de faire apparaître, par l'omission intentionnelle de certaines écritures, une situation comptable fausse.* »

(Voir dans le même sens Cass. Crim. 5 février 2008 N° 07-84724 Bull. Crim. 2008 N° 29 pour l'omission volontaire d'un bien dans l'inventaire établi par un curateur et remis au juge des tutelles).

C) Le préjudice

Le faux n'est punissable que s'il est de nature à occasionner à autrui un préjudice. Si l'existence du préjudice est un élément constitutif de l'infraction, sa constatation par les juges va résulter de la nature du faux.

1) Son existence

Le préjudice peut être actuel ou éventuel.
Cass. Crim. 2 juillet 1980 (B N° 210) :

« *Il n'existe de faux ou d'usage de faux punissable qu'autant que la pièce contrefaite ou altérée est susceptible d'occasionner à autrui un préjudice actuel ou possible.* »

Le préjudice peut être matériel, moral ou social.
Il est matériel quand le faux atteint une personne dans son patrimoine.
Il est moral quand il porte atteinte à l'honneur ou à la considération d'autrui.
Il est social quand il porte atteinte à la société.
Cass. Crim. 21 février 1978 (B N° 63) :

« *L'existence d'un préjudice social, en l'espèce la foi attachée à l'acte de notoriété dressé par un notaire ayant une mission officielle, suffit à caractériser l'infraction.* »

2) Sa constatation expresse

En matière de faux, le juge pénal doit indiquer « *en quoi et à qui le document tenu pour faux est susceptible de causer un préjudice dès lors que ce préjudice ne résulte pas nécessairement de la nature même de l'acte incriminé* » (Cass. Crim. 19 février 1964, D 64.376 et Cass. Crim. 6 mars 1989, B N° 103).
Les juges ont décidé que la possibilité d'un préjudice résultait nécessairement de la falsification de certains actes.

• Le procès-verbal du conseil d'administration
Cass. Crim. 29 octobre 1979 (D 80 IR 443) :

« *S'il est exact que le délit de faux n'est caractérisé que si la pièce contrefaite ou altérée est susceptible d'occasionner à autrui un préjudice actuel ou éventuel, ce caractère préjudiciable peut résulter de la nature même de la pièce falsifiée ; tel est le cas du procès-verbal d'un conseil d'administration qui sert de preuve de l'existence et de la validité des décisions prises.* »

• Le procès-verbal d'assemblée générale d'une société

Cass. Crim. 20 mars 2007 (N° 05-85253 Bull. Crim. 2007 N° 86 RTD Com. 2007 843 obs. B. Bouloc).

• la falsification de feuilles de présence d'assemblée d'actionnaires

Cass. Crim. 16 mars 1970 (JCP 71. II.16813, note Bouloc) :

« *S'il est exact que le délit de faux n'est caractérisé que si la pièce contrefaite ou altérée est susceptible d'occasionner à autrui un préjudice actuel ou éventuel, ce caractère préjudiciable peut résulter de la nature même de la pièce falsifiée. Tel est le cas s'agissant de la falsification de feuilles de présence de l'assemblée générale ou des procès-verbaux du conseil d'administration d'une société anonyme qui peut permettre de contester la régularité et les pouvoirs de l'assemblée ou du conseil et la validité des décisions prises.* »

(Voir en sens inverse Cass. Crim. 5 novembre 1998 RTD Com. avril-juin 99 p. 421.)

• la fabrication d'écrits portant reconnaissance de dettes

Cass. Crim. 15 juin 1962 (D 62.505) :

« *Spécialement aucun doute ne saurait s'élever en ce qui concerne le préjudice résultant de la fabrication d'écrits portant frauduleusement reconnaissance de dettes commerciales.* »

Cass. Crim. 25.01.1988 B N° 30 :

« *La falsification matérielle du registre des mandats d'un agent immobilier rentre dans les prévisions des dispositions réprimant les faux en écritures privée ou de commerce. Le registre des mandats d'un agent immobilier constituant un titre, sa falsification matérielle implique l'éventualité d'un préjudice.* »

• La falsification d'un permis de conduire (Cass. Crim. 12 novembre 1998 Dr. pénal 99 Comm. N° 37. Lire la chronique de Michel Véron « La répression du faux : du préjudice éventuel au préjudice virtuel » Dr. pénal 99 chro. N° 7).

• L'absence de préjudice

Cass. Crim. 26.09.1995 Dr. pénal 996 Comm. 35 :

Après la signature d'un acte de cession de droit au bail, le prévenu avait ajouté une mention en marge. Comme le cessionnaire ne l'avait pas signée, elle lui était inopposable. Les magistrats ont précisé que cette altération n'avait aucune conséquence juridique et ne pouvait causer de préjudice.

D) La mauvaise foi

L'auteur du faux doit avoir agi en connaissance de cause.

Il doit savoir qu'il altère la vérité et que cette altération est susceptible de causer un préjudice (Cass. Crim. 23.11.95 RJDA 4/96 N° 588).

E) Les pénalités

1) Pour les personnes physiques

La peine principale est un emprisonnement de trois ans et une amende de 45 000 €.

Les peines complémentaires que le juge peut prononcer sont :

« *1° L'interdiction des droits civiques, civils et de famille suivant les modalités prévues par l'article 131-26 ;*
2° L'interdiction, suivant les modalités prévues par l'article 131-27, soit d'exercer une fonction publique ou d'exercer l'activité professionnelle ou sociale dans l'exercice ou à l'occasion de l'exercice de laquelle l'infraction a été commise, soit d'exercer une profession commerciale ou industrielle, de diriger, d'administrer, de gérer ou de contrôler à un titre quelconque, directement ou indirectement, pour son propre compte ou pour le compte d'autrui, une entreprise commerciale ou industrielle ou une société commerciale. Ces interdictions d'exercice peuvent être prononcées cumulativement ;
3° L'exclusion des marchés publics ;
4° La confiscation de la chose qui a servi ou était destinée à commettre l'infraction ou de la chose qui en est le produit, à l'exception des objets susceptibles de restitution » (art. 441-10 du CP).

Si l'auteur du faux est un étranger, le tribunal peut prononcer l'interdiction du territoire français.

2) Pour les personnes morales

La peine principale est l'amende.

Les peines complémentaires sont celles prévues pour l'abus de confiance et l'escroquerie.

§2. LES FAUX SPÉCIAUX

Ils se distinguent par la nature de l'écrit falsifié.

A) Les faux en écriture publique ou authentique

L'infraction est prévue et réprimée par l'article 441-4 du Code pénal.

Les magistrats devront relever l'existence d'un faux tel que décrit précédemment dans un document spécifique.

1) La nature de l'écrit falsifié

Il doit s'agir d'une écriture publique ou authentique ou d'un enregistrement ordonné par l'autorité publique.

On distingue quatre catégories d'actes publics ou authentiques.

– *Les actes politiques*

Il s'agit d'écrits émanant des pouvoirs publics : lois, décrets, ordonnances, traités.

– *Les actes judiciaires*

Il s'agit d'actes dressés par des magistrats ou leurs auxiliaires (jugements, arrêts, procès-verbaux de gendarmerie, rapports d'expert désigné en justice...).

– *Les actes administratifs*

Il s'agit d'actes émanant de diverses administrations (actes de l'État civil : expéditions d'actes de naissance et de décès ; diplômes universitaires, listes électorales, etc.)

– *Les actes extrajudiciaires*

Ce sont ceux qui offrent le plus d'exemples. Il s'agit d'actes établis par des officiers publics (notaires, huissiers, greffiers, commissaires-priseurs, courtiers assermentés).

Cass. Crim. 21 février 1978 (B N° 63) :

« Sont constitutives de faux en écriture authentique les fausses déclarations faites dans un acte notarié dressé par un notaire même étranger mais ayant qualité pour le recevoir, relativement à des faits que cet acte avait pour objet de constater, et ce avec l'intention de nuire et l'éventualité d'un préjudice. »

Ont été jugés également comme faux en écritures publiques, les registres de comptabilité tenus par un notaire.

Cass. Crim. 15 janvier 1985 (D 85 IR 254) :

Il peut s'agir également des enregistrements ordonnés par l'autorité publique tels les enregistrements résultant d'écoutes téléphoniques.

2) Les pénalités

Les peines varient en fonction de la qualité de l'auteur.

– Si ce dernier est une personne dépositaire de l'autorité publique ou chargée d'une mission de service public, l'infraction est un crime puni de la réclusion criminelle (quinze ans) et d'une amende de 225 000 €. On retrouve les mêmes peines complémentaires et accessoires que pour le délit de faux analysé précédemment.

– Si l'auteur est un particulier, l'infraction est un délit puni de dix ans d'emprisonnement et 150 000 € d'amende. Les mêmes peines complémentaires et accessoires s'appliquent.

– Si l'auteur est une personne morale, on appliquera les peines prévues pour le faux en général.

B) Les faux dans un document délivré par l'administration publique

L'infraction est prévue et réprimée par l'article 441-2 du Code pénal.

1) La nature de l'écrit falsifié

Il s'agit d'un document délivré pour constater un droit, une identité, une qualité ou qui accorde une autorisation. Sont visés les permis, passeports, cartes d'identité, autorisations de sortie du territoire, carte de séjour...

2) Les pénalités

Il s'agit d'un délit puni de l'emprisonnement (cinq ans) et d'une amende de 75 000 €.

La peine peut être aggravée dans trois cas. La peine d'emprisonnement est de sept ans et la peine d'amende de 100 000 €.

Cette aggravation existe si l'auteur est une personne dépositaire de l'autorité publique ou chargée d'une mission de service public agissant dans l'exercice de ses fonctions.

Elle existe également si l'auteur a réalisé des faux d'une manière habituelle.

Enfin, elle s'applique si l'auteur a falsifié ces documents dans le but de faciliter la commission d'un crime ou de se procurer une impunité.

Il existe une infraction spécifique pour celui qui procure à autrui ces documents falsifiés (article 441-5 du CP) et celui qui les détient frauduleusement (article 441-3 du CP).

C) Les faux certificats et fausses attestations

Il s'agit d'un délit prévu et réprimé aux articles 441-7 et 441-8 du Code pénal.

1) La nature de l'écrit falsifié

Il doit s'agir d'un certificat ou d'une attestation.

Le faussaire a pu l'établir de toute pièce ou falsifier un document existant.

Ces documents doivent faire état de faits matériellement inexacts.

2) Les pénalités

Il existe plusieurs degrés.

La peine est d'un an d'emprisonnement et 15 000 € d'amende. Elle peut être majorée à trois ans d'emprisonnement et à 45 000 € d'amende si l'infraction est commise en vue de porter préjudice au Trésor public ou au patrimoine d'autrui.

D) La falsification d'expertise

Il s'agit d'une infraction prévue et réprimée par l'article 434-20 du Code pénal.

Elle vise à réprimer l'expert qui falsifie dans ses rapports écrits ou ses exposés oraux les données ou les résultats de l'expertise.

La peine principale est de cinq ans d'emprisonnement et 75 000 € d'amende. Elle est majorée à sept ans d'emprisonnement et 100 000 € d'amende lorsqu'elle a été accompagnée d'une corruption. (Cass. Crim. 28 mai 2008 N° 07-84366 Bull. Crim. 2008 N° 133.)

E) Le faux registre du brocanteur ou de l'antiquaire

L'article 321-8 du Code pénal réprime ceux qui insèrent dans leur registre des mentions inexactes. Il s'agit des personnes dont l'activité professionnelle comporte la vente d'objets mobiliers usagés ou acquis à des personnes autres que celles qui les fabriquent ou en font le commerce.

F) Faux chèque ou fausse carte de paiement ou de retrait

L'article L. 163-3 du Code monétaire et financier sanctionne de sept ans d'emprisonnement et 750 000 € d'amende la falsification de chèque ou autre instrument mentionné à l'article L. 133-4.

SECTION II
Les délits d'usage de faux

Chaque délit de faux peut être accompagné d'un délit d'usage de faux. Seront analysés les éléments constitutifs, les pénalités et quelques règles de droit commun.

§1. LES ÉLÉMENTS CONSTITUTIFS

A) L'élément légal

Pour connaître l'article de loi qui réprime l'usage de faux il suffit de se reporter à l'article qui réprime le délit de faux. Ainsi le délit d'usage de faux en général est réprimé par l'article 441-1 du Code pénal ; le délit d'usage de faux en écriture publique ou authentique est réprimé par l'article 441-4 etc.

B) L'élément matériel

Le délit d'usage de faux est une infraction distincte qui peut être poursuivie alors que le délit de faux est prescrit.

Cass. Crim. 13 juin 1978 (B N° 195) :

« *Attendu que le délit de faux en écritures privées était prescrit, pour déclarer le demandeur coupable d'usage de faux, la Cour d'appel énonce que Bonnet a sciemment utilisé et produit en justice, un plan constituant en ses éléments essentiels une reproduction de celui établi par le géomètre Poulain ; que ce document constituait un faux punissable dès lors que le prévenu a revêtu cette reproduction d'une date inexacte et a affirmé faussement en être l'auteur en y apposant sa signature ; que l'usage d'un tel document susceptible de constituer un mode de preuve a été fait par Bonnet, dans l'intention de faire échec à la demande en paiement d'honoraires présentée par Poulain, risquant ainsi de porter préjudice à un tiers.* »

L'usage de faux suppose un acte d'usage portant sur une pièce fausse et causant un préjudice.

1) Un acte d'usage

Le législateur n'a pas défini cette notion. Il peut s'agir de l'utilisation auprès d'une administration publique, d'une banque...

Cass. Crim. 11 décembre 1974 (B N° 366) :

> « *Constitue l'usage d'une pièce fausse le fait de l'utiliser auprès d'une administration publique pour lui faire conférer, par la certification de sa date, une opposabilité aux tiers.* »

Il peut s'agir d'une production en justice.

Cass. Crim. 16.11.1995 RJDA 4/96 N° 587 :

> « *Constituent les délits de faux et d'usage de faux, la fabrication d'un document, par montage photographique, à partir d'une lettre émanant d'un tiers, et sa production en justice, sous forme de photocopie, dès lors que le document ainsi versé aux débats est, comme le relèvent les juges, de nature à avoir une valeur probatoire et à entraîner des effets juridiques.* »

Les magistrats doivent relever un fait positif. A été cassé l'arrêt qui avait relevé que la prévenue « par une abstention coupable, a volontairement laissé produire en justice des contrats de prêts sur lesquels elle avait apposé la signature contrefaite de son époux » (Cass. Crim. 4 novembre 2010 N° 09-88187).

Il peut s'agir d'un usage entre les mains d'un expert (Cass. Crim. 25 nov. 92 GP 2 au 4 mai 93 chro. p. 16).

Il peut s'agir de la présentation d'une attestation falsifiée de réussite pour obtenir une inscription (CA Paris 5 novembre et 12 novembre 1998 Dr. pénal 99 Comm. 66).

2) Un support falsifié

Le document faussé doit répondre aux conditions déjà visées (voir *supra*).

3) Le préjudice

Les juges vont devoir constater dans les mêmes termes que précédemment, l'existence d'un préjudice actuel ou éventuel.

(Voir Cass. Crim. 11.01.1996 D 96 IR 99.)

A été déclaré insuffisamment motivé « *l'arrêt qui pour déclarer un prévenu coupable d'usage de faux, se borne à relever que le prévenu a fait état en justice de reconnaissances de dettes comportant des contre-vérités quant à la cause de la dette dont le paiement était réclamé* » (Cass. Crim. 2 juillet 1980, B N° 210).

C) L'élément moral

L'auteur doit, au moment de l'usage, avoir connaissance de la falsification du support par lui utilisé.

Par exemple : Cass. Crim. 22.02.1995 Dr. pénal 95 Comm. 170 : « *le prévenu n'a pu ignorer la fausseté du reçu dont il s'est servi en connaissance de cause soit pour authentifier les œuvres fausses, soit pour donner une origine crédible aux œuvres authentiques.* »

§2. LES PÉNALITÉS

L'usage de faux est toujours réprimé comme le délit de faux. Il suffit de se reporter aux règles déjà exposées.

§3. DIVERSES RÈGLES DE DROIT COMMUN

Elles s'appliquent aux délits de faux et d'usage de faux.

A) La prescription

Le délit de faux et d'usage de faux sont des infractions instantanées.

Le délai de prescription de l'action publique court du jour où le document a été altéré ou du jour où il a été utilisé.

Dans l'hypothèse d'une qualification criminelle, l'infraction se prescrit par 10 ans ; dans l'hypothèse d'une qualification délictuelle, le faux se prescrit par trois ans.

S'il existe plusieurs utilisations de la pièce fausse, le délai court à compter du dernier usage délictueux.

Ainsi, « *lorsqu'une pièce est présentée de nouveau au cours d'un procès civil, après une reprise d'instance, l'infraction d'usage de faux se reproduit* » (Cass. Crim. 12 novembre 1979, B N° 313).

Voir dans le même sens CA Paris 7 mars 2000 Dr. pénal 2000 Comm. 73.

B) La tentative de faux et d'usage de faux

Elle est réprimée dans les termes du droit commun (voir *supra*).

Le législateur a prévu expressément de réprimer la tentative quand l'infraction est un délit.

C) La complicité

Elle est réprimée selon les articles 121-6 et 121-7 du Code pénal.

Ainsi, a été poursuivi comme complice du délit de faux en écritures privées par instructions données, celui qui a fait établir des procès-verbaux de réunions du conseil d'administration et de l'assemblée générale d'un GIE, alors que les réunions ne s'étaient jamais tenues.

Cass. Crim. 27 janvier 1986 (B N° 34) :

« *Attendu que les motifs de l'arrêt attaqué, tels que reproduits au moyen lui-même, mettent la Cour de cassation en mesure de s'assurer que la Cour d'appel, pour déclarer Jacques Commanay coupable de complicité, par instructions données, des délits de faux en écritures privées retenus à la charge de Jean-Marie Gilson, a caractérisé en tous ses éléments constitutifs l'infraction poursuivie, sans encourir les griefs allégués par le demandeur.* »

Cass. Crim. 22 août 1995 N° 94-82273 Dr. pénal 96 Comm. 2 :

Un associé de SARL a été retenu comme complice pour avoir approuvé par son vote l'établissement d'un faux bilan dont il connaissait les altérations. C'est cette approbation du document falsifié qui a donné au faux sa valeur de titre susceptible de causer un préjudice.

D) Le recel de faux

Il est poursuivi conformément aux règles prévues aux articles 321 et suivants du CP.

Cass. Crim. 26 avril 1983 (B N° 117) :

« *La détention de mauvaise foi de documents obtenus en fournissant de faux renseignements, certificats ou attestations, constitue le délit de recel. Les éléments constitutifs du délit d'usage de documents obtenus à l'aide d'un délit et de celui de recel étant différents, ces deux infractions peuvent être retenues contre la même personne.* »

CHAPITRE IV

Le recel de choses

Avant la loi du 22 mai 1915, le recel n'était pas une infraction autonome. Le receleur était assimilé au complice de l'infraction d'origine.

Ainsi, lorsque le fait principal était prescrit, les complices par recel bénéficiaient également de la prescription. De même, lorsque l'infraction principale était réalisée hors du territoire français, les receleurs français pouvaient recéler en France en toute impunité.

Ces solutions scandaleuses ont conduit le législateur dans une loi du 22 mai 1915, à donner son autonomie au recel qui est devenu une infraction distincte, postérieure à l'infraction d'origine.

Une loi du 30 novembre 1987 est venue renforcer la répression du recel.

Le nouveau Code pénal a conservé cette sévérité. La nouvelle définition du recel ne fait que consacrer la jurisprudence de ces dernières années.

C'est l'article 321-1 du Code pénal qui donne cette définition.

L'auteur peut être une personne morale (Cass. Crim. 19 novembre 2008 N° 07-82789 Bull. Crim. 2008 N° 234).

> *« Le recel est le fait de dissimuler, de détenir ou de transmettre une chose, ou de faire office d'intermédiaire afin de la transmettre, en sachant que cette chose provient d'un crime ou d'un délit.*
> *Constitue également un recel le fait, en connaissance de cause, de bénéficier, par tout moyen, du produit d'un crime ou d'un délit.*
> *Le recel est puni de cinq ans d'emprisonnement et de 375 000 € d'amende. »*

Conçus en termes généraux, les juges ont dû interpréter les éléments constitutifs de l'infraction. La tendance jurisprudentielle va dans le sens d'une grande sévérité. Celle-ci semble trouver sa source dans le vieil adage : « le receleur fait le voleur ».

On retrouve cette sévérité tant au niveau de la qualification : Section I. La sévérité dans la qualification, qu'au niveau de la répression : Section II. La sévérité dans la répression.

SECTION I
La sévérité dans la qualification

Le receleur doit avoir « recélé » une « chose » obtenue à l'aide d'un crime ou d'un délit (§1. Élément matériel), en connaissance de cause (§2. Élément moral).

§1. ÉLÉMENT MATÉRIEL

L'auteur de l'infraction a dû receler une chose provenant d'une infraction.

A) Receler

Ce terme a connu une évolution importante depuis ces dernières années. Il peut s'agir d'une forme classique ou d'une forme plus moderne.

1) Le recel classique

– Le législateur reprend le terme de détention.

Henri Capitant, dans son vocabulaire juridique, illustre cette définition classique :

« Délit qui consiste à détenir de mauvaise foi des choses obtenues par autrui à l'aide d'un crime ou d'un délit. »

Ce terme de détention est toujours utilisé par les juges quand le receleur a appréhendé matériellement l'objet du délit.

Cass. Crim. 12 mai 1970 (B N° 162) :

« La détention de mauvaise foi de documents obtenus a l'aide d'un délit de faux, constitue un recel de faux. »

Dans le même sens,

Cass. Crim. 12 janvier 1981 (B N° 15) :

« *Se rend coupable de recel de vol, une personne qui détient la photocopie d'un document confidentiel dont elle sait qu'il a été frauduleusement soustrait à un tiers.* »

La forme selon laquelle la réception s'est faite (achat, don, gage, louage...) et le temps de détention, importent peu. Ainsi, il a été jugé que constitue un recel, le fait de recevoir des fonds en paiement d'une dette non contestable, le créancier ayant connaissance de la provenance frauduleuse des fonds. Le titre en vertu duquel la chose est détenue n'a pas alors à être pris en considération.

Cass. Crim. 1er octobre 1980 (D 81 IR 144) :

« *Se rend coupable de recel le Conseil Juridique qui, sachant par la mission qui lui avait été confiée que la société était en état de cessation des paiements, a accepté de recevoir, durant plusieurs années, des émoluments en pleine connaissance de ce que les fonds reçus étaient obtenus au moyen d'un délit assimilé à la banqueroute simple.* »

– Il faut y ajouter la dissimulation et la transmission de la chose.

Dans ce dernier cas, s'il y a un intermédiaire, il pourra faire l'objet d'une poursuite pour recel.

Il n'est pas nécessaire qu'il y ait une détention matérielle.

A été sanctionné celui qui est intervenu dans la négociation du produit du vol (Cass. Crim. 30 novembre 1999 Dr. pénal 2000 Comm. 55).

2) Le recel-profit

Peu à peu s'est dégagée l'idée que la notion de détention était par trop restrictive.

La notion de recel-profit est apparue nettement dans un arrêt de la Cour de cassation du 9 juillet 1970. B N° 236 (annoté au Dalloz par Littmann, D 71.3 et au JCP par Benabent, JCP 71. II.16616).

Les faits étaient les suivants :

Un individu R. avait soustrait frauduleusement un véhicule en stationnement pendant que son camarade l'attendait à proximité. Ce dernier avait alors pris place à bord du véhicule dont il connaissait la provenance frauduleuse. Il fut poursuivi et condamné pour recel de vol.

« *Conçu en termes généraux, l'article 460 du Code pénal atteint tous ceux qui, en connaissance de cause, ont, par un moyen quelconque, bénéficié du produit d'un crime ou d'un délit.*
Commet le délit de recel celui qui, en se faisant transporter dans une voiture qu'il savait volée, a bénéficié personnellement du produit du vol. »

Une grande partie de la doctrine a pensé qu'il s'agissait d'un arrêt isolé.

Cette décision pourtant constituait une évolution dans la jurisprudence.

Cette nouvelle définition trouve principalement son intérêt dans l'hypothèse où la chose obtenue à l'aide de l'infraction préalable est un bien immatériel sur lequel aucun acte de détention n'est envisageable.

Cass. Crim. 7 novembre 1974 (B N° 323) :

« *L'article 460 du Code pénal, conçu en termes généraux, atteint tous ceux, qui en connaissance de cause, ont bénéficié du produit d'un crime ou d'un délit ; que par suite se rend coupable du délit de recel celui qui accueille en connaissance de cause des renseignements communiqués sur un secret de fabrique et les a mis en œuvre.* »

Le nouveau Code pénal a consacré cette jurisprudence.

A été sanctionné un concubin qui a bénéficié des sommes remises à sa concubine au titre de salaires fictifs et d'indemnités de maladie (Cass. Crim. 23 novembre 2010 N° 10-82323 Dr. pén. 2011 Comm. 30).

B) Les choses recélées

Le texte précise qu'il doit s'agir d'une chose qui provient d'un crime ou d'un délit.

Pour que l'infraction soit punissable, les juges vont devoir constater l'existence d'une infraction originaire.

1) L'origine de la chose

Le législateur ne donne aucune précision sur les infractions devant précéder le recel.

Il doit s'agir d'un crime ou d'un délit. Il peut s'agir du vol, de l'abus de confiance, de l'escroquerie.

On peut citer d'autres exemples :

– Le recel *d'abus de biens sociaux.*

Cass. Crim. 3 mai 1982 (N° 110) :

« *Constitue le délit de recel, le fait de s'approprier en connaissance de cause des actions dont la valeur patrimoniale se trouve améliorée par l'incorporation d'actifs provenant d'abus de biens sociaux connus du prévenu.* »

(Voir dans le même sens Cass. Crim. 8 avril 2010 N° 09-85520 Bull. Crim. 2010 N° 62).

– Le recel d'escroquerie en bande organisée (Cass. Crim. 2 juin 2010 N° 09-82013 Bull. Crim. 2010 N° 99).

– Le recul de favoritisme (Cass. Crim. 15 mai 2008 N° 07-88369 Bull. Crim. 2008 N° 121).

– Le recel *de délit de banqueroute* (Cass. Crim. 1er octobre 1980, D 81 IR 144, déjà cité).

– Le recel *de contrefaçons de sceaux, timbres ou marques de l'autorité* (Cass. Crim. 10 juillet 1969 D 69.546).

– Le recel *de faux et d'usage de faux*
Cass. Crim. 7 avril 1986 (JCP 86.IV.163) :

« *Le directeur d'une agence de banque qui, connaissant le caractère fictif d'une société dont le seul rôle est de délivrer de fausses factures pour couvrir les activités illégales d'ateliers clandestins, accepte en échange de sommes d'argent qui lui sont versées à l'insu et sans le consentement de la banque, que soient versées sur le compte de cette société ouvert dans son agence, des remises de chèques immédiatement suivies de décaissement en numéraires du montant des chèques, se rend coupable de recel de sommes provenant d'usage de faux et de corruption passive d'employé.* »

– Le défaut de précision de la nature de l'infraction d'origine dans l'affaire dite des « écoutes de l'Élysée », deux journalistes ont été condamnés pour avoir reproduit dans un ouvrage en fac similé un certain nombre de fiches d'écoutes faisant partie du dossier de l'instruction.

Il n'a pas été possible de prouver la nature de l'infraction d'origine. Il pouvait s'agir d'un délit de violation du secret de l'instruction ou de violation du secret professionnel. Les juges ont retenu que la provenance des documents était nécessairement délictuelle (Cass. Crim. 19 juin 2001 N° 99-85 188 Bull. Crim. 2001 N° 149 RTD Com. 2002 178 obs. B Bouloc).

2) L'objet du recel

Le législateur parle de « choses ».
La nature de la chose importe peu. Il peut s'agir :

– De fonds
Cass. Crim. 13 janvier 1977 (B N° 19) :

« *Attendu qu'il résulte des énonciations de l'arrêt attaqué que Lafont avait, au moins au cours de l'exécution de la convention, connu l'existence de l'infraction et n'en avait pas moins continué à assurer le recouvrement et la répartition des fonds escroqués à T. et à percevoir la commission convenue sur les effets souscrits par ce dernier.* »

– *D'actions* (Cass. Crim. 3 mai 1982, N° 110 précité)

– *De documents* (Cass. Crim. 27 mai 1981, B N° 175 précité, où il s'agissait du recel d'une photocopie dont l'origine était frauduleuse) (Cass. Crim. 3.04.1995 D 95 IR 107 sanctionnant un recel de photocopies d'avis d'imposition).

– *De pièces d'or* (Cass. Crim. 10 juillet 1969, D 69.546 précité)

– *De lots de bétail*
Cass. Crim. 3 octobre 1972 (D 72.718) :

« *Dès lors que les juges énoncent qu'un individu a sciemment recélé des lots de bétail dont il n'ignorait pas la provenance frauduleuse, bien qu'il ressorte des faits qu'il s'est rendu coupable de recel de choses obtenues à l'aide de chèques sans provision et non de recel d'escroquerie.* »

– *De boissons*
Cass. Crim. 24 octobre 1979 (Dalloz 82.430) :

« *Justifie également sa décision, l'arrêt qui, pour déclarer le prévenu coupable de recel, relève qu'il a consommé des produits (boissons alcoolisées) qu'il savait provenir de la soustraction frauduleuse opérée par une personne qui les lui avait offertes et était partie sans payer, au préjudice du gérant de l'établissement.* »

– *De créances*, Cass. Crim. 18.01.1988 B N° 22 :

« *se rend coupable de recel d'escroquerie l'associé qui, en connaissance de cause de la situation financière exacte de la société, devient, grâce au gérant de celle-ci, propriétaire de la créance du prix de cession de ses parts, l'escroquerie commise par le gérant, auteur de l'infraction, ayant porté, non sur des fonds non remis par la victime, mais sur la souscription par elle d'une obligation d'achat.* »

– De disquettes comportant des fichiers informatiques (Cass. Crim. 30 septembre 2008 N° 07-82249 B N° 197).

En revanche, cette chose ne peut pas être une simple information. La Chambre criminelle en a affirmé le principe en 1995.

Cass. Crim. 3.04.1995 Dr. pénal 95 Comm. 175 et D 95 Som. Com. 320 : « *une information, quelle qu'en soit la nature ou l'origine, échappe aux prévisions tant de cet article 460 que de l'article 321-1 du Code pénal entré en vigueur le 1.03.94* ».

Il faut pourtant préciser que des condamnations ont été prononcées avant cet arrêt (Cass. Crim. 7 novembre 1974 N° 72-93034 Bull. Crim. 1974 N° 323 pour l'utilisation d'un secret de fabrique), mais aussi après. On peut citer un arrêt du 20 juin 2006 (N° 05-86491) ayant sanctionné le fait d'utiliser des informations tirées de fichiers informatiques en violation de l'article 226-21 du CP.

Quelle est la position des magistrats envers les journalistes qui diffusent des informations dont l'origine est frauduleuse (violation du secret de l'enquête, violation du secret de l'instruction, violation du secret professionnel) ?

On peut citer trois règles.

Première règle : la recherche de l'infraction d'origine.

En cas d'incertitude les magistrats ne peuvent pas condamner : Cass. Crim. 4 décembre 2007 (Bull. Crim. 2007 N° 302 Dr. pén. 2008 Comm. 37 obs. M. Véron).

Deuxième règle : la diffusion d'un document interdit (recel de document). Il peut s'agir de certains passages du dossier d'instruction (Cass. Crim. 19 juin 2001 N° 99-85188 Bull. Crim. 2001 N° 149 ; Cass. Crim. 12 juin 2006 N° 06-87361 Dr. pén. 2007 Comm. 143) ou d'un élément de l'enquête judiciaire (Cass. Crim. 25 octobre 2005 N° 05-81457 Bull. Crim. 2005 N° 268).

Troisième règle : l'absence de fait justificatif.

L'article 35 de la loi du 29 juillet 1881 précise en son dernier alinéa :

« *Le prévenu peut produire pour les nécessités de sa défense, sans que cette production puisse donner lieu à des poursuites pour recel, des éléments provenant d'une violation du secret de l'enquête ou de l'instruction ou de tout autre secret professionnel s'ils sont de nature à établir sa bonne foi ou la vérité des faits diffamatoires.* »

(Voir Cass. Crim. 19 janvier 2010 N° 09-84 408 Bull. Crim. 2010 N° 12.)

§2. ÉLÉMENT MORAL

L'élément intentionnel de l'infraction consiste dans la connaissance de l'origine frauduleuse des objets recélés.

Les juges vont devoir rechercher cette intention (A. Son appréciation) et confronter les règles du Droit pénal avec celles du Droit civil (B. La confrontation des règles du Droit civil avec celles du Droit pénal).

A) Son appréciation

1) Le principe

Le législateur a prévu de façon expresse la connaissance par le receleur de l'origine frauduleuse des objets recélés.

2) Ses applications

L'élément intentionnel est apprécié souverainement par les tribunaux au vu des éléments de preuve soumis aux débats (Cour de cassation, 2 mai 1983, N° 122).

La connaissance de l'origine frauduleuse suffit même si le receleur n'a pas connu les détails sur le déroulement de l'infraction d'origine.

Cass. Crim. 22 avril 1977 (B N° 131) :

> « *Est punissable le receleur qui a eu connaissance de la provenance délictueuse des fonds qu'il détenait, même s'il a ignoré les circonstances précises du crime ou du délit par lequel ont été obtenus les objets recélés ou la personne au préjudice de laquelle ce crime ou ce délit a été commis.* »

Les juges vont devoir rechercher cette mauvaise foi.

Ainsi, faute d'élément intentionnel, la Cour d'appel de Paris dans un arrêt du 30 juin 1977 (D 78.325) a relaxé le prévenu :

> « *Qu'en effet, le droit de disposer des fonds portés en compte, l'un des attributs du droit de propriété et de détention, n'appartient qu'au titulaire du compte, à l'exclusion du banquier dont le rôle se limite à l'inscription d'une écriture au crédit ou au débit du compte ; qu'il n'en serait autrement que si, se substituant au titulaire du compte et en connaissance de leur provenance frauduleuse, le banquier les affectait d'office au crédit d'un compte à découvert, en devenant ainsi indirectement l'un des bénéficiaires ; qu'en l'espèce présente, les ordres de virement signés sans date, n'ont pas été utilisés ainsi qu'il a été vu et il n'est pas établi, en dépit des accusations de Lipsky que les dirigeants des banques incriminées aient pris l'initiative d'affecter partie des fonds du Patrimoine Foncier à l'apurement des avances consenties par elles aux sociétés commerciales de Lipsky ; que les éléments du délit de recel ne sont pas réunis en l'espèce.* »

Les juges vont pouvoir déduire la mauvaise foi de diverses constatations.

Ont été reconnus comme indices :

– Un prix anormalement bas
Cass. Crim. 16 octobre 1974 (GP 1975. I. SOM 40) :

« *Caractérise tous les éléments constitutifs du délit de recel de vol retenu à la charge d'un antiquaire, l'arrêt qui énonce que la mauvaise foi du prévenu, lequel a acheté des meubles anciens volés, résulte d'achats répétés à vil prix à un jeune homme accompagné de deux individus présentant l'aspect de nomades, dépourvu de compétence technique en matière d'antiquité, se disant marchand de biens sans fournir de référence, et percevant les fonds en espèces sans se réserver une preuve bien qu'il ait prétendu agir en qualité de mandataire.* »

– Les liens unissant l'auteur de l'infraction d'origine et le receleur Cass. Crim. 9 mai 1974 (B N° 436) :

« *Déclarent dès lors à bon droit un mari coupable du délit de recel, les juges du fond qui énoncent qu'il n'a pu ignorer les agissements de sa femme en raison du train de vie de celle-ci, dont il a profité directement et qui ne pouvait à l'évidence correspondre à leurs gains professionnels, et qu'il n'a pas le moindre doute sur les indélicatesses d'ordre pécuniaire dont sa femme s'est rendue coupable et sur l'origine des sommes très importantes qu'elle déposait à leur domicile commun.* »

Les juges ont également retenu la mauvaise foi d'une prévenue qui vivait maritalement avec l'auteur de l'abus des biens sociaux et qui était chef de service de la société victime (Cass. Crim. 3 mai 1982, B N° 110, déjà cité).

A été condamné un avocat ayant accepté un chèque sans ordre provenant d'une escroquerie et transmis à un confrère pour encaissement « pour en dissimuler l'origine frauduleuse ».

(Cass. Crim. 11 février 2009 N° 07-86705 Dr. pén. 2009 Comm. 52).

– Des indications mensongères sur l'origine de la chose (Cass. Crim. 30 octobre 1962, B N° 298)

– La qualité de l'auteur (Cass. Crim. 5 mai 93 GP 6 et 7 octobre 93 chro. p. 10) :

« *Qu'en sa qualité d'antiquaire, il ne pouvait douter de leur origine frauduleuse dès lors que celui qui les lui proposait, « simple chineur », n'avait aucune raison professionnelle de détenir des objets aussi rares ; qu'elle ajoute qu'il ne devait pas se satisfaire d'une attestation dont il n'a pas vérifié l'authenticité alors qu'il lui était facile de contrôler la provenance de ces livres ; qu'elle en déduit la mauvaise foi du prévenu.* »

Dans l'affaire des « écoutes de l'Élysée » déjà citée, les magistrats ont relevé que le professionnalisme des journalistes ne pouvait leur permettre d'ignorer la situation délictuelle dans laquelle ils se plaçaient (Cass. Crim. 19 juin 2001 déjà cité.)

B) La confrontation des règles du Droit civil avec celles du Droit pénal

Il est fréquent que les diverses branches du droit se mêlent les unes aux autres.

Un problème a été posé aux juges : doit-on considérer de bonne ou mauvaise foi celui qui s'est procuré une chose de bonne foi et qui est averti *a posteriori* de son origine frauduleuse ?

Ce problème dit du recel à retardement a soulevé une véritable polémique.

La solution en Droit civil est posée à l'article 2276 du Code civil qui précise :

« *En fait de meubles, la possession vaut titre.*
Néanmoins, celui qui a perdu ou auquel il a été volé une chose peut la revendiquer pendant trois ans, à compter du jour de la perte ou du vol, contre celui dans les mains duquel il la trouve ; sauf à celui-ci son recours contre celui duquel il la tient. »

Ainsi, peut invoquer l'article 2276 du Code civil, tout possesseur de bonne foi qui a cru, à son entrée en possession, que le bien lui était remis par son légitime propriétaire.

Cette règle ne souffre que deux exceptions prévues à l'alinéa 2 : la chose a été volée ou perdue. Dans ces deux cas, le possesseur n'est qu'un propriétaire en puissance puisque pendant le délai de trois ans, le véritable propriétaire peut revendiquer la chose entre ses mains.

Les juges civils exigent que la possession soit paisible, publique, ni précaire et ni équivoque.

Seule compte en Droit civil, la bonne foi au moment de l'acquisition.

Quelle solution doivent donner les juges correctionnels face à une personne dont la bonne foi initiale est incontestable et qui apprend par la suite l'origine frauduleuse de la chose ?

On doit distinguer deux étapes dans le temps.

1) Première étape : la bonne foi contestée

Dans un arrêt de la Chambre criminelle de la Cour de cassation en date du 7 juillet 1944 (B N° 157. JCP 47. II.3410), les juges ont condamné comme receleur, l'acquéreur de bonne foi d'un cheval qui avait appris quelques mois après l'opération que le vendeur n'était pas le véritable propriétaire (abus de confiance).

Dans cette décision, les juges consacraient l'autonomie complète du Droit pénal au regard du Droit civil.

Cass. Crim. 7.07.1944 N° 157 :

« *Le recel ne consiste pas seulement dans le fait de recevoir sciemment une chose enlevée, détournée ou obtenue à l'aide d'un crime ou d'un délit : il est également caractérisé par le fait de conserver la détention d'une chose de provenance délictuelle ou criminelle après avoir acquis la connaissance de cette provenance.* »

En revanche, devant un Tribunal Civil, le possesseur de bonne foi pouvait invoquer l'article 2279 du Code civil. Le § 2 de cet article ne pouvait lui être opposé quand il s'agissait d'un abus de confiance, seul le vol ou la perte étant prévus par le législateur.

Cette solution très rigoureuse a été reprise à diverses occasions

Cass. Crim. 16 décembre 1969 (D 70 SOM 72) :

« *Il suffit, pour que le recel, délit continu, tombe sous le coup de la loi que le vice inhérent à l'objet recelé ait été connu du receleur à un moment quelconque de la période pendant laquelle il en est resté détenteur.* »

Cette rigueur, totalement incompatible avec les règles du Droit civil, ne pouvait être maintenue.

2) Seconde étape : la bonne foi consacrée

Le revirement de jurisprudence est intervenu dans un arrêt du 24 novembre 1977 (D 78 J 42, note Kehrig).

Il s'agissait d'un sieur Pelegrin qui avait acheté à Carpentier, courant avril 1974, un véhicule automobile. Carpentier a été condamné le 26 février 1975 pour avoir escroqué ce véhicule à Baret, le propriétaire originaire.

Pelegrin a été mis en demeure par Baret de restituer le véhicule et sommé par le Procureur de la République.

Il a refusé de s'exécuter en invoquant l'article 2279 du Code civil (2276 du Code civil depuis une loi du 17 juin 2008). Il a été poursuivi du chef de recel, condamné par la Cour d'appel. La Cour de cassation a cassé cet arrêt aux motifs que :

« *L'acquéreur d'un bien mobilier ne saurait être déclaré coupable de recel lorsque la régularité de sa possession et sa bonne foi impliquent la réunion des conditions d'application de l'article 2279 alinéa 1er du Code civil.* »

« *Doit être cassé l'arrêt qui, pour déclarer le prévenu coupable de recel, retient que s'il avait pu penser qu'il avait fait une acquisition régulière d'un véhicule, il avait commis le délit reproché en persistant à vouloir le conserver lorsqu'il avait eu connaissance de son origine frauduleuse, en dépit des sommations qui lui étaient faites de restituer.* »

Ainsi, les acquéreurs qui ont été initialement de bonne foi, verront désormais leur responsabilité pénale exonérée.

Cette solution a été reprise par les juges dans un arrêt du 24 janvier 1978 (B N° 27) :

« *Le créancier qui a reçu de bonne foi, en paiement, une somme d'argent qui lui était due, en devient immédiatement propriétaire. Il ne peut, dès lors, être déclaré coupable de recel s'il apprend par la suite qu'elle avait une origine frauduleuse.* »

Les juges correctionnels comme les juges civils, apprécient toutefois avec rigueur la bonne foi du possesseur.

Cass. Crim. 3 décembre 1984 (D 85 IR 186) :

« *Dès lors, c'est à bon droit qu'une Cour d'appel a déclaré de mauvaise foi un prévenu antiquaire qui se prévalait des dispositions de l'article 2279 alinéa 1er du Code civil, au motif que, agissant en qualité de professionnel et non de simple particulier, il n'a pas respecté, à l'occasion d'un achat de biens mobiliers, les obligations mises à sa charge par le décret du 29 août 1968, article 2, § 2, qui impose l'inscription de l'opération sur un registre et la production d'une carte d'identité par le vendeur.* »

Le revirement de jurisprudence opéré par les juges correctionnels ne peut être qu'approuvé puisqu'il consacre la mise en harmonie des règles du Droit civil et du Droit pénal.

SECTION II
La sévérité dans la répression

Il existe des règles spécifiques relatives aux pénalités et aux poursuites dont la particularité tient au fait que le recel ne peut exister sans infraction préalable.

§1. LES PÉNALITÉS

Il faut distinguer d'une part la peine spécifique du recel (A) et d'autre part la peine prévue pour l'infraction principale (B).

A) La peine spécifique du recel

1) La peine principale

– En cas de recel simple, la peine principale est un emprisonnement de cinq ans et une amende de 375 000 €.

Cette amende peut être relevée jusqu'à la moitié de la valeur des objets recelés.

– En cas de recel aggravé, l'emprisonnement peut être porté à dix ans et l'amende à 750 000 €. Il existe deux cas d'aggravation.

Premier cas d'aggravation : le recel a été commis de manière habituelle ou a été réalisé en utilisant les facilités que procure l'exercice d'une activité professionnelle.

Second cas d'aggravation : le recel a été commis en bande organisée.

Les personnes morales peuvent être déclarées responsables.

La peine principale est l'amende (le taux maximum de l'amende est toujours égal au quintuple de celui prévu pour les personnes physiques).

2) Les peines complémentaires

Elles sont nombreuses dans le Code pénal.

Pour les personnes physiques, elles sont prévues à l'article 321-9 du Code pénal.

« 1° L'interdiction des droits civiques, civils et de famille, suivant les modalités prévues par l'article 131-26 ;

2° L'interdiction, suivant les modalités prévues par l'article 131-27, soit d'exercer une fonction publique ou d'exercer l'activité professionnelle ou sociale dans l'exercice ou à l'occasion de l'exercice de laquelle l'infraction a été commise, cette interdiction étant définitive ou provisoire dans les cas prévus aux articles 321-2 et 321-4 et pour une durée de cinq ans au plus dans les cas prévus aux articles 321-1, 321-6, 321-7 et 321-8, soit d'exercer une profession commerciale ou industrielle, de diriger, d'administrer, de gérer ou de contrôler à titre quelconque, directement ou indirectement, pour son propre compte ou pour le compte d'autrui, une entreprise commerciale ou industrielle ou une société commerciale. Les interdictions peuvent être prononcées cumulativement ;

3° La fermeture des établissements ou de l'un ou de plusieurs des établissements de l'entreprise ayant servi à commettre les faits incriminés, cette fermeture étant définitive ou temporaire dans les cas prévus aux articles 321-2 et 321-4 et pour une durée de cinq

ans au plus dans les cas prévus aux articles 321-1, 321-6, 321-7 et 321-8 ;
4° L'exclusion des marchés publics à titre définitif ou temporaire dans les cas prévus aux articles 321-2 et 321-4 et pour une durée de cinq ans au plus dans les cas prévus aux articles 321-1, 321-6, 321-7 et 321-8 ;
5° L'interdiction, pour une durée de cinq ans au plus, d'émettre des chèques autres que ceux qui permettent le retrait de fonds par le tireur auprès du tiré ou ceux qui sont certifiés ;
6° La confiscation de la chose qui a servi ou était destinée à commettre l'infraction ou de la chose qui en est le produit, à l'exception des objets susceptibles de restitution ;
7° La confiscation d'une ou de plusieurs armes dont le condamné est propriétaire ou dont il a la libre disposition ;
8° L'interdiction de séjour, suivant les modalités prévues par l'article 131-31, dans les cas prévus aux articles 321-1 à 321-4 ;
9° L'affichage ou la diffusion de la décision prononcée dans les conditions prévues par l'article 131-35 ;
10° l'obligation d'accomplir un stage de responsabilité parentale, selon les modalités fixées à l'article 131-35-1. »

Peuvent être ajoutées les peines complémentaires encourues pour les crimes et les délits dont provient le bien recelé.

Si l'auteur est une personne morale, les peines prévues à l'article 131-39 (voir *supra*) peuvent s'appliquer.

B) La peine prévue pour l'infraction principale

Quand l'infraction qui a servi à procurer l'objet du recel est punie d'une peine privative de liberté d'une durée supérieure à celle prévue pour le recel (emprisonnement de cinq ou de dix ans), le receleur se verra appliquer un autre régime de peines (art. 321-4 du nouveau CP).

– Si l'infraction ne s'est pas accompagnée de circonstances aggravantes, le receleur sera puni des peines prévues pour l'infraction principale dont il a eu connaissance.

– Si l'infraction s'est accompagnée de circonstances aggravantes, le receleur sera puni des peines attachées aux circonstances aggravantes dont il a eu connaissance.

Dans les deux situations les juges pourront y ajouter une amende (celle prévue pour le recel) ainsi que les peines complémentaires sus-énoncées.

(Voir chronique de G. Roujou de Boubée : « Du receleur professionnel au professionnel receleur » (D 88, p. 296).)

Au regard de la récidive, le recel est assimilé à l'infraction dont provient le bien recelé.

§2. LES POURSUITES

Le recel est une infraction continue et qui conserve un lien de connexité avec l'infraction d'origine.

Ces deux particularités ont des conséquences spécifiques.

A) La continuité

Le recel est une infraction continue. L'infraction se perpétue tant que dure la détention du bien.

La prescription de l'action publique ne court que du jour ou l'activité délictueuse ou criminelle prend fin.

Si le recel est qualifié crime, le délai de prescription est de dix ans.

S'il est qualifié de délit, il est de trois ans.

Cass. Crim. 17 mai 1983 (B N° 143) :

> « *Le recel prend fin lorsque le receleur se libère de l'objet recélé entre les mains d'un tiers de bonne foi ; tel est le cas lorsqu'il s'agit d'un document et qu'il est produit en justice.* »

Il existe une particularité pour le délit de recel d'abus de biens sociaux.

Elle est liée à la spécificité de la prescription du délit d'origine. Le délai court, en cas de dissimulation, du jour où l'abus est apparu et a pu être constaté dans des conditions permettant l'exercice de l'action publique.

Par voie de conséquence, les juges ont décidé que le recel d'abus de biens sociaux ne pouvait commencer à se prescrire avant ce jour (Cass. Crim. 6.02.1997 Dr. pénal 97 Comm. 61).

B) La connexité

Le recel est un délit connexe à l'infraction d'origine. Cette connexité est précisée à l'article 203 du Code de procédure pénale.

> « *Les infractions sont connexes soit lorsqu'elles ont été commises en même temps par plusieurs personnes réunies, soit lorsqu'elles ont été commises par différentes personnes, même en différents temps et en divers lieux, mais par suite d'un concert formé à l'avance entre elles, soit lorsque les coupables ont commis les unes pour se procurer les moyens de commettre les autres, pour en faciliter, pour en consommer l'exécution, ou pour en assurer l'impunité, soit lorsque des choses enlevées, détournées ou obtenues à l'aide d'un crime ou d'un délit ont été, en tout ou en partie, recélées.* »

Ce lien de connexité a divers effets sur la procédure et sur la solidarité.

1) Connexité et procédure

– la compétence

L'article 382 alinéa 3 du Code de procédure pénale étend la compétence du Tribunal correctionnel « *aux délits et contraventions connexes au sens de l'article 203* ».

De même, la Chambre de l'instruction est habilitée à saisir la Cour d'assises d'une infraction qualifiée crime ainsi que des infractions connexes :

« *Elle peut saisir également cette juridiction des infractions connexes.* »

– la jonction des procédures

L'article 387 du CPP précise :

« *Lorsque le tribunal est saisi de plusieurs procédures visant des faits connexes, il peut en ordonner la jonction soit d'office, soit sur réquisition du Ministère Public, ou à la requête d'une des parties.* »

2) Connexité et solidarité

L'article 480-1 du CPP précise :

« *Les personnes condamnées pour un même délit sont tenues solidairement des restitutions et des dommages et intérêts. En outre, le tribunal peut, par décision spéciale et motivée, ordonner que le prévenu qui s'est entouré des coauteurs ou de complices insolvables sera tenu solidairement des amendes.* »

On retrouve cette règle en matière criminelle à l'article 375-2 du CPP.

La solidarité peut s'appliquer même si le receleur n'a reçu qu'une partie des objets provenant de l'infraction originaire.

Cass. Crim. 20 mars 1985 (B N° 120) :

« *Le receleur qui n'a reçu qu'une partie des objets provenant du délit est solidairement responsable avec l'auteur principal de la totalité des dommages et intérêts.* »

Toutefois, le receleur n'est solidairement responsable avec l'auteur principal de la totalité des dommages et intérêts que si sont remplies les deux conditions suivantes.

• Première condition : *les juges rapportent la preuve du lien de connexité*

Cass. Crim. 20 octobre 1982 (D 83 IR 232) :

« *Pour condamner le receleur à la totalité des dommages et intérêts solidairement avec l'auteur des infractions, les juges ont l'obligation d'établir qu'il y avait connexité entre ces infractions dont le receleur n'a pas bénéficié et le recel qu'il a commis.* »

• Seconde condition : *la condamnation doit s'appliquer tant à l'auteur identifié qu'au receleur*

Cass. Crim. 2 février 1982 (B N° 37) et Cass. Crim. 10.05.1988 (B N° 204) :

« *Le receleur qui n'a reçu qu'une partie des objets provenant du délit n'est solidairement responsable avec l'auteur principal de la totalité des dommages et intérêts correspondant à la réparation du préjudice total subi par la victime qu'à la condition que la condamnation s'applique tant à l'auteur identifié du délit qu'au receleur.* »

3) Connexité et divisibilité

Le lien de connexité n'est pas un lien indivisible. Aussi, chaque infraction conserve sa propre identité.

– L'indépendance des prescriptions :

L'infraction qui a procuré la chose peut être prescrite sans que l'infraction de recel le soit.

Cass. Crim. 16 juillet 1964 (D 64.664) :

« *Le recel étant une infraction continue, la prescription de l'action publique ne court que du jour où il a pris fin, alors même qu'à cette date l'infraction qui a procuré la chose serait déjà prescrite.* »

De même, en cas d'amnistie, si le recel se prolonge après l'entrée en vigueur de la loi d'amnistie, l'infraction reste punissable.

– L'auteur de l'infraction d'origine est resté inconnu

Cass. Crim. 10 octobre 1972 (B N° 277) :

« *Le recel est également caractérisé quand bien même les circonstances du délit d'où provient l'objet recelé n'ont pas été entièrement éclaircies et quand bien même l'auteur en serait resté inconnu.* »

– le receleur peut être poursuivi comme complice de l'infraction principale

Cass. Crim. 25 avril 1974 (B N° 152) :

« *Rien ne s'oppose à ce que celui qui a été reconnu coupable d'avoir participé en qualité de complice à un abus de biens sociaux puisse être également retenu comme receleur des sommes provenant de ce détournement : s'agissant de faits distincts ces deux déclarations de culpabilité ne sont pas inconciliables.* »

(Voir dans le même sens Cass. Crim. 10 octobre 1996 Dr. pénal 97 Comm. 48.)

En revanche, il a été jugé que constituent des qualifications exclusives l'une de l'autre, celles de vol, d'abus de confiance et de recel.

Cass. Crim. 6 juin 1979 (B N° 193) :

« *Un même fait ne peut donner lieu à une double inculpation et celui qui a frauduleusement soustrait ou détourné un objet ne peut, en même temps être inculpé comme receleur du même objet. Les qualifications de vol et d'abus de confiance d'une part, et celles de recel d'autre part, sont exclusives l'une de l'autre.* »

On retient une règle différente en matière de blanchiment où l'article 324-1 du CP est applicable *« à l'auteur du blanchiment du produit d'une infraction qu'il a lui même commise »* (Cass. Crim. 20 février 2008 N° 07-82977 Bull. Crim. 2008 N° 43).

– Le receleur peut être poursuivi même si l'auteur de l'infraction d'origine n'a pas encore été condamné (Cass. Crim. 4 janvier 1963, B N° 5).

4) Connexité et compétence

Selon l'article 113-2 du CP, il suffit pour que l'infraction soit réputée commise sur le territoire de la république qu'un de ses faits constitutifs ait eu lieu sur le territoire.

Faut-il considérer que l'infraction d'origine est un élément constitutif du délit ? C'est la tendance jurisprudentielle qu'on peut regretter : Cass. Crim. 26 septembre 2007 N° 07-83829 (Bull. Crim. 2007 N° 224 Dr. pén. 2007 Comm. 150 obs. M. Véron et D 2008 J 1179 note Rebut).

C) Prescription

Le recel est un délit continu dont la prescription ne court qu'à compter du jour où il prend fin.

Une personne mise en examen pour avoir recelé des actions obtenues au moyen de bordereaux de cession, argués de faux n'a pu être poursuivie. Elle avait cessé de détenir ces actions litigieuses plus de trois ans avant le dépôt de la plainte (Cass. Crim. 18 novembre 2009 N° 09-81097).

Si la victime est vulnérable, le délai sera retardé au jour de la découverte de l'infraction (article 8 du CPP modifié par la loi du 14 mars 2011).

D) Délits voisins

A côté du recel de droit commun, il existe divers recels spéciaux dont la particularité tient, soit à l'existence de circonstances particulières, soit à celle d'une chose déterminée.

1) L'existence de circonstances particulières

– Le recel des biens du débiteur en redressement ou en liquidation judiciaire : articles L. 654-9 1° et L. 654-10 du Code de commerce (voir *infra*).

– Le recel du majeur vivant avec un mineur : article 321-6-1 du CP.

2) Le recel de choses déterminées

a) Le recel des personnes

– Le recel de cadavres
L'article 434-7 du Code pénal réprime :

« *Le fait de receler ou de cacher le cadavre d'une personne victime d'un homicide ou décédée des suites de violences est puni de deux ans d'emprisonnement et de 30 000 € d'amende.* »

– le recel de délinquants
L'article 434-6 du nouveau Code pénal réprime :
« *Le fait de fournir à la personne auteur ou complice d'un crime un logement, un lieu de retraite, des subsides, des moyens d'existence ou tout autre moyen de la soustraire aux recherches ou à l'arrestation est puni de trois ans d'emprisonnement et de 45 000 € d'amende. Les peines sont portées à cinq ans d'emprisonnement et à 75 000 € d'amende lorsque l'infraction est commise de manière habituelle.*
Sont exceptés des dispositions qui précèdent :
1° Les parents en ligne directe et leurs conjoints, ainsi que les frères et sœurs et leurs conjoints, de l'auteur ou complice du crime ;
2° Le conjoint de l'auteur ou du complice du crime, ou la personne qui vit notoirement en situation maritale avec lui. »

b) Le recel de document

Le recel de documents de nature à faciliter la recherche d'une infraction.

L'article 434-4-2° du Code pénal réprime.

« *Le fait de détruire, soustraire, receler ou altérer un document public ou privé ou un objet de nature à faciliter la découverte d'un crime ou d'un délit, la recherche des preuves ou la condamnation des coupables.* »

3) La lutte contre les objets volés

Le Code pénal réprime les brocanteurs et antiquaires qui omettent, même par négligence, de tenir jour par jour un registre. Ce dernier doit décrire les objets acquis ou détenus et permettre d'identifier les personnes qui les ont vendus ou apportés à l'échange.

Les peines principales sont l'emprisonnement (six mois) et l'amende de 30 000 €. C'est l'article 321-7 du CP qui réprime cette infraction.

Dans cette même idée, mais à l'échelle européenne, une directive a été signée le 15 mars 1993.

Elle vise à organiser la restitution de biens culturels ayant quitté illicitement le territoire d'un État membre.

Titre II — L'ordre public économique et fiscal

L'importance du développement des activités économiques et financières a entraîné l'apparition de nouvelles branches du droit pénal spécial qui relèvent de l'ordre public économique. Parmi celles-ci, on étudiera la réglementation qui assure la protection du consommateur (droit pénal de la vente, pratiques commerciales trompeuses, droit pénal des ententes et abus de position dominante) ; la protection des intérêts fiscaux de l'État (droit pénal fiscal) ; la protection de la monnaie scripturale (droit pénal du chèque et des cartes de paiement) ; la protection des emprunteurs (délits d'usure et délits voisins).

Ces différents points feront l'objet de quatre chapitres :

Chapitre I : La protection du consommateur

Chapitre II : La protection des intérêts fiscaux de l'État

Chapitre III : La protection de la monnaie scripturale

Chapitre IV : La protection des emprunteurs

CHAPITRE I

La protection du consommateur

INTRODUCTION
La spécificité du droit pénal économique

R. Merle et A. Vitu relèvent dans leur *Traité de droit criminel* (éd. Cujas, N° 843) :

> « *avec l'accroissement de la vie des affaires se sont développées des pratiques abusives contre lesquelles il est apparu nécessaire de protéger le public et les commerçants eux-mêmes... Le droit pénal commun n'offre pas de ressources toujours utiles, en dépit de ce qu'on pourrait croire : l'incrimination d'escroquerie et d'un maniement trop lourd, celle d'abus de confiance ne couvre qu'un nombre réduit de situations. De ces insuffisances est né un droit pénal de la vente. Ce droit pénal ne concerne pas seulement la vente de marchandises, mais aussi la vente des services quelle qu'en soit la nature.* »

Ainsi le droit de la concurrence se rattache au domaine pénal.

L'ordonnance N° 86-1243 du 1.12.1986 (*JO* 9.12, p. 14773) relative à la liberté des prix et de la concurrence qui constitue une véritable refonte de notre droit économique a profondément modifié le traitement pénal du droit de la concurrence et de la consommation tel qu'il résultait antérieurement des deux ordonnances du 30.06.1945. La réforme dans sa partie pénale concerne essentiellement la définition des infractions et la procédure applicable dans l'exercice des poursuites. Cette réforme a été intégrée dans le Code de commerce et le Code de la consommation.

SECTION I
L'autorité de la concurrence

§1. SA COMPOSITION

L'autorité de la concurrence est l'élément essentiel du droit de la concurrence.

Elle est composée de dix-sept membres nommés par décret pour une durée de cinq ans : six hauts magistrats (ou anciens membres), cinq personnalités compétentes en matière économique ou de la concurrence et cinq personnalités issues du monde des affaires. Le président est nommé en raison de ses compétences dans le domaine juridique et économique (art. L. 461-1 du Code de commerce).

§2. COMPÉTENCE ET SAISINE

A) La fonction consultative de l'Autorité

Il est consulté par le gouvernement sur toute réglementation exceptionnelle des prix ; par les commissions parlementaires ; par le gouvernement ou par les organismes professionnels. Le gouvernement doit obligatoirement le consulter sur tout projet de texte réglementaire instituant un régime nouveau de restrictions, de droits exclusifs ou de pratiques uniformes. Son avis conforme est nécessaire lorsque le gouvernement autorise par décret des accords impliquant une restriction à la concurrence. En ce qui concerne la concentration économique, il intervient à divers titres (art. L. 462-1 et suivants du Code de commerce).

B) Les atteintes à la transparence et les pratiques restrictives

Elles relèvent soit du juge pénal, soit du juge civil. L'Autorité n'intervient que pour saisir la juridiction pénale ou pour exercer l'action en responsabilité (art. L. 462-6 du Code de commerce).

C) La compétence décisoire de l'Autorité

Elle concerne les pratiques anticoncurrentielles sur saisine d'office du ministre, des entreprises ou des organismes visés à l'article L. 462-1. Elle peut ordonner des mesures conservatoires, adresser des injonctions aux intéressés et décider des sanctions pécuniaires (art. L. 464-1 à L. 464-3 du Code de commerce).

D) Les recours

En ce qui concerne les mesures conservatoires, les décisions de l'Autorité peuvent faire l'objet d'un recours en annulation ou en réformation devant la Cour d'Appel de Paris au maximum dix jours après sa notification (art. L. 464-7 du Code de commerce).

Quant aux autres décisions, le recours doit être introduit dans le délai d'un mois (art. L. 464-8 du Code de commerce).

Le pourvoi en cassation doit être formé dans le délai d'un mois suivant la notification de l'arrêt.

SECTION II
Le délit d'action frauduleuse dans les pratiques anticoncurrentielles

§1. PROHIBITION DES ENTENTES ILLICITES
(art. L. 420-1 du Code de commerce)

Sont prohibées, lorsqu'elles ont pour objet ou peuvent avoir pour effet d'empêcher, de restreindre ou de fausser le jeu de la concurrence sur un marché, les actions concertées, conventions, ententes expresses ou tacites ou coalitions notamment lorsqu'elles tendent à :

1) limiter l'accès au marché ou le libre exercice de la concurrence par d'autres entreprises ;

2) faire obstacle à la fixation des prix par le libre jeu du marché en favorisant artificiellement leur hausse ou leur baisse ;

3) limiter ou contrôler la production, les débouchés, les investissements ou le progrès technique ;

4) répartir les marchés ou les sources d'approvisionnement.

§2. PROHIBITION DES ABUS DE DOMINATION
(art. L. 420-2 du Code de commerce)

Est prohibée dans les mêmes conditions, l'exploitation abusive par une entreprise ou un groupe d'entreprises :

1) d'une position dominante sur le marché intérieur ou une partie substantielle de celui-ci ;

2) de l'état de dépendance économique dans lequel se trouve, à son égard, une entreprise cliente ou fournisseur, qui ne dispose pas de solution équivalente.

Ces abus peuvent notamment consister en refus de vente, en ventes liées ou en conditions de vente discriminatoires ainsi que dans la rupture de relations commerciales établies, au seul motif que le partenaire refuse de se soumettre à des conditions commerciales injustifiées.

§3. ÉLÉMENTS CONSTITUTIFS

Pour être constitué le délit suppose la réunion de quatre éléments :

– il faut qu'aient eu lieu des pratiques visées aux articles L. 420-1 et L. 420-2 et non justifiées en application de l'article L. 420-4 ;

– il faut que le délinquant ait pris « une part personnelle dans la conception, l'organisation ou la mise en œuvre » des pratiques incriminées, Crim. 9 novembre 1995, BRDA 95.24 p. 10 ;

– il faut que cette part ait été « déterminante » ce qui exclut ceux qui ont pu se laisser entraîner par d'autres à participer aux pratiques prohibées ;

– il faut que cette part personnelle et prépondérante ait été prise « frauduleusement ». Pour MM. Decoq et Pédamon on doit entendre par cette expression « que la constitution du délit suppose que... le prévenu ait fait usage de manœuvres frauduleuses, par exemple pour amener d'autres agents économiques à participer à ces pratiques ou pour dissimuler celles-ci aux tiers » (*op. cit.* N° 50).

Ainsi donc il faut bien distinguer entre les agissements qui n'entraînent que l'application des règles de la concurrence et ceux qui font encourir le prononcé d'une sanction pénale (Crim. 7.12.1987 DJ 477, note G. Roujou de Boubée). V. Crim. 14 décembre 1995, Juris Data N° 004205 (deux devis de déménagement établis sur papier à en-tête de deux sociétés distinctes afin de simuler une concurrence qui n'existait pas).

§4. POURSUITES ET PÉNALITÉS

A) Les poursuites

La mise en mouvement de l'action publique obéit au droit commun. Si l'Autorité de la concurrence peut transmettre son dossier au Procureur de la République en vue de poursuites pénales, cette transmission n'est plus nécessaire à leur exercice et les juridictions peuvent être saisies indépendamment de toute instance engagée devant le l'Autorité soit sur citation directe, soit après instruction préparatoire. En raison de la complexité des éléments constitutifs du délit, on peut penser que le Parquet choisira la voie de l'information préalable. La transmission du dossier par l'Autorité de la concurrence au Procureur de la République interrompt la prescription de l'action publique. Le cours de la prescription est suspendu, le cas échéant, par la consultation de l'Autorité.

B) Pénalités

Les peines principales sont prévues par l'article L. 420-6 du Code de commerce : emprisonnement de 4 ans et amende de 75 000 €. Le tribunal peut ordonner à titre de peine complémentaire la publication de la condamnation dans les journaux (al. 2).

§5. FAITS JUSTIFICATIFS

Les ententes, abus de position dominante ou d'état de dépendance économique peuvent être exonérées de l'interdiction qui les frappe par application de l'article L. 420-4 du Code de commerce. Ce texte prévoit deux « faits justificatifs » :

« *Ne sont pas soumises aux dispositions des articles L. 420-1 et L. 420-2 les pratiques :*

1) qui résultent de l'application d'un texte législatif ou d'un texte réglementaire pris pour son application ;
2) dont les auteurs peuvent justifier qu'elles ont pour effet d'assurer un progrès économique, y compris par la création ou le maintien d'emplois, et qu'elles réservent aux utilisateurs une partie équitable du profit qui en résulte, sans donner aux entreprises intéressées la possibilité d'éliminer la concurrence pour une partie substantielle des produits en cause. »

Cet article soustrait au principe de l'interdiction et donc exonère de la prohibition légale diverses catégories d'ententes et d'activités d'entreprises disposant d'une position dominante ou d'un pouvoir de dépendance.

Ledit article prévoit deux formes d'exonération possibles :

1) Pratiques résultant d'un texte législatif ou de son texte réglementaire d'application.

Cette disposition ne vise que les textes réglementaires pris pour l'application d'une loi. Il faut donc que la restriction de concurrence soit autorisée par la loi, le texte réglementaire se limitant à une explication de la restriction légale.

2) Pratiques dont les auteurs peuvent justifier qu'elles ont pour effet d'assurer un progrès économique.

Le texte exige la réunion de trois éléments de preuve :

– l'existence d'un lien évident de cause à effet faisant apparaître que le progrès est directement imputable à la mise en œuvre d'une pratique anticoncurrentielle ;

– la constatation d'une redistribution des profits résultant des pratiques en cause, une situation de non concurrence ne devant pas défavoriser le consommateur ;

– le maintien d'un état de concurrence dans une partie substantielle du marché, ce qui condamne par exemple le dispositif d'exclusivité d'une entreprise qui détient une position dominante sur le marché.

À noter que, lorsque certaines catégories d'accord répondent à ces trois conditions, un décret d'exemption peut être pris après avis conforme de l'Autorité de la concurrence.

SECTION III
Droit pénal de la vente : de la transparence et des pratiques restrictives

Ces infractions sont assorties de pénalités très différentes selon leur gravité : les unes sont des délits correctionnels, d'autres sont érigées en contraventions de cinquième classe.

§1. INFRACTIONS CONCERNANT LES RELATIONS ENTRE PROFESSIONNELS ET CONSOMMATEURS

A) Publicité des prix et des conditions de vente
(art. L. 113-3 Code consom.)

« *Tout vendeur de produit ou tout prestataire de services doit par voie de marquage, d'étiquetage, d'affichage ou par tout autre procédé approprié, informer le consommateur sur les prix, les limitations éventuelles de la responsabilité contractuelle et les conditions particulières de la vente, selon des modalités fixées par arrêtés du ministre chargé de l'économie, après consultation du Conseil national de la consommation.* »

Cette disposition s'applique à toutes les activités de production, de distribution et de services, y compris celles qui sont le fait de personnes publiques.

Cet article vise à assurer l'information et la protection du consommateur qui doit exercer son choix dans le contexte de liberté des prix et du jeu de la concurrence.

Ces infractions aux règles de la publicité sont punies des peines d'amende prévues pour les contraventions de cinquième classe.

B) Interdiction des ventes et prestation de services avec primes
(art. L. 121-35 Code consom.)

Le champ d'application de ces dispositions se détermine en fonction de deux éléments suivants :

– il ne vise que les relations avec le consommateur, aucun texte ne venant limiter les pratiques de primes ou cadeaux dans les relations interprofessionnelles (sauf législation spécifique). En conséquence, les opérations de stimulation de ventes assorties de distributions de primes concernant les entreprises ou des préposés d'entreprises ne sont plus incriminées ;

– sa portée est générale et s'applique non seulement aux ventes de produits et aux prestations de services, mais également aux ventes de biens et aux transactions immobilières.

1) Primes interdites

La loi dite de simplification et d'amélioration de la qualité du droit du 17 mai 2011 a adapté la loi française à l'état de la jurisprudence communautaire en matière de pratiques commerciales. Une mise en conformité avec la directive du 11 mai 2005 s'imposait.

Le nouvel article 121-35 précise :

> « *Est interdite toute vente ou offre de vente de produits ou de biens ou toute prestation ou offre de prestation de services, faite aux consommateurs et donnant droit, à titre gratuit, immédiatement ou à terme, à une prime consistant en produits, biens ou services sauf s'ils sont identiques à ceux qui font l'objet de la vente ou de la prestation dès lors que la pratique en cause revêt un caractère déloyal au sens de l'article L. 120-1.*
> *Cette disposition ne s'applique pas aux menus objets ou services de faible valeur ni aux échantillons.* »

Cette disposition s'applique à toutes les activités visées au dernier alinéa de l'article L. 113-2.

a) Éléments constitutifs

– Le premier élément constitutif est formé des contrats sur lesquels se greffent les primes : vente ou prestation de services. La formule très générale vise tous les contrats.

– Le deuxième élément constitutif est caractérisé par les primes qui sont définies comme des produits, biens ou services non identiques à ceux qui font l'objet du contrat principal, attribués gratuitement au cocontractant, de manière immédiate ou différée. Ces produits, biens ou services doivent être remis à titre gratuit.

Il importe peu que l'attribution de la prime à laquelle donne droit la vente soit limitée à un nombre restreint de consommateurs. (Crim. 5-4-1995 B 95 N° 151 p. 422).

Constitue une vente avec primes illicites, le fait pour un magasin à grande surface d'organiser un jeu concours consistant à offrir des bons d'achat de 500 F à 1 500 F aux trois personnes ayant acheté le plus grand nombre de produits portant la mention « sélection et qualité A »... (TGI Pontoise 6 juillet 1994 RJDA 12/94 N° 1380).

Il en va de même pour un bon d'achat remis à l'occasion d'une vente de livre pouvant donner lieu à une remise gratuite ou à l'octroi de conditions avantageuses sur un autre objet ou service (Cass. Crim. 20 novembre 2007 N° 06-13797 Bull. Crim. 2007 N° 252).

b) Pénalités et action civile

L'interdiction de ventes avec primes est punie des peines d'amende prévues pour les contraventions de cinquième classe.

2) Primes autorisées

Ces primes consistent en biens, produits ou services identiques (exemple : la pratique du treize à la douzaine).

L'article R. 121-8 du Code de la consommation précise les objets et services de faible valeur qui demeurent autorisés ; leur valeur ne doit pas excéder 7 % du prix net TTC du contrat principal si celui-ci est inférieur ou égal à 80 € ; 5 € plus 1 % du prix net si celui-ci est supérieur à 80 €. En aucun cas la valeur litigieuse ne doit dépasser 60 €.

Pour calculer le montant de la prime il faut additionner tous les coûts : le coût intrinsèque de l'objet ou du service et l'ensemble des coûts nécessaires à l'offre de cet objet ou de ce service au consommateur (Cass. Com. 11 mars 2003 N° 00-12124 Bull. Crim. 2 003 N° 45 ; RJDA 8-9/03 N° 889).

Ce texte a donc aménagé ce moyen de promotion commerciale : si la prime est offerte sans acte d'achat, le choix du consommateur n'est pas troublé par l'existence d'une prime : le cadeau est donc autorisé. Si la prime consiste en biens, produits ou services identiques, elle s'analyse comme un rabais et elle est donc également autorisée (sous réserve qu'elle ne conduise pas à une vente à perte). Ce n'est que si la prime consiste en biens, produits ou services différents que la réglementation intervient. (Voir la chronique de F. Greffe, « La réglementation des ventes avec primes et cadeaux » ; GP du 28.02.1987, chr. 160.) V. Crim. 5.04.1995 BRDA 95 15/16 p. 14.

La gratuité de la livraison d'un livre acquis sur internet ne constitue pas une prime au sens des dispositions de l'article 121-35 (Cass. Crim. 6 mai 2008 N° 07-16381 Bull. Crim. 2008 N° 97).

C) Interdiction des refus de vente et des ventes liées à l'égard des consommateurs

L'ordonnance du 1.12.1986 a réformé le domaine du refus de vente. L'interdiction du refus de vente (ou prestation de services) et de la subordination de vente (ou de prestation de services) telle qu'elle résultait de l'article 37 de l'ordonnance de 1945 avait une portée générale et constituait dans tous les cas un délit pénal tant dans les relations avec les consommateurs que dans les rapports entre professionnels.

L'innovation réside dans l'adoption d'un traitement différent des deux situations.

Désormais l'infraction n'est maintenue que lorsque les comportements de refus ou de subordination de vente visent le consommateur. Le refus ou la subordination de vente ainsi que les pratiques discriminatoires à l'égard d'un acheteur professionnel, c'est-à-dire d'un partenaire économique, ne constitue plus une infraction pénale. Seul le juge civil est compétent pour en connaître (ex. : CA Dijon 25 juin 1998 RJDA 12/98 N° 1422).

1) Refus de vente

L'article L. 122-1 du Code de la consommation précise :

> « *Il est interdit de refuser à un consommateur la vente d'un produit ou la prestation d'un service, sauf motif légitime.* »

C'est à celui qui invoque le motif légitime d'en rapporter la preuve (Cass. Crim. 16 juillet 1980 N° 80-90254 Bull. Crim. 80 N° 226).

La définition de l'infraction ne retient comme justification éventuelle du refus que le « motif légitime » (exemples : absence de disponibilités : Cass. Crim. 3 novembre 1983 Bull. Crim. 83 N° 278, vente interdite par la loi, attitude justifiée par le comportement du client (Cass. Crim. 9.05.1990, BRDA 90/12 p. 9).

N'a pas été considéré comme légitime le fait pour un commerçant de refuser de réparer un scooter en soutenant qu'il s'agissait d'un ancien modèle et qu'il était difficile de se procurer les pièces nécessaires (Tribunal de Police 5 mai 2000 BRDA 18/00 N° 17).

Le refus opposé à un partenaire économique ne constitue pas une infraction. Mais il ne saurait être interdit au producteur disposant d'une marque prestigieuse de refuser de vendre ses produits à certains commerçants, Paris 11 mars 1994 D 94. Flash 31 mars.

(Voir la chronique de P. Pigassou, « Refus de vente et pratiques discriminatoires » dans l'ordonnance du 1.12.86 ; GP du 13.08.87, chr. p. 544.)

Cette infraction devient un délit passible de trois ans d'emprisonnement et de 45 000 € d'amende quand le refus est motivé par une discrimination (art. 225-2 du CP).

2) Subordination de vente (ventes liées ou jumelées)

La loi du 17 mai 2011 a mis en conformité l'article L. 122-1 du Code de la consommation avec la directive du 11 mai 2005. Elle soumet le principe d'interdiction de vente jumelée à la condition que la pratique soit déloyale.

> *« Il est interdit de subordonner la vente d'un produit à l'achat d'une quantité imposée ou à l'achat concomitant d'un autre produit ou d'un autre service ainsi que de subordonner la prestation d'un service à celle d'un autre service ou à l'achat d'un produit dès lors que cette subordination constitue une pratique déloyale au sens de l'article L. 120-1. »*

Ce texte interdit les ventes liées pratiquées à l'égard d'un consommateur.

En ce qui concerne la subordination de vente interdite, il faut retenir que la jurisprudence se montre plus libérale. Elle admet les ventes par lots consacrés par l'usage (vente d'une chaîne stéréo, vente d'œufs à la douzaine, vente d'une série de casseroles ainsi que la possibilité d'écarter l'interdiction de vente par quantité imposée lorsque le conditionnement unique est conforme aux pratiques instaurées dans l'intérêt même du consommateur (articles d'épicerie, de droguerie, de vins et de bières). Crim. 29.10. 1984 B N° 324 et 2.06.1986 D 86 IR, p. 400.

V. Crim. 12.06.1995 D 95 IR p. 203 et RJDA 11/95 N° 1301.

Une agence de voyage qui impose au consommateur la souscription d'une assurance garantissant les risques d'annulation du contrat alors que les assurances doivent être facultatives.

La modification de l'article L. 122-1 du Code de la consommation devenait une nécessité.

Il suffit de se référer à quatre décisions pour comprendre l'urgence de la situation : Cour de justice des communautés européennes du 23 avril 2009 RJDA 8/9/09 N° 786 et du 14 janvier 2010 BRDA 2/10 info 25, mais aussi Cour de cassation, Chambre criminelle du 13 juillet 2010 N° 09-15304 Bull. Crim. N° 127 et Chambre civile 15 novembre 2010 N° 09-11161.

Il faut se référer au Code monétaire et financier (article L. 312-1-2) lorsque l'auteur est un établissement de crédit.

3) Pénalités

Les interdictions de refus de vente et de subordination de vente au consommateur sont punies des peines d'amende prévues pour les contraventions de cinquième classe (article R. 121-13 du Code de la consommation).

D) Hausse ou baisse artificielle du prix de biens ou de services par diffusion d'informations mensongères ou pour tout autre moyen frauduleux

(art. L. 443-2 du Code de commerce)

Le fait, en diffusant, par quelque moyen que ce soit, des informations mensongères ou calomnieuses, en jetant sur le marché des offres destinées à troubler les cours ou des offres faites aux prix demandés par les vendeurs, ou en utilisant tout autre moyen frauduleux, d'opérer ou de tenter d'opérer la hausse ou la baisse artificielle du prix de biens ou de services ou d'effets publics ou privés, est puni de deux ans d'emprisonnement et de 30 000 € d'amende. Lorsque la hausse ou la baisse artificielle des prix concerne des produits alimentaires, la peine est portée à trois ans d'emprisonnement et 45 000 € d'amende.

§2. INFRACTIONS CONCERNANT LES PROFESSIONNELS ENTRE EUX

A) Ventes sans factures

(art. L. 441-3 à L. 441-5 du Code de commerce)

« *Tout achat de produits ou toute prestation de service pour une activité professionnelle doit faire l'objet d'une facturation.*
Le vendeur est tenu de délivrer la facture dès la réalisation de la vente ou la prestation du service. L'acheteur doit la réclamer. La facture doit être rédigée en double exemplaire. Le vendeur et l'acheteur doivent en conserver chacun un exemplaire.
La facture doit mentionner le nom des parties ainsi que leur adresse, la date de la vente ou de la prestation de service, la quantité, la dénomination précise, et le prix unitaire hors TVA

des produits vendus et des services rendus ainsi que toute réduction de prix acquise à la date de la vente ou de la prestation de services et directement liée à cette opération de vente ou de prestation de services, à l'exclusion des escomptes non prévus sur la facture.
La facture mentionne également la date à laquelle le règlement doit intervenir. Elle précise les conditions d'escompte applicables en cas de paiement à une date antérieure à celle résultant de l'application des conditions générales de vente ainsi que le taux des pénalités exigibles le jour suivant la date de règlement inscrite sur la facture. »

1) Obligation de facturation

– Obligation pour le vendeur à l'occasion de tout achat de produits ou de prestations de services « pour une activité professionnelle » de délivrer une facture. Cette obligation n'est donc prévue par la loi que dans les relations professionnelles.
– Le vendeur est tenu de délivrer la facture dès que la vente ou la prestation de services est réalisée avec son obligation qui pèse à la fois sur le vendeur et sur l'acheteur qui doit la réclamer.

« *Cette obligation impose à ces deux cocontractants des devoirs réciproques et indivisibles.* »

– La facture doit être rédigée en double exemplaire, le vendeur et l'acheteur doivent en conserver chacun un exemplaire. Les originaux et les copies doivent être conservés pendant trois ans (article R. 441-3 du Code de commerce).
– La facture doit indiquer diverses mentions obligatoires
Cass. Crim. 27.02.1995 (Dr. pénal 1995 Comm. 150) : les juges ont sanctionné dans cette affaire l'absence de date, de dénomination précise, de quantité et de prix unitaire.
La Cour de cassation dans un arrêt du 10 mars 1999 (RJDA 8/9 N° 993) a donné une définition de la dénomination précise. « *Elle s'entend non seulement de l'indication de la nature du produit, mais aussi de ses caractéristiques permettant d'assurer la transparence des prix pratiqués.* »

« *Dans un cas où une société avait conclu un accord avec son fournisseur aux termes duquel elle s'engageait à régler les factures de manière anticipée par rapport aux conditions générales de vente en contrepartie de l'octroi d'escomptes à des taux avantageux, a justifié sa décision la Cour d'appel qui, pour condamner le dirigeant de cette société pour achats sans factures conformes, a souverainement analysé l'accord commercial intervenu entre la société et son fournisseur et a considéré que ces escomptes, acquis à la date de la vente, consti-*

tuaient des réductions de prix qui devaient figurer sur les factures.» (Cass. Crim. 21 juin 2000 RJDA 12/00 N° 1117.)

A été considérée comme irrégulière la facture mentionnant un prix forfaitaire (Cass. Crim. 19 février 2003 N° 02-80351 Bull. Crim. 2003 N° 46).

2) Poursuites et pénalités

Toute infraction aux dispositions de l'article L. 441-3 susvisé est punie d'une amende de 75 000 € ; l'amende peut être portée à 50 % de la somme facturée ou de celle qui aurait dû être facturée. Dans tous les cas où est retenue l'infraction aux règles de la facturation, l'entreprise de l'auteur du délit peut être placée sous séquestre conformément aux dispositions et à la procédure prévue à l'article 1751 du CGI. Les infractions aux dispositions de la facturation sont établies par la seule constatation de leur élément matériel.

B) L'interdiction de revente au-dessous du prix d'achat
(art. L. 442-2 du Code de commerce)

1) L'infraction

« Le fait, pour tout commerçant, de revendre ou d'annoncer la revente d'un produit en l'état à un prix inférieur à son prix d'achat effectif est puni de 75 000 € d'amende. Cette amende peut être portée à la moitié des dépenses de publicité dans le cas où une annonce publicitaire, quel qu'en soit le support, fait état d'un prix inférieur au prix d'achat effectif. La cessation de l'annonce publicitaire peut être ordonnée dans les conditions prévues à l'article L. 121-3 du Code de la consommation.

Le prix d'achat effectif est le prix unitaire net figurant sur la facture d'achat, minoré du montant de l'ensemble des autres avantages financiers consentis par le vendeur exprimé en pourcentage du prix unitaire net du produit et majoré des taxes sur le chiffre d'affaires, des taxes spécifiques afférentes à cette revente et du prix du transport.

Le prix d'achat effectif tel que défini au deuxième alinéa est affecté d'un coefficient de 0,9 pour le grossiste qui distribue des produits ou services exclusivement à des professionnels qui lui sont indépendants et qui exercent une activité de revendeur au détail, de transformateur ou de prestataire de services final. Est indépendante au sens de la phrase précédente toute entreprise libre de déterminer sa politique commerciale et dépourvue de lien capitalistique ou d'affiliation avec le grossiste. »

La preuve du délit est à la charge de l'accusation. Crim. 11 mars 1993, Droit pénal 1993, N° 210).

Cass Crim. 4 avril 2001 (BRDA 11/01 p. 13, n° 25) :

« *La constatation de la violation en connaissance de cause d'une prescription légale implique de la part de son auteur l'intention coupable.* »

2) Les exceptions

L'article L. 442-4 du Code de commerce prévoit de nombreuses exceptions (ventes volontaires ou forcées en cas de changement d'activité ; produits saisonniers ; produits soldés...).

3) Pénalités

Les infractions aux dispositions de l'article L. 442-2 sont punis de peines correctionnelles : amende de 75 000 €.

Une infraction voisine figure dans les cas de banqueroute prévus par l'article L. 654-2 1° du Code de commerce (achats en vue d'une revente au-dessous du cours). Voir la chronique de C. Pecnard-Azria « Facturation et revente à perte » (GP du 15.12.87, chr. D 810).

La vente à perte peut accompagner le délit de fraude fiscale : Cass. Crim. 6 octobre 2010 N° 09-86549.

C) Conditions générales de vente non conformes
(art. L. 441-6 du Code de commerce)

« *Tout producteur, prestataire de services, grossiste ou importateur, est tenu de communiquer ses conditions générales de vente...* »

Dans les conditions générales, on doit trouver : les conditions de vente, le barème des prix unitaires, les réductions de prix et les conditions de règlement.

Il est obligatoire dans les conditions de règlement de préciser les conditions d'application mais aussi le taux d'intérêt des pénalités de retard. Le taux est encadré par le législateur.

Encourt 15 000 € d'amende celui qui n'indique pas ces mentions obligatoires.

D) Délit de prix imposé
(art. L. 442-5 du Code de commerce)

« *Est puni d'une amende de 15 000 € le fait par toute personne d'imposer, directement ou indirectement un caractère minimal au prix de revente d'un produit ou d'un bien, au prix d'une prestation de service ou à une marge commerciale.* »

Cette interdiction vise toute personne (c'est-à-dire physique ou morale, commerçante ou non) susceptible d'imposer un caractère minimal à un prix ou à une marge commerciale ; elle porte soit sur le prix d'un produit ou d'une prestation de services, soit sur une marge commerciale soit sur un bien (Crim. 11 mars 1991, D 91 IR, p. 160).

Le texte s'applique à tous les modes de fixation directs ou indirects.

L'inobservation de cette interdiction constitue une infraction punie d'amendes correctionnelles de 15 000 €.

Le fait de refuser de livrer un produit au prétexte que le prix de revente est insuffisant constitue un moyen indirect d'imposer un caractère minimal au prix de revente de ce produit (Cass. Crim. 31.10.2000 Bull. Crim. 2000 N° 326).

E) Respect du délai de paiement pour certains produits
(art. L. 443-1 du Code de commerce)

A peine d'une amende de 75 000 € cet article fixe certaines limites de délais de paiement par tout producteur, revendeur ou prestataire de services (exemple : trente jours après la décade de livraison pour les achats de produits alimentaires périssables).

F) Interdiction de certaines formes de para-commercialisme
(art. L. 442-8 du Code de commerce)

« *Il est interdit à toute personne d'offrir à la vente des produits ou de proposer des services en utilisant, dans des conditions irrégulières, le domaine public de l'État, des collectivités locales, et de leurs établissements publics.* »

Ce texte interdit donc les ventes sauvages, c'est-à-dire celles qui impliquent une utilisation du domaine public sans l'autorisation délivrée par l'autorité gestionnaire du domaine en cause.

Cette infraction est sanctionnée par la consignation des produits offerts à la vente. La juridiction peut ordonner la confiscation des produits et la condamnation à verser au Trésor public une somme correspondant à la valeur des produits consignés.

SECTION IV
Autres ventes interdites ou contrôlées

§1. DÉMARCHAGE, VENTE À DOMICILE, ET ABUS DE FAIBLESSE

Cette technique de vente ayant donné lieu à de nombreux abus de la part d'individus peu soucieux qui, profitant de l'ignorance ou de la faiblesse de certaines personnes, parvenaient à leur faire souscrire des engagements préjudiciables, le législateur était intervenu par la loi N° 72-1137 du 22.12.1972 relative aux opérations de démarchage et de vente à domicile (Calais Auloy « Les ventes agressives », D 1970, chr. 38). Cette loi a été abrogée par la loi du 26 juillet 1993 relative au Code de la consommation qui incrimine les mêmes opérations.

A) Démarchage. Vente à domicile
(art. L. 121-21 à L. 121-33 Code consom.)

1) Définition, démarcheur, conditions d'intervention :

« Art. L. 121-21. – Est soumis aux dispositions de la présente section quiconque pratique ou fait pratiquer le démarchage, au domicile d'une personne physique, à sa résidence ou à son lieu de travail, même à sa demande, afin de lui proposer l'achat, la vente, la location, la location-vente ou la location avec option d'achat de biens ou la fourniture de services.
Est également soumis aux dispositions de la présente section le démarchage dans les lieux non destinés à la commercialisation du bien ou du service proposé et notamment l'organisation par un commerçant ou à son profit de réunions ou d'excursions afin de réaliser les opérations définies à l'alinéa précédent. »

Selon ce texte, les conditions suivantes doivent être réunies pour qu'il y ait vente par démarchage à domicile :

– le client peut être une personne physique (Crim. 15.03.1978 B N° 99 et D 79 IR 20) ou une personne morale (Civ. 1° 6.01.1993 D 93 Som. p. 237) à titre exceptionnel ;

– le démarchage doit avoir lieu au domicile, à la résidence ou au lieu de travail du consommateur, mais il peut avoir été effectué à la demande d'éventuels clients intéressés par une publicité (Crim. 22.01.1985 B N° 32) ;

– le démarchage a pu avoir lieu en dehors de son domicile. A été sanctionné un commerçant ayant convié par correspondance ses victimes à se rendre sur les lieux de la vente au déballage (Cass. Crim. 4 octobre 2005 N° 05-80199 Bull. Crim. 2005 N° 249) ;

– le démarchage doit être accompagné d'une offre de vente, de location, de location-vente ou de prestations de services (Crim. 15.06.1983 D 83 IR 392) ;

Se trouvent pénalement sanctionnées :

– l'absence de tout ou partie de mentions qui doivent obligatoirement figurer dans les contrats et qui sont destinées à informer le consommateur (Cass. Crim. 26 septembre 2006 N° 05-85093 Bull. Crim. 2006 N° 236) ;

– l'absence de formulaire détachable destiné à faciliter l'exercice de la faculté de renonciation (Cass. Crim. 2 octobre 2007 N° 06-87 292 Bull. Crim. 2007 N° 233) ;

– l'impossibilité d'exercer par lettre recommandée dans les sept jours à compter de la commande son droit de rétractation. Si le délai expire un samedi, un dimanche, un jour férié ou chômé il est prorogé au premier jour ouvrable suivant (Cass. Crim. 5 octobre 1987 Bull. Crim. 1987 N° 334) ;

– le fait pour le démarcheur d'exiger un paiement avant l'expiration du délai de réflexion (Cass. Crim. 16.12.1986 Bull. Crim. 86 N° 373 ; Cass. Crim. 19.01.1993 D 94 IR 77 et Cass. Crim. 9 mars 2010 N° 09-84 800 Bull. Crim. 2010 N° 481 (263 bis)).

2) *Exceptions prévues pour certaines ventes et services*

« Art. L. 121-22. – Ne sont pas soumises aux dispositions des articles L. 121-23 à L. 121-29 les activités pour lesquelles le démarchage fait l'objet d'une réglementation par un texte législatif particulier.

Ne sont pas soumis aux dispositions des articles L. 121-23 à L. 121-28 :

1° Les ventes à domicile de denrées ou de produits de consommation courante faites par des professionnels ou leurs préposés au cours de tournées fréquentes ou périodiques dans l'agglomération où est installé leur établissement ou dans son voisinage, ainsi que par les personnes titulaires de l'un des titres de circulation prévus par la loi N° 69-3 du 3 janvier 1969 relative à l'exercice des activités ambulantes et au régime applicable aux personnes circulant en France sans domicile ni résidence fixe ;

2° La vente des produits provenant exclusivement de la fabrication ou de la production personnelle du démarcheur ou de sa famille ainsi que les prestations de services liées à une telle vente et effectuées immédiatement par eux-mêmes ;

3° Le service après-vente constitué par la fourniture d'articles, pièces détachées ou accessoires, se rapportant à l'utilisation du matériel principal ;

4° Les ventes, locations ou locations-ventes de biens ou les prestations de services lorsqu'elles ont un rapport direct avec les activités exercées dans le cadre d'une exploitation agricole, industrielle, commerciale ou artisanale ou de toute autre profession. »

3) *Existence de règles spécifiques*

Citons des démarchages soumis à des textes spécifiques : le démarchage par téléphone (article L. 121-27 du Code de la consommation) ; le démarchage à l'occasion d'obsèques (art. L. 2223-33 du Code général des collectivités territoriales) et le démarchage financier (article L. 550-2 à 4 du Code monétaire et financier).

4) *Constatations et poursuites des infractions*

Les infractions peuvent être constatées et poursuivies dans les conditions fixées par les articles L. 450-1 et suivants du Code de commerce.

Encourt six mois d'emprisonnement et 7 500 € d'amende celui qui s'oppose à un enquêteur (Cass. Crim. 24 février 2009 N° 08-84410 Bull. Crim. 2009 N° 46).

Le client peut se constituer partie civile pour demander le montant des paiements effectués sans préjudice de tous dommages-intérêts (article L. 121-31 du Code de la consommation).

B) Abus de faiblesse

Le délit d'abus de faiblesse prévu par le Code pénal (article 223-15-2 du CP) sanctionne celui qui abuse du faible sans relation commerciale (Cass. Crim. 26 mai 2009 N° 08-85601 Bull. Crim. 2009 N° 104 Dr. pén. 2009 Comm. 118).

Il en va différemment avec le délit prévu par le Code de la consommation : des engagements sont souscrits par la victime à son domicile ou hors de son domicile.

Le délit d'abus de faiblesse sanctionne les abus commis par les démarcheurs. Ce délit suppose que le client ait signé un contrat écrit sans pouvoir comprendre la portée de ses engagements. Le texte vise spécialement à protéger les personnes âgées ou isolées qui sont victimes des ruses de certains individus et les pénalités applicables sont sévères.

« *Art. L. 122-8. – Quiconque aura abusé de la faiblesse ou de l'ignorance d'une personne pour lui faire souscrire, par le moyen de visites à domicile, des engagements au comptant ou à crédit sous quelque forme que ce soit sera puni d'un emprisonnement de cinq ans et d'une amende de 9 000 € ou de l'une de ces deux peines seulement, lorsque les circonstances montrent que cette personne n'était pas en mesure d'apprécier la portée des engagements qu'elle prenait ou de déceler les ruses ou artifices déployés pour la convaincre à y souscrire, ou font apparaître qu'elle a été soumise à une contrainte.* »

La faiblesse de la victime doit s'entendre non seulement d'une faiblesse définitive due à un état de santé physique ou psychique déficient mais aussi d'une faiblesse passagère due à un état de fatigue.

A été condamné le démarcheur qui a obtenu d'une personne un engagement d'acheter deux meubles pour un montant de 30 000 F alors que celle-ci était fatiguée par une nuit de travail (CA Paris 15 juin 99 RJDA 11/99 N° 1260).

L'ignorance de la langue française a été également considérée comme une faiblesse (Cass. Crim. 5 août 1997 Dr. pénal 98 Comm. 37).

La preuve de la vulnérabilité découle parfois « de ce que le contrat ne correspond aucunement aux besoins des victimes » (Cass. Crim. 7 février 2007 N° 05-86609).

S'agissant de l'élément moral « *l'intention délictueuse réside dans la conscience que le prévenu a de la faiblesse de la victime et dans sa volonté d'exploiter en connaissance de cause cet état* » (Cass. Crim. 19 avril 2005 N° 04-83902 Bull. Crim. 2005 N°138).

« *Art. L. 122-9. – Les dispositions de l'article L. 122-8 sont applicables, dans les mêmes conditions, aux engagements obtenus :*
1° Soit à la suite d'un démarchage par téléphone ou télécopie ;
2° Soit à la suite d'une sollicitation personnalisée, sans que cette sollicitation soit nécessairement nominative, à se rendre sur un lieu de vente, effectuée à domicile et assortie de l'offre d'avantages particuliers ;
3° Soit à l'occasion de réunions ou d'excursions organisées par l'auteur de l'infraction ou à son profit ;
4° Soit lorsque la transaction a été faite dans des lieux non destinés à la commercialisation du bien ou du service proposé ou dans le cadre de foires ou de salons ;
5° Soit lorsque la transaction a été conclue dans une situation d'urgence ayant mis la victime de l'infraction dans l'impossibilité de consulter un ou plusieurs professionnels qualifiés, tiers au contrat. »

Pour un exemple d'abus de faiblesse hors du domicile, voir Cass. Crim. 1.02.2000 Bull. Crim. 2000 N° 52 ; RJDA 7-8/00 N° 807.

« *Art. L. 122-10. – Les dispositions des articles L. 122-8 et L. 122-9 sont applicables à quiconque aura abusé de la faiblesse ou de l'ignorance d'une personne pour se faire remettre, sans contreparties réelles, des sommes en numéraire ou par virement, des chèques bancaires ou postaux, des ordres de paiement par carte de paiement ou carte de crédit, ou bien des valeurs mobilières, au sens de l'article 529 du Code civil.* »

Ont été sanctionnées différentes personnes s'étant rendues au domicile d'un particulier seul et âgé en vue de se faire remettre des bons au porteur en vue de souscrire à son profit un contrat de retraite auprès d'une compagnie d'assurance (Cass. Crim. 26.10.1999 BRDA 2/00 N° 19).

Il faut distinguer le délit d'abus de faiblesse de l'infraction d'extorsion, par menace, violence, contrainte pour obtenir une signature, une remise de fonds, art. 312-1 du Code pénal.

§2. VENTES MULTINIVEAUX
(art. L. 122-6 à L. 122-7 Code consom.)

Ces ventes sont réglementées. Il existe trois interdictions.

– Première interdiction : la vente « à la boule de neige ».

« *Art. L. 122-6. – Sont interdits :*
La vente pratiquée par le procédé dit « de la boule de neige » ou tous autres procédés analogues consistant en particulier à offrir des marchandises au public en lui faisant espérer l'obtention de ces marchandises à titre gratuit ou contre remise d'une somme inférieure à leur valeur réelle et en subordonnant les ventes au placement de bons ou de tickets à des tiers ou à la collecte d'adhésions ou inscriptions. »

Le principe est simple : les consommateurs sont appâtés par des cadeaux ou des réductions, mais s'engagent à trouver de nouveaux acheteurs, qui à leur tour doivent trouver de nouvelles adhésions.

Ce procédé est répréhensible même dans le cas où le choix est laissé au client entre un achat à prix réduit subordonné à la collecte d'adhésions et un achat à prix plus élevé sans collecte d'adhésions (Cass. Crim. 27.01.1966 Bull. Crim. N° 26 et Cass. Crim. 4 mai 66 Bull. Crim. N° 138 ; Tribunal correctionnel de Versailles 16 octobre 2000 BRDA 9/01 p. 9 N° 15 et RJDA 7/01 N° 819).

Avant une loi du 5 novembre 1953, ces faits étaient qualifiés d'escroquerie. Dans les opérations de grande envergure les magistrats conservent cette qualification : « *qu'en effet, il est de la nature même de l'escroquerie à la boule de neige de voir les premiers contrats honorés, ceux-ci ne pouvant l'être que par les fonds remis par les souscripteurs des nombreux contrats ultérieurs, lesquels ne pourront être, bien entendu, jamais exécutés* » (Cass. Crim. 6 mai 2009 N° 07-85017).

– Deuxième interdiction : la vente pyramidale.

Ces ventes consistent dans l'organisation d'un réseau de vente fondé sur le parrainage successif de distributeurs indépendants. (V. jurisprudence du parrainage en matière de ventes multiniveaux, Marc Puech GP 18-19 janvier 1995 p. 46 ; la vente multiniveau au regard du droit pénal. D 95 chron. page 117 Marc Puech.)

« *Art. L 122-6. Sont interdits ;*
2° Le fait de proposer à une personne de collecter des adhésions ou de s'inscrire sur une liste en lui faisant espérer des gains financiers résultant d'une progression géométrique du nombre des personnes recrutées ou inscrites. »

Constitue une infraction à l'art. L. 122-6 2° du Code de la consommation le fait pour une société d'organiser la distribution de produits en recrutant des revendeurs par voie d'annonces dans la presse.

Les revendeurs doivent revendre des produits à des particuliers et recruter d'autres personnes sur les ventes desquelles il perçoivent une commission. Cette dernière évolue proportionnellement à la croissance du réseau (TGI Pontoise 6 juillet 1994 RJDA 12/94 N° 1380 et TGI Brest 20 septembre 1994 GP 18/19 janvier 1995 p. 49).

A été également sanctionnée l'opération de vente de produits de nettoyage à un prix inférieur à leur valeur réelle accompagnée d'ouvrages afin que ces derniers soient envoyés à des personnes de leur choix moyennant 50 F ; dans un deuxième temps, la même somme pour vingt personnes à nouveau recrutées (T. corr. de Bourg-en-Bresse 7 juin 95 RJDA 2/96 N° 285).

Est illicite l'offre d'un site Internet proposant le gain d'argent en contrepartie de lecture de messages électroniques et l'augmentation des gains par le parrainage d'amis et ainsi de suite (CA Paris 15 juin 2001 RJDA 4/02 N° 44).

– Troisième interdiction :

Dans le cas de réseaux de vente, il est interdit :

• d'obtenir d'un adhérent le versement d'une somme correspondant à un droit d'entrée, à l'achat de matériels ou services à vocation pédagogique quand ce versement conduit à un paiement ou à l'attribution d'un avantage bénéficiant à un ou plusieurs adhérents.

• d'obtenir d'un adhérent (ou affilié) l'acquisition d'un stock de marchandises destinées à la revente sans garantie de reprise. Celle-ci peut être limitée à une période d'un an après l'achat. Une déduction d'une somme n'excédant pas 10 % peut être envisagée.

Ces trois interdictions sont sanctionnées par une amende de 4 500 € et un emprisonnement d'un an (art. L. 122-7 du Code de la consommation).

§3. VENTE SANS COMMANDE PRÉALABLE

La loi du 17 mai 2011 a modifié la nature de l'infraction. Il ne s'agit plus d'une contravention mais d'un délit passible de deux ans d'emprisonnement et 150 000 € d'amende. La vente forcée constitue désormais une pratique commerciale réputée agressive.

« *Art. L. 122-3. – Il est interdit d'exiger le paiement immédiat ou différé de biens ou de services fournis par un professionnel ou, s'agissant de biens, d'exiger leur renvoi ou leur conservation, sans que ceux-ci aient fait l'objet d'une commande préalable du consommateur, sauf lorsqu'il s'agit d'un bien ou d'un service de substitution fourni conformément à l'article L. 121-20-3.* »

Le contrat conclu suite à cette pratique est nulle.
(Voir Cass. Crim. 5 novembre 1985 Bull. Crim. 85 N° 346.)

§4. VENTE À LA SAUVETTE
(article 446-1 du CP)

La loi du 14 mars 2011 définit la vente à la sauvette :

« *La vente à la sauvette est le fait, sans autorisation ou déclaration régulière, d'offrir, de mettre en vente ou d'exposer en vue de la vente des biens ou d'exercer toute autre profession dans les lieux publics en violation des dispositions réglementaires sur la police de ces lieux.*
La vente à la sauvette est punie de six mois d'emprisonnement et de 3 750 € d'amende. »

Est passible de trois ans d'emprisonnement et 45 000 € d'amende le délit d'exploitation de la vente à la sauvette. Le délit consiste à utiliser une personne pour qu'elle commette le délit précédent. Il consiste également à recevoir des *subsides* d'une personne commettant habituellement une vente à la sauvette mais aussi le fait de ne pas pouvoir justifier de ressources correspondant à son train de vie.

Il existe de nombreux cas d'aggravation de la peine (article 225-12-9 du CP).

§5. VENTE AVEC LOTERIES

Il faut distinguer la vente avec loteries (Loi du 21 mai 1836) et les loteries publicitaires prévues aux articles L. 121-36 à L. 121-41 du Code consom. qui reprennent les dispositions de la loi n° 89-421 du 23 juin 1989.

a) La loi de 1836 sanctionne pénalement la vente avec loterie : l'article 2 al. 2 vise « *les ventes d'immeubles, de meubles ou de marchandises effectuées par voie du sort ou auxquelles auraient été réunis des primes ou autres bénéfices dus, même partiellement au hasard, et généralement toutes opérations offertes au public, sous quelque dénomination que ce soit, pour faire naître l'espérance d'un gain qui serait acquis par la voie du sort* ».

L'opération pour caractériser le délit, doit aussi avoir un caractère onéreux et comporter une part de hasard.

– Le caractère onéreux résulte des expressions « ventes » et « opérations » employées dans la rédaction de l'article 2. Ainsi, si la loterie est totalement gratuite, elle n'est pas interdite. Mais si un achat est effectué, le délit est caractérisé, même si la dépense est faible.

– L'opération doit comporter une part de hasard ; c'est-à-dire que la distribution s'effectue par la voie du sort.

La peine encourue est trois ans d'emprisonnement et 90 000 € d'amende.

La loi n'interdit que les opérations où la voie du sort est la condition de l'acquisition d'un gain et non celles où, le gain étant déjà contractuellement déterminé, le sort n'intervient que pour fixer la date de son règlement. Crim. 13 octobre 1993, B 93 N° 293.

b) Les opérations publicitaires avec tirage au sort sont définies par les articles L. 121-36 et 121-37 du Code de la Consommation.

Les organisateurs sont punis d'une amende de 37 500 € s'ils n'ont pas respecté les conditions légales.

L'article L. 121-36 du Code de la consommation modifié par la loi du 17 mai 2011 précise :

> « *Les opérations publicitaires réalisées par voie d'écrit qui tendant à faire naître l'espérance d'un gain attribué à chacun des participants, quelles que soient les modalités de tirage au sort, ne peuvent être pratiquées que si elles n'imposent aux participants aucune contrepartie financière ni dépense sous quelque forme que ce soit. Lorsque la participation à cette opération est conditionnée à une obligation d'achat, la pratique n'est illicite que dans la mesure où elle revêt un caractère déloyal au sens de l'article L. 120-1.*
>
> *Le bulletin de participation à ces opérations doit être distinct de tout bon de commande de bien ou de service.* »

Ex. : commet le délit prévu par l'article L. 121-40 du Code de la consommation l'organisateur d'une loterie publicitaire réalisée par voie d'écrit qui ne respecte pas les conditions prévues aux articles L. 121-36 et suivants. Crim. 5 avril 1995 B. 95 N° 151 p. 422.

Dans un arrêt du 30 octobre 1995 (BRDA 96/2 p. 13) la Chambre Criminelle donne une extension aux articles L. 121-36 et suivants du Code de la Consommation en précisant « que n'entrent pas seulement dans les prévisions de ces textes des loteries dans lesquelles chaque participant gagne un lot ». Ainsi, l'offre d'un prix à chacun des participants n'est plus l'un des éléments constitutifs du délit.

§6. VENTE AU DÉBALLAGE

L'article L. 310-2 du Code de commerce donne une définition de ces ventes.

« Sont considérées comme ventes au déballage les ventes de marchandises effectuées dans des locaux ou sur des emplacements non destinés à la vente au public de ces marchandises, ainsi qu'à partir de véhicules spécialement aménagés à cet effet. »

Ces ventes ne peuvent excéder deux mois par année civile ; une déclaration préalable au maire de la commune est obligatoire.

Le non respect de cette obligation est sanctionné par une amende de 15 000 € (art. L. 310-5 du nouveau Code de commerce).

Il existe certaines exceptions prévues à l'article L. 310-2.

L'intention frauduleuse résulte de la mise en vente sans avoir accompli les formalités administratives imposées par le texte.

§7. VENTE À DISTANCE ET « TÉLÉACHAT »
(art. L. 121-16 à L. 121-120 Code consom.)

L'article L. 121-16 du Code de la consommation en donne une définition :

« Les dispositions de la présente sous-section s'appliquent à toute vente d'un bien ou toute fourniture d'une prestation de service conclue, sans la présence physique simultanée des parties, entre un consommateur et un professionnel qui, pour la conclusion de ce contrat, utilisent exclusivement une plusieurs techniques de communication à distance. Toutefois, elles ne s'appliquent pas aux contrats portant sur des services financiers. »

Est punie de la peine d'amende prévue pour les contraventions de la cinquième classe la violation de différentes dispositions : l'absence d'offre de contrat conforme à l'article L. 121-18 ; la violation des règles relatives au droit de rétractation et le refus de rembourser la totalité des sommes versées au plus tard dans les 30 jours suivant la date à laquelle ce droit a été exercé.

Le consommateur a sept jours francs pour se rétracter. Le délai court à compter de la réception des biens ou de l'acceptation de l'offre pour les prestations de service. Le délai est prolongé au premier jour ouvrable quand il expire un samedi, un dimanche, un jour férié ou chômé.

§8. PUBLICITÉS COMMERCIALES RÉGLEMENTÉES

A) Publicités interdites
(art. L. 121-15 Code consom.)

Il s'agit de toute publicité portant :

1° Sur une opération commerciale soumise à autorisation au titre des articles L. 310-1, L. 310-2, L. 310-3, L. 310-4, L. 310-7, L. 720-5 et L. 720-10 du Code de commerce.

La vente au déballage (article L. 310-2) n'est plus soumise à autorisation, mais déclaration. Une modification de l'article L. 121-15 est souhaitable.

2° Sur une opération commerciale réalisée sans l'autorisation préalable prévue au titre du Chapitre 1er du titre II du livre II du Code du travail (repos hebdomadaire).

3° Sur une opération commerciale réalisée ou devant être réalisée en infraction avec les dispositions de l'article L. 3132-29 du Code du travail (fermeture d'établissement ordonnée par arrêté préfectoral).

4° Sur une manifestation commerciale soumise à déclaration (avec un renvoi malheureux à l'art. L. 740-2 du Code de commerce qui n'existe plus depuis 2006).

L'annonceur qui effectue ou fait effectuer une publicité interdite par les dispositions ci-dessus est puni d'une amende de 37 500 €. Le maximum de l'amende peut être porté à 50 % du montant des dépenses consacrées à la publicité illégale.

B) Publicité comparative
(art. L. 121-8 à 121-14 Code consom.)

Une loi du 18 janvier 1992 a consacré cette pratique en France.

L'infraction consiste à effectuer une publicité qui met en comparaison des biens ou services sans respecter l'article L. 121-8 modifié par une loi du 17 mai 2011 :

> « *Toute publicité qui met en comparaison des biens ou services en identifiant, implicitement ou explicitement, un concurrent ou des biens ou services offerts par un concurrent n'est licite que si :*
> *1° Elle n'est pas trompeuse ou de nature à induire en erreur ;*
> *2° Elle porte sur des biens ou services répondant aux mêmes besoins ou ayant le même objectif ;*

3° Elle compare objectivement une ou plusieurs caractéristiques essentielles, pertinentes, vérifiables et représentatives de ces biens ou services, dont le prix peut faire partie. »

A été déclarée illicite la publicité comparant des chariots contenant des produits « dont les qualités et quantités n'étaient pas nécessairement les mêmes » (Cass. Crim. 13 janvier 2009 N° 08-82493).

L'article L. 121-14 renvoie aux peines prévues pour les pratiques commerciales trompeuses (voir *infra*).

SECTION V
Pratiques commerciales trompeuses ou agressives

En 2008, le législateur a abandonné la notion de publicité fausse ou de nature à induire en erreur pour celle de pratiques commerciales trompeuses. Il y a ajouté la notion de pratiques commerciales agressives.

§1. ÉLÉMENTS CONSTITUTIFS DU DÉLIT

A) Élément légal

L'infraction de pratiques commerciales trompeuses est prévue et réprimée par les articles L. 121-1 et suivants du Code de la consommation.

L'infraction de pratiques commerciales agressives est sanctionnée par l'article L. 122-11 du Code de la consommation.

B) Élément matériel

1) Du délit de pratiques commerciales trompeuses

Le législateur distingue désormais les pratiques nécessitant une action et celles nécessitant une omission.

→ L'action

La pratique commerciale peut être trompeuse dans trois hypothèses.

Première hypothèse : elle crée une confusion dans l'esprit du consommateur.

Deuxième hypothèse : elle repose sur des allégations fausses ou de nature à induire en erreur. Le législateur sans la citer se réfère à la publicité.

Va constituer une publicité « tout moyen d'information destiné à permettre au client potentiel de se faire une opinion sur les caractéristiques des biens ou services proposés » (Cass. Crim. 18 mai 1998 RJDA 10/98 N° 1166. Le support de la publicité peut être une étiquette, un emballage, une notice d'utilisation (Cass. Crim 16.11.94 BRDA 95-7 p. 15), le bulletin de participation à une loterie (Tribunal corr. de Quimper 6 septembre 2000 RJDA 1/01 N° 99).

Il peut s'agir également d'une publicité orale.

« *le fait pour l'animateur d'un magasin d'annoncer à la clientèle la présence d'un huissier de justice pour le tirage au sort d'une loterie alors que la personne qui s'était présentée était en réalité un employé de l'établissement* » (CA Paris 24 mars 1999 RJDA 10/99 N° 1142 et D aff. 99 N° 165 p. 935).

Cass. Crim. 8.12.1987 B, N° 451 :

« *Le délit de publicité de nature à induire en erreur, même s'il se manifeste lors de chaque communication au public d'une telle publicité, constitue une infraction unique qui ne peut être poursuivie et sanctionnée qu'une seule fois, dès l'instant où il s'agit d'allégations identiques, contenues dans le même message publicitaire et diffusées simultanément.* »

On peut relever une allégation fausse ou de nature à induire en erreur :

– L'allégation, l'indication ou la présentation intrinsèquement fausse, c'est-à-dire inexacte ou contraire à la vérité.

Ainsi le fait de vendre un produit dénommé « KERUM péruvien », en assurant qu'en douze jours, « *les seins les plus mous deviennent fermes et bien galbés, que leur fermeté et leur volume augmentent à volonté et que ces résultats spectaculaires ont des effets toute la vie* », alors que l'expertise a mis en lumière la duperie de ces affirmations et que de nombreuses réclamations émanaient de clientes désappointées. (Paris, 25 novembre 1971, D 1972 somm. 125, Gaz. Pal. 1972 1-224)

Allégations portant sur les procédés de la vente et sur les qualités du vendeur (Crim. 23 février 1989, B N° 91, p. 242).

C'est une annonce mensongère d'une réduction de 50 % (Crim. 12 janvier 1994 GP 24-26 avril 1994 p. 11).

C'est le fait de commercialiser du fromage étiqueté sous le nom d'Emmental alors qu'il ne présente pas les caractéristiques de cette dénomination réglementée (Cass. Crim. 12 octobre 1999 RJDA 12/99 N° 1395).

C'est l'envoi à plusieurs milliers de personnes d'une lettre personnalisée censée émanée d'une astrologue renommée annonçant une situation catastrophique. Ce même document proposait une voyance personnelle pour y remédier (Cass. Crim. 23 avril 1997 Dr. pénal 1997 Comm. 114).

– L'allégation ne contenant pas d'erreur manifeste mais pouvant induire en erreur : c'est la vente d'articles sans « bénéfices » dans une grande surface, mais articles non disponibles. (Crim. 6 novembre 1979, D. 1980 IR 144 ; CA Toulouse 11 mai 2000 RJDA 4/01 N° 518).

C'est la représentation de fruits frais autour d'une bouteille qui en réalité contient du liquide composé d'éléments artificiels (Crim. 13 mars 1979 N° 78-92341 Bull. Crim. 1979 N° 104)).

L'existence de mentions restrictives en petits caractères (Cass. Crim. 12.10.94 RJDA 1/95 N° 82).

L'appareil présenté comme un instrument susceptible de soigner un grand nombre d'affections alors qu'il n'en est rien (Cass. Crim. 16.11.94 BRDA 95-7 p. 15).

Les indications ambiguës de nature à tromper le consommateur sur la qualité du fournisseur et les procédés de vente (Cass. Crim. 18.10.95 BRDA 95.24 p. 10).

L'offre d'abonnement à un annuaire privé ; présentation faisant croire qu'il s'agit d'une facture de France-Télécom (Crim. 23 mars 1994 JCP 94 éd. E. 545).

La présentation ambiguë de documents publicitaires : le consommateur moyen se trouvait abonné sans avoir signé de bon de commande (Cass. Crim. 14.02.1996 Dr. pénal 96 Comm. 137).

Le fait de proposer la signature d'un contrat sans préciser qu'un coût supplémentaire (coût du minitel) en découlerait nécessairement (Cass. Crim. 28 septembre 1994 Dr. pénal 95 Comm. 19).

Le fait de se présenter comme « maître torréfacteur » dans le cadre d'une vente par correspondance (Cass. Crim. 18 octobre 1995 Dr. pénal 96 Comm. 43).

Le délit n'est pas constitué lorsque le simple bon sens écarte toute équivoque (voir Cass. Crim. 21 mai 1984 N° 83-92070 D 85 p. 105).

Troisième hypothèse : lorsque la personne pour laquelle la pratique a été mise en œuvre n'est pas clairement identifiable. Le législateur a dressé une liste de pratiques présumées trompeuses en raison de leur objet (art. L. 121-1-1 du Code de la consommation).

→ L'omission

Une pratique commerciale sera également trompeuse si elle *« omet, dissimule ou fournit de façon inintelligible, ambiguë ou à contretemps une information substantielle... »*

Cette dernière est une information nécessaire pour guider le consommateur moyen.

La société Free a été condamnée à une amende de 20 000 € pour avoir fait appel à des notions « peu accessibles aux néophytes » (Cass. Crim. 15 juin 2010 N° 09-84222 RJDA 11/10 N° 1114).

Cette hypothèse doit être rapprochée de l'article L. 121-15-1 du Code de la consommation qui concerne les publicités adressées par courrier électronique.

2) Du délit de pratiques commerciales agressives

Les juges devront rechercher si le consommateur a subi des sollicitations répétées et insistantes ou l'usage d'une contrainte physique ou morale. Ces pratiques étaient déjà sanctionnées envers une victime faible (voir le délit d'abus de faiblesse).

C) Élément moral

1) Du délit de pratique commerciale trompeuse

La loi initiale de 1963 exigeait la mauvaise foi. L'infraction s'était ensuite transformée en infraction d'imprudence (Cass. Crim. 12 novembre 1997 Dr. pén. 98 Comm. 24).

Par un arrêt remarqué du 15 décembre 2009 (N° 09-83059 Bull. Crim. 2009 N° 212 Dr. pén. 2010 Comm. 41-RJDA 5/140 N° 566), il s'agit désormais d'un délit intentionnel :

> « *Dès lors que la seule constatation de la violation, en connaissance de cause, d'une prescription légale ou réglementaire implique de la part de son auteur l'intention coupable exigée par l'article 121-3, alinéa 1er, du Code pénal.* »

2) Du délit de pratique commerciale agressive

Compte tenu de sa nature, il s'agit d'un délit intentionnel.

§2. TRAITEMENT PÉNAL DE L'INFRACTION

A) Personnes punissables – Responsabilité pénale

Art. L. 121-5. – La personne pour le compte de laquelle la pratique commerciale trompeuse est mise en œuvre est l'auteur de l'infraction. Quand la pratique s'est matérialisée par une action, le législateur vise exclusivement les professionnels (art. L. 121-1 III du Code de la consommation).

Le législateur a mis fin en 2008 à la responsabilité de plein droit du dirigeant de la personne morale pour le compte de laquelle la pratique commerciale trompeuse est mise en œuvre. Mais rien n'interdit aux magistrats de retenir la responsabilité pénale du dirigeant « à raison de sa participation personnelle à la réalisation de l'infraction » (Cass. Crim. 6 octobre 2009 N° 08-87757).

Si l'auteur est un particulier, seule une omission devrait être sanctionnée depuis 2008. Et pourtant les magistrats ont sanctionné un particulier ayant publié une annonce reposant sur des indications fausses lors de la vente d'un terrain (Cass. Crim. 5 mai 2010 N° 09-85689 Dr. pén. 2010 Comm. 97).

B) Constatations, poursuites, prescription, pénalités et action civile

1) Constatations et poursuites

Selon l'article L. 121-2, les agents de la concurrence, de la consommation et de la répression des fraudes, du Ministère de l'Agriculture et ceux du service de métrologie au Ministère de l'industrie sont habilités à constater, au moyen de procès-verbaux, les infractions aux dispositions de l'article L. 121-1.

Ils peuvent exiger de l'annonceur la mise à leur disposition de tous les éléments propres à justifier les allégations, indications ou présentations publicitaires. (Crim. 22 juin 1977, B N° 232, p. 581)

Art. L. 121-7. – S'il y a refus de communiquer les éléments, le tribunal peut ordonner la saisie des documents et prononcer une astreinte.

2) Complicité

La complicité est punissable dans les conditions de droit commun.

« *Doit donc être condamné pour complicité du délit de publicité trompeuse le directeur d'une publication qui a diffusé une annonce en faveur de pilules prétendument amincissantes, dès lors que le texte de l'annonce était à l'évidence mensonger pour un homme de presse nécessairement informé des effets qui pouvaient être attendus de ce genre de produits* » (CA Paris 25 mars 99 RJDA 10/99 N° 1143).

3) Prescription

Crim. 26 février 1986 (B N° 70, p. 167) :

« *En matière de publicité fausse ou de nature à induire en erreur le point de départ du délai de prescription de l'action publique (trois ans) doit être fixé au jour où le délit est apparu et a pu être constaté dans les conditions permettant l'exercice de cette action.* »
(Voir dans le même sens Cass. Crim. 4 novembre 2008 N° 08-81618.)

4) Action civile

Une action civile est possible de la part des victimes de la publicité mensongère ; dans ce cas, il est nécessaire, conformément au droit commun, que la victime puisse invoquer un préjudice personnel particulier. L'action civile n'est pas réservée à l'acheteur du produit mais appartient également au fabricant du produit (Crim. 23 février 1989, B 91).

Les associations sont recevables à se constituer partie civile.

Ainsi une association interprofessionnelle agricole s'est constituée partie civile contre un responsable du rayon boucherie dans un hypermarché, titulaire d'une délégation de pouvoir, qui avait apposé un écriteau certifiant la viande de bœuf exclusivement française alors que certains morceaux provenaient de pays étrangers (Cass. Crim. 26 octobre 1999 Dr. pénal 2000 Comm. N° 21).

5) Pénalités

– Les auteurs du délit de pratiques commerciales trompeuses sont passibles de deux ans d'emprisonnement et d'une amende de 37 500 €. Cette dernière peut être portée à 50 % des dépenses de la publicité ou de la pratique constituant le délit (articles L. 121-6 et L. 213-1 du Code de la consommation).

Les dispositions de l'article L. 213-6 prévoyant la responsabilité pénale des personnes morales sont applicables.

En vertu de l'article L. 121-3, la cessation de la publicité peut être ordonnée, soit sur réquisition du Ministère public, soit d'office par le juge d'instruction ou le tribunal saisi des poursuites. La mesure ainsi prise est exécutoire, nonobstant toutes voies de recours. Une polémique est née à propos de la peine complémentaire prévue à l'article L. 121-4 du Code de la consommation : « en cas de condamnation, le tribunal ordonne la publication du jugement… »

Il s'agit d'une peine complémentaire obligatoire. Le Conseil constitutionnel le 29 septembre 2010 a déclaré cet article conforme à la constitution (N° 2010 QPC) en considérant que le juge qui prononce la sanction garde le pouvoir d'individualiser la peine. Outre la dispense de peine, le juge peut faire varier l'importance et la durée de la peine (article 131-35 du CP).

Pour les personnes morales, cette peine a un caractère facultatif, l'article 213-6 du Code de la consommation renvoie à l'article 131-39 du CP 2° et 9°.

Une plus grande harmonie des textes est souhaitée.

– Les auteurs du délit de pratiques commerciales agressives encourent deux ans d'emprisonnement et 150 000 € d'amende. Les personnes physiques encourent également une interdiction pour cinq ans d'exercer une activité commerciale.

Les personnes morales encourent les peines complémentaires prévues à l'article 131-39 du CP.

SECTION VI
Actions en justice des associations de consommateurs

§1. ACTION EXERCÉE DANS L'INTÉRÊT COLLECTIF DES CONSOMMATEURS

Il faut que les associations ayant pour objet statutaire explicite la défense des consommateurs soient régulièrement déclarées pour pouvoir exercer les droits reconnus à la partie civile et que les faits incriminés porte un préjudice direct ou indirect à l'intérêt collectif des consommateurs (art. L. 421-1).

Ces associations peuvent demander à la juridiction civile, statuant sur l'action civile ou à la juridiction répressive statuant sur l'action civile d'ordonner au défendeur ou au prévenu, le cas échéant sous astreinte, toute mesure destinée à faire cesser les agissements illicites ou à supprimer dans le contrat proposé une cause illicite (art. L. 421-2, L. 421-3, L. 421-4 et L. 421-5).

§2. ACTION EN REPRÉSENTATION CONJOINTE

Lorsque plusieurs consommateurs, personnes physiques, identifiés ont subi des préjudices individuels qui ont été causés par le fait d'un même professionnel et qui ont une origine commune, toute association agréée, si elle a été mandatée par au moins deux des consommateurs concernés, agit en réparation devant toute juridiction au nom de ces consommateurs. Dans ce cas, tout consommateur ayant donné son accord à l'exercice d'une action devant une juridiction pénale est considéré comme exerçant les droits reconnus à la partie civile (art. L. 422-1, 422-2 et 422-3 du Code de la consommation).

Un mandat écrit doit être donné par chaque consommateur.

Le mécanisme de la *class action* n'existe pas en droit français.

CHAPITRE II

La protection des intérêts fiscaux de l'État

Les infractions à la loi fiscale relèvent d'une dualité de sanctions prévues par le Code général des impôts : la répression du plus grand nombre d'infractions fiscales est sanctionnée par des pénalités fiscales (intérêts de retard, majorations de droits, amendes) ; l'administration détermine elle-même sous le contrôle du juge de l'impôt le montant de ces pénalités, en exerçant, le cas échéant, son pouvoir de remise ou de transaction dans le cadre de la juridiction gracieuse. Le régime des sanctions fiscales a été profondément modifié par la loi N° 87-502 du 8 juillet 1987 (*JO*, 9 juillet, p. 7410, D 1987, législ. p. 271) en ce qui concerne les procédures fiscales et douanières.

Mais l'administration dispose, en outre, de la possibilité de faire prononcer par les juridictions correctionnelles des sanctions pénales à l'encontre des auteurs d'infractions fiscales qui sont érigées en délits en raison de leur gravité particulière ; en se cumulant avec les peines purement fiscales, les sanctions pénales constituent un moyen efficace de lutte contre la fraude.

Dans leur traité de droit criminel N° 653, MM. R. Merle et A. Vitu, précisent ainsi la dualité de ce contentieux : « *La tâche du juge fiscal est d'apprécier la réalité et l'importance de la matière imposable, et d'en déduire le montant de la dette du contribuable envers le Trésor, alors qu'il importe au juge pénal d'apprécier les manœuvres, les dissimulations ou les omissions frauduleuses, couronnées ou nom de succès, par lesquelles le contribuable a tenté d'échapper à l'impôt. En d'autres termes, le juge fiscal est le juge de l'imposition fiscale, tandis que le juge pénal est le juge de la fraude fiscale* ».

La fraude fiscale est un domaine très spécifique de la délinquance d'affaires, dont le développement dans l'économie moderne prend des proportions considérables et inquiétantes et pose des problèmes particuliers en matière de répression.

La fraude fiscale est la délinquance qui constitue la criminalité la plus coûteuse de France.

Il n'est pas possible d'examiner les questions délicates et souvent nouvelles posées par l'application des sanctions pénales dans cette matière, sans procéder à une analyse des caractères originaux et aggravants de la fraude fiscale qui n'est pas un délit comme les autres et mérite une place à part dans les conditions de la répression.

Ce point est essentiel et conditionne, dans une large mesure, les motivations d'une répression efficace.

La circulaire du Garde des Sceaux, du 9 octobre 1972, dite « Décision Arpaillange » précisait déjà :

> « *La première considération générale et fondamentale est la prise de conscience de la gravité de la fraude fiscale dans la société moderne et la nécessité d'une répression efficace et par conséquent suffisamment dissuasive.* »

Délit de droit commun, la fraude fiscale émerge des autres fraudes, pourtant nombreuses, par des caractères originaux qui tiennent à sa nature, à son évolution et à ses conséquences. On a dit que « la fraude est à l'impôt ce que l'ombre est à l'homme ».

Le délit général de fraude fiscale consiste *à se soustraire* frauduleusement ou *à tenter* de se soustraire frauduleusement à l'établissement ou au paiement total ou partiel de l'impôt. Il faut retenir :

– l'existence de faits matériels tendant à permettre au contribuable de se soustraire totalement ou partiellement à l'établissement ou au paiement de l'impôt *(élément matériel).*

– l'intention délibérée de fraude *(élément intentionnel).*

• SA NATURE

Il s'agit d'un délit :

– clandestin et invisible dont la recherche et la preuve sont difficiles ;

– financier ;

– intellectuel qui met parfois en œuvre des procédés très élaborés ;

– contesté, voire rejeté par une certaine partie de l'opinion.

• SON ÉVOLUTION

Elle est permanente et parallèle à l'activité économique.

À la fraude classique se sont ajoutées des fraudes plus modernes qui tendent à :

– l'industrialisation (terme retenu par M. Cosson qu'on peut également appeler professionnalisation (taxis – jamais de factures) (*Cf. Les industriels de la fraude fiscale* ; *Les grands escrocs en affaires*, Éditions du Seuil) ;

– l'internationalisation (développement des multinationales paradis fiscaux) ;

– l'atomisation ou miniaturisation (petits fraudeurs). Les conséquences du travail clandestin.

• SES CONSÉQUENCES

Les répercussions de la fraude fiscale touchent les domaines les plus divers :

– Le domaine budgétaire

Pour reprendre un terme de M. Cosson « l'État est floué », les citoyens honnêtes aussi.

Les moins-values fiscales sont importantes.

On constate une rupture de l'égalité des citoyens devant les charges publiques et une surtaxation des contribuables honnêtes.

– Le domaine économique et politique

Certaines entreprises ne survivent artificiellement que par la fraude fiscale.

On constate des distorsions de la concurrence qui devient déloyale.

On peut se demander si la fraude fiscale ne présente pas un caractère inflationniste.

– Le domaine social

La fraude fiscale engendre des distorsions dans la perception et la distribution des prestations sociales.

Les fraudeurs paient des cotisations minorées et perçoivent des prestations indues ou majorées.

– Le domaine pénal

La fraude fiscale engendre souvent des délits connexes (abus des biens sociaux – faux en écriture – banqueroute – escroquerie). (Crim. 24 avril 1984, D 1986-J.125, note J. Cosson)

Les délits fiscaux sont pour la plupart définis par le Code Général des Impôts (CGI) en ses articles 1741 à 1743. Parmi ces textes, les plus fréquemment utilisés sont les articles 1741, réprimant le délit général de fraude fiscale et l'article 1743-1° qui punit l'omission d'écritures comptables et la passation d'écritures inexactes ou fictives. Le CGI prévoit également des sanctions pénales pour des délits spéciaux afférents, soit à des infractions particulières à chaque impôt ou taxe, soit à des infractions d'opposition à l'établissement ou au recouvrement de l'impôt.

Enfin, certaines infractions fiscales peuvent tomber sous le coup des dispositions de droit commun du Code pénal (CP). Tel est notamment le cas du délit d'escroquerie en matière de TVA, réprimé par les articles 313-1, 313-2 et 313-3 alinéa 1 (voir *supra*).

Les poursuites sont réglementées par le Livre des procédures fiscales (LPF, art. L. 228, L. 229, L. 231, L. 232) et par le Code de procédure pénale (CPP). L'article 704 du Code de procédure pénale prévoit que les délits des articles 1741 à 1753 bis A sont de la compétence des tribunaux de grande instance spécialisés en matière économique et financière.

SECTION I
Infractions relatives à l'impôt direct

Sous-section I – Délit général de fraude fiscale
(art. 1741 et 1743-1° du CGI)

Le délit général de fraude fiscale fait essentiellement l'objet des dispositions de l'article 1741 du CGI.

§1. ÉLÉMENT LÉGAL ET MATÉRIEL

Aux termes des articles 1741 et 1743, le délit général de fraude fiscale peut revêtir de nombreuses formes :
- l'omission volontaire de déclaration dans les délais prescrits ;
- la dissimulation volontaire de sommes sujettes à l'impôt ;
- l'organisation d'insolvabilité ;
- tous autres moyens frauduleux (V. *infra* D).

A) Omission de déclaration dans les délais prescrits

Pour que le délit de fraude fiscale par omission de déclaration soit constitué, la preuve doit être faite que l'omission constatée a été volontaire et qu'elle a permis au contribuable de se soustraire à l'établissement et au paiement de l'impôt. La constatation que l'omission de souscrire toute déclaration a été volontaire implique par elle-même l'existence de la mauvaise foi, élément constitutif du délit.

Cass. Crim. 25 mai 1978 N° 77-92637 (Bull. Crim. 1978 N° 166) :

> «... *Attendu que les juges précisent que l'abstention systématique du prévenu, en dépit des multiples mises en demeure qui lui ont été adressées, établit sa mauvaise foi et que la tenue irrégulière de sa comptabilité procède d'un comportement délibéré afin de priver l'administration des moyens de fixer l'assiette des impôts et taxes auxquels il était assujetti* ».

Domicile fiscal – défaut de déclaration de revenus, caractère frauduleux, Paris, 2 décembre 1986, D 1988, J. 148, note Tixier.

Le prévenu n'avait souscrit aucune déclaration dans le délai prescrit car il estimait être domicilié à l'étranger, or il avait en France sa résidence habituelle (Crim. 22 janvier 1990, D 90 J, p. 454, note Tixier-Lamulle).

Omission de déclaration des revenus perçus à l'étranger (Crim. 10 juin 1992 B 224 ; Cass. Crim. 28 juin 2006 N° 05-86099).

B) Dissimulation de sommes sujettes à l'impôt

Comme l'omission de déclaration, la dissimulation des sommes sujettes à l'impôt doit être volontaire. Mais, en outre, la dissimulation doit excéder le dixième de la somme imposable, ou être supérieure à 153 €.

À titre d'exemple (Cass. Crim. 12.03.79, B N° 101, p. 282).

Tolérance légale : le tribunal a pour seule obligation de constater le dépassement de la tolérance légale : Crim. 17 novembre 1971, B N° 309.

Pour les majorations des déductions de TVA : Crim. 10 décembre 1979, B N° 352, p. 958.

Pour une soustraction à l'établissement et au paiement partiel de la TVA : Cass. Crim. 5 avril 2006 N° 05-82862 Bull. Crim. 2006 N° 105 *« la date d'exigibilité de la TVA correspond au jour soit de la cession, soit de l'encaissement de la facture selon que celle-ci a été cédée définitivement par l'entreprise ou a été recouvrée pour son compte auprès du client par la société d'affacturage. »*

Pour une déclaration minorée de TVA : Cass. Crim. 2 décembre 2009 N° 09-80568 Bull. Crim. 2009 N° 202.

Pour une déclaration minorée relative à l'ISF : Cass. Crim. 30 juin 2010 N° 09-86249.

Pour les majorations de frais professionnels : Crim. 11 juin 1979 B N° 201.

Pour les dissimulations de bénéfices professionnels : Crim. 3 juillet 1991 B N° 291.

Non déclaration de revenus de valeurs mobilières dont le contribuable faisait encaisser les coupons par des tiers : Crim. 4 octobre 1974 ; Crim. 2 mars 1987 B N° 101.

Voir aussi l'article 1772-1-3° du CGI qui prévoit et sanctionne le délit d'entremise pour l'encaissement de coupons de valeurs mobilières.

Revenus perçus à l'étranger, obligation de les déclarer même s'ils ne sont pas imposables : Crim. 16 juin 1992, Droit pénal 1992, 236.

Pour un montage juridique frauduleux permettant de transférer vers un pays à fiscalité privilégiée les bénéfices réalisés : Cass. Crim. 8 février 2006 N° 05-83493 Bull. Crim. 2006 N° 35.

C) Organisation d'insolvabilité tendant à mettre obstacle au recouvrement de l'impôt

L'organisation d'insolvabilité suppose que le débiteur a, par un ensemble de mesures, soustrait ou tenté de soustraire ses biens aux poursuites en recouvrement de l'impôt.

Par exemple, a été reconnu coupable de fraude fiscale, le contribuable qui, par des déclarations mensongères relatives à un incendie dont il avait été victime, a fait obstacle à une procédure de saisie-exécution (Crim. 5 juillet 1956, B N° 515, p. 941).

Cette infraction doit être distinguée du délit d'organisation ou d'aggravation d'insolvabilité en vue de se soustraire à l'exécution d'une condamnation pécuniaire (art. 314-7, 314-11 et 314-13 du Code pénal).

D) Autres moyens frauduleux

– Entremise en vue de faire échapper à l'impôt tout ou partie de la fortune d'autrui ;

– Omission délibérée de passer ou de faire passer des écritures au livre journal et au livre d'inventaire ;

– Passation délibérée d'écritures fictives ou inexactes aux mêmes livres.

En ajoutant ce dernier moyen au précédent, le législateur a voulu permettre de réprimer sans aucune ambiguïté possible, tous les faits de soustraction ou de tentative de soustraction à l'établissement du paiement de l'impôt.

§2. ÉLÉMENT INTENTIONNEL

Il s'agit de l'intention délibérée d'éluder l'impôt au moyen de manœuvres frauduleuses.

Pour que le délit général de fraude fiscale défini à l'article 1741 du CGI soit constitué, il faut, en outre, que la soustraction à l'établissement ou au paiement de l'impôt soit intentionnelle (Crim. 17 octobre 1983, B N° 246, p. 628), c'est-à-dire que l'auteur du délit ait été animé par une volonté de fraude. L'omission volontaire suffit (Crim. 8 juin 1974, B N° 209 ; Crim. 3 juillet 1974, B N° 45 ; Crim. 29 juin 1987, D 1987, IR p. 189).

Mais cette condition est nécessaire et il n'y aura pas de délit si la preuve n'est pas apportée que le contribuable a eu connaissance qu'il accomplissait un acte illicite (Crim. 5 juin 1979, D 1979, IR p. 526).

La constatation que le prévenu a tenu une comptabilité occulte suffit à caractériser l'élément intentionnel du délit (Crim. 5 février 1979, B N° 48 ; Crim. 12 mars 1979, B N° 102), mais la mauvaise foi d'un dirigeant légal de sociétés commerciales ne saurait résulter de sa seule qualité (Crim. 21 juin 1982, B N° 165, p. 462).

Le seul fait de se placer sous un régime fiscal indu, dans l'intention de se soustraire au moins partiellement à l'impôt, constitue le délit prévu par l'article 1741 CGI (Crim. 23 octobre 1991 D 92, IR 17 et Cass. Crim. 11 janvier 2006 N° 05-83207 Bull. Crim. 2006 N° 17).

Il a été jugé que lorsque le prévenu a minoré ses recettes, dans ce cas, l'importance des sommes dissimulées démontre le caractère intentionnel (Crim. 26.10.1995 JCP 96 IV 139).

§3. PERSONNES PUNISSABLES

A) Auteurs principaux

C'est en principe le contribuable lui-même, débiteur des impôts auxquels il s'est soustrait ou a tenté de se soustraire frauduleusement, qui doit être considéré comme l'auteur du délit de fraude fiscale.

Pour les impôts établis suivant le système de la déclaration contrôlée, le délit est consommé lors du dépôt de la déclaration mensongère : l'auteur du délit est donc normalement le signataire de la déclaration entachée de fraude ou celui qui aurait dû la signer, ou en cas d'omission volontaire, la personne qui était légalement tenue de souscrire et de signer la déclaration omise.

Si le débiteur est une personne morale, ce sont ses représentants légaux qui sont, en principe, personnellement passibles des peines édictées par l'article 1741 du CGI (Crim. 11 avril 1975). Il est possible que la personne physique pénalement responsable s'abrite derrière un prête-nom : dans ce cas, la jurisprudence retient la responsabilité du dirigeant de fait lorsqu'elle est établie au même titre que celle du dirigeant de droit (apparent) (Crim. 21 décembre 1971, B N° 366, p. 919 ; 3 février 1972, B N° 44, p. 106 ; 13 mai 1975, B N° 124 ; 7 janvier 1985 ; Com. 30 octobre 1989 D 89 IR, p. 271 ; Com. 18 mai 1981, B civ. IV, N° 240 ; Cass. Crim. 19 novembre 2008 N° 08-81194 Bull. Crim. 2008 N° 237).

Dirigeant de société – période d'exercice des fonctions, Crim. 2 mars 1987, B N° 101.

Pluralité d'auteurs. Crim. 27 février 1989, B N° 92, p. 245.

Voir la responsabilité fiscale des dirigeants sociaux. Bergères, Dalloz 1993, chron. p. 201.

Une association peut être déclarée une entreprise commerciale déguisée relevant de l'imposition d'une entreprise commerciale (Cass. Crim. 24 mars 2010 N° 09-83289).

Une délégation de pouvoir donnée par un dirigeant à son directeur financier dans ces termes : *« pour effectuer toutes les démarches afférentes à la gestion de l'entreprise dans les domaines suivants : comptable, fiscal, social et juridique »* est inopérante. Elle n'avait pas été expressément acceptée et était très limitée dans son champ d'application (Cass. Crim. 23 mai 2007 N° 06-87590 Bull. Crim. 2007 N° 138).

B) Complicité et tentative

En vertu de l'article 1742 du CGI, les complices du délit prévu à l'article 1741 sont passibles des mêmes peines que l'auteur lui-même ; il s'agit de l'application de l'article 121-7 du Code pénal.

Ainsi, l'article 1742 permet d'atteindre tous ceux qui ont aidé l'auteur principal dans la perpétration du délit et, notamment les professionnels de la comptabilité, salariés ou non, qui utilisent leurs connaissances techniques pour masquer les irrégularités comptables commises par les personnes faisant appel à leurs services.

Exemples :

– épouse reconnue coupable de complicité pour avoir mis à la disposition de son mari un compte bancaire, en lui donnant procuration sur ce compte qui était crédité des sommes soustraites à l'impôt (Crim. 20 mars 1978) ;

– épouse coupable de complicité : cogérante d'une société formant écran (Crim. 3 janvier 1983, D 1984-615, note Renoux) ;

– agent immobilier qui aide, lors d'une transaction immobilière, les vendeurs à éluder le paiement d'une partie des sommes dues au titre de la TVA (Crim. 12 juin 1978) ;

– complicité par abus d'autorité (Crim. 10 janvier 1973, B N° 14) ;

– complicité par établissements de factures fictives (Crim. 24 avril 1984, D 1986-125, note Cosson) ;

– si les auteurs principaux sont restés inconnus, les complices punissables ne sont pas exonérés (Crim. 18 novembre 1976, B N° 332 ; Crim. 13 mai 1985) ;

– complicité du notaire qui prête son concours conscient aux fraudes (affaire Flatto-Sharon : TGI, Paris 23 février 1982 ; Crim. 18 octobre 1982, D 1983-158, note Robert et Tixier ; Crim. 22 décembre 1986 B N° 382) ;

– complicité des comptables, experts-comptables et conseils (Crim. 24 octobre 1973 ; Crim. 15 janvier 1979, B N° 21) ;

– complicité de notaires et banquiers, Crim. 24 nov. et 22 déc. 1986, D 1987, J. p. 327, note Tixier ;

– coauteurs ou complices, Crim. 30 octobre 1989, D 90 IR p. 18.

Si les articles 1741 c. gén. imp. et L. 228 s. liv. pr. fisc. subordonnent l'exercice de la poursuite en matière de fraude fiscale à une plainte préalable de l'administration, cette exigence ne concerne que le redevable de l'impôt ou son représentant légal et non les coauteurs ou complices de l'infraction, que le juge d'instruction a toujours pouvoir de mettre en examen en vertu de l'article 80-1 alinéa 3 du Code de procédure pénale.

Il s'ensuit que n'encourt pas le grief de nullité l'arrêt de la Cour d'appel qui refuse d'annuler la procédure en ce qu'elle était suivie contre le prévenu pris en qualité de complice du délit de fraude fiscale commis par d'autres.

Outre les peines prévues par l'article 1741, les agents d'affaires, experts sont susceptibles de tomber également sous le coup des sanctions pénales édictées par l'article 1772 1 1° du CGI qui réprime l'établissement de faux bilans et autres documents produits pour la détermination des bases imposables.

La tentative : elle est expressément prévue par le texte, donc punissable en application des articles 121-4 et 121-5 du Code pénal.

§4. EXERCICE DES POURSUITES PÉNALES PREUVE DU DÉLIT

La charge de la preuve incombe au Ministère Public et à l'Administration à qui il appartient d'établir la matérialité du délit ainsi que la responsabilité personnelle de la personne mise en examen (art. L. 227 du LPF).

Les poursuites sont engagées dans les conditions prévues aux articles L. 229 à L. 231 du LPF (Crim. 16 octobre 1989) plainte préalable de l'Administration (Crim. 4 février 1991, B N° 56, p. 142).

L'article L. 228 du LPF impose à l'administration de saisir, avant toute mise en mouvement des poursuites, la commission des infractions fiscales instituée par la loi du 29 décembre 1977 et dont les avis lient le ministre chargé du budget. Cette commission est composée de membres du Conseil d'État et de la Cour des comptes, donc de spécialistes du droit fiscal. L'action publique ne sera donc déclenchée que si les éléments du délit de fraude fiscale sont significatifs. Ainsi, l'intervention de la commission apporte au contribuable une garantie supplémentaire ; elle assure qu'aucune plainte n'est portée devant les tribunaux sans avoir fait l'objet, au préalable, d'un examen par une commission indépendante de l'administration et d'un avis favorable de sa part. Mais les dispositions de l'article 228 du LPF ne sont applicables qu'au redevable de l'impôt ou à celui qui en est le mandataire social s'il s'agit d'une personne morale et elles sont étrangères aux autres personnes impliquées dans la fraude (Crim. 27 février 1989 B N° 92, p. 245).

Le ministre est lié par l'avis de la commission (Crim. 4 octobre 1982, B N° 204, p. 555 mentions de l'avis de la CIF suffisantes Crim. 27 juillet 1993, Droit pénal 1993, N° 262 ; incompétence de la juridiction répressive pour apprécier la régularité de la procédure préalable à l'avis favorable : Crim. 2 décembre 1985, GP 4- 5 juillet 1986, p. 17). Si le ministre chargé du budget fait valoir qu'il existe des présomptions caractérisées de l'existence d'une infraction fiscale avec un risque de dépérissement des preuves, le principe du contradictoire est supprimé (Crim. 28 janvier 1991, D 91 IR 103 et 108).

Le contribuable est avisé de la saisine de la Commission qui l'invite à lui communiquer, dans un délai de 30 jours, les informations qu'il jugerait nécessaires.

La plainte est déposée entre les mains du Procureur qui est seul maître de l'opportunité des poursuites.

À noter que lors de la phase judiciaire, l'Administration peut se constituer partie civile (Crim. 20 mai 1985 B N° 191). Elle est ainsi en mesure, à tous les stades de la procédure, de fournir tous documents et tous renseignements, de répondre aux arguments des prévenus, de s'opposer à leurs manœuvres dilatoires afin de provoquer les mesures les plus efficaces pour la répression du délit.

Il est permis aux agents de l'administration fiscale qui ont obtenu des pièces d'une procédure pénale auprès des autorités judiciaires, de les produire à l'appui d'une demande d'autorisation de visite et saisie domiciliaire, articles L. 16 B du LPF. (Com. 29.11.1994 D 95 IR 24).

« Aucune disposition légale ou conventionnelle n'interdit aux agents de l'administration fiscale de procéder, de nuit, aux heures d'ouverture au public, à une vérification de comptabilité, dans les locaux ou au siège d'une entreprise exerçant une activité nocturne » (Cass. Crim. 2 décembre 2009 N° 09-80568 Bull. Crim. 2009 N° 202).

En l'absence de recours du Ministère Public, l'administration fiscale n'a pas qualité pour se pourvoir en cassation contre un arrêt de relaxe du chef de fraude fiscale (Cass. Crim. 16 juin 2010 N° 09-86536 Bull. Crim. 2010 N° 109).

Le président du TGI apprécie souverainement si la visite et la saisie sont justifiées. (Com. 7.03.95 D 95 IR 121).

§5. FAITS SANS INFLUENCE SUR LA POURSUITE

– Réparation du préjudice :

L'article 1741 du CGI ne prévoyant aucune exemption de poursuites en faveur de celui qui se libère des droits éludés, l'action publique engagée sur la base de ce texte ne peut être affectée dans sa validité par la réparation du préjudice.

– Transaction : article L. 247 du Livre des procédures pénales :

Il a été jugé qu'une transaction intervenue régulièrement ne peut au regard des dispositions de l'article 6, alinéa 3 du Code de procédure pénale, ni entraver la mise en mouvement de l'action publique, ni entraîner son extinction puisqu'aucun texte n'en dispose ainsi en matière de contributions directes et d'enregistrement.

– Excuses diverses :

L'ignorance comptable du contribuable ou de la personne chargée de tenir la comptabilité ne peut être considérée ni comme une excuse absolutoire, ni comme une circonstance atténuante dès lors que tout commerçant doit être en mesure de satisfaire aux obligations que lui impose l'exercice de son activité (Crim. 3 janvier 1958 ; Crim. 28 octobre 1971).

Une raison idéologique ne peut en aucune manière constituer un fait justificatif pour se soustraire à l'établissement de l'impôt (Crim. 19 mai 1983, B N° 150, p. 367 ; voir A. Vitu, Rev. Sc. Crim. 1984, p. 314).

– Existence d'une procédure devant le juge de l'impôt :

La procédure administrative et la procédure judiciaire engagée sur la base de l'article 1741 du CGI sont par leur nature indépendantes l'une de l'autre et n'admettent pas les mêmes modes de preuve (Crim. 3 janvier 1983, D 1984-615 et la note de T. Renoux).

Il s'ensuit que la décision de la juridiction administrative n'a pas, au pénal, l'autorité de la chose jugée (Crim. 20 juin 1983, B N° 189, p. 474 ; D 1983 IR 475) : elle ne s'impose pas aux juridictions correctionnelles qui dès lors :

- doivent écarter toute demande de sursis à statuer (Crim. 5 juillet 1976, B N° 246, p. 645 ; Crim. 9 mai 1977, B N° 160 ; Crim. 1er octobre 1979, B N° 264 et D 1980, 372 note Robert et Tixier ; Crim. 3 janvier 1983, D 1984, 615, note T. Renoux) ;
- ne sont pas liées par la décision du juge administratif (Crim. 2 novembre 1977, B N° 224, R.S.C. 1978, 625 observ. A. Vitu ; Crim. 10 mars 1986, B N° 96, p. 245).

§6. PÉNALITÉS

A) Peines principales

Indépendamment des sanctions fiscales, les peines principales prévues à l'article 1741 du CGI sont des peines d'emprisonnement et d'amende :

– emprisonnement de cinq ans ;
– et amende de 37 500 €.

Ces peines sont aggravées si la fraude a été réalisée ou facilitée au moyen soit d'achats ou de ventes sans factures, soit de factures ne se rapportant pas à des opérations réelles, ou si elle a eu pour objet d'obtenir de l'État des remboursements injustifiés. Dans ces cas, l'auteur de la fraude est passible :

– d'un emprisonnement de cinq ans ;
– et d'une amende de 75 000 €.

B) Peines complémentaires

À l'exception des sanctions disciplinaires, elles doivent être expressément prononcées par le tribunal.

1) Publication et affichage du jugement
(art. 1741 CGI)

Le Conseil constitutionnel le 10 décembre 2010 a décidé que l'article 1741 alinéa 4 du CGI imposant au juge de prononcer la peine de publication et d'affichage du jugement de condamnation pour des faits de fraude fiscale était contraire au principe d'individualisation des peines. La loi du 29 décembre 2010 a modifié cet alinéa : *« la juridiction peut, en outre, ordonner l'affichage de la décision prononcée et la diffusion de celle-ci dans les conditions prévues aux articles 131-35 ou 131-39 du CP. »*

Ainsi encourt l'annulation par voie de retranchement, l'arrêt d'une Cour d'appel, qui après avoir déclaré le prévenu coupable de fraude fiscale ordonne la publication et l'affichage (Cass. Crim. 12 janvier 2011 N° 10-81151).

On peut regretter la différence de traitement réalisé par le Conseil constitutionnel sur ce même sujet en matière de pratiques commerciales trompeuses (voir *supra*).

2) Interdiction d'exercer une profession industrielle, commerciale ou libérale, suspension du permis de conduire

Aux termes de l'article 1750 du CGI (modifié par l'art. 161 de la loi N° 2011-525 du 17 mai 2011), la juridiction répressive peut, à titre de peine complémentaire, interdire au condamné d'exercer, directement ou par personne interposée, pour son compte ou pour le compte d'autrui, toute profession industrielle, commerciale ou libérale et de diriger, d'administrer, de gérer ou contrôler une entreprise commerciale ou industrielle ou une société commerciale selon les modalités de l'article 131-27 du CP.

Le tribunal peut ajouter la suspension du permis de conduire pour trois ans (6 ans en cas de récidive) qu'il peut limiter à la conduite en dehors de l'activité professionnelle.

3) Privation des droits civiques

Le tribunal peut prononcer la privation des droits civiques énumérés aux articles 131-26 du Code pénal (droit de vote et d'élection, d'éligibilité, etc.).

4) Solidarité
(art. 1745 du CGI)

Tous ceux qui ont fait l'objet d'une condamnation définitive peuvent être solidairement tenus avec le redevable légal de l'impôt fraudé, au paiement de cet impôt ainsi qu'à celui des pénalités y afférentes (Cass. Crim. 19 mai 2010 N° 09-83970 Bull. Crim. 2010 N° 89 AJ Pénal 2010 445 obs. J. Lasserre Capdeville).

Par une décision rendue le 13 janvier 2010 N° 09-84977 la Chambre criminelle de la Cour de cassation est venue rappeler que le prononcé cumulatif des peines principales et de la solidarité à raison des mêmes faits n'est pas contraire au principe non bis un *idem*.

La solidarité du complice s'étend à tous les faits de fraude fiscale poursuivis et qui procèdent d'une conception unique (Cass. Crim. 22 octobre 2008 N° 07-88134 Bull. Crim. 2008 N° 214).

5) Contrainte judiciaire

Une loi du 9 mars 2004 a remplacé la contrainte par corps par la contrainte judiciaire.

L'article 749 du CPP précise :

« *En cas d'inexécution volontaire d'une ou plusieurs condamnations à une peine d'amende prononcées en matière criminelle ou en matière correctionnelle pour un délit puni d'une peine d'emprisonnement, y compris en cas d'inexécution volontaire de condamnations à des amendes fiscales ou douanières, le juge de l'application des peines peut ordonner, dans les conditions prévues par le présent titre, une contrainte judiciaire consistant en un emprisonnement dont la durée est fixée par ce magistrat dans la limite d'un maximum fixé par la loi en fonction du montant de l'amende ou de leur montant cumulé.* »

C'est l'article 750 du CPP qui en fixe la durée.

« *Le maximum de la durée de la contrainte judiciaire est fixé ainsi qu'il suit :*
1° A vingt jours lorsque l'amende est au moins égale à 2 000 € sans excéder 4 000 € ;
2° A un mois lorsque l'amende est supérieure à 4 000 € sans excéder 8 000 € ;
3° A deux mois lorsque l'amende est supérieure à 8 000 € sans excéder 15 000 € ;
4° A trois mois lorsque l'amende est supérieure à 15 000 €. »

Cette mesure ne peut pas s'appliquer si l'individu est insolvable ou s'il était mineur au moment des faits ou enfin âgé d'au moins soixante-cinq ans au jour de la condamnation.

C) Peines accessoires

Les peines accessoires s'appliquent automatiquement sans que le juge ait à les prononcer et accompagnent toutes les peines principales qui sanctionnent les délits de fraude fiscale et infractions assimilées. On peut s'étonner de la survie de ces peines dans le domaine fiscal.

1) Interdiction de participer aux travaux de certaines commissions
(CGI art. 1753)

Les personnes qui, à l'occasion de fraudes fiscales ou d'opposition à contrôle fiscal ont fait l'objet d'une condamnation par le tribunal ne sont pas admises à participer aux travaux des commissions communale, départementale et centrale des impôts directs ainsi que de la commission départementale de conciliation.

2) Interdictions relatives à la création et à la direction de centres de gestion ou d'associations agréées
(CGI annexe II art. 371-C, 371-D, 371-O et 371-P)

La condamnation depuis moins de 5 ans à certaines sanctions pénales ou à des sanctions fiscales prononcées par un tribunal répressif peut entraîner pour la personne condamnée l'interdiction de créer, de diriger ou d'administrer un centre de gestion ou une association agréée.

D) Peines disciplinaires

Les sanctions disciplinaires peuvent être appliquées dans le cadre de la réglementation de certaines professions :

– officiers publics et ministériels : notaire, greffier, huissier de justice, commissaire-priseur,

– avocats,

– experts judiciaires,

– conseils juridiques, etc.,

– experts-comptables et comptables agréés.

Ces sanctions peuvent être très graves et aller jusqu'à la radiation.

§7. PRESCRIPTION DE L'ACTION PUBLIQUE

La date à laquelle l'infraction se réalise ne doit pas être confondue avec celle où sont accomplis les actes l'ayant facilitée ou permise. Ainsi, l'infraction est consommée au moment du dépôt de la déclaration mensongère souscrite par le contribuable sans qu'il y ait lieu de faire état de la date à laquelle ont été effectuées les falsifications de pièces comptables ou les manœuvres tendant à justifier l'exactitude de cette déclaration (Crim. 17 juin 1959 ; Crim. 3 novembre 1976, N° 309, p. 791).

S'il s'agit d'une omission volontaire de déclaration, le délit doit être considéré comme commis à la date d'expiration du délai légal fixé pour le dépôt de la déclaration (Crim. 19 mars 1979, B N° 110).

Les actes interruptifs de la prescription de l'action publique étendent leurs effets à l'action fiscale lorsqu'ils visent des faits constituant à la fois des infractions de droit commun et des infractions fiscales (Crim. 6.01.87, B N° 2).

En cas d'organisation d'insolvabilité, il convient de retenir la date du dernier acte créant l'insolvabilité.

Alors que selon les dispositions de l'article 8 du CPP les délits de droit commun se prescrivent par trois ans, l'article L. 230 du Livre des procédures fiscales édicte une prescription spéciale plus longue : « *La plainte peut être déposée jusqu'à la fin de la troisième année qui suit celle au cours de laquelle l'infraction a été commise* ». (Crim. 19 mars 1979, B N° 110, p. 312, GP 1980, somm. 6 ; Crim. 13 décembre 1982, B N° 284, p. 763 ; Crim. 7 avril 1992 JCP 92 IV 2575 ; Crim. 12.10.1995 D 95 IR 267 et Cass. Crim. 23 février 2011 N° 10-88068).

Le point de départ de la prescription spéciale en matière de fraude fiscale se situe au moment où le contribuable est tenu de déclarer les sommes assujetties à l'impôt (Crim. 24.11.86, D 87, J. 327, note Tixier).

Cependant, la période de prescription est augmentée de celle comprise entre la date de saisine de la commission des infractions fiscales et la date à laquelle cette commission émet son avis (Crim. 4 juin 1984, B N° 202, p. 532 ; D 1985, IR p. 65). Cette augmentation est toutefois limitée à 6 mois (3e alinéa de l'art. L. 230 de LPF ; Crim. 22 janvier 1990, D 90 J-453, note Tixier).

Sous-section II – Délits tenant à la comptabilité

§1. OMISSION D'ÉCRITURES OU PASSATION D'ÉCRITURES INEXACTES OU FICTIVES

L'article 1743 CGI vise quiconque a sciemment omis de passer ou de faire passer des écritures ou bien a passé ou fait passer des écritures inexactes ou fictives au livre journal et au livre d'inventaire prévus par les articles L. 123-12 à L. 123-14 du Code de commerce ou dans les documents qui en tiennent lieu.

Il convient de rapprocher cette infraction avec celle de l'article L. 654-2 4° du Code de commerce (cas de banqueroute, tenue d'une comptabilité fictive ou abstention de tenir toute comptabilité).

A) Éléments constitutifs

Ce délit comme celui de fraude fiscale comporte un élément intentionnel (Crim. 5 avril 1979, B N° 48, p. 135 et 12 mars 1979, B N° 102, p. 286).

Pour la Cour de cassation le délit prévu par l'article 1743-1° du CGI est entièrement distinct dans ses éléments de fait et de droit du délit de soustraction frauduleuse à l'établissement et au paiement de l'impôt et il ne saurait être considéré comme constituant seulement l'élément matériel de cette infraction (Crim. 9 mars 1966, B N° 88, p. 196 et 3 décembre 1979, B N° 343, p. 935).

L'omission d'écritures et la passation d'écritures inexactes ou fictives sont caractérisées lorsqu'elles sont relevées non seulement sur le livre journal ou le livre d'inventaire mais également dans les documents tenant lieu de livres comptables (Crim. 16 décembre 1958, B N° 746, p. 1331 ; Crim. 27 février 1978, B N° 75, p. 186). À cet égard, il convient de tenir compte des articles L. 123-12 à L. 123-14 du Code de commerce.

Crim. 30 janvier 1984, B N° 36, p. 96 :

> « *Aux termes de l'article 1991 CGI transféré, depuis le décret du 15 septembre 1981, sous l'article L. 85 LPF, les agents de l'administration des impôts ont le droit de se faire communiquer les livres comptables et documents annexes que détiennent les sociétés civiles et commerciales.* »

La Cour de cassation considère que les documents tenant lieu de livre journal et de livre d'inventaire doivent s'entendre de tout livre de comptabilité dont la tenue est prescrite par une disposition législative ou réglementaire.

Il s'ensuit que le délit peut être retenu à l'encontre non seulement des commerçants personnes physiques ou morales mais aussi des non-commerçants (professions libérales, agriculteurs, etc.).

Pour le délit commis selon le procédé d'achats faits sans factures avec une comptabilité rééquilibrée par des écritures d'achats fictifs et enregistrement de fausses factures (Crim. 24 avril 1984, D 1986, 125 note J. Cosson ; Crim. 13 juin 1996 B N° 253).

B) Personnes punissables

Ce sont les auteurs principaux et les complices (Crim. 24 avril 1984 précité) à la différence de l'article 1741 du CGI, l'article 1743-1° ne réprime pas la tentative qui ne se conçoit d'ailleurs guère dans ce domaine.

Lorsqu'il s'agit d'une personne morale, il convient comme en matière de fraude fiscale, d'établir la participation intentionnelle du contrevenant (associé, dirigeant) dans le délit retenu contre lui (sur le gérant minoritaire de SARL : Crim. 5 juin 1979, B N° 191, p. 529).

C) Pénalités et prescription

Les peines prévues par l'article 1743-1° pour le délit d'omission d'écritures ou de passation d'écritures inexactes ou fictives sont celles de l'article 1741.

Le délit est caractérisé à la date à laquelle les comptes annuels doivent être transmis au service des impôts (Cass. Crim. 28.11.1994 RTD Com. oct. et déc. 1995 p. 860).

D) Autres délits concernant la tenue de la comptabilité

D'autres dispositions concernant le délit de tenue de comptabilités inexactes et le délit d'inscriptions de dépenses sous une rubrique inexacte (art. 1772 du CGI) ; voir aussi le délit de l'article 1767 du CGI visant le concours apporté à l'établissement ou à l'utilisation de documents ou renseignements reconnus inexacts.

Ces mesures seront étudiées plus loin.

§2. DÉLIT D'ENTREMISE ILLICITE

Comme pour le délit d'omission d'écritures, l'article 1743-2° du CGI punit des peines de l'article 1741, c'est-à-dire celles relatives au délit général de fraude fiscale, les personnes qui, en vue de faire échapper à l'impôt tout ou partie de la fortune d'autrui, s'entremettent :

– soit en favorisant les dépôts à l'étranger ;

– soit en transférant ou faisant transférer des coupons à l'étranger pour y être encaissés ou négociés ;

– soit en émettant ou en encaissant des chèques ou tous autres instruments créés pour le paiement des dividendes, intérêts, arrérages ou produits quelconques de valeurs mobilières (V. Crim. 4 avril 1960, B N° 201, p. 419).

La tentative est punissable.

Sous-section III – Délits d'obstacle à l'exercice du droit de contrôle fiscal

(art. 1746, 1747 CGI)

L'opposition à fonctions peut se manifester sous deux formes différentes.

§1. OPPOSITION INDIVIDUELLE

L'infraction prévue par l'article 1746-1 du CGI comporte un élément matériel : obstacle apporté par toute personne à l'exercice légal des fonctions des agents habilités à constater les infractions à la législation des impôts et ayant pour effet de mettre ces agents dans l'impossibilité d'accomplir normalement leurs fonctions et un élément intentionnel : l'obstacle doit être apporté volontairement (Crim. 13 mai 1958, B N° 375).

Cet article est applicable lorsque le secret bancaire a été opposé à tort à l'exercice du droit de communication des agents (Crim. 4 octobre 1982, B N° 203, p. 533).

Le délit est sanctionné par une amende de nature fiscale de 25 000 € prononcée par le Tribunal correctionnel et en cas de récidive par un emprisonnement de six mois (art. 1737 et 1746-1° CGI).

L'exploitant absent ne saurait être sanctionné en raison des actes d'opposition de son préposé que s'il y a eu concert entre lui et ce dernier (Crim. 8 avril 1988, B N° 61).

§2. OPPOSITION COLLECTIVE

A) Article 1746-2 du CGI

L'élément matériel est constitué, comme pour l'article 1746-1, par un obstacle de quelque nature qu'il soit, mais apporté par plusieurs personnes, à l'exercice légal des fonctions d'assiette et de contrôle des agents des impôts, dans des conditions telles que ces fonctions ne peuvent plus être exercées normalement.

L'élément intentionnel résulte du caractère volontaire, conscient et délibéré de l'action collective (Crim. 19 mai 1958, B N° 393 ; 22 mai 1959, B N° 263).

Il est fait application des peines prévues à l'article 433-5 du Code pénal en cas d'outrages à agents de la force publique (Crim. 28 mai 1957, B N° 452, p. 812 ; Crim. 18 juillet 1957, B N° 562, p. 1013 ; Crim. 21 novembre 1957, B N° 761, p. 1378).

L'opposition collective à l'établissement de l'assiette de l'impôt est punie de six mois d'emprisonnement et d'une amende de 7 500 €.

B) Article 1747 du CGI

On a vu que l'article 1741 du CGI qui réprime le délit général de fraude fiscale, sanctionnait également ceux qui se soustraient frauduleusement, en organisant leur insolvabilité ou en mettant obstacle, par d'autres manœuvres, à son recouvrement. Mais ce délit ne peut être imputé à charge qu'au contribuable lui-même et à ses complices. De même que les articles 1737 et 1746 du CGI qui visent plus spécialement les oppositions à l'exercice du contrôle fiscal et à l'établissement de l'assiette de l'impôt, l'article 1741 ne concerne pas les personnes qui organisent ou prônent la grève de l'impôt.

C'est l'article 1747 du CGI qui prévoit spécialement des sanctions pénales à l'encontre des personnes organisant ou tentant d'organiser le refus collectif de l'impôt ou incitant le public à refuser ou à retarder le paiement de l'impôt.

Ce texte prévoit deux délits distincts punis de peines différentes.

1) Organisation du refus collectif de l'impôt

L'alinéa 1 de l'article 1747 punit toute personne qui, par des voies de fait, menaces ou des manœuvres concertées, organise ou tente d'organiser le refus collectif de l'impôt, des peines prévues à l'article premier de la loi du 18 août 1936 réprimant les atteintes au crédit de la Nation : amende de 9 000 € et emprisonnement de deux ans ; publicité du jugement (Crim. 5 février 1958, B N° 124, p. 212 ; Crim. 6 mars 1958, B N° 228, p. 388).

2) Incitation du public à refuser ou à retarder le paiement de l'impôt
(art. 1747 alinéa 2 CGI)

Contrairement au précédent, ce délit n'exige pas la manifestation d'une véritable organisation antifiscale. Il peut être le fait d'une personne prise isolément qui sans être un meneur enjoint ou conseille aux contribuables de ne pas payer l'impôt ou tout au moins d'en différer le paiement (Crim. 22 novembre 1955, B N° 507).

Ce délit est puni d'une peine d'emprisonnement de six mois et d'une amende de 3 750 €.

Sous-section IV – Délits spéciaux en matière d'enregistrement et de timbre

§1. ARTICLE 1837 CGI

Cet article réprime les fausses affirmations de sincérité en matière de droits d'enregistrement (actes de mutation d'immeubles, de fonds de commerce, de cession d'offices ministériels, déclarations de successions).

L'auteur desdites affirmations est puni des peines de trois ans d'emprisonnement et de 45 000 € d'amende. Le tribunal peut également prononcer l'interdiction des droits civiques, civils et de famille prévue par l'article 131-26 du Code pénal pour une durée de cinq ans au plus.

Ces pénalités sont applicables aux coauteurs et aux complices.

Les poursuites sont engagées sur plainte de l'administration dans les trois ans qui suivent l'affirmation jugée frauduleuse.

§2. ARTICLE 1838 CGI

Une dissimulation de prix sans affirmation de sincérité frauduleuse, ne fait l'objet que de sanctions fiscales et éventuellement contre l'officier public ou ministériel complice. Toutefois, en cas de récidive dans les dix ans d'une décision disciplinaire devenue définitive, l'officier public ou ministériel, convaincu de s'être rendu complice de manœuvres destinées à éluder le paiement de l'impôt est frappé de destitution.

En ce qui concerne les poursuites pénales et la compétence du tribunal V. LPF art. L. 230 et L. 231.

§3. ARTICLE 1839 CGI

Dans le cas de fausse mention d'enregistrement dans une minute ou dans une expédition, le délinquant est poursuivi par la partie publique sur la dénonciation du préposé de la régie et condamné aux peines du faux en écritures ; s'agissant d'écritures publiques, les sanctions sont prévues par l'article 441-4 du Code pénal.

Sous-section V – Autres infractions relatives aux impôts directs

Des infractions à la législation relative aux impôts directs sont également punis de peines correctionnelles en dehors des sanctions fiscales, il s'agit principalement :

– Article 1771 CGI :

Le défaut de versement ou versement tardif des retenues effectuées au titre de l'impôt sur le revenu est passible, si le retard excède un mois, d'un emprisonnement de cinq ans et d'une amende de 9 000 €.

Sont passibles, indépendamment des sanctions fiscales édictées par le présent Code, d'une amende de 4 500 € et d'un emprisonnement de cinq ans ou de l'une de ces deux peines seulement :

• les auteurs de dissimulation de certaines sources de revenus encaissés à l'étranger (art. 1772-1-2°) ou des coupons encaissés pour le compte d'un tiers en vue de le faire échapper à l'application de l'impôt (art. 1772-1-3°) ou des revenus de valeurs et capitaux mobiliers (art. 1773) ;

• L'article 1772-1-1° du CGI punit tout agent d'affaires, expert et toute autre personne qui fait profession, soit pour son compte, soit comme dirigeant ou agent salarié de société, association, groupement ou entreprise quelconque, de tenir les écritures comptables de plusieurs clients et qui est convaincu d'avoir établi ou aidé à établir de faux bilans, inventaires, comptes et documents, de quelque nature qu'ils soient, produits pour la détermination des bases des impôts dus par lesdits clients.

De même l'article 1772-3 du Code déjà visé sanctionne les personnes qui sont convaincues d'avoir opéré sciemment une inscription sous une rubrique inexacte des dépenses supportées par une entreprise, en vue de dissimuler des bénéfices ou revenus imposables au nom de l'entreprise elle-même ou d'un tiers.

Il est précisé que l'article 1775 du CGI prévoit une sanction particulière en cas de récidive ou de pluralité de délits constatés par un ou plusieurs jugements. Dans cette situation, la condamnation prononcée en vertu de l'article 1772-1-1° entraîne de plein droit l'interdiction d'exercer les professions d'agent d'affaires, de conseil fiscal, d'expert ou de comptable, même à titre de dirigeant ou d'employé, et s'il y a lieu la fermeture de l'établissement.

La violation de cette interdiction est sanctionnée, en vertu des dispositions du même article ;

• la production de pièces fausses ou reconnues inexactes en vue de s'assurer le bénéfice de dégrèvement en matière d'impôts directs ou de taxes assimilées (art. 1772-1-4°).

Sous-section VI – Délits voisins

– L'escroquerie en matière de TVA

Certaines fraudes en matière de TVA, notamment la falsification de factures d'achats réels, l'établissement de factures d'achats fictifs, la constitution de fausses entreprises, la mise en œuvre de circuits de facturations fictives, la simulation de paiements causent un préjudice au Trésor et relevant de l'escroquerie, constituent un délit de droit commun sanctionné par les articles 313-1, 313-7 et 313-8 du Code pénal.

Ce nouveau genre de fraude échappait à toute sanction pénale, l'article 1835 (actuellement 1741 CGI) ne pouvait trouver application : en effet, l'assujetti au paiement de la TVA ne s'était pas soustrait à l'établissement ou au paiement de l'impôt. Dès lors, sur un plan de la répression pénale, seul le délit d'escroquerie permettait de suppléer à l'insuffisance du texte fiscal.

La Chambre criminelle a admis que des manœuvres frauduleuses (simulation d'exportations) valaient escroquerie lorsqu'elles avaient pour but d'obtenir du Trésor le remboursement ou même l'imputation sur les taxes et impôts dus de taxes à la valeur ajoutée prétendument acquittées à des stades antérieurs (Crim. 6 février 1969, B N° 65, p. 151). On parle de « carrousel à la TVA ».

La Cour de cassation s'est prononcée pour la différenciation des deux délits. Dans un arrêt du 13 octobre 1971 (B N° 261, p. 643), elle a estimé que le prévenu avait, d'une part éludé le paiement d'une partie de la TVA et d'autre part, obtenu de l'administration, par l'effet de cette même manœuvre frauduleuse, décharge par imputations scripturales valant remise d'espèces de sommes dont la société était redevable au titre de ladite taxe. (Voir également Cass. Crim. 6 octobre 2010 N° 09-87879.)

L'animateur d'une officine de fausse facturation, est considéré comme complice du délit d'escroquerie à la TVA, la fourniture en connaissance de cause d'un lot de factures fictives étant destiné à justifier dans la comptabilité d'une entreprise la déduction de crédits de taxes (Crim. 11 mars 1995 B 95 N° 100).

Sur les manœuvres frauduleuses constitutives du délit d'escroquerie et sur les pénalités (voir *supra*, escroquerie).

– Le blanchiment de fraude fiscale

La poursuite du délit de blanchiment n'est pas soumise aux dispositions de l'article L. 228 du LPF. *« Justifie dès lors sa décision la Cour d'appel qui, pour déclarer le prévenu coupable de blanchiment de fraude fiscale retient, notamment, que l'article 324-1 du CP n'impose pas que des poursuites aient été préalablement engagées ni qu'une condamnation ait été prononcée du chef du crime ou du délit ayant permis d'obtenir les sommes d'argent blanchies mais qu'il suffit que soient établis les éléments constitutifs de l'infraction principale ayant procuré les sommes litigieuses… »* (Cass. Crim. 20 février 2008 N° 07-82977 Bull. Crim. 2008 N° 43).

SECTION II
Impôts indirects

§1. LES DÉLITS

Le CGI prévoit en cette matière deux catégories d'infractions et de sanctions.

– L'article 1791 s'applique à toutes les infractions à la réglementation des contributions indirectes et aussi à toute manœuvre ayant pour but ou pour résultat de frauder ou de compromettre l'impôt. Il édicte une peine d'amende de 750 € et une pénalité dont le montant est compris entre une et trois fois celui des droits, taxes et redevances, soultes et autres impositions, fraudés ou compromis, sans préjudice de la confiscation des objets et marchandises saisis en contravention.

– Pour certains types d'impôts, des dispositions spéciales prévoient des pénalités particulières. Par exemple en matière de fabrication et circulation des alcools, tabacs et allumettes, phosphore et poudres à feu, il existe un monopole de l'État ; circulation des viandes ; la garantie des matières d'or, d'argent et de platine, ouvrages en or, défaut de marque de garantie (Crim. 13 janvier 1992, D 92 IR 116) ; cercles et maisons de jeux (art. 1797 CGI) ; en matière de tabacs, art. 1793 A du CGI ; en matière d'alambics, art. 1794 du CGI.

§2. LES PERSONNES PUNISSABLES

Le CGI a étendu en matière d'impôts indirects le nombre de personnes qui peuvent faire l'objet de poursuites pénales. (Crim. 13 décembre 1973, B N° 467, p. 1174 et 16 novembre 1976, B N°326, p. 827)

À côté de l'auteur de la fraude, les propriétaires des marchandises sont retenus comme pénalement responsables pour le fait de leurs préposés, en ce qui concerne toutefois les droits, amendes, confiscations et dépens (art. 1805 al. 1° CGI) : c'est ici l'application de la responsabilité du fait d'autrui tout à fait exceptionnelle en droit pénal, (Crim. 21 février 1946, B N° 64) ; la responsabilité pénale du propriétaire est retenue que celui-ci soit une personne physique ou une personne morale (Crim. 14 décembre 1960, B N° 586). Cette rigueur est toutefois atténuée par l'article 1805 al. 2 qui déclare le propriétaire, détenteur ou dépositaire de la marchandise, déchargé de toute responsabilité, s'il établit qu'il a été victime d'un vol, d'une escroquerie ou d'un abus de confiance bien qu'il ait rempli normalement ses devoirs de surveillance, ou si, en désignant l'auteur de l'infraction, il a mis l'administration à même d'exercer régulièrement des poursuites ou encore si l'auteur de l'infraction a été découvert.

Peuvent être également compris dans les poursuites, les transporteurs des objets ou marchandises qui bénéficient aussi de l'immunité s'ils désignent leurs commettants (art. 1806 CGI) (Crim. 30 novembre 1955, B N° 528), les expéditeurs de boissons (Crim. 21 février 1946, B N° 64) et les destinataires qui ont pris livraison des boissons transportées irrégulièrement.

La complicité punissable est prévue par l'article 1799 du CGI qui désigne les personnes retenues à ce titre.

§3. RECHERCHE ET TRAITEMENT PÉNAL DES INFRACTIONS

Le livre des procédures fiscales (LPF) réglemente avec une extrême précision la recherche des infractions et la conduite des enquêtes : liste des agents verbalisateurs (art. L. 212, 213 214 et L. 220 à 224) ; visites domiciliaires (art. L. 38) (Crim. 16 déc. 1985, B N° 403, p. 1031). L'autorisation de procéder à des fouilles dans le cadre des visites prévues par l'art. 16 B LPF entre dans les pouvoirs du président du TGI (Cass. Com. 15 mars 1994, D 94, IR 87). Le procès-verbal constatant l'infraction est le titre initial nécessaire à la poursuite des infractions fiscales en matière de contributions indirectes (art. L. 243). La forme de sa rédaction est prévue par les articles R. 226-1 et R. 226-2, L. 213. Il fait foi jusqu'à preuve du contraire (art. L. 238) (Crim. 4 mars 1976, B N° 82, p. 196). Signature du procès-verbal par les agents verbalisateurs (Crim. 28 octobre 1991, D 92, IR 18).

La prescription applicable aux délits en matière de contributions indirectes est, contrairement aux délits relatifs aux impôts directs, celle de trois ans du droit commun pour les infractions correctionnelles. (Crim. 4 mai 1960, B N° 238 ; Crim. 18 novembre 1985, B N° 359, p. 918).

La transaction est possible avant l'exercice de l'action judiciaire pendant la poursuite (art. R 247-5 du LPF).

Après le jugement définitif, les sanctions fiscales ne peuvent plus être l'objet d'une transaction, mais l'administration peut accorder des remises totales ou partielles des pénalités fiscales.

Le paiement, par un assujetti, des droits éludés ne crée à l'encontre de l'administration des impôts, aucune présomption de renonciation à son droit de poursuite et ne saurait donc faire obstacle à l'exercice ultérieur de l'action pénale (Crim. 28 janvier 1971, B N° 33, p. 77).

En matière de contributions indirectes, la bonne foi du contrevenant ne peut constituer, hors le cas de force majeure, une exonération pour le prévenu dès lors que le fait matériel, constitutif de l'infraction, a été régulièrement constaté et suffit pour entraîner l'application des peines prévues par la loi (Crim. 20 juillet 1977, 13. N° 226, p. 566).

La force majeure ne peut résulter que d'un événement indépendant de la volonté humaine et que cette volonté n'a pu ni prévenir, ni conjurer (Crim. 14 janvier 1970, B N° 25, p. 55).

Le principe de non cumul des peines ne s'applique pas aux pénalités fiscales édictées en matière d'infractions aux lois sur les contributions indirectes. Il convient d'ordonner ces peines autant de fois qu'il y a eu de droits de natures diverses lésés par les contraventions (Crim. 6 juillet 1976, B N° 250, p. 654).

Le décès du prévenu, s'il éteint l'action correctionnelle en ce qui concerne les peines encourues, est sans influence sur les demandes de l'administration relatives aux quintuples droits qui ont pour objet d'assurer la réparation du préjudice causé au Trésor Public et à la confiscation qui est une mesure de caractère réel affectant les marchandises de fraude.

Il appartient, dès lors, à la juridiction correctionnelle de ne statuer sur les demandes de l'administration qu'après l'avoir mise en demeure d'assigner les ayants droit du prévenu décédé (Crim. 12 décembre 1973, B N° 461, p. 1154 et 5 janvier 1977, B N° 7, p. 19).

CHAPITRE III

La protection de la monnaie scripturale chèques et cartes de paiement

Depuis le décret loi au 30 octobre 1935 le législateur est intervenu à maintes reprises dans ce domaine.

Il faut citer la loi N° 91-1382 du 30 décembre 1991 qui a supprimé le délit de chèque sans provision.

On trouve désormais le droit en matière de chèques et relatif aux cartes de paiement dans le Code monétaire et financier aux articles L. 163-1 et suivants pour la partie pénale.

SECTION I
La sécurité des chèques

Un effet dissuasif et incitatif à la régularisation est donnée à l'interdiction bancaire d'émettre des chèques.

Depuis le 1er juin 1992, l'émetteur d'un chèque pour défaut de provision suffisante tombe immédiatement sous le coup d'une interdiction générale d'émettre des chèques. Cette interdiction peut être levée à tout moment en cas de régularisation ou à défaut à l'issue d'un délai de 5 ans. Cette sanction est applicable, dans certaines conditions au co titulaire et au mandataire.

Le titulaire du compte qui fait l'objet de l'interdiction ne peut plus émettre de chèques sur tous ses comptes et doit sous peine de sanctions pénales, restituer à tous les banquiers dont il est le client les chéquiers en sa possession et en celle de ses mandataires. Cependant, l'interdiction n'entraîne pas la clôture des comptes et le titulaire peut les faire fonctionner par d'autres moyens (retrait d'espèces, virement, chèques certifiés ou de banque).

Les banquiers doivent s'abstenir de délivrer de nouveaux chéquiers à l'interdit, sous peine d'être, le cas échéant, contraint au paiement des chèques émis sans provision au moyen de ces chéquiers. Tout émetteur de chèque sans provision est immédiatement déclaré à la Banque de France dès le premier incident.

L'incident de paiement fait l'objet de la part du banquier d'une lettre d'injonction adressée au titulaire du compte le plus tôt possible pour dégager sa responsabilité pécuniaire.

C'est la date d'envoi de la lettre d'injonction qui constitue le point de départ du délai d'interdiction désormais fixé à 5 ans.

Le bénéficiaire d'un chèque sans provision émis en violation d'une interdiction bancaire est recevable à se constituer partie civile contre l'auteur de l'infraction (Crim. 29 novembre 1993 B N° 361 p. 900).

Situation du co-titulaire et du mandataire

D'après l'article L. 131-80 du Code monétaire et financier les titulaires d'un compte collectif peuvent désigner préalablement, et d'un commun accord, celui d'entre eux qui en cas d'incident de paiement survenant sur ce compte, sera seul interdit d'émettre sur l'ensemble de ses comptes, les autres titulaires ne l'étant eux-mêmes que sur ce compte collectif.

En ce qui concerne le mandataire, l'interdiction produit effet à son égard, il ne peut donc émettre des chèques sur ce compte ; son information est assurée par une lettre du banquier.

Procédure de régularisation

S'il a été indiqué précédemment qu'à défaut de régularisation l'interdiction bancaire subsiste pendant 5 ans (art. L. 131-78 du Code monétaire et financier), l'émetteur d'un chèque sans provision peut cependant régulariser sa situation à tout moment et dispose à cet effet des trois moyens :

– il peut soit régler directement le bénéficiaire ou le porteur du chèque ; dans ce cas, il doit justifier de ce règlement par la remise du chèque au banquier (chèque acquitté) ;

– soit assurer le paiement à l'occasion d'une nouvelle présentation du chèque initialement rejeté par le banquier tiré ; le titulaire du compte avertit alors le banquier de ce paiement ;

– soit constituer une provision bloquée et affectée au paiement effectif du chèque (par ex. : si le tireur a perdu l'adresse du bénéficiaire et souhaite régulariser immédiatement sa situation) quelle sera la situation si le banquier utilise cette provision pour combler un découvert de sorte que la régularisation n'est pas opérée ? Com. 9 novembre 1981, D 1982 IR 173.

SECTION II
Sanctions pénales dans certains cas (pour le tireur, son mandataire et pour le tiré)

§1. LE TIREUR ET SON MANDATAIRE

Si la loi de 1991 abroge le délit d'émission de chèque sans provision, elle maintient toutefois des incriminations pour les fraudeurs dans les articles L. 163-2, 163-3 et 163-7 du Code monétaire et financier.

Sont punis d'un emprisonnement de cinq ans et d'une amende de 375 000 € ou de l'une de ces deux peines seulement :

– toute personne qui, au mépris de l'injonction qui lui a été adressée, aura émis un ou plusieurs chèques ; on sait que cette injonction fait défense d'émettre des chèques autres que ceux qui permettent exclusivement le retrait de fonds par le tireur auprès du tiré ou ceux qui sont certifiés ;

– le mandataire qui, en connaissance de cause, aura émis un ou plusieurs chèques dont l'émission était interdite à son mandant.

Pour ces infractions, le Tribunal correctionnel est composé d'un seul magistrat (art. 398-1 du CPP).

§2. LE TIRÉ

Est passible d'une amende de 12 000 € le banquier qui indique une provision inférieure à la provision existante et disponible ou qui n'a pas déclaré les incidents de paiement et les violations d'interdiction. Encourt la même peine le banquier qui rejette un chèque pour insuffisance ou indisponibilité de la provision sans indiquer, lorsque tel est le cas, que le chèque a été émis au mépris d'une interdiction bancaire ou judiciaire. (Art. L. 163-10 du CMF.)

La même amende est prévue à l'encontre du banquier qui n'a pas déclaré les incidents de paiement.

Dans le cas d'opposition fondée sur une autre cause que celles prévues par l'article L. 131-35 le banquier doit informer par écrit le titulaire du compte des sanctions encourues. L'article L. 163-1 dispose que le banquier, qui sans avoir respecté cette obligation, refuse le paiement d'un chèque au motif que le tireur y a fait opposition est passible d'une amende de 6 000 €.

§3. OPPOSITION AU PAIEMENT PAR CHÈQUE OU BLOCAGE DE LA PROVISION

On sait que l'ordre donné au moyen d'un chèque est irrévocable ; cependant l'article L. 132-35 du Code monétaire et financier prévoit plusieurs cas dans lesquels l'opposition au paiement d'un chèque est permise :

> « *Il n'est admis d'opposition au paiement par chèque qu'en cas de perte, de vol ou d'utilisation frauduleuse du chèque, de redressement ou de liquidation judiciaires du porteur. Le tireur doit immédiatement confirmer son opposition par écrit, quel que soit le support de cet écrit.*
> *Tout banquier doit informer par écrit les titulaires de compte des sanctions encourues en cas d'opposition fondée sur une autre cause que celles prévues au présent article.*
> *Si, malgré cette défense, le tireur fait une opposition pour d'autres causes, le juge des référés, même dans le cas où une instance au principal est engagée, doit, sur la demande du porteur, ordonner la mainlevée de l'opposition.* »

Le banquier ne peut refuser de payer un chèque lorsque l'opposition est fondée sur un autre motif (litige commercial par exemple : livraison d'un produit défectueux, travaux mal exécutés, devis dépassé...).

Doit-on considérer comme utilisation frauduleuse l'encaissement d'un chèque remis à titre de garantie ?

La Cour de cassation a répondu par la négative (Cass. Crim. 7 janvier 91 Dr. pén. 91 Comm. 175 et Cass. Com. 24 octobre 2000 N° 97-21710).

Cet arrêt rappelle que le chèque est un « *instrument de paiement que le bénéficiaire peut faire encaisser même dans le cas où il lui a été remis à titre de garantie, sauf à lui à en restituer le montant si le paiement reçu était indu.* »

La remise de ce chèque à l'encaissement ne constitue pas une utilisation frauduleuse justifiant l'opposition.

Encourt cinq ans d'emprisonnement et 375 000 € d'amende celui qui fait défense au tiré de payer sans motif légal (article L. 163-2 du CMF).

Par ailleurs, le banquier qui refuse de payer un chèque au motif que ce dernier était frappé d'opposition, sans avoir respecté les dispositions légales (opposition non fondée ou non confirmée) encourt une amende de 6 000 € (art. L. 163-1 du CMF).

§4. RETRAIT DE LA PROVISION. ACCEPTATION OU ENDOSSEMENT EN CONNAISSANCE DE CAUSE D'UN CHÈQUE IRRÉGULIER

En dehors de l'opposition dans les cas de motifs légaux, il existe l'infraction de retrait total ou partiel de la provision après l'émission d'un chèque avec l'intention de porter atteinte aux droits d'autrui. Ce retrait peut être effectué par quelque moyen que ce soit : reprise des fonds, émission d'un autre chèque, transfert ou virement. Les peines sont les mêmes que pour le délit d'opposition : emprisonnement de cinq ans et amende de 375 000 €, ou l'une de ces deux peines seulement ; sont punis des mêmes peines toute personne qui, en connaissance de cause aura accepté de recevoir ou d'endosser un chèque émis dans la condition précitée.

§5. CONTREFAÇON, FALSIFICATION DE CHÈQUE, USAGE OU TENTATIVE D'USAGE, ACCEPTATION EN CONNAISSANCE DE CAUSE D'UN CHÈQUE CONTREFAIT OU FALSIFIÉ

Ces délits sont prévus par l'article L. 163-3 et punis d'un emprisonnement de sept ans et d'une amende de 750 000 €.

En matière de falsification ou de contrefaçon de chèque il s'agit de délits spécifiques qui se distinguent du faux en écriture.

La personne qui fait usage d'un chèque peut être autre que celle qui a contrefait ou falsifié le chèque, mais il faut que l'usage soit fait en connaissance de cause.

On retrouve les mêmes éléments constitutifs que pour le délit de faux mais le support est spécifique : un chèque.

On peut citer plusieurs exemples : Cass. Crim. 5 octobre 2004 N° 02-86522 ; Cass. Crim. 11 février 2009 N° 08-81731 Bull. Crim. 2009 N° 37 et Cass. Crim. 8 septembre 2010 N° 09-87009.

Relevons également le fait d'apposer une signature non conforme à celle déposée pour provoquer le rejet du chèque par la banque (CA Grenoble 21 novembre 97 Dr. pénal 98 Comm. 79).

Article L. 163-5 : les chèques contrefaits ou falsifiés seront confisqués et détruits ; la confiscation des matières, machines, appareils ou instruments qui ont servis à la fabrication des dits objets sera prononcée sauf lorsqu'ils ont été utilisés à l'insu de propriétaire.

Depuis une loi du 14 mars 2011 si cette infraction est réalisée en bande organisée la peine d'emprisonnement est portée à 10 ans et l'amende à un million d'euros.

Il ne faut pas confondre ce délit avec l'infraction qui consiste à falsifier des monnaies et des billets de banque passible de trente ans de réclusion criminelle et 450 000 € d'amende (art. L. 162-1 du CMF).

SECTION III
Les interdictions judiciaires

Dans les cas d'infractions prévues par les articles L. 163-2, à L. 163-4-1 et L. 163-7 le tribunal peut interdire au condamné pour une durée d'un à cinq ans, d'émettre des chèques autres que ceux qui permettent exclusivement le retrait de fonds par le tireur auprès du tiré ou ceux qui sont certifiés (article L. 163-6 du CMF).

Le tribunal peut également prononcer l'interdiction des droits civiques, civils et de famille prévue par l'article 131-26 du CP ainsi que l'interdiction d'exercer une activité professionnelle ou sociale en application des articles 131-27 et 131-28 du CP.

La violation de cette interdiction est punie d'un emprisonnement de cinq ans et d'une amende de 375 000 € (art. L. 163-7).

Le mandataire qui, en connaissance de cause, aura émis un ou plusieurs chèques dont l'émission était interdite à son mandant en application de l'article L. 163-6 est puni des mêmes peines.

Le Code pénal précise à l'article 131-19 que cette peine emporte pour le condamné injonction d'avoir à restituer au banquier qui les avait délivrées les formules en sa possession et en celle de ses mandataires. La durée maximale de l'interdiction est variable selon la nature de l'infraction ; 1 an au plus (art. 131-42) en matière de contravention 5 ans au plus pour les crimes et délits (art. 131-19 du CP).

SECTION IV
Sécurité des cartes de paiement

La loi du 30 décembre 1991 a introduit dans le décret-loi du 30 octobre 1935 un chapitre X bis relatif à la carte de paiement et comportant les articles : 57-1 et 57-2 ; 67-1 et 67-2. (articles L. 132-1, L. 132-2 ; L. 163-4 et L. 163-5 du Code monétaire et financier)

§1. DÉFINITION DE LA CARTE DE PAIEMENT

Selon l'article L. 132-1 *« constitue une carte de paiement toute carte émise par un établissement de crédit ou par une institution ou un service mentionné à l'article 8 de la loi N° 84-46 du 24 janvier 1984 relative à l'activité et au contrôle des établissements de crédit et permettant à son titulaire de retirer ou de transférer des fonds »*. L'appellation donnée souligne qu'elle est avant tout un moyen de paiement et non un instrument de crédit ; elle se caractérise par la qualité de son émetteur et par son objet.

§2. SANCTIONS PÉNALES

Par référence à l'article L. 163-3 qui punit la contrefaçon et la falsification de chèque, l'article L. 163-4 prévoit que seront punies d'un emprisonnement de sept ans et d'une amende de 750 000 € la contrefaçon ou la falsification de carte de paiement ou de retrait. Sont passibles des mêmes peines ceux qui, en connaissance de cause, auront fait usage ou tenté de faire usage d'une carte de paiement ou de retrait contrefaite ou falsifiée ou accepté de recevoir un paiement au moyen d'une telle carte.

Comme pour les infractions relatives au chèque, le législateur prévoit la confiscation et la destruction des cartes de paiement ou de retrait contrefaites ou falsifiées. Il sera prononcé la confiscation des matières, machines, appareils ou instruments qui ont servi ou étaient destinés à servir à la fabrication des dits objets, sauf lorsqu'ils ont été utilisés à l'insu du propriétaire.

Dans un arrêt du 14 novembre 2007 N° 06-88538 (Bull. Crim. 2007 N° 278), un restaurateur, employé dans un restaurant avait copié un grand nombre de cartes de paiement de clients, pour en exploiter les données à des fins frauduleuses. Il a été déclaré coupable de contrefaçon de cartes de paiement. Il a été condamné à indemniser les établissements financiers émetteurs de ces cartes : *« l'utilisation frauduleuse porte préjudice non seulement au propriétaire mais encore au détenteur et possesseur des sommes détournées. »*

CHAPITRE IV

La protection des emprunteurs

Les articles L. 313-3 à L. 313-5 du Code de la consommation répriment le délit d'usure. une loi du 1er août 2003 a réduit considérablement son champ d'application dans le dernier alinéa de l'article L. 313-3 :

« Les dispositions du présent article et celles des articles L. 313-4 à L. 313-6 ne sont pas applicables aux prêts accordés à une personne physique agissant pour ses besoins professionnels ou à une personne morale se livrant à une activité industrielle, commerciale, artisanale, agricole ou professionnelle non commerciale. »

Ce délit ne vise désormais que les opérations de crédit accordées à des personnes physiques pour leurs besoins personnels.

Le délit d'usure implique, pour être constitué, la réunion de trois éléments :

Premier élément : existence d'un prêt ou crédit accordé à l'occasion de ventes à tempérament

La loi vise l'alinéa 1 de l'article L. 313-3 du Code de la consommation, les prêts conventionnels, mais il s'agit en fait de toute opération de crédit comportant une obligation de remboursement et la rémunération du crédit : prêts d'argent, avances de fonds, découverts bancaires.

L'alinéa 2 vise aussi les crédits accordés à l'occasion de ventes à tempérament qui sont assimilés, pour l'application du texte, aux prêts conventionnels.

Crim. 8 mai 1969 (B N° 162) :

« Certains usuriers tentent de déguiser les prêts octroyés sous forme de contrat de droit civil ou de droit commercial, mais il appartient aux tribunaux de restituer aux conventions leur véritable qualification juridique. »

Deuxième élément : une stipulation d'intérêts excessifs au regard des articles L. 313-1 à L. 313-3 Code consom.

Le délai d'usure n'est légalement constaté que si les juges chiffrent l'excès d'intérêts, article L. 313-3, al. 1 :

« constitue un prêt usuraire, tout prêt conventionnel consenti à un taux effectif global qui excède, au moment où il est consenti, de plus du tiers, le taux effectif moyen pratiqué au cours du trimestre précédent par les établissements de crédit pour des opérations de même nature comportant des risques analogues telles que définies par l'autorité administrative après avis du comité consultatif du secteur financier. »

1) Fixation du taux effectif global

• Pour déterminer le taux effectif global du prêt, il convient d'ajouter aux intérêts : « les frais, commissions ou rémunérations de toute nature, directs ou indirects, y compris ceux qui sont payés ou dus à des intermédiaires intervenant de quelque manière que ce soit dans l'octroi du prêt, même si ces frais, commissions ou rémunérations correspondent à des débours réels » (art. L. 313-1 alinéa 1).

• Il convient également de tenir compte des modalités de l'amortissement de la créance pour les prêts faisant l'objet d'un amortissement échelonné.

• Le taux effectif global doit être mentionné obligatoirement article L. 313-2 dans tout écrit constatant un contrat de prêt régi par la Section 1 chapitre III du Code de la consommation. L'omission de cette formalité est sanctionnée par une peine d'amende (4 500 €), voir Cass. Crim. 11.03.91 B 91 IR, p. 160.

Aix 29 septembre 1990, Rev. Banque 1 991, 96 note Rives-Lange taux usuraire. Cass. Com. 29 mars 1994, D 94 IR 109, viole l'art. 1338 C. civ. la Cour d'appel qui rejeta une demande en restitution des intérêts perçus au-delà du taux légal dès lors que le taux effectif global n'avait pas été mentionné dans la convention de prêt.

2) Fixation des taux effectifs moyens pratiqués par les établissements de crédit chaque trimestre pour les diverses catégories de crédit et seuils de l'usure correspondant

Les conditions de calcul et de publicité des taux effectifs moyens sont fixées par voie réglementaire.

3) Le sort d'un prêt conventionnel usuraire

Dans ce cas, les perceptions excessives au regard des articles L. 313-1 à L. 313-3 sont imputées de plein droit sur les intérêts normaux alors échus et subsidiairement sur le capital de la créance (art. L. 313-4).

Dans l'hypothèse où la créance est éteinte en capital et intérêts, ces sommes indûment perçues devront être restituées avec intérêts légaux du jour où elles auront été payées (voir CA Paris 21.12.89, D 90 IR 34)

Troisième élément : élément intentionnel

Le délit d'usure est un délit intentionnel, ce qui est établi par l'emploi, dans l'article L. 313-5, de l'adverbe « sciemment ». L'intention résulte du dépassement du taux de référence ou de la connaissance qu'avait le contrevenant d'exclure du taux effectif global les frais qui doivent y figurer. (Crim. 9 janvier 1979, B 16 et CA de Reims, 29 octobre 1979, D 1981, J 355)

Avis publié au *JO* du 24 juin 2011 p. 10773

		TAUX EFFECTIF pratiqué au 2e trimestre 2010 par les établissements de crédits (en %)	SEUIL de l'usure applicable à compter du 1er juillet 2010 (en %)
Prêts aux particuliers			
Crédits de trésorerie	Prêts d'un montant intérieur ou égal à 1 524 € (1)		21,41
	Découverts en compte, prêts renouvelables, financement d'achats ou de ventes à tempérament d'un montant supérieur à 1 524 € et inférieur à 3 000 € et prêts viagers hypothécaires (1)		19,37
	Prêts personnels et autres prêts d'un montant supérieur à 1 524 € et inférieur à 3 000 €		11,22
	Découverts en compte, prêts renouvelables, financement d'achats ou de ventes à tempérament d'un montant supérieur à 3 000 € et inférieur à 6 000 € et prêts viagers hypothécaires (1)		18,61

		TAUX EFFECTIF pratiqué au 2e trimestre 2010 par les établissements de crédits (en %)	**SEUIL de l'usure applicable à compter du 1er juillet 2010 (en %)**
Crédits de trésorerie	Prêts personnels et autres prêts d'un montant supérieur à 3 000 € et inférieur à 6 000 €		10,46
	Découverts en compte, prêts renouvelables, financement d'achats ou de ventes à tempérament d'un montant supérieur à 6 000 €		17,49
	Prêts personnels et autres prêts d'un montant supérieur à 6 000 €		9,34
Crédits immobiliers	Prêts à taux fixe	4,48	5,97
	Prêts à taux variable	4,00	5,33
	Prêts relais	4,55	6,06
Prêts aux personnes physiques agissant pour leurs besoins professionnels et aux personnes morales ayant une activité industrielle, commerciale, artisanale, agricole ou professionnelle non commerciale			
	Découverts en compte	10,41	13,88
Prêts aux personnes morales n'ayant pas d'activité industrielle, commerciale, artisanale, agricole ou professionnelle non commerciale			
	Prêts consentis en vue d'achats ou de ventes à tempérament	6,85	9,13
	Prêts d'une durée initiale supérieure à deux ans, à taux variable	3,97	5,29
	Prêts d'une durée initiale supérieure à deux ans, à taux fixe	4,56	6,08
	Découverts en compte	10,41	13,88
	Autres prêts d'une durée initiale inférieure ou égale à deux ans	4,50	6,00
(1) Pour apprécier le caractère usuraire du taux effectif global d'un découvert en compte ou d'un prêt permanent, le montant à prendre en considération est celui du crédit effectivement utilisé.			

– *Pénalités :* l'article L. 313-5 prévoit un emprisonnement de deux ans et une amende de 45 000 €. Il est prévu facultativement l'affichage et la publication de la décision dans les journaux, et la fermeture provisoire ou définitive de l'entreprise dont l'un des dirigeants a été condamné pour usure. La décision de condamnation pour prêt usuraire doit préciser le taux effectif global du prêt, et l'importance du dépassement par rapport au taux effectif moyen de référence (Crim. 11 mars 1991, B 119 p. 304).

– *La prescription :* la prescription triennale de l'action publique court à compter du jour de la dernière perception d'intérêt ou de capital (art. L. 313-5 Code consom.). Cette prescription n'est pas suspendue pendant la procédure du redressement judiciaire, le débiteur n'étant pas dans l'impossibilité d'agir en justice (Crim. 15 mars 1994 N° 93-80818 Bull. Crim. 94 N° 98). Le recouvrement de sommes dues en exécution d'une décision judiciaire n'interrompt pas la prescription (Cass. Crim. 2 octobre 2002 N° 01-85931 Bull. Crim. 2002 N° 179). En revanche la plainte, suivie d'un réquisitoire introductif interrompt valablement le délai de prescription des faits d'usure (Crim. 20 octobre 1993, D 94 IR 17).

TROISIÈME PARTIE

LES INFRACTIONS PRINCIPALES DE LA VIE DES SOCIÉTÉS

Observations

Le droit pénal des sociétés commerciales et des procédures collectives présente des caractères particuliers, qu'il convient de souligner avant d'aborder l'étude des principales infractions. (V. Des erreurs, pas de fautes, la gestion discrète du droit des affaires, P. Lascoumes, CESDIP, 1986.)

– Il existe une abondance de textes répressifs alors que la plupart n'ont jamais donné lieu à application (V. « L'inflation pénale dans la loi française sur les sociétés commerciales », par J. Cosson, GP 18 juillet 1985. L'auteur a dénombré environ 200 délits dans la loi du 24 juillet 1966 !). On a pu parler du danger d'une pénalisation excessive du monde des affaires (J. Pradel, nouveau Droit pénal, Dalloz 1993 p. 107), de constellation de délits.

– L'importance du droit comptable dans la définition de certains délits (comptes infidèles). Recours fréquent à l'expertise comptable.

– L'exigence de l'élément moral s'infléchit pour une meilleure répression des agissements condamnables (V. Merle et Vitu, « Traité de droit criminel », N° 785).

– Alors que les articles du Code pénal ne mentionnent pas la qualité de l'auteur du délit (« le fait de... est puni de... ou telle infraction est le fait de... ») dans le droit des sociétés, le législateur désigne explicitement une personne ou une catégorie de personnes comme auteur principal (V. Mireille Delmas Marty « Le droit pénal, l'individu et l'entreprise ». Culpabilité « du fait d'autrui » ou du « décideur », JCP 1985 I. 3218).

Le principal responsable est le dirigeant de droit ou de fait.

– Dans le domaine procédural, la jurisprudence tenant compte du caractère clandestin de certains agissements des dirigeants, a retardé le point de départ de la prescription de plusieurs délits (abus des biens, abus du crédit, abus de pouvoirs).

– Spécialisation des services de police pour les enquêtes et des tribunaux pour la poursuite, l'instruction et le jugement des infractions commises en matière économique et financière (loi N° 94-89 du 1er février 1994 et décret N° 94-259 du 25 mars 1994 articles 704 à 706 du Code de procédure pénale).

– Lenteur des procédures et faiblesse des condamnations en matière de délinquance économique et financière. Une affaire d'entente et de positions dominantes mettant en cause plusieurs sociétés remontant aux années 1964-1965 et 1966 a été définitivement jugée par la Cour de cassation le 13 mai 1985 (B. N° 181, p. 464) ! La procédure judiciaire dépasse parfois en lenteur celle des Parlements de l'Ancien Régime.

Dans un premier temps, il sera traité de l'activité de la société (in bonis) (TITRE I : VIE SOCIALE ET INFRACTIONS).

Lorsque les sociétés sont en redressement ou en liquidation judiciaire, les sanctions attachées par la loi aux éléments de banqueroute peuvent être appliquées. Les textes en vigueur feront l'objet d'un second titre (TITRE II : BANQUEROUTE ET AUTRES INFRACTIONS).

*

* *

Une réforme du droit pénal des sociétés a été amorcée ces dernières années par une dépénalisation ponctuelle de différentes infractions. Une réforme en profondeur est annoncée depuis plusieurs années.

Dans le rapport Coulon déposé en janvier 2008, on retrouve l'historique. Il faut citer la loi dite NRE du 15 mai 2001 qui a dépénalisé une vingtaine d'infractions en droit pénal des sociétés. Il faut y ajouter les lois du 1er avril 2003 sur la sécurité financière et sur l'initiative économique et enfin les ordonnances du 25 mars 2004 sur la simplification du droit et des formalités pour les entreprises et du 25 juin 2004 sur les valeurs mobilières. Une proposition de loi (n° 3706) relative à la simplification du droit a été adoptée en première lecture le 18 octobre 2011. La dépénalisation se poursuit : douze articles sont abrogés dans ce texte. On est loin d'une réforme en profondeur.

Espérons que le rapport Coulon resurgira un jour de l'ombre dans laquelle il semble avoir été plongé.

Les dispositions pénales se trouvent principalement dans le titre IV du nouveau Code de commerce (articles L. 241-1 et suivants).

Titre I — **Vie sociale et infractions**

Dans ce premier titre seront analysées toutes les infractions concernant les sociétés commerciales de leur constitution à leur liquidation.

Dans sept chapitres seront successivement étudiées :

Chapitre I : La société constituée
Chapitre II : La société administrée
Chapitre III : La société vérifiée
Chapitre IV : La société et sa comptabilité
Chapitre V : La société et son capital modifié
Chapitre VI : Filiales, participations et sociétés contrôlées
Chapitre VII : La société liquidée

CHAPITRE I

La société constituée

Contrairement aux autres pays de l'Union européenne, le droit français préfère organiser le contrôle des constitutions de société *a posteriori*. Ainsi, il confie aux juges correctionnels le soin de sanctionner les irrégularités les plus graves. Ces irrégularités peuvent s'insérer :

- lors de la formation du capital (Section I : Le capital formé),
- lors de l'émission ou de la négociation de valeurs mobilières (Section II : Émission et négociation de valeurs mobilières réglementées),
- lors de la publicité et de l'immatriculation (Section III : Publicité et immatriculation organisées).

SECTION I
Le capital formé

La loi du 15 mai 2001 a abrogé différentes infractions relatives à la formation du capital.

Un mensonge inséré dans le certificat du dépositaire n'est plus une infraction spécifique. Les délits de simulation de souscriptions ou versements et publication de faits faux pour obtenir des souscriptions, ont été supprimés. Restent sanctionnables un délit d'omission spécifique à la SARL et deux délits relatifs aux apports en nature.

§1. L'INFRACTION SPÉCIFIQUE DANS LA SARL

Art. L. 241-1. Est puni d'un emprisonnement de six mois et d'une amende de 9 000 € le fait, pour les associés d'une société à responsabilité limitée, d'omettre dans l'acte de société, la déclaration concernant la répartition des parts sociales entre tous les associés, la libération des parts ou le dépôt des fonds.
Les dispositions du présent article sont applicables en cas d'augmentation du capital.

Ce n'est plus une fausse déclaration dans l'acte de société qui est réprimée mais un défaut d'information.

Dans l'hypothèse d'une fausse déclaration on devra désormais se tourner vers le délit de faux (voir *supra*).

Dans les SARL, les parts sociales doivent être souscrites en totalité par les associés. Les apports en nature doivent être intégralement libérés. En revanche, les parts représentant des apports en numéraire doivent être libérées d'au moins un cinquième de leur montant. Le surplus doit être libéré dans les cinq ans qui suivent l'immatriculation (article L. 223-7 du Code de commerce).

La proposition de loi relative à la simplification du droit abroge cette infraction.

§2. LES APPORTS EN NATURE ET LE DROIT PÉNAL

Délit de majoration frauduleuse des apports en nature.

Dans la SARL ce délit est sanctionné à l'article L. 241-3 du Code de commerce.

Art. L. 241-3. Est puni d'un emprisonnement de cinq ans et d'une amende de 375 000 € :
1° Le fait, pour toute personne, de faire attribuer frauduleusement à un apport en nature une évaluation supérieure à sa valeur réelle.

Dans la SA, ce délit est sanctionné à l'article L. 242-2 4°

Art. L. 242-2. Est puni d'un emprisonnement de cinq ans et d'une amende de 9 000 € le fait pour toute personne :
4° De faire attribuer frauduleusement à un apport en nature une évaluation supérieure à sa valeur réelle.

Ce délit est aussi réprimé par les articles L. 243-1 pour les sociétés en commandite par actions et L. 244-1 pour les SAS.

Ces textes s'appliquent aux majorations frauduleuses réalisées à l'occasion des constitutions de société ainsi qu'à celles commises lors de l'augmentation du capital. Ils ont pour but de protéger les créanciers de la société, trompés sur la valeur des garanties que pouvait leur offrir le patrimoine social. Il doit s'agir d'apports portant sur des biens par opposition aux apports en argent.

A) Éléments constitutifs

Le délit en comporte deux :

– *un élément matériel :* participation à l'attribution de la valeur d'un apport ; existence d'une évaluation excessive ;

– *un élément intentionnel :* emploi de manœuvres frauduleuses.

1) Apport en nature évalué à un chiffre supérieur à sa valeur réelle

Les commissaires aux apports apprécient la valeur des apports en nature.

Dans les SARL, les statuts doivent contenir l'évaluation de chaque apport en nature et il y est procédé au vu d'un rapport annexé aux statuts et établi sous la responsabilité du commissaire aux apports désigné à l'unanimité des futurs associés ou à défaut par une décision de justice à la demande du futur associé le plus diligent (art. L. 223-9). Mais les futurs associés peuvent décider à l'unanimité que le recours à un commissaire aux apports ne sera pas obligatoire lorsque la valeur d'aucun apport en nature n'excède 30 000 € (art. D 223-6-12 du Code de commerce) et si la valeur totale de l'ensemble des apports en nature non soumis à l'évaluation d'un commissaire aux apports n'excède pas la moitié du capital.

A été sanctionné un gérant ayant attribué à son apport en nature une valeur supérieure à sa valeur réelle en apportant une licence d'exploitation dont il n'était pas titulaire des droits pour la France (Cass. Crim. 5 novembre 2008 N° 08-80587).

• Dans les sociétés anonymes constituées avec offre au public, un ou plusieurs commissaires aux apports sont désignés par décision de justice à la demande des fondateurs ou de l'un d'entre eux (art. L. 225-8).

• Dans les sociétés anonymes constituées sans offre au public, les statuts contiennent l'évaluation des apports en nature. Il y est procédé au vu d'un rapport annexé aux statuts et établi, sous sa responsabilité, par un commissaire aux apports (art. L. 225-14).

• Dans les sociétés en commandite par actions. Les règles concernant les commissaires aux apports dans les sociétés anonymes sont applicables aux sociétés en commandite par actions.

Le délit suppose qu'ait été attribuée à un apport en nature une valeur supérieure à sa valeur réelle (pratique dite du « mouillage » ou « watering » des apports).

Pour fixer la surévaluation, il faut d'abord évaluer l'apport au jour de son transfert à la société. Ensuite, il faut déterminer une base d'estimation, et sur ce point, il y a hésitation entre la valeur vénale ou marchande du bien (critère objectif) et la valeur particulière que ce bien peut présenter pour la société (critère subjectif).

Selon M. Mercadal (Jurisclasseur pénal, lois pénales annexes, fasc. B 1 N° 43), il est préférable d'opter pour la valeur marchande car le but du délit de majoration frauduleuse est de garantir aux créanciers sociaux que le capital social annoncé existe réellement. Or, les créanciers qui chercheraient à réaliser ce capital seraient conduits à faire vendre les biens apportés en nature et ne récupéreraient donc que leur valeur marchande.

Toutefois, la Cour de cassation a jugé dans l'affaire du Bon Marché (Société Agache-Willot, Crim. 12 avril 1976, B N° 115, JCP 1977, 11, 18 523, note Y. Guyon ; Rev. soc. 1977, p. 293, note Bouloc).

« Qu'enfin, les commissaires ont également admis l'évaluation des actions de la société Soparge à 2 358 francs l'unité alors que, sachant que ces titres avaient été acquis quelques jours auparavant par la société Agache-Willot à une valeur de 1 657 francs, d'ailleurs elle-même très supérieure à leur valeur réelle qui ne dépassait pas 890 francs compte tenu de la valeur véritable des actions du Consortium général textile contre lesquelles ils avaient été échangés, ils n'ont fait aucune mention de ces circonstances dans leur rapport.

En effet, s'il est vrai que ledit article ne précise pas ce qu'il faut entendre par valeur réelle et qu'en conséquence, les commissaires, tenus d'apprécier cette valeur sous leur responsabilité selon les termes des articles 80 et 193 de la même loi, peuvent être amenés à prendre en considération certains critères objectifs étrangers à la simple valeur vénale ou marchande des biens apportés, ils ne sauraient, cependant, être autorisés, quelle que soit la méthode qu'ils ont choisie, à dissimuler volontairement, comme l'a fait le prévenu en l'espèce, des éléments d'appréciation de nature à entraîner une réduction importante de la valeur de ces biens. »

Aussi la Cour de cassation dans l'arrêt précité a jugé qu'était coupable du délit de majoration frauduleuse d'apports en nature, le commissaire aux apports qui, chargé d'apprécier la valeur des apports en nature faits à une société à l'occasion d'une augmentation de capital, a fait une évaluation très supérieure à la valeur réelle des titres apportés, alors qu'il connaissait les graves inexactitudes des estimations.

Crim. 22 janvier 1990 N° 88-84955, D 90 IR, p. 88. Rev. soc. 90, p. 458, note Bouloc :

> « *Les commissaires aux apports qui apprécient sous leur responsabilité la valeur réelle d'un bien en nature apporté à une société commerciale ne peuvent, comme les apporteurs eux-mêmes, dissimuler les éléments de dépréciation du bien. Le commissaire aux apports et l'apporteur qui, lors de la constitution d'une société à responsabilité limitée, ont dissimulé en pleine connaissance de cause, l'existence de sûretés grevant un fonds de commerce apporté en nature, se rendent coupables du délit de majoration frauduleuse des apports en nature.* »

Pour la majoration de la valeur d'un fonds de commerce (voir Cass. Crim. 7 avril 2004 N° 03-82062).

2) Intention frauduleuse

Le délit suppose en second lieu que la surévaluation soit faite « frauduleusement ».

L'intention frauduleuse requise par le texte pourra se traduire par des manœuvres destinées à tromper les vérificateurs, les experts, l'assemblée générale constitutive, ou par l'intervention de tiers de bonne ou de mauvaise foi, ou par le choix de commissaires aux apports de complaisance. Sont considérés comme frauduleuses les manœuvres qui, pour éviter la procédure de vérification, consistent à dissimuler un apport sous la forme juridique d'une vente avec stipulation de paiement du prix non en espèces mais par remise d'actions.

V. Crim. 20 mars 1989 (Lamy société N 1509) dans cette espèce, il a été jugé que le délit était constitué lorsqu'on avait caché aux coassociés que le bien apporté était hypothéqué et dépendait d'une communauté universelle entre époux.

B) Traitement pénal de l'infraction

1) Personnes punissables

Seront retenus comme auteurs principaux du délit ceux auxquels sont imputables les fraudes destinées à obtenir la majoration de l'évaluation des apports, et comme complices ceux qui auront prêté leur concours dans les agissements frauduleux. Pourront être considérés comme auteurs principaux ou comme complices, suivant les circonstances de la cause, les apporteurs, les fondateurs, les administrateurs, les gérants, les commissaires aux apports, les experts et tous ceux qui auront favorisé ou participé à la perpétration du délit (dirigeants de droit ou de fait). La tentative n'est pas punissable.

2) *Pénalités*

L'article L. 242-2 4° prévoit une peine d'emprisonnement de cinq ans et une amende de 9 000 €. La loi du 30 décembre 1977 a porté à 375 000 € le maximum de l'amende lorsque le délit a été commis dans une SARL alors que dans les sociétés par actions le maximum de l'amende n'est que de 9 000 €. Il s'agit là d'une omission regrettable du législateur.

3) *Prescription*

L'action publique se prescrit par trois ans à compter du jour de l'approbation de l'apport par l'assemblée constitutive ou par l'assemblée qui constate la réalisation de l'augmentation de capital.

C) Exercice irrégulier des fonctions de commissaire aux apports

> *Art L. 242-5. Est puni d'un emprisonnement de six mois et d'une amende de 9 000 € le fait d'accepter ou de conserver les fonctions de commissaire aux apports, nonobstant les incompatibilités et interdictions légales.*

Une loi du 12 mai 2009 a rétabli le renvoi aux incompatibilités du commissaire aux comptes (art. L. 822-11) qui avait été malencontreusement supprimé. Ce rétablissement est consacré dans l'article L. 225-8 al. 1 du Code de commerce.

1) *Éléments constitutifs*

a) *Élément matériel*

– Il consiste dans le fait d'avoir accepté ou conservé les fonctions de commissaire aux apports.

– Il faut ensuite qu'il existe ou survienne une cause d'incompatibilité.

L'article L. 822-11 énonce les causes d'incompatibilité qui, prévues pour les commissaires aux comptes, s'appliquent également aux commissaires aux apports.

Les incompatibilités visent à écarter les personnes qui ont des liens de parenté avec les fondateurs et celles qui ont subi une ou plusieurs condamnations.

b) Élément intentionnel

L'auteur de l'infraction doit avoir agi de mauvaise foi, c'est-à-dire en connaissant le fait qui entraîne l'incapacité.

2) Personnes punissables

L'article L. 242-5 sanctionne comme auteur celui qui accepte la mission. La complicité pourrait être retenue contre les fondateurs ou dirigeants, sachant qu'une personne se trouve dans un cas d'incompatibilité et qui la font désigner en dissimulant aux actionnaires la cause d'incompatibilité pour obtenir une majoration de leurs apports en nature.

L'article L. 244-1 prévoit que l'article L. 242-5 est applicable à la SAS.

3) Peines

Emprisonnement de six mois et amende de 9 000 €.

4) Prescription

Il s'agit d'un délit instantané qui est réalisé par le seul fait de l'acceptation ou de la conservation des fonctions de commissaire ; la prescription qui est de trois ans commence à courir :

– du jour où le commissaire aura accepté ses fonctions dans le cas d'une cause d'incompatibilité ou d'interdiction ;

– du jour de la survenance de l'incompatibilité, si celle-ci survient en cours de fonctions.

SECTION II
Émissions et négociation de valeurs mobilières réglementées

§1. DÉLIT D'ÉMISSION D'ACTIONS OU DE COUPURES D'ACTIONS

> *Art. L. 242-1. Est puni d'une amende de 9 000 € le fait, pour les fondateurs, le président, les administrateurs ou les directeurs généraux d'une société anonyme, d'émettre des actions ou des coupures d'actions soit avant l'immatriculation de ladite société au registre du commerce et des sociétés, soit à une époque quelconque, si l'immatriculation a été obtenue par fraude, soit encore sans que les formalités de constitution de ladite société aient été régulièrement accomplies.*
> *Un emprisonnement d'un an peut, en outre, être prononcé si les actions ou coupures d'actions sont émises sans que les actions de numéraire aient été libérées à la souscription d'un quart au moins ou sans que les actions d'apport aient été intégralement libérées antérieurement à l'immatriculation de la société au registre du commerce et des sociétés ;*
> *Est puni des peines prévues à l'alinéa précédent le fait, pour les personnes visées au premier alinéa, de ne pas maintenir les actions de numéraire en la forme nominative jusqu'à leur entière libération.*
> *Les peines prévues au présent article peuvent être portées au double, lorsque les actions ou les coupures d'actions émises ont fait l'objet d'une offre au public.*

Le délit de l'article L. 242-1 consiste dans le fait d'émettre des actions ou des coupures d'actions d'une société irrégulièrement constituée.

L'article L. 244-1 prévoit son application aux dirigeants de la SAS.

A) Éléments constitutifs

En plus d'une condition préalable relative aux irrégularités de constitution, le délit suppose un élément matériel et un élément moral.

1) Conditions préalables

Les irrégularités de constitution sont réparties par la loi selon la gravité des peines encourues en deux groupes distincts : irrégularités simples et irrégularités aggravées.

a) Irrégularités simples

Il y a lieu à une amende de 9 000 € si l'émission intervient :

- soit avant l'immatriculation de la société au registre du commerce ;
- soit à une époque quelconque si cette immatriculation a été obtenue par fraude ;
- soit encore sans que les formalités de constitution aient été régulièrement accomplies.

b) Irrégularités aggravées

Un emprisonnement d'un an pourra, en outre, être prononcé si l'émission intervient en violation des dispositions relatives à la libération du capital :

- sans que les actions de numéraire aient été libérées, lors de la souscription d'un quart au moins de leur valeur nominale ;
- sans que les actions d'apport de la société aient été intégralement libérées antérieurement à l'immatriculation au registre du commerce.

Rappel des règles qui se rapportent à la constitution des sociétés anonymes et dont la violation peut constituer des irrégularités pénalement sanctionnées. Il faut distinguer les sociétés constituées avec ou sans offre au public.

Constitution de la SA avec offre au public :

– En ce qui concerne les personnes

- *Art. L. 225-1.* Le nombre des associés ne peut être inférieur à sept.
- *Art. L. 225-2.* Les personnes déchues du droit d'administrer ou de gérer une société ne peuvent être fondateurs.

– En ce qui concerne la constitution du capital social

- *Art. 224-2.* Le capital doit être au minimum de 37 000 €.

Il convient de rappeler que la souscription du capital ne doit pas être fictive (hommes de paille, souscripteurs de complaisance), il faut aussi exclure les souscriptions successives.

- *Art. L. 225-5.* Dépôt des fonds provenant des souscriptions en numéraire et de la liste des souscripteurs chez un notaire, soit dans une banque, ou à la caisse des dépôts et consignations.
- *Art. L. 225-6.* Les souscriptions sont constatées par un certificat du dépositaire sur présentation des bulletins de souscription.
- *Art. L. 225-11.* Interdiction de retirer les fonds déposés avant l'immatriculation de la société au registre du commerce.

– En ce qui concerne les formalités de constitution de la société

• *Art. L. 225-2.* Le projet de statuts doit être déposé au greffe du Tribunal de commerce du lieu du siège social, et publication d'une notice au bulletin des annonces légales obligatoires.

• *Art. L. 225-7.* Convocation des souscripteurs en assemblée générale constitutive.

• *Art. L. 225-8.* En cas d'apports en nature, désignation des commissaires aux apports et dépôt de leur rapport au greffe pour y être tenu à la disposition des souscripteurs.

• *Art. R 210-3.* Après accomplissement des formalités de constitution de la société, insertion d'un avis dans un journal habilité à recevoir les annonces légales.

Constitution de la SA sans offre au public :

Les formalités dans ce cas sont plus réduites puisqu'il n'est pas prévu par les textes le dépôt préalable du projet de statut, ni la publication d'une notice. On doit relever cependant les exigences particulières suivantes :

• *Art. L. 224-2 al. 1.* Le capital social doit être au moins de 37 000 €.

• *Art. L. 225-14 et L. 225-16.* Les statuts doivent contenir l'évaluation des apports en nature au vu du rapport établi par un commissaire aux apports et la désignation des premiers administrateurs ou membres du conseil de surveillance ainsi que les premiers commissaires aux comptes.

• *Art. L. 225-15.* Les statuts doivent être signés par les actionnaires, soit en personne, soit par un mandataire justifiant d'un pouvoir spécial, après l'établissement du certificat du dépositaire et après mise à la disposition des actionnaires du rapport des commissaires aux apports.

En ce qui concerne les SAS, l'article L. 227-2, dispose qu'elles ne peuvent procéder à une offre au public de titres financiers ou à l'admission aux négociations sur un marché réglementé de ses actions et en vertu de l'article L. 244-3 les dirigeants encourent une amende de 18 000 € pour inobservation de cette disposition.

2) Élément matériel : l'émission

Avant la réforme importante de la loi du 30 décembre 1981, émettre c'était créer matériellement et délivrer aux actionnaires des titres d'actions, soit par remise soit par placement dans le dossier de chaque souscripteur.

L'article 94 II de la loi N° 81-1160 du 30 décembre 1981 (loi de finances pour 1982) a institué le régime de l'inscription en compte des valeurs mobilières.

Cette « dématérialisation » présente de nombreux avantages : suppression des risques de perte ou de vol, allégement des tâches des intermédiaires financiers, accélération de circulation des valeurs, traitement plus rapide des opérations.

3) Élément moral

La méconnaissance par les dirigeants sociaux de l'obligation de vérifier, au moment où ils procèdent à l'émission si la société est formée régulièrement, constitue une faute. Cette interprétation en faisant intervenir l'idée de faute provenant d'une erreur, d'une négligence, d'un défaut de vigilance a été consacrée par la jurisprudence. (Crim. 13 juin 1936, B N° 68 ; 16 mars 1981, B N° 94, p. 252)

Cependant la Cour de cassation reconnaît au dirigeant la possibilité d'apporter la preuve contraire : *« il faut qu'il se soit trouvé dans l'impossibilité absolue de prévoir et d'empêcher l'infraction »*. (Crim. 12 décembre 1925, J. Soc. 1926.446)

B) Traitement pénal de l'infraction

1) Personnes punissables

Les auteurs du délit sont : les fondateurs, le président, les administrateurs ou les directeurs généraux ainsi que les membres du directoire et du conseil de surveillance (art. L. 242-30 du Code de commerce).

Les dirigeants de fait peuvent également être poursuivis (art. L. 246-2).

Il faut se placer au moment de l'émission des actions pour rechercher les auteurs responsables de l'infraction. Ainsi peuvent être condamnés, quoique n'étant pas en fonction lors de la constitution de la société, les dirigeants en exercice lors de la création des titres. (Crim. 13 juin 1936, Rev. trim. soc. 1937.36)

La complicité peut être retenue contre ceux qui auront, avec connaissance, aidé ou assisté l'auteur ou les auteurs de l'émission dans les faits qui l'auront préparée ou facilitée ou dans ceux qui l'auront consommée.

2) Pénalités

Les émissions irrégulières sont punies d'une amende de 9 000 €. Un emprisonnement d'un an peut, en outre, être prononcé si les actions ont été émises sans que les actions de numéraire aient été libérées à la souscription d'un quart au moins ou sans que les actions d'apport aient été intégralement libérées antérieurement à l'immatriculation de la société au registre du commerce.

Seront punis des mêmes peines prévues à l'alinéa 2 susvisé, les mêmes personnes qui n'auront pas maintenu les actions de numéraire en la forme nominative jusqu'à leur entière libération.

Les peines prévues ci-dessus peuvent être portées au double lorsque les actions émises ont fait l'objet d'une offre au public.

La proposition de la loi relative à la simplification du droit adoptée le 18 octobre 2011 supprime la peine d'emprisonnement et majore la peine d'amende à 150 000 €. Le nouvel article L. 242-1 simplifie l'infraction ; il n'y a plus que deux irrégularités :

« est puni de 150 000 € d'amende le fait, pour les fondateurs, le président, les administrations ou les directeurs généraux d'une société anonyme, d'émettre ou négocier des actions ou des coupures d'actions sans que les actions de numéraire aient été libérées à la souscription de la moitié au moins ou sans que les actions d'apport aient été intégralement libérées avant l'immatriculation de la société au registre du commerce et des sociétés. »

Le droit pénal rejoint le droit des sociétés (libération des actions de numéraire à hauteur de la moitié).

3) Prescription

Le délai de prescription de trois ans court non pas du jour où les irrégularités ont été commises, mais du jour où a été réalisée l'émission.

§2. LE DÉLIT DE NÉGOCIATION D'ACTION ET LE DÉLIT D'ÉTABLISSEMENT OU PUBLICATION DE LA VALEUR D'ACTIONS NON NÉGOCIABLES

Ces délits ont pour but de protéger les acquéreurs qui peuvent être trompés sur la régularité des titres achetés.

> *Art. L. 242-3. Est puni d'un emprisonnement d'un an et d'une amende de 9 000 € le fait, pour les fondateurs, le président du conseil d'administration, les administrateurs ou les directeurs généraux d'une société anonyme, ainsi que pour les titulaires ou porteurs d'actions, de négocier :*
> *1° Des actions de numéraire qui ne sont pas demeurées sous la forme nominative jusqu'à leur entière libération ;*
> *2° Des actions de numéraire pour lesquelles le versement du quart n'a pas été effectué.*
> *Art. L. 242-4. Est puni des peines prévues à l'article L. 242-3 le fait, pour toute personne, d'avoir soit établi ou publié la valeur des actions ou promesses d'actions visées audit article.*

A) Délit de négociation

L'article L. 242-3 énonce les irrégularités frappant les titres dont la négociation constitue le délit.

a) Élément matériel

La loi ne donne pas de définition de la négociation mais la doctrine et la jurisprudence entendent par négociation la transmission des titres. Auparavant, elle se réalisait par les voies commerciales mais depuis la loi du 30 décembre 1981 examinée précédemment qui a prévu la « dématérialisation » des valeurs mobilières, la transmission des titres s'effectue par un simple virement de compte à compte sur instructions écrites du titulaire ou de son représentant.

La négociation visée par l'article L. 242-3 est celle des actions.

L'article L. 242-3 énumère les titres dont toute négociation est prohibée :

1° – Actions de numéraire qui ne sont pas demeurées sous la forme nominative jusqu'à leur entière libération.

Les actions de numéraire sont celles dont le montant est libéré en espèces ou par compensation (lors d'une augmentation de capital), celles qui sont émises par suite d'une incorporation au capital de réserves, bénéfices ou primes d'émission, et celles dont le montant résulte pour partie d'une incorporation de réserves, bénéfices ou primes d'émission et pour partie d'une libération en espèces. Toutes autres actions sont des actions d'apport.

Les actions de numéraire doivent rester nominatives jusqu'à leur entière libération (art. L. 228-9).

2° – Actions de numéraire pour lesquelles le versement du quart n'a pas été effectué.

La libération du surplus intervient en une ou plusieurs fois sur décision du conseil d'administration ou du directoire selon le cas, dans un délai qui ne peut excéder cinq ans à compter de l'immatriculation de la société au registre du commerce. On conçoit que pour entreprendre ses opérations, la société doit avoir à sa disposition un fond de roulement.

Après l'immatriculation, l'émission ou la négociation d'actions de numéraire non libérées du quart au moins de leur valeur nominale est pénalement sanctionnée.

On a fait observer que ce qui différencie le délit d'émission du délit de négociation, c'est que le premier est consommé si des titres sont émis alors qu'il y a irrégularité dans la constitution, même si ces titres sont considérés isolément réguliers ; il faut pour que le second délit soit caractérisé, que le titre négociable soit lui-même irrégulier (Constantin, Droit pénal des sociétés par actions, p. 572).

b) Élément intentionnel

La mauvaise foi est donc considérée comme un élément indispensable de la formation du délit même dans l'hypothèse où les titres négociés ne révéleraient pas les irrégularités par leur seul aspect extérieur (valeur nominale non conforme aux prescriptions légales, par exemple). La responsabilité pénale de ceux qui auront effectués les négociations sera engagée s'il est démontré, par les éléments de la procédure, qu'ils ont connu ces irrégularités.

B) Traitement pénal de l'infraction

1) Personnes punissables

L'article L. 242-3 désigne les fondateurs, le président du conseil d'administration, les administrateurs, ou les directeurs généraux de la société ainsi que les titulaires ou porteurs d'actions qui auront, en connaissance de cause effectué des négociations prohibées.

Les peines sont également applicables aux gérants de sociétés en commandite par actions (art. L. 243-1), aux dirigeants de fait (art. L. 246-2) et aux dirigeants de la SAS (art. L. 244-1).

2) Pénalités

L'article art. L. 242-3 prévoit un emprisonnement d'un an et une amende de 9 000 €.

Comme pour le délit d'émission la proposition de loi relative à la simplification du droit majore l'amende à 150 000 € et supprime la peine d'emprisonnement. L'article L. 242-4 serait quant à lui abrogé.

3) Prescription

La prescription du délit est de trois ans et c'est la négociation effective (date du transfert) et non le jour où les irrégularités ont été commises qui fait courir le délai de prescription.

C) Délit d'établissement ou publication de la valeur d'actions non négociables

L'article L. 244-1 rend ces dispositions applicables aux SAS.

1) Éléments constitutifs

Le législateur a voulu atteindre ceux qui ont établi (évaluation comptable tendant à justifier la valeur à laquelle l'action est offerte) ou participer indirectement à la négociation en publiant la valeur de titres irréguliers et en facilitant le lancement. Le texte vise tout procédé de diffusion : insertion dans la presse, affichage, envoi de circulaires.

Les agissements peuvent être réprimés même s'ils n'ont pas été suivis d'une négociation.

Parmi les personnes punissables, il faut retenir, d'une part, les auteurs de la publication (directeurs de journaux, démarcheurs, placiers, publicistes selon le procédé de diffusion adopté) et, d'autre part, ceux qui ont fait effectuer la publication tels les fondateurs, les administrateurs et tous ceux qui, à un titre quelconque, ont participé matériellement à la publication.

2) Poursuites et pénalités

Il s'agit d'un délit intentionnel. Les pénalités sont les mêmes que pour le délit de négociation : un emprisonnement d'un an et une amende de 9 000 €.

Le délit se prescrit par trois ans. Le point de départ sera soit la date d'établissement de la valeur des actions, soit la date de diffusion de la valeur des actions.

D) Délits sans irrégularités préalables

L'article L. 242-1 sanctionne les fondateurs, les dirigeants de droit et de fait d'une société anonyme ou en commandite par actions qui n'auront pas maintenu les actions de numéraire en la forme nominative jusqu'à leur libération (comme le prévoit l'art. L. 228-9). Ce délit est également prévu en ce qui concerne les dirigeants de la SAS.

La simple négligence suffit à retenir la culpabilité.

Les peines applicables sont un emprisonnement d'un an et une amende de 9 000 €. Les peines pourront être portées au double lorsque les actions émises ont fait l'objet d'une offre au public.

§3. L'ÉMISSION DE VALEURS MOBILIÈRES RÉGLEMENTÉE

A) Émission dans les SARL

> *Art. L. 241-2. Est puni d'un emprisonnement de six mois et d'une amende de 9 000 € le fait, pour des gérants, d'émettre, directement ou par personne interposée, pour le compte de la société des valeurs mobilières quelconques à l'exception des obligations émises dans les conditions déterminées par l'article L. 223-11 »*

On retiendra qu'il est interdit à une SARL d'émettre des valeurs mobilières ; la violation de cette interdiction par les gérants agissant directement ou par personne interposée est punie d'un emprisonnement de six mois et d'une amende de 9 000 €.

B) Délits concernant les actions à dividende prioritaire sans droit de vote

La loi N° 78-741 du 13 juillet 1978 relative à l'orientation de l'épargne vers le financement des entreprises, a institué les actions à dividende prioritaire dont la principale caractéristique est d'assurer à leurs propriétaires un revenu plus important que les actionnaires ordinaires, contre l'abandon de leur droit de vote dans les assemblées (art. L. 228-11 à L. 228-19). Une ordonnance du 6 novembre 2008 a substitué le terme d'action de préférence. Des sanctions pénales ont été prévues par les articles L. 245-3 et L. 245-4 du Code de commerce à l'encontre des dirigeants sociaux de droit ou de fait en vue d'assurer la protection des épargnants (V. les actions à dividende prioritaire sans droit de vote, Jauffret-Spinosi, Rev. soc. 1979, 25).

Art. 245-3. Sont punis d'un emprisonnement de six mois et d'une amende de 6 000 € le président et les administrateurs, les directeurs généraux, les membres du directoire et du conseil de surveillance d'une société anonyme, les gérants d'une société en commandite par actions :
1° Dont la société procède à l'amortissement de son capital alors que la totalité des actions à dividende prioritaire sans droit de vote n'ont pas été intégralement rachetées et annulées ;
2° Dont la société, en cas de réduction du capital non motivée par des pertes et réalisée selon les modalités prévues à l'article L. 225-207, ne rachète pas, en vue de leur annulation, les actions à dividende prioritaire sans droit de vote avant les actions ordinaires.
Art. L. 245-4. Le fait, pour le président et les administrateurs, les directeurs généraux, les membres du directoire et du conseil de surveillance d'une société anonyme, les gérants des sociétés en commandite par actions, de détenir, directement ou indirectement dans les conditions prévues par l'article L. 228-35-8, des actions à dividende prioritaire sans droit de vote de la société qu'ils dirigent est puni des peines prévues à l'article L. 245-3.

La proposition de loi relative à la simplification du droit abroge l'article L. 245-3 du Code du commerce.

§4. PUBLICITÉ SUR LES DOCUMENTS SOCIAUX

En dehors des dispositions concernant l'immatriculation de la société au registre du commerce, des règles imposent de faire connaître aux tiers la dénomination sociale de la société.

Toutes les infractions pénales ont été abrogées et remplacées par une injonction de faire prévue à l'article L. 238-3 du Code de commerce :

« Le Ministère Public ainsi que tout intéressé peuvent demander au président du tribunal statuant en référé d'enjoindre sous astreinte au représentant légal d'une société à responsabilité limitée, d'une société anonyme, d'une société par actions simplifiée, d'une société européenne ou d'une société en commandite par actions de porter sur tous les actes

et documents émanant de la société la dénomination sociale, précédée ou suivie immédiatement et lisiblement des mots « société à responsabilité limitée » ou des initiales « SARL », « société anonyme » ou des initiales « SA », « Société par actions simplifiée » ou des initiales « SAS », « société européenne » ou des initiales « SE » ou « société en commandite par actions », et de l'énonciation du capital social. »

§5. DÉMARCHAGE EN MATIÈRE BANCAIRE OU FINANCIÈRE

Les banques sont chargées d'assurer le placement des valeurs mobilières émises par les sociétés. Pour rechercher des souscripteurs, elles disposent de démarcheurs.

Constitue une activité de **démarchage** bancaire ou financière « toute prise de contact non sollicitée, par quelque moyen que ce soit, avec une personne physique ou une personne morale déterminée... » (article L. 341-1 du CMF).

Encourt six mois d'emprisonnement et 7 500 € d'amende celui qui se livre à cette activité sans avoir obtenu une carte de démarchage ou qui ne respecte pas la législation en la matière (art. L. 353-1 du CMF).

Encourt les peines de l'escroquerie celui qui ne remplit pas les conditions pour exercer cette activité ou qui propose des produits interdits. Sera également sanctionné celui qui reçoit des espèces, des effets de commerce, des valeurs ou tout autre paiement de la personne démarchée ou enfin celui qui sortirait du cadre de son mandat (art. L. 353-2 du CMF).

Toute infraction aux articles L. 342-6, L. 342-13 à L. 342-17 et L. 342-19 du Code monétaire et financier est punie d'une amende de 6 000 € et d'un emprisonnement de deux ans.

Le démarcheur qui fait usage de la publicité interdite par l'article 433-18 du Code pénal est puni de six mois d'emprisonnement et de 7 500 € d'amende.

SECTION III
Publicité et immatriculation organisée

§1. PUBLICITÉ RELATIVE AUX ÉMISSIONS DE TITRES ET AU CAPITAL

Le Code de commerce contient des dispositions destinées à assurer la protection des investisseurs en organisant une plus grande transparence.

> *Art. L. 247-4. Est puni d'une amende de 9 000 € le fait, pour toute personne, de ne pas satisfaire aux obligations résultant de l'article L. 225-109 dans le délai et suivant les modalités fixées par décret en Conseil d'État.*

Cet article, oblige les dirigeants sociaux de SA et SCA ainsi que leurs conjoints non séparés de corps, à mettre sous la forme nominative ou à déposer les actions émises par la société, par ses filiales ou les sociétés du même groupe, et qui appartiennent à eux-mêmes ou à leurs enfants mineurs non émancipés lorsque ces actions sont admises aux négociations sur un marché réglementé.

Les personnes concernées ont un mois pour remplir cette obligation (art. R. 225-10 du Code de commerce).

L'infraction à cette obligation destinée à établir l'égalité entre tous les actionnaires et d'empêcher l'usage d'informations confidentielles est punie d'une amende correctionnelle de 9 000 €.

Cet article L. 247-4 est abrogé dans la proposition de loi relative à la simplification du droit.

§2. INFRACTIONS SPÉCIFIQUES EN MATIÈRE D'IMMATRICULATION AU REGISTRE DU COMMERCE ET DES SOCIÉTÉS

Il existe deux infractions. Il y a un délit d'omission prévu et réprimé par l'article L. 123-4 du Code de commerce : « *le fait pour toute personne tenue de requérir une immatriculation, une mention complémentaire ou rectificative, ou une radiation au registre du commerce et des sociétés, de ne pas, sans excuse jugée valable, dans les quinze jours de la date à laquelle est devenue définitive l'ordonnance, rendue par le juge commis à la surveillance du registre lui enjoignant de requérir l'une de ces formalités, déférer à cette injonction est punie d'une amende de 3 750 €.*

Il y a également un délit d'action sanctionné plus sévèrement à l'article L. 123-5 du Code de commerce : « *le fait de donner, de mauvaise foi, des indications inexactes ou incomplètes en vue d'une immatriculation, d'une radiation ou d'une mention complémentaire ou rectificative au RCS, est puni d'une amende de 4 500 € et d'un emprisonnement de 6 mois.* »

CHAPITRE II

La société administrée

À l'occasion de leurs fonctions, les dirigeants sont souvent soumis à de nombreuses tentations. Pour les empêcher d'y succomber le législateur a prévu diverses infractions sévèrement punies. Elles seront analysées dans trois sections :

– Section I : L'abus des biens et du crédit

– Section II : L'abus des pouvoirs et des voix

SECTION I
L'abus des biens et du crédit

> *Art. L. 242-6. – Est puni d'un emprisonnement de cinq ans et d'une amende de 375 000 € le fait pour :*
> *3° – Le président, les administrateurs ou les directeurs généraux d'une société anonyme de faire, de mauvaise foi, des biens ou du crédit de la société, un usage qu'ils savent contraire à l'intérêt de celle-ci, à des fins personnelles ou pour favoriser une autre société ou entreprise dans laquelle ils sont intéressés directement ou indirectement.*

L'examen de la jurisprudence révèle qu'il s'agit d'un des délits les plus fréquents et les plus importants du droit pénal des sociétés.

Avant que la répression des actes des administrateurs et gérants contraires à l'intérêt social soit assurée par des textes spéciaux, la jurisprudence avait dû pour combler cette lacune édifier une théorie fondée sur le texte général relatif à l'abus de confiance. Cette théorie dite du mandat social considérait que dans toute société, il existe dans les rapports de l'ensemble des associés ou actionnaires avec les dirigeants, un mandat général qui consiste à administrer les biens sociaux dans l'intérêt de la société.

Il s'ensuit dès lors que le mandat social pourra être considéré comme violé toutes les fois où il y aura un exercice des pouvoirs dans un intérêt autre que celui de la société, plus spécialement lorsque cet exercice s'est traduit par un détournement de biens sociaux, d'où abus de confiance.

Le principe apparaît simple mais son application en est plus difficile parce qu'en matière de société, il est rare de voir un dirigeant appréhender directement des fonds dans la caisse, ou détourner directement des objets dont il a la garde : généralement les actes d'appropriation frauduleuse sont commis d'une façon plus insidieuse, plus indirecte et il a fallu à la jurisprudence, pour réprimer ces actes, interpréter d'une manière souple et extensive les termes de détournement et de dissipation de l'article 408 de l'ancien Code pénal.

Cependant, si large que fût cette jurisprudence, elle n'atteignait pas toujours son but. Les termes de détournement et de dissipation pouvaient difficilement être étendus à des actes d'administration contraires à l'intérêt social ; ainsi comment réprimer le dirigeant qui passe directement ou par personne interposée, avec sa propre société, un marché qui sera désavantageux pour elle et dont il tirera lui-même bénéfice ?

Par ailleurs, le crédit de la société, la signature sociale n'était pas protégée par l'incrimination d'abus de confiance qui, on le sait, ne peut pas s'appliquer aux immeubles.

Enfin, la peine prévue pour le délit d'abus de confiance était faible, car elle ne dépassait pas deux ans de prison.

À la suite des critiques exercées contre la théorie jurisprudentielle du mandat social et des scandales financiers des années 1930 et s. : affaires Hanau, Stavisky et Oustric, le législateur intervint par la voie du décret-loi du 8 août 1935 pour instituer les deux délits d'abus de biens sociaux ou du crédit de la société et d'abus des pouvoirs punis des peines de l'escroquerie. La loi du 24 juillet 1966 en réformant le régime des sociétés commerciales a repris ces incriminations aux articles 425-4° pour les SARL et 437-3° et 460 pour les SA et les sociétés en commandite par actions.

Ces infractions sont aujourd'hui insérées dans le Code de commerce aux articles L. 241-3 4° (SARL), L. 242-6 3° (SA) et L. 243-1 pour les sociétés en commandite par actions.

Les mêmes dispositions sont également applicables aux sociétés suivantes :

– sociétés par actions simplifiées (art. L. 244-1) ;

– sociétés européennes (art. L. 246-2) ;

– sociétés coopératives et sociétés coopératives européennes (article 26 de la loi N° 47-1775 du 10 septembre 1947) ;

– sociétés civiles de placement immobilier (art. L. 231-11 3° du CMF) ;

– société immobilière de construction (art. L. 241-6 3° du CCM) ;

– société d'assurance (art. L. 328-3 du Code des assurances) ;

– sociétés d'exercice libéral des professions libérales régies par la loi N° 66-537 sur les sociétés commerciales (Loi N° 90-1258 du 31 décembre 1990) ;

– toute société constituée conformément à la législation sur les SA (sociétés d'économie mixte) (Cass. Crim. 16.02.1961 B N° 53, p. 133, Cass. Crim. 17 octobre 1973 B N° 365, p. 894 et Cass. Crim. 26 janvier 2011 N° 10-80894).

Elles ne le sont pas aux sociétés en nom collectif (Cass. Crim. 3 octobre 1963 D 1963 734) sauf si l'auteur est le liquidateur (art. L. 247-8 du Code de commerce).

*
* *

Avec la multiplication des mises en examen des dirigeants d'entreprises du chef d'abus des biens sociaux, il a été signalé précédemment (V. *supra* Observations) le courant en faveur de la modification de ce délit vieux de plus de soixante ans (décret-loi du 30 octobre 1935) et plus globalement de l'ensemble de la législation pénale relatifs aux délits financiers.

En ce qui concerne l'abus des biens sociaux c'est principalement le problème de la prescription et de l'action civile qui font l'objet de vives controverses (V. *infra* §2.C).

§1. ÉLÉMENTS CONSTITUTIFS DU DÉLIT

Les éléments constitutifs de l'infraction sont les suivants :

– usage des biens ou du crédit de la société ;

– usage contraire à l'intérêt général ;

– usage dans un but personnel ;

– mauvaise foi.

– nécessité d'établir tous les éléments du délit (Crim. 22 octobre 1990, Rev. Soc. 1991 p. 125 note Bouloc).

A) Élément matériel

1) Usage des biens ou du crédit de la société

Le terme usage est entendu très largement par la jurisprudence ; il permet de viser toute action portant atteinte au patrimoine social.

« Il n'est pas nécessaire qu'il y ait eu détournement ou dissipation ; le simple usage des biens ou même du crédit social caractérise le délit, alors même que l'usage n'a pas altéré la substance de la chose et que la société ne s'est pas finalement trouvée appauvrie. Faire usage des biens sociaux, c'est accomplir sur eux, non seulement des actes de disposition comportant aliénation ou cession au profit d'un tiers, mais même de simples actes d'administration : prêts, avances, baux. »

Pour qu'il y ait un usage, les magistrats doivent relever un acte positif (Cass. Crim. 24.04.84 D 84 J 508).

Et pourtant dans un arrêt remarqué du 28 janvier 2004 N° 02-88094, la Chambre criminelle de la Cour de cassation en a décidé autrement :

« Attendu qu'en prononçant ainsi, et dès lors que l'usage des biens ou du crédit de la société contraire à l'intérêt de celle-ci peut résulter non seulement d'une action, mais aussi d'une abstention volontaire, la Cour d'appel a justifié sa décision. »

Les auteurs s'étaient abstenus de faire réintégrer dans l'actif de la société une somme perçue par erreur en faveur d'une SCI dans laquelle ils étaient associés. La faute de la banque avait pourtant été reconnue.

a) *Usage abusif des biens*

Les biens sociaux comprennent tous les biens mobiliers ou immobiliers se trouvant dans le patrimoine de la société.

– Il peut s'agir de l'usage abusif du matériel de la société. Il peut s'agir de l'utilisation abusive de la machine à timbrer, de la photocopieuse ou le fait de s'approprier le véhicule de la société (Cass. Crim. 24 octobre 1983 BRDA 84/5 p. 9).

– Il peut s'agir dans le fait de demander aux salariés de l'entreprise de travailler pour le dirigeant, payés sur les fonds de la société (Cass. Crim. 10 octobre 1983 BRDA 83/24 p. 20 ; Cass. Crim. 9 novembre 1987 Bull. Joly 1988 p. 92 ; Cass. Crim. 22 septembre 2010 N° 09-88082 où les dirigeants avaient fait effectuer par trois employés de la société divers travaux pour leur compte personnel.

– Il peut s'agir aussi d'un usage abusif des fonds de la société.

On peut regrouper les exemples autour de trois idées.

• Première idée : le dirigeant a un compte courant d'associé débiteur (Cass. Crim. 26 juillet 1971 B N° 42 ; Cass. Crim. 19 octobre 1978 D 79 J 153 ; Cass. Crim. 8 juin 1995 Dr. pénal 95 Comm. 235.)

Cass. Crim. 27 avril 2000 (RJDA 11/00 N° 997) :

« *A justifié sa décision la Cour d'appel qui, pour déclarer coupable d'abus de biens sociaux l'ancien gérant d'une société, a retenu que le compte courant d'associé ouvert au nom de celui-ci était largement débiteur...* »

Le fait que ce compte courant ait été finalement apuré est sans influence sur l'existence de l'infraction (Cass. Crim. 28 février 2007 N° 06-80200).

• Deuxième idée : le dirigeant se fait octroyer une rémunération excessive ou fictive.

La rémunération est considérée comme excessive quand les magistrats relèvent un décalage important entre celle-ci et la situation financière de l'entreprise. Elle peut être également excessive au regard de la faible activité du dirigeant.

Cass. Crim. 6 octobre 1980 D 80 IR 144 et Revue des sociétés 1981 p. 133 ;

« *le président d'une société qui s'était attribué, avec une autorisation partielle du conseil, des rémunérations élevées alors que la société n'ayant qu'une activité réduite, il avait été nécessaire pour assurer leur versement de faire appel à des emprunts générateurs de frais financiers importants et que les rémunérations fixées en fonction d'un train de vie qu'il s'agissait de maintenir, étaient hors de proportion avec le travail réellement fourni.* »

Voir dans le même sens : Cass. Crim. 8 février 1988 N° 86-94096 B N° 59 ; Cass. Crim. 13 décembre 1988 N° 87-82268 B N° 429 ; Cass. Crim. 30 septembre 1991 RJDA 1/92 N° 44 ; Cass. Crim. 25 mai 1992 N° 91-83541 Cass. Crim. 12 décembre 1994 Bull. Joly mai 1995 p. 427 Cass. Crim. 28 mars 1996 N° 95-80395 B N° 142 N° 91-83541 RJDA 11/92 N° 1026 ; Cass. Crim. 18 juin 1998 N° 97-81957 et Cass. Crim. 21 octobre 2009 N° 09-80393 RJDA 4/10 N° 393).

• Troisième idée : le dirigeant opère une confusion de patrimoine. Les exemples sont nombreux. Il peut s'agir d'encaisser des sommes revenant à la société (Cass. Crim. 21 août 1991 RJDA 12/91 N° 1032 et Dr. pénal 92 Comm. 17) ; d'encaisser la redevance de brevet dont le coût avait été supporté par la société (Cass. Crim. 14.11.1973 D 73 IR 256 et Revue des sociétés 74 p. 551 ; de détourner des recettes (Cass. Crim. 26 mai 94 RJDA 1/95 N° 28).

Il peut s'agir aussi d'opérer des prélèvements sur les fonds sociaux. (Par exemples : le fait d'opérer des virements du compte de la société vers le compte personnel du dirigeant Cass. Crim. 31 octobre 2000 RJDA 2/01 N° 172 ; le fait d'avoir émis à son ordre divers chèques tirés sur la société Cass. Crim. 8 mars 1967

Bull. Crim. N° 94 ; le fait d'avoir prélevé dans la trésorerie pour acheter un navire de plaisance, Cass. Crim. 16 mai 83 Bull. Joly 83 p. 740) mais aussi un joueur de football (Cass. Crim. 22 octobre 2008 N° 07-88111 RJDA 6/09 N° 553).

Il peut s'agir également de faire payer par la société des dettes personnelles ou d'une autre entreprise dans laquelle il a des intérêts.

(Par exemples : le fait de faire payer par la société ses amendes (Cass. Crim. 3.02.1992 RJDA 7/92 N° 709 ou Revue des sociétés 92 p. 535) ; ses honoraires d'avocat (CA Amiens 11 juillet 1962 Revue des sociétés 63 p. 295) ; sa location de sport d'hiver (Cass. Crim. 5 août 1978 D 79 IR 119) ; la réfection de sa salle de bains (Cass. Crim. 13 décembre 2000 RJDA 4/01 N° 458).

C'est aussi le fait de faire payer par la société des dettes d'une autre entreprise dans laquelle le dirigeant a des intérêts (Cass. Crim. 13 octobre 1986 Bull. Joly 87 p. 1029 ; Cass. Crim. 15 janvier 90 GP 90 p. 504).

C'est aussi le fait de signer des contrats désavantageux avec des clauses exorbitantes ou bénéfice de son beau-frère et de sa sœur (Cass. Crim. 5 janvier 2010 N° 09-83693).

Il peut s'agir enfin, de faire rembourser par la société des frais fictifs (fausses factures) : Cass. Crim. 28 octobre 1985 BRDA 86/7 p. 9 ; Cass. Crim. 28 novembre 1994 Dalloz 95 J 506.

b) Usage abusif du crédit

L'usage du crédit social, c'est engager la signature sociale, exposer la société à des paiements ou des décaissements éventuels, lui faire courir des risques qui normalement ne lui incombent pas. Par exemple, en faisant cautionner par sa société une de ses dettes personnelles (Cass. Crim. 10 mai 1955 B N° 234) ou une dette de sa maîtresse (Cass. Crim. 13 mars 1975 B N° 78). Ainsi, la société court des risques qu'elle n'aurait pas dû supporter (Cass. Crim. 16.01.1964 JCP 1964 II 13612 et Cass. Crim. 10 mai 1955 B N° 234 et Cass. Crim. 3 mai 1966 B N° 148).

(V. incrimination de l'abus du crédit social, Mouly Rev. Soc. 1988 p. 1).

C'est aussi la société qui fournit des garanties hypothécaires pour recevoir le paiement de créances détenues sur des sociétés dans lesquelles l'auteur de l'abus avait des intérêts (Cass. Crim. 12 juin 1978 B N° 189).

2) Usage contraire à l'intérêt social

a) Dans le cadre d'une société isolée

L'acte d'usage doit être contraire à l'intérêt social. En d'autres termes, il doit compromettre l'intégrité de l'actif social et ses possibilités de recours à l'emprunt.

« *Il n'existe pas de définition de l'intérêt social. Cet élément est le plus difficile à établir car il peut arriver que des événements imprévus déjouent les prévisions des dirigeants et rendent préjudiciable une opération estimée rentable à la suite d'études minutieuses. Aussi cherchera-t-on à qui a profité l'acte et à le replacer dans son contexte industriel et commercial afin de l'examiner tant au regard du préjudice qu'il risquait de faire supporter à la société, que des avantages que celle-ci pouvait en attendre.* » (Fougères, abus des biens et du crédit, Jurisclasseur soc. fasc. H N° 11 et s).

Le risque doit s'apprécier au moment où les dirigeants ont effectué l'opération et non au jour où cette opération a produit ses résultats (Tribunal correctionnel de la Seine, 11 mai 1955, D 56 274, note Ausseterre ; JCP 1955 II 8973, note Bastian).

Ainsi a été considéré comme contraire à l'intérêt social le fait de donner à bail à la société un local inutile pour la conduite des affaires (Cass. Crim. 12 septembre 2001 Dr. pén. 2002 Comm. 6).

Cette notion d'intérêt social a connu une évolution jurisprudentielle. Dans un arrêt remarqué du 22 avril 1992 (RJDA 11/92 N° 1025), la Chambre criminelle a adopté une conception très extensive de cette notion.

« *L'usage des biens d'une société est nécessairement abusif lorsqu'il est fait dans un but illicite* ».

Cet arrêt Carpaye posait le principe de l'automaticité de l'abus en cas d'usage de biens dans un but illicite.

Dans un deuxième temps, la Chambre criminelle dans un arrêt Rosemain du 11 janvier 1996 (RJDA 4/96 N° 508) laissait entrevoir une position plus souple.

« *S'il n'est pas justifié qu'ils ont été utilisés dans le seul intérêt de la société, les fonds sociaux prélevés de manière occulte par un dirigeant social, l'ont nécessairement été dans son intérêt personnel.* »

Dans un troisième temps, la Chambre criminelle de la Cour de cassation a jeté le trouble dans les esprits, avec son arrêt du 6 février 1997 (D 97 J 334 et Dalloz affaires N° 9/97 chro. 281).

« *Mais attendu qu'en se prononçant ainsi alors que la démarche de SK auprès de PB, fut-elle constitutive d'une infraction non poursuivie en l'espèce, a pu avoir pour résultat, en échange d'un versement de 760 000 F, de minorer substantiellement la dette de la société Kris envers le Trésor public, la Cour d'appel n'a pas mis la Cour de cassation en mesure de s'assurer de la légalité de sa décision au regard de l'article 437 3° de la loi du 24 juillet 1966.* »

Dans un quatrième temps, la Chambre criminelle de la Cour de cassation le 27 octobre 1997 (RJDA 2/98 N° 179) a été saisie et a donné une définition de l'intérêt social où la notion d'éthique fait son apparition. « *Qu'en effet, quel que soit l'avantage à court terme qu'elle peut procurer, l'utilisation de fonds sociaux ayant pour seul objet de commettre un délit tel que la corruption est contraire à l'intérêt social en ce qu'elle expose la personne morale au risque anormal de sanctions pénales ou fiscales contre elle-même et ses dirigeants et porte atteinte à son crédit ou à sa réputation* ».

Cette notion a été reprise de nombreuses fois (Cass. Crim. 22 septembre 2004 RJDA 10/05 N° 1120 ; Cass. Crim. 19 septembre 2007 Dr. pén. 2007 Comm. 156 « *l'utilisation de fonds sociaux pour commettre le délit de corruption expose la société à un risque anormal de sanctions pénales ou fiscales…* »).

Les juges ont dû se prononcer sur diverses causes n'effaçant pas le caractère délictueux :

– l'accord des associés et actionnaires (Cass. Crim. 3 octobre 1983 B N° 234) où un gérant de SARL avait fait consentir par cette société à des tiers de « fausses ristournes » dont le montant lui était ensuite remis de la main à la main. À l'occasion de cette affaire, la Cour de cassation a rappelé que « *l'accord des associés ou actionnaires ne fait pas disparaître le caractère délictueux de prélèvements abusifs sur les biens sociaux, les dispositions réprimant ce délit ayant pour objet de protéger non seulement les intérêts des associés mais aussi le patrimoine de la société* ». (Dans le même sens Cass. Crim. 19 octobre 1971 B N° 272) ;

– une prétendue compensation (Cass. Crim. 16.12.1975 B N° 735) : « *le caractère délictueux de ces agissements ne pouvait être effacé par une prétendue compensation de caractère purement économique entre les acquisitions défavorables et d'autres, plus avantageuses qu'il aurait fait faire à la première de ces deux sociétés* » ;

– le repentir actif n'efface pas l'infraction (Cass. Crim. 16 décembre 2009 N° 08-88305).

Cependant, la Cour de cassation annule toute décision qui ne relève pas un usage contraire à l'intérêt social (Cass. Crim. 11 mars 1971, B N° 86, p. 231) :

> « *Manque de base légale, et doit en conséquence être annulé, l'arrêt qui prononce une condamnation pour abus des biens sociaux, sans préciser en quoi l'usage fait des biens de la société était contraire à l'intérêt social. À cet égard, le fait par le liquidateur d'une SA de constituer une société de gestion qui prend à bail un immeuble appartenant à la société en liquidation, ne saurait, à lui seul, constituer un usage des biens sociaux contraire aux intérêts de la société.* »

b) Dans le cadre d'un groupe de sociétés

Le droit des sociétés reste inadapté aux réalités économiques et devrait correspondre à la vie des groupes qui n'ont pas encore d'existence juridique.

> « *Le développement des prises de contrôle sur des sociétés, comme le recours à d'autres techniques, conduit à la création de groupes de sociétés. Le groupe doit-il être traité comme une mosaïque de sociétés autonomes ou bien a-t-il un statut à part au regard du droit pénal ? En l'absence de tout texte, car la loi du 24 juillet 1966 traite essentiellement de délits liés aux filiales et participations, la jurisprudence tantôt absout, tantôt condamne. C'est essentiellement dans le domaine des abus de biens sociaux qu'une justification peut être admise, à certaines conditions.* » *Bouloc, Droit pénal et groupes de sociétés, Rev. soc. 1988, p. 181 et note sous Crim. 23 avril 1991, Rev. soc. 1991, p. 785.*

Ainsi, un groupe ne peut faire circuler librement la trésorerie entre ses différentes filiales même détenues à près de 100 % sans s'exposer en délit d'abus des biens sociaux.

Si l'intérêt social est déjà difficile à établir dans le cadre d'une gestion de société isolée, il est encore plus délicat à apprécier dans le cas d'un groupe de sociétés car l'acte incriminé peut être légitime ou pas dans le cadre de l'ensemble de la politique économique du groupe.

La notion de groupe existe en matière de droit du travail avec les comités de groupe et l'unité économique et sociale « reconnue par convention ou par décision de justice entre plusieurs entreprises juridiquement distinctes » (art. L. 2322-1 et s. du Code du travail), sur la périphérie du groupe voir la chronique D 1991, p. 69. Le groupe existe également en fiscalité avec l'intégration fiscale et en comptabilité avec les comptes consolidés.

En matière d'abus de biens sociaux une évolution s'est progressivement produite dans la jurisprudence lorsque des concours financiers sont apportés par une société à une autre société du même groupe. À cet égard, s'est posée la question de savoir si l'acte contraire à l'intérêt d'une société faisant partie d'un groupe pouvait être justifié par le fait d'avoir été accompli dans l'intérêt du groupe.

Ainsi, dans l'affaire des frères Willot, la prise de contrôle du Bon Marché avait été financée par des avances opérées par la société Saint Frères à la société Agache Willot. Les dirigeants avaient été relaxés car, si l'opération était contraire à l'intérêt de la société Saint Frères qui avait dû aliéner une partie importante de son patrimoine, les avances consenties temporairement avaient été reconnues conformes à la politique d'ensemble du groupe. C'est dans l'arrêt de principe important du 4 février 1985 (D 85, p. 478, note OHL) que la Cour de cassation a défini la notion de groupe de sociétés. Dans leur pourvoi, les dirigeants condamnés par les juges du fond persistaient à soutenir que les opérations incriminées étaient exclusives du délit d'abus des biens sociaux et comme justifiées par la circonstance du groupe. En rejetant le pourvoi la Chambre criminelle n'a pas admis le fait justificatif ; elle a approuvé les juges du fond d'avoir condamné les prévenus et a posé le principe de justification d'un abus des biens sociaux par l'appartenance d'une société à un groupe en fixant les quatre conditions qui doivent être remplies.

1) Il faut que les sociétés appartiennent au même groupe.

Cette absence de groupe a été relevée à plusieurs reprises (Cass. Crim. 4 septembre 1996 RJDA 1/97 N° 58 ; Cass. Crim. 5 mai 1997 RJDA 12/97 N° 1493).

2) Il doit y avoir un intérêt économique commun apprécié au regard d'une politique élaborée pour l'ensemble du groupe (V. l'affaire Schlumpf, Tribunal correctionnel de Mulhouse, 29 avril 1983 D 1984. J, p. 285, note Ducouloux-Favard).

Cet intérêt de groupe est inexistant « *lorsque les sociétés en cause sont liées entre elles uniquement par des jeux d'écriture, aucune politique n'étant décidée en conseil d'administration ou en assemblée générale…* » (Cass. Crim. 23 avril 1991 RJDA 7/91 N° 602).

Voir dans le même sens : Cass. Crim. 9 décembre 1991 (RJDA 5/92 N° 463).

Il est indispensable que les sociétés du groupe aient une complémentarité ou que le groupe ait une cohérence globale. (Cass. Crim. 8 août 1995 Juris. Data 002610 JCP 96 I 3916)

3) Le concours financier ne doit ni être démuni de contrepartie ou rompre l'équilibre entre les engagements respectifs des diverses sociétés concernées. Dans l'arrêt de 1985, il était relevé que des sociétés d'exploitation de fonds de commerce divers (chaussures, coiffure, imprimerie) avaient bénéficié de fonds provenant de sociétés immobilières « sans aucune convention et selon les impératifs du moment, les sociétés immobilières devant elles-mêmes recourir à des emprunts bancaires et à des découverts, en l'absence de fonds propres suffisants ».

Ainsi se rend coupable d'abus de biens sociaux *« le gérant qui a fait régler sans contrepartie par sa société des sommes facturées à des sociétés dans laquelle il était intéressé ainsi que des sommes facturées par celles-ci à sa société et correspondant à des prestations fictives »* (Cass. Crim. 20 mars 2007 RJDA 10/07 N° 978).

Il en est de même pour des dirigeants qui ont transféré 1 240 430 €. à une société dans laquelle ils étaient associés. Il s'agissait de fonds destinés à indemniser un incendie. La société qui a finalement reçu les fonds n'avait pas la qualité de coassurée (Cass. Crim. 3 octobre 2007 N° 06-87276 RJDA 5/08 N° 541).

4) L'opération dictée par l'intérêt du groupe ne doit pas excéder les possibilités financières de celle qui en supporte la charge.

Sous le couvert de la notion d'intérêt de groupe, les dirigeants ne peuvent pas ruiner une société au profit d'une autre dans laquelle leurs intérêts seraient supérieurs.

Ont été sanctionnés des sacrifices qui obéraient de façon irréversible la situation de la société prêteuse (Cass. Crim. 24 juin 1991 RJDA 11/91 N° 926 ; Cass. Crim. 5 mai 1997 RJDA 12/97 N° 1493 et Cass. Crim. 10 février 2010 N° 09-83691).).

En revanche la Cour d'appel de Paris, le 29 mai 1986 (Bull. CNCC décembre 1986 N° 64 p. 391) a considéré que « *le concours financier n'était pas en l'espèce démuni de contrepartie puisqu'il était assujetti à un taux officiellement et objectivement établi* ».

3) L'usage doit être effectué dans un but personnel

L'acte contraire à l'intérêt social en lui-même ne constitue pas le délit ; il faut, en outre, que le dirigeant ait agi « *à des fins personnelles ou pour favoriser une autre société ou entreprise dans laquelle il est intéressé directement ou indirectement* ». (Cass. Crim. 19 octobre 1971 B N° 272, p. 670)

L'intérêt personnel peut être direct. Mais il peut être également indirect (Cass. Crim. 16 décembre 2009 N° 09-82372). Aucun texte « n'exige que l'usage des biens sociaux aient eu lieu à des fins exclusivement personnelles » (Cass. Crim. 25 octobre 2006 RJDA 2/07 N° 167).

Il est reconnu que cet intérêt personnel peut être d'ordre matériel et pécuniaire, mais aussi moral.

– Intérêt pécuniaire

C'est le plus fréquent. Les magistrats en donnent une définition large.

Ainsi la Cour de cessation dans un arrêt du 10 mars 2004 (RJDA 7104 N° 841 Bull. Crim. 2004 N° 64) a condamné un dirigeant qui a pris en charge le prix d'un billet d'avion pour la Tunisie et un hébergement pendant six jours au Club Méditerranée pour une personne dans le seul but de « sauvegarder le chiffre d'affaires de son entreprise et ses propres intérêts. »

On assiste depuis 2006 à une véritable dérive jurisprudentielle où une présomption suffit à remplir cette exigence. Dans un arrêt du 14 juin 2006 (Dr. pén. 2006 Comm. 127) la Chambre criminelle étant dans l'incapacité de connaître la destination finale des fonds a déclaré : « *que les juges ajoutent que, dès lors qu'il n'est pas justifié par le prévenu qu'ils ont été utilisés dans le seul intérêt de la société, les fonds, prélevés de manière occulte, l'ont nécessairement été dans son intérêt personnel.* » Il en est de même dans un arrêt rendu le 24 septembre 2008 à propos du détournement d'un stock de marchandises (Cass. Crim. 24 septembre 2008 N° 08-80872 Bull. Crim. 2008 N° 196 RJDA 4/09 N° 360).

– Intérêt moral

Il peut résulter :

- du souci de maintenir et d'entretenir des relations d'amitié avec un tiers (Cass. Crim. 8.12.1971 B N° 346, p. 869, Cass. Crim. 9.05.1973 B N° 216, p. 511 et Cass. Crim. 19.06.1978 B N° 202 et D 79 IR 31). Il en va ainsi par le dirigeant qui paye avec le chéquier de la société la caution judiciaire pour obtenir la mise en liberté d'un ami (Cass. Crim. 17 octobre 2007 RJDA 3/08 N° 315) ;
- de la sauvegarde de la réputation familiale (Cass. Crim. 3 mai 1967 B N° 148) ;
- de soucis d'intérêts électoraux (maire de Sarcelles, Cass. Crim. 16.02.1971 B N° 133 et JCP 1971 II 16836, note Sousi) ;
- de la recherche d'une notoriété ou d'un prestige y compris politique (Cass. Crim. 20 mars 1997 RJDA 10/97 N° 1207 Cass. Crim. 21 septembre 2005 RJDA 12/05 N° 1358) ;
- de la volonté de donner satisfaction à des personnes influentes (Cass. Crim. 27 octobre 1997 RJDA 2/98 N° 179, Cass. Crim. 15 septembre 1999 RJDA 1/00 N° 35).

Il en va ainsi pour un dirigeant qui avait embauché un fonctionnaire de police sans aucune utilité par l'entreprise pour satisfaire un conseiller de la présidence de la république (Cass. Crim. 14 novembre 2007 N° 06-87378 RJDA 3/08 N° 290).

A été également sanctionné le président d'une société ayant mis en place un circuit de financement occulte pour satisfaire son ministre de tutelle et se maintenir dans des fonctions prestigieuses (Cass. Crim. 8 avril 2010 N° 09-85520 Bull. Crim. 2010 N° 62 Dr. pén. 2010 Comm. 82 Rev. soc. 2010 J 400 obs. B Bouloc RJDA 10/10 N° 966).

Doit être cassé, l'arrêt qui n'a pas recherché « *si le dirigeant social avait pris un intérêt personnel direct ou indirect dans le règlement des fausses factures* » (Cass. Crim. 1er mars 2000 RJDA 6/00 N° 671 et D affaires 2000 N° 17 p. 214).

B) Élément intentionnel

1) La mauvaise foi nécessaire

Elle est mentionnée expressément par le législateur. Il appartient au Ministère public de rapporter la preuve de celle-ci en se plaçant au moment où les actes incriminés ont été commis.

Les magistrats doivent relever la participation personnelle du dirigeant. Il ne suffit pas, d'avoir connu les agissements fautifs (Cass. Crim. 20 mars 1997 Dr. pénal 97 Comm. 131 et Bull. Joly octobre 97 p. 855 ; Cass. Crim. 7 septembre 2005 N° 05-80163 RJDA 4/06 N° 420 ; Cass. Crim. 1er juillet 2009 N° 08-87246).

a) Les faits non exonératoires

Pour justifier de leur bonne foi, les dirigeants ont avancé des arguments qui se sont révélés inopérants.

Le fait d'avoir remboursé la société (Cass. Crim. 15 mai 74 B N° 177) ; le fait que la rigueur des comptes lui échappait (Cass. Crim. 25 mai 1992 RJDA 11/92 N° 1026) ; le fait de ne pas avoir dissimulé les détournements (Cass. Crim. 8 mars 1967 B N° 94) ; le fait d'avoir été approuvé par les associés ou actionnaires (Cass. Crim. 30 septembre 1991 RJDA 1/92 N° 44) ; le fait d'avoir un compte courant créditeur (Cass. Crim. 28 octobre 1985 BRDA 86/7 p. 9).

§2. TRAITEMENT PÉNAL DE L'INFRACTION

A) Personnes punissables : imputation de la responsabilité pénale

1) Les auteurs principaux

La responsabilité du délit incombe à titre d'auteur principal aux dirigeants de droit de la société : gérant de SARL et dans les SA au président administrateurs ou directeur général ou directeur général délégué (article L. 248-1 du Code de commerce), membre du directoire ou du conseil de surveillance, au liquidateur et aux dirigeants de fait.

Pour entrer en voie de condamnation la Cour de cassation exige que soient relevés *« des faits de nature à caractériser une immixtion dans la gestion, se traduisant par une activité positive et indépendante »* (Cass. Crim. 21 septembre 2005 RJDA 12/05 N° 1358 ; Cass. Crim. 6 mai 2009 N° 08-86378 ; Cass. Crim. 8 avril 2010 N° 09-85520 Bull. Crim. 2010 N° 62 Dr. pén. 2010 Comm. 82).

Ont pu être sanctionnés dans la même affaire le dirigeant de droit et le dirigeant de fait (Cass. Crim. 15 décembre 2010 N° 09-87651).

Les magistrats doivent relever une « participation personnelle du prévenu à l'infraction » (Cass. Crim. 7 septembre 2005 N° 05-80163 RJDA 4/06 N° 420).

L'immunité de l'article 314-4 du CP ne s'étend pas au délit d'abus de biens sociaux (Cass. Crim. 13 avril 1967 D 1967 593).

2) *Les complices*

La complicité est punissable dans les termes du droit commun et elle est largement appliquée en cette matière.

L'acte de complicité doit être antérieur ou concomitant à la réalisation de l'infraction. A été cassé l'arrêt ayant retenu la responsabilité de l'expert-comptable comme complice. Ce dernier avait retranscrit dans les écritures la réalité d'opérations qui mettaient en évidence les prélèvements opérés par le responsable de l'entreprise (Cass. Crim. 6 septembre 2000 N° 00-80989 Dr. pén. 2000 Comm. 138).

Qui peut être déclaré complice de cette infraction ?

– le gérant démissionnaire qui continue de partager la direction de la société sous le couvert d'un homme de paille (Cass. Crim. 18.01.1956 B N° 72) ;

– le chef comptable (Cass. Crim. 13.03.1975 B N° 78 ; 20.07.1977 B N° 267 ; 19.06.1978 B N° 202 ; 22.10.1979 B N° 290 ; 25.02.2009 N° 08-80214 et 19 mai 2010 N° 09-86225) ;

– Un notaire (Cass. Crim. 14 janvier 2009 N° 08-80584 Dr. pén. 2009 Comm. 64) ;

– Un administrateur provisoire (Cass. Crim. 19 juin 1997 D aff. 97 p. 1193 ; Cass. Crim. 22 septembre 2010 N° 09-87363).

Un acte positif est normalement requis. Pourtant, on peut citer deux affaires où cet acte est bien absent.

Première affaire :

– le membre du directoire d'une société « *ayant connaissance des abus de biens sociaux auxquels se livrait son président, et qui les a laissés commettre, alors que la loi lui donnait les moyens de s'y opposer, doit être considéré comme le complice par aide ou assistance de ces abus de biens* » (Cass. Crim. 28 mai 1980 D 1981 IR 137).

Seconde affaire :

– le banquier qui a laissé octroyé des prêts à un ami « *alors que ses fonctions lui donnaient le pouvoir et lui faisaient un devoir de les empêcher* » (Cass. Crim. 14 janvier 2009 N° 08-82106).

B) Le recel

Cass. Crim. 25 avril 1974 (B N° 152, p. 388) et Cass. Crim. 5.01.1970 (B N° 11) ; 11.03.1973 (B N° 152) ; 1.10.1980 (B N° 243) ; 9.05. 1974 (B N° 180) :

> « *Rien ne s'oppose à ce que celui qui a été inculpé d'avoir participé, en qualité de complice, à un abus de biens sociaux, puisse également être inculpé comme receleur des sommes provenant de ce détournement commis par l'auteur principal. S'agissant de faits distincts, ces deux déclarations de culpabilité ne sont pas inconciliables.* »

Constitue le délit de recel, le fait de s'approprier en connaissance de cause des actions dont la valeur patrimoniale se trouve améliorée par l'incorporation d'actifs provenant d'abus de biens sociaux (Cass. Crim. 3 mai 1982, B N° 110, p. 307).

Dans le recel, l'auteur doit avoir connaissance de l'origine délictueuse de la chose détenue. Cette connaissance doit exister au moment de la prise de possession des biens recelés (Cass. Crim. 24.01. 1978 B N° 27).

Le gérant d'une SARL avait prélevé sur les comptes bancaires de la société des sommes qu'il avait données à sa femme.

Cette dernière a été déclarée coupable de délit de recel d'abus de biens sociaux, car elle était parfaitement au courant de ces détournements et, bien qu'elle ait prétendu que ces sommes lui avaient été versées en rémunération des travaux effectués au profit de la société, elle n'avait apporté aucune justification de cette prétention (Crim. 3 novembre 1983).

A été sanctionné, l'auteur qui a reçu des sommes d'une société en contrepartie de prestations fictives (Cass. Crim. 24 février 2010 N° 09-83330), mais aussi celui qui a reçu des commissions injustifiées *via* un compte écran (Cass. Crim. 24 septembre 2008 N° 08-80113 Dr. pén. 2008 Comm. 139).

Le délit de recel d'abus de biens sociaux ne suit pas les règles de prescription habituelles. Il ne commence à se prescrire que lorsque l'infraction dont il procède a pu être constatée dans des conditions permettant l'exercice de l'action publique (Cass. Crim. 6 février 1997 N° 96-80615 Bull. Crim. 1997 N° 48 et Cass. Crim. 24 septembre 2008 N° 08-80835, Dr. pén. 2009 Comm. 15). Cette position a été largement critiquée par la doctrine.

Complicité de recel pour celui qui aide et assiste le délinquant dans les faits qui ont préparé, facilité ou consommé le délit de recel d'abus des biens sociaux (Crim. 9 février 1987, D 87, IR, p. 55).

C) Prescription

Le délai de prescription de l'action publique court à compter du jour où un délit de caractère instantané a été commis. Mais, dans une première étape, la jurisprudence a admis que le point de départ peut, en matière d'abus des biens sociaux, en raison de la nature spéciale de cette infraction, être retardé jusqu'au jour où **le délit est apparu et a pu être constaté**.

Dans une seconde étape, la juridiction suprême précisa que la date devait être étendue « au jour où le délit est apparu et à pu être constaté dans des conditions permettant l'exercice de l'action publique », sa détermination relevant, au demeurant, de la seule appréciation des tribunaux.

Cass. Crim. 20 juillet 1977 (B N° 267) ; 12.06.1978 (B N° 189) ; 10.08.1981 (B N° 244) :

> « *Le délai de prescription de l'action publique court à compter du jour où un délit de caractère instantané a été commis. Le point de départ peut, en matière d'abus de biens sociaux, de crédit ou de pouvoirs, en raison de la nature spéciale de ces infractions, être retardé jusqu'au jour où le délit a pu être constaté.*
> *Il appartient aux juges de rechercher à quelle époque ont été commis, ou ont pu être constatés les faits dénoncés comme constituant un abus de biens sociaux, et de fixer ainsi le point de départ de la prescription. Leur appréciation à cet égard est souveraine, dès lors que les motifs qui la justifient ne contiennent ni illégalité, ni contradiction.* »

Cette solution de jurisprudence est conforme à celle adoptée pour le délit d'abus de confiance.

Les magistrats ont retardé le point de départ du délai à la réception par le Parquet d'une lettre anonyme (Cass. Crim. 14 mai 2003 RJDA 3/04 N° 322), au jour d'aveux recueillis par les enquêteurs (Cass. Crim. 4 novembre 2004 RJDA 3/05 N° 278).

Cette solution est controversée puisque les tribunaux font de l'abus de biens sociaux un délit en réalité imprescriptible.

Une question prioritaire de constitutionnalité à été tentée, (Cass. Ass. plénière 20 mai 2011 N° 11-90032 et 11-90033) en vain en se référant aux articles 7 et 8 de la Déclaration des droits de l'homme.

À plusieurs reprises le législateur a essayé de revenir sur cette solution jurisprudentielle.

Une proposition de loi présentée par M. Pierre Mazeaud prévoyait que la prescription serait acquise si la constatation des faits n'était pas intervenue dans les six ans suivant la date où ils ont été commis. Ce projet a été abandonné.

Dans le rapport Coulon, on se réfère à un délai de sept ans.

Cette possibilité de retarder le point de départ de la prescription ne s'applique que si les faits ont été dissimulés. Dans le cas inverse, la prescription doit commencer à courrir à compter de la présentation des comptes annuels par lesquels les dépenses litigieuses sont mises indûment à la charge de la société (Cass. Crim. 5 mai 97 B N° 159 ; Cass. Crim. 13 octobre 1999 RJDA 2/00 N° 174 et Dr. pénal 2000 Comm. 17).

Lorsque l'infraction figure dans les comptes, les magistrats vont rechercher si les associés ou actionnaires pouvaient déceler la présence abusive dans les comptes (Cass. Crim. 28 janvier 2004 Dr. pén. 2004 Comm. 65 ; Cass. Crim. 19 octobre 2005 RJDA 2/06 N° 156).

L'utilisation de montages juridiques contribue à opacifier les comptes : « *la rétrocession de commissions a été dissimulée, notamment par le recours à des sociétés off shore et par l'établissement de fausses pièces justificatives…* » (Cass. Crim. 31 janvier 2007 N° 02-85089 RJDA 11/07 N° 1118).

D) Compétence pénale. Fraudes commises à l'étranger

Compétence territoriale. Le lieu de commission du délit d'abus des biens sociaux est celui du siège où a été arrêtée et s'est traduite en comptabilité la décision de faire supporter par une société le coût des travaux entrant dans les prévisions de l'article 437-3° (Crim. 6 février 1996 D 96 IR 59).

La question s'est posée de savoir s'il était possible de retenir l'infraction commise dans une société de droit étranger. Les magistrats ont exclu l'incrimination (Cass. Crim. 3 juin 2004 N° 03-80593 Bull. Crim. 2004 N° 152).

Il en va autrement lorsque le détournement a porté sur l'actif d'une société ayant son siège social à l'étranger mais dont le siège réel était en France (Cass. Crim. 31 janvier 2007 N° 02-85089 Bull. Crim. 2007 N° 28 et Cass. Crim. 10 mars 2010 N° 09-82453).

E) Pénalités

– Pour les personnes physiques :

La peine est un emprisonnement de cinq ans et une amende de 375 000 €. Curieusement, pour le liquidateur, l'amende est de 9 000 € pour le même délit (art. 247-8).

L'article L. 249-1 du Code de commerce ajoute à titre de peine complémentaire diverses interdictions :

> « *Les personnes physiques coupables des infractions prévues aux chapitres Ier à VIII du présent titre encourent également à titre de peines complémentaires l'interdiction, suivant les modalités prévues par l'article 131-27 du Code pénal, soit d'exercer une fonction publique ou d'exercer l'activité professionnelle ou sociale dans l'exercice ou à l'occasion de l'exercice de laquelle l'infraction a été commise, soit d'exercer une profession commerciale ou industrielle, de diriger, d'administrer, de gérer ou de contrôler à un titre quelconque, directement ou indirectement, pour leur propre compte ou pour le compte d'autrui, une entreprise commerciale ou industrielle ou une société commerciale. Ces interdictions d'exercice peuvent être prononcées cumulativement.* »

Les magistrats pourront également prononcer comme peine complémentaire la confiscation spéciale (article 131-21 al. 1 du CP) applicable aux crimes et délits punis d'une peine d'emprisonnement supérieure à un an.

La sanction réparation pourra être prononcée comme peine alternative ou complémentaire (article 131-8 du CP).

Citons enfin les peines accessoires existantes mais menacées de disparition : article L. 500-1 du CMF et L. 322-2 du Code des assurances.

– Pour les personnes morales la peine est une amende de 1 875 000 €. La sanction réparation est également applicable (article 131-39-1 du CP).

La tentative non prévue par le texte n'est pas punissable.

F) Action civile

Il faut se reporter à la jurisprudence qui a évolué ces dernières années.

1) Les personnes exclues

– Les magistrats ont exclu en premier les créanciers : « *les créanciers de la société ne peuvent souffrir que d'un préjudice indirect dont la réparation ne peut être demandée qu'à la juridiction civile* » (Cass. Crim. 9 novembre 1992 RJDA 1/93 N° 28 ; Cass. Crim. 27 juin 1995 B N° 236 ; Cass. Crim. 20 mai 2009 N° 08-86899).

– Ont été également exclus les syndicats (Cass. Crim. 11 mai 1999 RJDA 11/99 N° 1214 et 27 octobre 99 RJDA 3/00 N° 285).

– L'action des salariés a été déclarée irrecevable :

> « *Les salariés d'une société ne peuvent souffrir, à raison d'un délit d'abus de biens sociaux, que d'un préjudice qui, à le supposer établi, serait indirect et dont la réparation ne pourrait dès lors être demandée qu'aux juridictions civiles.*
> *Par suite a justifié sa décision la Cour d'appel qui a déclaré irrecevable la plainte avec constitution de partie civile déposée contre une personne non dénommée par le dirigeant salarié de la société victime qui soutenait que ce délit l'avait lésé, d'une part en tant que bénéficiaire d'un intéressement aux résultats et à la valeur du groupe et, d'autre part, en raison du licenciement économique dont il avait été l'objet.* »
> (Cass. Crim. 7 mars 2000, RJDA 9-10/00 N° 875.)

– L'action du comité d'entreprise a été exclue (Cass. Crim. 19 juin 2002 RJDA 3/03 N° 268).

– L'action d'un associé à titre individuel a été également déclarée irrecevable. Jusqu'à un arrêt du 13 décembre 2000 N° 99-80387 (Dr. pénal 2001 Comm. 47), un associé ou actionnaire pouvait se constituer partie civile (Cass. Crim. 26 mai 1994 RJDA 10/94 N° 1030 ; Cass. Crim. 11 janvier 1996 Dr. pénal 96 Comm. 110).

Un revirement de jurisprudence s'est opéré pour opérer visiblement une harmonisation avec la Chambre commerciale.

« *Qu'en effet la dépréciation des titres d'une société découlant des agissements délictueux de ses dirigeants constitue, non pas un dommage propre à chaque associé, mais un préjudice subi par la société elle-même.* »

– L'action de l'agent judiciaire du Trésor suite à des détournements d'aides publiques (Cass. Crim. 28 février 2006 N° 05-83461).

2) Les personnes jugées recevables

– Les dirigeants, le liquidateur (Cass. Crim. 12 octobre 1995 Dr. pénal 96 Comm. 46 et B N° 305) peuvent agir au nom de la société victime.

– Si l'associé ou actionnaire est irrecevable à se constituer partie civile à titre personnel, en revanche il est recevable à agir *ut singuli* au nom de la société (Cass. Crim. 12 décembre 2000 Dr. pénal 2001 Comm. 48).

Les magistrats ont également retenu cette action *ut singuli* dans une hypothèse où le dirigeant de la société victime défendait peu les intérêts de cette dernière (Cass. Crim. 16 décembre 2009 N° 08-88305 Bull. Crim. 2009 N° 218 Dr. pén. 2010 Comm. 37 obs. J.-H. Robert et RJDA 5/10 N° 512). À l'évidence l'action *ut universi* aurait été insuffisante pour assurer la réparation du préjudice subi.

Dans un arrêt rendu par la Chambre criminelle de la Cour de cassation le 4 novembre 2009 (N° 09-80818 ; RJDA 3/10 N° 245), les magistrats ont accueilli favorablement la demande d'une personne copropriétaire indivis de parts sociales : « *Gilles X a nécessairement, en sa qualité de co-indivisaire, celle d'associé recevable à agir au nom de la société.* »

SECTION II
Abus des pouvoirs et des voix

Art. L. 242-6. Est puni d'un emprisonnement de cinq ans et d'une amende de 375 000 € le fait pour :
4° Le président, les administrateurs ou les directeurs généraux d'une société anonyme de faire, de mauvaise foi, des pouvoirs qu'ils possèdent ou des voix dont ils disposent, en cette qualité, un usage qu'ils savent contraire aux intérêts de la société, à des fins personnelles ou pour favoriser une autre société ou entreprise dans laquelle ils sont intéressés directement ou indirectement.

Les SARL sont soumises aux mêmes dispositions (art. L. 241-3 5°) ainsi que les SAS (art. L. 244-1), les SE (art. L. 246-2) et les SCA (art. L. 243-1). Le délit est très proche du délit d'abus des biens sociaux.

Comme pour le délit d'abus de biens sociaux, le délit comprend les éléments suivants :

– un abus des pouvoirs et usage abusif des voix ;
– un usage contraire à l'intérêt social ;
– effectué dans un but personnel ;
– de mauvaise foi.

(Crim. 9 novembre 1992, RJDA I/93, N° 28).

§1. ABUS DES POUVOIRS

Contrairement à l'opinion parfois émise, le terme « pouvoir » ne s'entend pas de la procuration adressée aux administrateurs par certains actionnaires en vue de leur représentation aux assemblées générales ; on donne au mot pouvoir un sens très large. Il s'agit de l'ensemble des prérogatives dont sont investis les dirigeants sociaux aux termes de la loi et des statuts. Aussi, il y aura abus de pouvoirs dans le cas de marché passés au nom de la société, mais sans profit pour elle et dans le but de permettre à ses dirigeants de percevoir une commission.

De même, lorsqu'un gérant d'une société immobilière attribue à l'une de ses entreprises personnelles un chantier de lotissement ainsi que des travaux d'adduction de gaz, sans avoir fait appel à la concurrence, portant ainsi préjudice à la société immobilière (Cass. Crim. 23 janvier 1963 JCP 1963 II 13312).

La Cour de cassation a également retenu l'usage abusif des pouvoirs lorsqu'un président du conseil d'administration s'était délibérément abstenu de réclamer à une autre société le paiement du prix des marchandises dont elle était redevable envers la première ; « *l'adoption d'une telle attitude de la part du président constituait un usage de ses pouvoirs contraire aux intérêts sociaux et il n'était pas contesté qu'en se comportant ainsi il entendait favoriser l'autre société dans laquelle il était indirectement intéressé* ». (Cass. Crim. 15.03.1972 N° 71-91378 B N° 107, Rev. soc. 1973 357 note Bouloc ; Rev. trim. Dr. Com. 1973 574 note Houin). Dans cet arrêt, la Chambre criminelle admet que le fait de ne pas se servir de ses pouvoirs peut constituer de la part d'un dirigeant le délit d'usage abusif desdits pouvoirs. Une abstention peut donc tomber sous le coup de l'article 242-6 4°. Il est généralement admis que l'usage abusif des biens sociaux exige un acte de commission. Il est vrai que le dirigeant qui refuse d'user de ses pouvoirs, dans un cas où il avait le devoir de le faire, prend une décision relative à l'usage de ses pouvoirs en refusant d'en user. Cette attitude du président était évidemment contraire aux intérêts de la société et elle tendait à favoriser la société débitrice dans laquelle il était intéressé personnellement.

A été sanctionné le fait de renoncer, *« sans aucune contrepartie pour sa société, et au seul bénéfice de la société civile immobilière la famille Pigeon à d'importants droit immobiliers afin de pouvoir obtenir un avantage personnel lui permettant d'acquérir à meilleur compte des actions, G.P. s'est bien rendu coupable d'abus de pouvoir »* (Cass. Crim. 27 avril 1993 N° 91-82363). L'infraction s'était matérialisée par une modification d'un article du bail très défavorable à l'entreprise.

Les magistrats ont également sanctionné le gérant d'une SARL qui a privé volontairement son entreprise d'acquérir un ensemble immobilier qui aurait augmenté la valeur des actifs de la société et renforcé sa base foncière. L'acquisition avait été faite par une SCI dans laquelle il avait des intérêts financiers (Cass. Crim. 3 décembre 2003 N° 03-82747).

Dans un arrêt du 19 novembre 1979 B N° 325 D 1980 IR 378, la Chambre criminelle approuve une Cour d'appel d'avoir disqualifié un délit d'abus des biens et du crédit en celui d'abus de pouvoir, dès lors que le prévenu avait seulement incité les clients de la banque à retirer les fonds qu'ils y avaient en dépôt et à les lui confier personnellement, afin d'en assurer le placement. (V. aussi Cass. Crim. 7.03.1968 B N° 80 ; 27.02.1978 B N° 76 ; 10.11.1979 B N° 325.)

Selon la loi, le délit d'abus de pouvoirs exige que son auteur sache au moment même de l'acte constitutif du délit, que l'usage qu'il fait de ses pouvoirs est contraire aux intérêts de la société qu'il dirige. Un arrêt avait retenu contre les dirigeants le délit d'abus de pouvoirs consistant dans le fait d'avoir fait souscrire à leur société un marché de sous-traitance avec une entreprise dans laquelle ils avaient des intérêts en se bornant à énoncer que la réalité du risque était inhérente audit marché. La Cour de cassation a censuré cet arrêt qui aurait dû rechercher si, à la date de la signature du contrat, les dirigeants avaient sciemment fait courir à la société un risque anormal.

(Crim. 16 janvier 1989, D 1989, J. 495, note Cosson, Rev. soc. p. 687, note Bouloc).

Cette infraction a été également retenue à l'encontre d'un prévenu qui avait usé de son pouvoir de président du conseil d'administration pour organiser une fusion-absorption contraire à l'intérêt de la société et avantageuse pour lui-même et d'autres sociétés dans lesquelles il était intéressé directement ou indirectement. (Crim. 10 juillet 1995 D 95 IR 246 ; JCP 96 II 22572.)

S'est rendu coupable d'abus de pouvoir le président d'une SA *« qui a, deux ans avant son départ de la société, usé de l'influence liée à sa fonction pour faire approuver par le conseil d'administration le remplacement des membres du comité des rémunérations de la société refusant de déplafonner sa rémunération par des personnes qu'il savait favorables à ce déplafonnement (CA Versailles 19 mai 2011 RJDA 8-9/11 N° 712) »*.

Comme pour le délit d'abus de biens, l'abus de pouvoir n'impose pas que la décision prise par le dirigeant d'une société ait été, dans sa totalité, contraire aux intérêts de ladite société.

Cette notion a été relevée dans la fameuse affaire Elf (Cass. Crim. 31 janvier 2007 N° 02-85089 Bull. Crim. 2007 N° 28 RJDA 11-07 N° 1118). Le contrat de mandat exclusif du 27 octobre 1989 au profit de la CECAR (cie européenne de courtage d'assurance) n'étais pas en lui même problématique. Mais suite à l'information, il a été prouvé que ce contrat avait *« notamment pour objectif de permettre aux principaux dirigeants d'Elf et, en tout cas, trois d'entre eux, de percevoir des fonds occultes provenant de la société avec laquelle Elf contractait, en l'espèce la CECAR. »*

§2. USAGE ABUSIF DES VOIX

Il s'agit du fait par les dirigeants d'abuser des voix dont ils disposent dans les assemblées générales, en qualité de mandataire d'actionnaires, qui leur ont adressé des pouvoirs en blanc. Dans ce cas, ils ne peuvent en disposer à des fins personnelles contraires à l'intérêt social.

La réglementation nouvelle des pouvoirs en blanc (loi du 3.01.1983) a fait disparaître pratiquement cette infraction. L'article L. 225-106 précise :

> *« pour toute procuration d'un actionnaire sans indication de mandataire, le président de l'assemblée générale émet un vote favorable à l'adoption des projets de résolution présentés ou agréés par le conseil d'administration ou le directoire, selon le cas, et un vote défavorable à l'adoption de tous les autres projets de résolution. Pour émettre tout autre vote, l'actionnaire doit faire le choix d'un mandataire qui accepte de voter dans le sens indiqué par le mandant. »*

La facilité est donnée aux actionnaires de voter par correspondance (les sociétés font figurer sur un document unique le formulaire de vote et la formule de procuration) ou par voie électronique.

§3. USAGE CONTRAIRE À L'INTÉRÊT SOCIAL ET EFFECTUÉ DANS UN BUT PERSONNEL

L'article L. 242-6 4° reproduit la rédaction de l'article L. 242-6 3° relatif au délit d'abus des biens sociaux.

L'infraction sera écartée en cas d'absence d'intérêt personnel (Cass. Crim. 14 décembre 2000 BRDA 4/01 p. 3 N° 3).

§4. LA MAUVAISE FOI

Comme pour l'abus des biens sociaux, la mauvaise foi est un élément essentiel du délit (Crim. 27 fév. 1978, B N° 76, p. 192). Cette exigence est inscrite dans le texte. Elle résulte des opérations étrangères à l'objet social effectuées par le dirigeant.

L'appréciation des juges du fond de l'absence d'intention frauduleuse n'est souveraine que lorsqu'elle n'est pas en contradiction avec les énonciations de la décision attaquée (Cass. Crim. 21.01.1960 B N° 40).

En ce qui concerne les personnes punissables, les pénalités et la complicité, il faut se référer au délit d'abus des biens et du crédit. Toutefois, la règle exceptionnelle prévue en matière de prescription d'abus des biens sociaux ne semble pas, faute de décision, pouvoir s'appliquer au délit d'abus des voix.

CHAPITRE III

La société vérifiée

Le législateur a prévu divers organes qui vont pouvoir vérifier le bon déroulement de la vie sociale. Il convient de distinguer :

– les organes de contrôle interne à la société (les actionnaires ou associés et obligataires) qui feront l'objet d'une étude dans la première section (Section I : Les organes de contrôle dans la société) ;

– et les organes de contrôle externe (le commissaire aux comptes, l'Autorité des Marchés Financiers) qui feront l'objet d'une deuxième section : (Section II : Les organes de contrôle de la société).

SECTION I
Les organes de contrôle dans la société

Le législateur a prévu un contrôle par les actionnaires et obligataires qui peut s'exercer collectivement (§1. L'assemblée tenue), soit individuellement (§2. L'information détenue).

§1. L'ASSEMBLÉE TENUE

Dans le cadre des assemblées d'actionnaires et d'obligataires, diverses infractions pénales peuvent être relevées.

A) Les actionnaires

1) Convocation – Composition

a) Défaut de réunion de l'assemblée générale ordinaire dans le délai légal et défaut de présentation des comptes et le rapport de gestion à ladite assemblée

> *Art. L. 242-10. Est puni d'un emprisonnement de six mois et d'une amende de 9 000 € le fait, pour le président ou les administrateurs d'une SA de ne* pas réunir l'AGO *dans les six mois de la clôture de l'exercice ou, en cas de prolongation, dans le délai fixé par décision de justice ou de ne pas soumettre à l'approbation de ladite assemblée les comptes annuels et le rapport de gestion prévus à l'article L. 232-1.*

Le législateur prévoit que l'assemblée générale ordinaire est réunie au moins une fois par an, dans les six mois de la clôture de l'exercice, sous réserve de prolongation de ce délai par décision de justice. L'existence d'une autorisation judiciaire de report de l'assemblée est sans incidence sur la commission de l'infraction, dès que cette autorisation a été sollicitée après l'échéance du délai (Cass. Crim. 4.07.1995 Dr. pénal 95 Comm. 287).

L'article L. 242-10 sanctionne pénalement par deux délits distincts, l'inexécution des obligations imposées aux dirigeants sociaux par l'article L. 225-100.

Il s'agit d'un délit intentionnel. La seule constatation de la violation, en connaissance de cause, de l'obligation légale de procéder à la réunion de l'assemblée des associés ou actionnaires caractérise l'élément intentionnel (Cass. Crim. 8 novembre 2006 N° 06-80717 RJDA 7/07 N° 740 et 8 avril 2010 N° 09-85298 RJDA 11/10 N° 1086).

Les auteurs des délits sont le président, les administrateurs, les membres du directoire ou du conseil de surveillance (art. L. 242-30) et les dirigeants de fait (art. L. 246-2). La Chambre criminelle de la Cour de cassation a cassé un arrêt qui avait refusé de sanctionner un administrateur judiciaire (Cass. Crim. 21 juin 2000 RJDA 12-00 N° 1136 et Cass. Crim. 4 septembre 2002 N° 01-87143).

Les peines sont un emprisonnement de six mois et une amende de 9 000 €. Le délit est instantané et l'action publique se prescrit par trois ans à compter de l'expiration du délai de six mois, ou du délai supplémentaire accordé par la décision de justice.

V. Paris 9e éd., 25 mars 1991 GP 14-15 juin 1991 note Marchi. La proposition de loi relative à la simplification du droit abroge la première alternative (la réunion de l'AGO).

b) *Entrave à l'exercice du droit de participation à une assemblée d'actionnaires*

> *Art. L. 242-9. Est puni d'un emprisonnement de deux ans et d'une amende de 9 000 € :*
> *1° le fait d'empêcher un actionnaire de participer à une assemblée d'actionnaires.*

V. Crim. 13 mars 1989, Rev. Soc. 1989, p. 492.

Les mandataires des personnes morales actionnaires ne peuvent se voir refuser l'accès à l'assemblée générale (Cass. Crim. 26 mai 1994 Rev. soc. 94 p. 774, note Bouloc).

Le délit consiste à empêcher un actionnaire de participer à une assemblée d'actionnaires.

L'infraction est caractérisée même si aucune résolution n'a été votée par l'assemblée ; le texte permet d'éviter que des agissements empêchent l'assemblée de délibérer faute d'un quorum suffisant.

La jurisprudence décide que le texte est applicable dans le cas où cet obstacle est opposé à un mandataire d'actionnaires copropriétaires d'actions en indivision (Crim. 30 octobre 1975 B 207 p. 554). Le délit suppose l'intention frauduleuse.

Les personnes punissables ne sont pas précisées mais il peut s'agir des dirigeants de droit ou de fait, ou même de certains actionnaires. La complicité peut être retenue.

Les peines applicables sont un emprisonnement de deux ans et une amende de 9 000 €.

Le délai de prescription de trois ans commencera à courir à compter du jour de la réunion de l'assemblée.

2) Défaut d'accomplissement des formalités relatives à la tenue des assemblées d'actionnaires (feuilles de présence, pouvoirs et procès-verbaux)

> *Art. L. 242-15. Est puni d'une amende de 3 750 € le fait, pour le président ou les administrateurs d'une SA :*
> *2° de ne pas annexer, sciemment à la feuille de présence les pouvoirs donnés à chaque mandataire ;*
> *3° de ne pas procéder à la constatation des décisions de toute assemblée d'actionnaires par un procès verbal signé des membres du bureau mentionnant : la date et le lieu de la réunion, le mode de convocation, l'ordre du jour, la composition*

du bureau, le nombre d'actions participant au vote et le quorum atteint, les documents et rapports soumis à l'assemblée, un résumé des débats, le texte des résolutions mises aux voix et le résultat des votes.

L'article L. 242-15 punit de sanctions pénales l'omission de formalités relatives à la tenue des assemblées d'actionnaires, à savoir :

– l'omission d'annexer à la feuille de présence les pouvoirs donnés aux mandataires ;

– le défaut d'établissement du procès-verbal de l'assemblée. Ce délit réside dans le fait de ne pas avoir procédé à la constatation des décisions de l'assemblée par un procès-verbal signé des membres du bureau.

Ces infractions sont des délits intentionnels et les personnes punissables sont les dirigeants de droit ou les dirigeants de fait.

La proposition de loi relative à la simplification du droit abroge cet article.

3) *Vote frauduleux*

Art. L. 242-9. Est puni d'un emprisonnement de deux ans et d'une amende de 9 000 € :
3° le fait de se faire accorder, garantir ou promettre des avantages pour voter dans un certain sens ou pour ne pas participer au vote, ainsi que le fait d'accorder, garantir ou promettre ces avantages.

Il s'agit d'agissements constituant la corruption d'actionnaires pour voter dans un certain sens ou pour s'abstenir de participer au vote. Le texte distingue deux infractions : l'action du corrupteur (ceux qui offrent ou promettent des avantages) et l'action du corrompu (ceux qui se font accorder, garantir ou promettre des avantages). Les délits supposent l'intention frauduleuse puisque dans ce cas la sincérité des votes a été faussée.

Les délits seront consommés dès lors que l'accord est intervenu entre deux personnes et que les avantages ont été soit remis, soit garantis, soit promis. Les personnes punissables sont le corrupteur qui accorde, garantit, ou promet les avantages et le corrompu qui est obligatoirement un actionnaire ayant qualité pour voter à l'assemblée.

S'agissant de délits instantanés, la prescription triennale court du jour où les avantages ont été octroyés, garantis ou promis sous condition de vote dans un certain sens ou de s'abstenir.

B) Obligataires

1) *Convocation*

a) Infraction d'entrave à la participation à une assemblée d'obligataires

> *Art L. 245-11. Est puni d'un emprisonnement de deux ans et d'une amende de 9 000 € :*
> *1° le fait d'empêcher un obligataire de participer à une assemblée générale d'obligataires.*

Dans le but d'assurer la régularité des scrutins, l'article L. 245-11 reproduit les dispositions de l'article L. 242-9 1° concernant l'entrave au vote des actionnaires dans les assemblées.

Il s'agit là d'un délit puni d'un emprisonnement de deux ans et d'une amende de 9 000 €.

La prescription de trois ans court du jour de la réunion de l'assemblée.

b) Délits relatifs aux conditions d'accès des obligataires aux assemblées générales, et à la représentation des obligataires

> *Art. L. 245-12. Est puni d'une amende de 6 000 € le fait :*
> *1° Pour le président, les administrateurs, les directeurs généraux, les gérants, les commissaires aux comptes, les membres du conseil de surveillance ou les employés de la société débitrice ou de la société garante de tout ou partie des engagements de la société débitrice ainsi que pour leurs ascendants, descendants ou conjoints de représenter des obligataires à leur assemblée générale, ou d'accepter d'être les représentants de la masse des obligataires ;*
> *2° Pour le président, les administrateurs, les directeurs généraux ou les gérants de sociétés détenant au moins 10 % du capital des sociétés débitrices, de prendre part à l'assemblée générale des obligataires à raison des obligations détenues par ces sociétés.*

L'article L. 245-12 interdit aux personnes qu'il désigne de prendre part à l'assemblée ou d'y représenter un obligataire empêché.

La peine applicable est une amende de 6 000 €.

Il est prévu une circonstance aggravante ; si l'infraction a été commise frauduleusement en vue de priver les obligataires ou certains d'entre eux, d'une part des droits attachés à leurs titres de créance, l'amende pourra être portée à 18 000 € et un emprisonnement de cinq ans pourra, en outre, être prononcé (art. L. 245-15).

La prescription triennale part du jour de la réunion de l'assemblée pour la représentation irrégulière des obligataires et du jour de l'acceptation de leurs fonctions pour les représentants de la masse.

2) Règles de forme

Art. L. 245-13. Est puni d'une amende de 4 500 € le fait, pour le président de l'assemblée générale des obligataires, de ne pas procéder à la constatation des décisions de toute assemblée générale d'obligataires par procès-verbal, mentionnant la date et le lieu de la réunion, le mode de convocation, l'ordre du jour, la composition du bureau, le nombre d'obligataires participant au vote et le quorum atteint, les documents et rapports soumis à l'assemblée, un résumé des débats, le texte des résolutions mises aux voix et le résultat des votes.

Il s'agit de la même omission sanctionnée dans les assemblées générales d'actionnaires.

On retrouve le même cas d'aggravation que pour l'infraction précédente (art. L. 245-15).

3) Droit de vote

Art. L. 245-11. Est puni d'un emprisonnement de deux ans et d'une amende de 9 000 € le fait :
1° D'empêcher un obligataire de participer à une assemblée générale d'obligataires ;
2° De se faire accorder, garantir ou promettre des avantages particuliers pour voter dans un certain sens ou pour ne pas participer au vote, ainsi que le fait d'accorder, garantir ou promettre ces avantages particuliers.

Cet article reproduit les dispositions de l'article L. 242-9 al. 2° et 3° relatif au vote des actionnaires dans les assemblées.

Il convient de se reporter aux développements consacrés à ces infractions concernant les actionnaires.

C) Associés

> *Art. L. 241-5. Est puni d'un emprisonnement de six mois et d'une amende de 9 000 € le fait, pour les gérants, de ne pas procéder à la réunion de l'assemblée des associés dans les six mois de la clôture de l'exercice ou, en cas de prolongation, dans le délai fixé par décision de justice, ou de ne pas soumettre à l'approbation de ladite assemblée ou de l'associé unique les documents prévus au 1° de l'article L. 241-4.*

Cette infraction est le pendant de celle étudiée dans la SA (art. L. 242-10 voir *supra*).

La même modification est envisagée dans la proposition de loi relative à la simplification du droit (suppression de la première alternative).

§2. L'INFORMATION DÉTENUE

A) Information des actionnaires

Les infractions prévues initialement aux articles L. 242-12 et L. 242-13 du Code de commerce ont été abrogées par la loi du 1er août 2003 et l'ordonnance du 25 mars 2004. Elles ont été remplacées par une injonction de faire qui est une injonction de communication (art. L. 238-1 du Code de commerce).

Seul reste sanctionné, le défaut d'information des actionnaires et associés concernant les comptes consolidés.

> *Art. L. 247-1. Est puni d'une amende de 9 000 € le fait, pour les membres du directoire, du conseil d'administration ou les gérants des sociétés visées à l'article L. 233-16, sous réserve des dérogations prévues à l'article L. 233-17, de ne pas établir et adresser aux actionnaires ou associés, dans les délais prévus par la loi, les comptes consolidés. Le tribunal peut en outre ordonner l'insertion du jugement, aux frais du condamné, dans un ou plusieurs journaux.*

La loi impose l'établissement et la publication des comptes consolidés pour certaines catégories de sociétés commerciales (articles L. 233-16, L. 233-17 du Code de commerce).

B) L'information des associés

Dans les SARL, SNC et SCS les infractions relatives à l'information des associés dans le cadre des assemblées ont été abrogées par le décret du 11 décembre 2006 et remplacées comme dans la SA par une injonction de communication (art. L. 223-26 du Code de commerce dans la SARL et L. 221-7 pour les SNC et SCS).

C) Information des institutions représentatives du personnel dans l'entreprise

Les dirigeants sociaux, chefs d'entreprise, doivent communiquer aux membres des institutions représentatives du personnel des informations concernant les modifications de l'organisation économique ou juridique de l'entreprise, notamment en cas de fusion, de cession, de modifications importantes des structures de production de l'entreprise ainsi que de l'organisation ou de cession de filiale au sens de l'article L. 233-1 du Code de commerce.

L'inobservation de ces obligations constitue le délit d'entrave et les dirigeants sociaux sont passibles d'une peine d'emprisonnement d'un an et d'une amende de 3 750 € (L. 2146-1 au Code du travail).

SECTION II
Les organes de contrôle de la société

Les délits relatifs au contrôle concernent plus particulièrement d'une part les commissaires aux comptes et les experts de gestion (sous-section I), et d'autre part l'Autorité des marchés financiers (sous-section II).

Sous-Section I – Les commissaires aux comptes

Au cours des dernières années, l'action du législateur a été portée sur la qualité de l'information tant comptable que financière publiée par les sociétés. De ce fait, le commissariat aux comptes a pris un essor important et il est aujourd'hui un instrument fondamental dans la vie des entreprises. Les nouveaux textes ont élargi les missions des commissaires aux comptes, certaines sont assorties de sanctions pénales, on doit retenir principalement :

– La loi N° 83-353 du 30 avril 1983 relative à la mise en harmonie des obligations comptables des commerçants et de certaines sociétés avec la IVe directive adoptée par le Conseil des communautés européennes le 25 juillet 1978. Cette loi dite loi comptable entraîne des améliorations marquantes dans le domaine de l'information comptable publiée par les sociétés.

Ces améliorations dans les documents comptables annuels des sociétés résultent de l'exigence que ces comptes donnent une image fidèle de la situation de la société ; c'est le résultat concret de l'ensemble des chiffres constituant le bilan, le compte de résultat et l'annexe. Cet ensemble de chiffres doit permettre d'obtenir une image qui soit conforme à la réalité du patrimoine, de la situation financière, du résultat de l'entreprise. L'inobservation de ces règles entraîne dans certains cas, pour les dirigeants, des sanctions pénales.

– La loi N° 84-148 du 1er mars 1984 relative à la prévention et au règlement des difficultés des entreprises a marqué un tournant important dans l'évolution de la profession des commissaires aux comptes en donnant à la mission une extension impliquant une appréciation de la gestion de la société dont il contrôle les comptes. Désormais, le commissaire aux comptes aura la charge de mettre en œuvre une procédure d'alerte graduée quand il aura relevé un fait « de nature à compromettre la continuité de l'exploitation… ». La nouveauté tient au fait qu'il a pris un rôle actif dans la prévention de la non-continuité de l'exploitation et n'a plus seulement à intervenir *a posteriori* en tant que censeur des comptes.

– La loi N° 85-11 du 3 janvier 1985 relative aux comptes consolidés de certaines sociétés commerciales et entreprises publiques. Il n'est plus possible de publier des comptes consolidés non soumis au contrôle des commissaires aux comptes.

Avec l'extension des missions des commissaires aux comptes, le champ de l'obligation de révélation des faits délictueux par les commissaires au Procureur de la République, devient très élargi (notamment il se trouve désormais étendu aux comptes consolidés).

Les infractions commises par les commissaires aux comptes peuvent être relevées dans toutes les sociétés ayant un commissaire aux comptes.

– La loi N° 2001-420 du 15 mai 2001 a apporté quelques modifications. La responsabilité pénale est insérée dans le Code de commerce aux articles L. 820-1 à L. 820-7.

– Des modifications ponctuelles plus récentes ont été réalisées par la loi N° 2003-706 du 1er août 2003 et plus récemment l'ordonnance N° 2011-915 du 1er août 2011.

Il faut distinguer d'une part les infractions où le commissaire aux comptes est l'auteur (§1. Le contrôle refusé) et d'autre part, celles où il en est la victime (§2. Le contrôle empêché).

§1. LE CONTRÔLE REFUSÉ

A) Les mensonges dévoilés

> *Art. L. 820-7. Est puni d'un emprisonnement de cinq ans et d'une amende de 75 000 € le fait, pour toute personne exerçant les fonctions de commissaire aux comptes, de donner ou confirmer des informations mensongères sur la situation de la personne morale ou de ne pas révéler au procureur de la République les faits délictueux dont elle a eu connaissance.*

1) À l'occasion du contrôle de la gestion : délit d'informations mensongères

Ce délit comprend les éléments constitutifs suivants :

a) Information sur la situation de la société

Le texte exige que soit « donné » ou « confirmé » une information sur la situation de la société. Ces informations peuvent être verbales mais sont le plus souvent écrites ; peu importe qu'elles soient données en assemblée ou en dehors de toute assemblée. La loi prévoyant que les informations doivent porter sur la situation de la société, il faut donc se reporter aux articles qui définissent la mission des commissaires aux comptes : L. 225-235 et L. 823-9 à 12 du Code de commerce.

Le texte ne précise pas qui est le destinataire des informations mensongères. A été sanctionné un commissaire aux comptes, informé de la surévaluation de postes comptables qui n'en avait pas fait état dans un rapport réclamé par l'administrateur judiciaire qui avait été transmis au procureur de la République. Le législateur « *n'exclut pas le procureur de la République des destinataires des informations mensongères* ». (Cass. Crim. 2 février 2000 Dr. pénal 2000 Comm. 91)

b) Caractère mensonger des informations

Cet élément résultera de l'inexactitude des indications données ou confirmées.

Dans l'affaire de la compagnie des Eaux et Boues de St-Amand, la Cour de cassation dans l'arrêt du 14 janvier 1980 énonce que « *tandis que le commissaire aux comptes informait les actionnaires en les assurant qu'ils pouvaient approuver les bilans et les comptes qui étaient présentés, il savait que la comptabilité sociale était mal tenue et notamment qu'une écriture figurant aux bilans à l'actif était fausse* ». (Cass. Crim. 14.01.89 D 80 IR 459 ; Crim. 12.01.81 B N° 10, p. 31).

L'affaire AMREP illustre les conséquences d'une défaillance des commissaires aux comptes quand la société qu'ils contrôlent publie une note d'information. Les commissaires de cette société holding qui n'exerçaient aucune activité industrielle et commerciale directe, certifiaient les comptes individuels et consolidés non seulement sans effectuer de contrôle dans les filiales, mais encore sans prendre l'attache de leurs confrères commissaires des filiales. Ils n'en déclaraient pas moins dans leur rapport général à l'assemblée qu'ils avaient procédé aux contrôles « en faisant application des normes professionnelles généralement admises ». La Cour d'appel de Paris, par arrêt du 10 juillet 1987, a condamné les deux commissaires aux comptes.

La Chambre criminelle a rejeté leurs pourvois par arrêt du 2 avril 1990, D 90 IR p. 141 en énonçant que caractérise en tous ses éléments le délit d'informations mensongères reproché aux commissaires aux comptes d'une société la Cour d'appel qui, après avoir exposé que cette société a émis un emprunt obligataire au vu d'une notice de présentation soumise au visa de la commission des opérations de bourse, faisant état de vérifications opérées par les commissaires sur les éléments chiffrés extraits des comptes annuels et des comptes consolidés, relève que les plus significatifs de ces comptes, tels la situation nette, le résultat d'exploitation et le bénéfice, sont faux ;

Commet également le délit d'*informations mensongères*, le commissaire aux comptes qui approuve sans réserve la régularité des comptes annuels, alors qu'il a constaté que le livre d'inventaire est incomplet, qu'il n'a pu obtenir l'état récapitulatif des stocks et des travaux en cours et qu'il a été informé par le chef comptable de la société ainsi que par le conseil de l'un des actionnaires que les comptes étaient faux (Crim. 8 avril 1991, B 166, p. 421 et CNCC N° 83 p. 363).

Dans l'affaire dite du Crédit Lyonnais, les commissaires aux comptes ont été sanctionnés pour avoir certifié, sans aucune réserve les comptes sociaux : *« en connaissance de l'insuffisance des provisions pour risques et dépréciations et alors qu'elle retient que les experts commis par le juge d'instruction avaient écarté toute possibilité de compenser cette insuffisance par des reprises de provision, le montant d'une provision réglementée et des recettes aléatoires »* (Cass. Crim. 17 mai 2006 N° 05-81758 Dr. pén. 2006 Comm. 114 obs. J.H. Robert).

c) *Mauvaise foi*

Les informations doivent avoir été données ou confirmées de mauvaise foi (Crim 12 janvier 1981 D 1981 J. p. 348, note J. Cosson).

Dans l'arrêt précité du 2 avril 1990 rejetant le pourvoi des commissaires aux comptes de la société AMREP, la Chambre criminelle a jugé que ces derniers ont donné sciemment leur caution à des comptes inexacts et à des situations financières entachées d'irrégularités. (Rev. soc. 1990, p. 462, note Bouloc)

L'appréciation de la mauvaise foi échappe au contrôle de la Cour de cassation, dès lors que les juges du fond l'ont déduit, sans contradiction, des faits constatés (Crim. 14 janvier 1980, B N° 21, p. 49).

Cass. Crim. 2.03.1983 (D 1983 IR 476) :

« *Relèvent tous les éléments constitutifs du délit prévu et réprimé par l'article 457 de la loi du 24 juillet 1966, les juges qui retiennent que, en sa qualité de commissaires aux comptes, le prévenu a sciemment confirmé des informations mensongères en certifiant la régularité et la sincérité du bilan dont il connaissait la fausseté pour avoir participé à son élaboration. Pour caractériser la fausseté du bilan par majoration indue de l'actif, les juges relèvent un manque de provision pour les frais préliminaires engagés avant la réalisation d'un film alors que semblable provision figurait au bilan de l'exercice pour d'autres projets.* »

Nécessité de l'intention frauduleuse : Paris 9e ch, 1er avril 1992, Rev. Soc. 92 Som. 559, Note Guyon et Cass. Crim. 2 avril 1990, Rev. Soc. 90, p. 461 note Bouloc.

d) Pénalités

Les peines sont un emprisonnement de cinq ans et une amende de 75 000 €.

e) Prescription

Il s'agit d'un délit instantané : la prescription de trois ans commence à courir du jour où l'information est donnée ou confirmée.

f) Action civile

Crim. 14 janvier 1980 précité :

« *La société dont le commissaire aux comptes a commis le délit d'informations mensongères peut obtenir la réparation du dommage dès lors qu'il est constaté, à bon droit, qu'un lien de causalité existe entre l'infraction et le préjudice subi.* »

Voir également Cass. Crim. 6 septembre 2000 Dr. pénal 2001 Comm. 19.

2) *Sur la surveillance des placements*

L'art. L. 573-8 du CMF sanctionne de cinq ans d'emprisonnement et d'une amende de 18 000 € le fait par le commissaire aux comptes de donner ou confirmer des informations mensongères sur les documents mentionnés à l'article L. 550-4 du CMF (bilan, compte de résultat et annexe établis par le gestionnaire).

3) *Informations inexactes données à l'assemblée générale appelée à statuer sur la suppression du droit préférentiel de souscription des actionnaires*

> *Art. L. 242-20. Est puni d'un emprisonnement de deux ans et d'une amende de 18 000 € le fait, pour le président, les administrateurs ou les commissaires aux comptes d'une société anonyme, de donner ou confirmer des indications inexactes dans les rapports présenté à l'assemblée générale appelée à décider de la suppression du droit préférentiel de souscription des actionnaires.*

En vertu de l'article L. 225-138, l'assemblée générale des actionnaires qui décide ou autorise une augmentation de capital peut supprimer le droit préférentiel de souscription pour la totalité de l'augmentation de capital ou pour plusieurs tranches de cette augmentation. Elle statue, à peine de nullité, sur *le rapport* du Conseil d'administration ou du directoire et sur celui *des commissaires aux comptes* ; ces derniers doivent dans leur rapport donner leur avis sur l'exactitude et la sincérité des éléments de calcul retenus par le conseil d'administration ou le directoire.

Cette infraction s'applique aux commissaires aux comptes des sociétés européennes (art. L. 244-5 du Code de commerce).

Le commissaire aux comptes encourt une peine d'emprisonnement de deux ans et une amende de 18 000 €.

La proposition de loi relative à la simplification du droit abroge cet article mais conserve le délit placé curieusement à l'article L. 242-6 5°. La peine est en conséquence considérablement aggravée : cinq ans d'emprisonnement et une amende de 375 000 €.

B) Les omissions sanctionnées

1) *Défaut de mention dans le rapport du commissaire aux comptes des prises de participation significatives dans les sociétés commerciales*

L'article L. 233-7 définit des seuils de déclenchement de l'information sur les participations significatives. Le texte impose à toute personne physique ou morale, agissant seule ou de concert, qui vient à posséder un nombre d'actions représentant plus du vingtième, du dixième des trois vingtièmes, du cinquième, du quart, des trois dixièmes, du tiers, de la moitié ou des deux tiers, des dix-huit vingtièmes ou des dix-neuf vingtièmes du capital ou des droits de vote d'informer cette société à compter du franchissement du seuil de participation, du nombre total d'actions de celle-ci qu'elle possède.

L'information est adressée à la société au plus tard avant la clôture des négociations du quatrième jour de bourse suivant le jour de franchissement du seuil de participation (art. R. 233-1).

L'article L. 247-1 III du Code de commerce sanctionne le commissaire aux comptes qui omet de mentionner dans son rapport :

« *une prise de participation dans une société ayant son siège sur le territoire de la République française représentant plus du vingtième, du dixième, du cinquième, du tiers, de la moitié ou des deux tiers du capital ou des droits de vote aux assemblées générales de cette société ou de la prise de contrôle d'une telle société.* »

Les commissaires aux comptes qui omettent de se conformer aux dispositions de l'article L. 247-1 sont punis d'un emprisonnement de deux ans et d'une amende de 9 000 €.

– En application de l'article L. 233-13, le commissaire aux comptes doit mentionner dans son rapport l'identité des personnes physiques ou morales possédant des participations significatives dans le capital social, le nom des sociétés contrôlées et la part du capital de la société qu'elles détiennent.

Le défaut de ces mentions dans le rapport est également pénalement réprimé. L'article L. 247-2 prévoit une peine d'amende de 18 000 €. Pour les sociétés dont les actions sont admises aux négociations sur un marché d'instruments financiers (L. 233-7 II), les poursuites sont engagées après que l'avis de l'AMF a été demandé.

2) *La non révélation des faits délictueux*

Voir la révélation des faits délictueux, Ch. Goyet, JCP 89 I 3370.

Les textes qui réglementent l'obligation de révéler au Procureur de la République les faits délictueux sont les articles L. 820-7 du Code de commerce en ce qui concerne le contrôle de la gestion des sociétés et l'article L. 573-8 du CMF relatif à la surveillance des placements.

a) Obligation de révéler des faits délictueux à l'occasion du contrôle de la gestion

L'article L. 823-12 al. 2 énonce l'obligation de révélation en ces termes :

« *Ils révèlent au Procureur de la République les faits délictueux dont ils ont connaissance, sans que leur responsabilité puisse être engagée par cette révélation.* »

L'article L. 820-7 sanctionne le défaut de révélation d'un emprisonnement de cinq ans et d'une amende de 75 000 €.

Une circulaire du 23 octobre 1985 de la Chancellerie aux magistrats du Ministère Public a pour objet de préciser les conditions de la révélation par les commissaires aux comptes des faits délictueux. En raison de la diversité des opinions sur la notion de faits délictueux, il convient de rappeler les passages les plus significatifs de cette circulaire qui sans se prononcer sur la nature des délits à révéler énonce les caractéristiques desdits délits :

> « ... *La mission fondamentale du commissaire aux comptes est de garantir la fiabilité des informations comptables et financières données par les responsables sociaux. La révélation ne peut être dissociée de ce principe et c'est par rapport à celui-ci que son champ doit être déterminé...*
> *Les dispositions arrêtées doivent permettre à chacun d'assumer pleinement ses responsabilités et aux commissaires aux comptes notamment de jouer leur rôle dans les domaines qui relèvent de leur compétence.*
> *Face à une situation ou à un comportement qu'il juge susceptible d'être révélé comme constituant l'une des infractions visées, le commissaire aux comptes doit procéder à l'analyse des faits et notamment s'assurer qu'ils sont significatifs et qu'il ne s'agit pas d'une simple erreur. Il ne lui est pas demandé de qualifier pénalement les faits dont il a connaissance mais de vérifier qu'ils sont au moins susceptibles de l'être. Il lui appartient donc de déterminer les conséquences de l'infraction et le but poursuivi par ceux qui en portent la responsabilité.*
> *Dès lors, le commissaire aux comptes doit rechercher si les faits sont significatifs et délibérés.*
> *Doit être considéré comme significatif tout fait qui, ayant pour effet de soustraire l'entreprise ou ses dirigeants à des dispositions légales spécifiques :*
> *– modifie sensiblement la situation nette,*
> *– fausse l'interprétation de la tendance des résultats,*
> *– porte ou est de nature à porter préjudice à l'entreprise ou à un tiers.*
> *Pour être révélé, il ne suffit pas qu'un fait soit significatif, il doit aussi être délibéré. C'est-à-dire que celui qui en est responsable ait eu conscience de ne pas respecter la réglementation en vigueur.*
> *A cet égard, le commissaire aux comptes ne peut négliger la suite réservée à son intervention auprès des dirigeants sociaux ; l'erreur de bonne foi comme l'intention coupable peuvent s'en déduire.*
> *Ainsi précisée, l'obligation de révélation impose au commissaire aux comptes une analyse des faits qui lui paraissent délictueux puis une position claire sur ce point. Le parquet compétent, qui est celui*

du siège de l'entreprise, peut être utilement consulté. Il appartient cependant au seul commissaire aux comptes de décider s'il doit ou non révéler et il ne saurait déléguer cette responsabilité.
Si le commissaire aux comptes estime qu'il y a lieu à révélation, il y procède sans délai en indiquant au parquet les éléments sur lesquels il se fonde pour retenir le caractère délictueux des faits révélés.
Le système retenu conduit également à l'établissement et à la conservation, dans le dossier de chaque société contrôlée, d'une feuille de travail particulière à la révélation. Sur ce document, le commissaire aux comptes indiquera, pour les faits présumés délictueux qu'il constate au cours de sa mission, les analyses et investigations effectuées, la révélation faite ou, le cas échéant les raisons pour lesquelles celle-ci a été écartée. Si le commissaire aux comptes n'a constaté aucun fait ayant retenu son attention, il l'indiquera sur la feuille de travail. »

Les éléments constitutifs du délit sont au nombre de quatre :
– existence de faits délictueux ;
– connaissance de ces faits par le commissaire aux comptes ;
– abstention volontaire de les révéler au Procureur de la République ;
– mauvaise foi.
V. Crim. 7 juin 1993, Droit pénal octobre 1993 N° 220.

• EXISTENCE DES FAITS DÉLICTUEUX

Compte tenu des incertitudes de la doctrine et du silence de la jurisprudence qui n'a pas pris de position de principe et ne s'est prononcée que sur des cas d'espèces, on doit considérer que l'obligation de révéler concerne tous les faits délictueux qui sont en relation avec la mission du commissaire aux comptes et ceux-là seulement, c'est-à-dire outre ceux qui sont constitutifs des infractions spécifiques du droit des sociétés (tenue des assemblées générales, exercice du droit de vote, répartition de dividendes fictifs, abus des biens, de crédit, de pouvoirs ou de voix), tous les faits délictueux ayant une incidence directe et significative sur la situation patrimoniale de la société (banqueroute, faux en écriture, vol ou détournement commis par les dirigeants ou les préposés) Par exemple : Tribunal correctionnel de Paris 5.07.1993 CNCC N° 94, p. 265.

Un arrêt a précisé l'étendue de l'obligation.

Un commissaire aux comptes avait relevé dans ses notes des anomalies. Il n'avait révélé ces faits au procureur que deux mois plus tard. Le commissaire avait expliqué que ce retard était dû à la complexité de l'affaire, qu'il avait attendu de pouvoir donner une qualification pénale.

Son pourvoi a été rejeté : « *qu'en effet, le commissaire aux comptes a l'obligation de révéler au procureur de la République dès qu'il en a connaissance dans le cadre de sa mission, les irrégularités susceptibles de recevoir une qualification pénale, même si celle-ci ne peut en l'état être définie avec précision* » (Cass. Crim. 15 septembre 1999 N° 98-81855 Bull. Crim. 99 N° 187 RJDA 2/00 N° 178).

• CONNAISSANCE DE CES FAITS PAR LE COMMISSAIRE AUX COMPTES

Le commissaire révèle les faits délictueux dont il a eu connaissance ; il appartient au Ministère Public de faire la preuve de cette connaissance. Cette position a été confirmée par la Chambre criminelle de la Cour de cassation dans un arrêt du 29 janvier 1963 (B N° 26, p. 109) qui a été suivi d'une jurisprudence majoritaire selon laquelle on ne peut exiger du commissaire aux comptes qu'il dénonce à partir de présomptions, de soupçons ou d'impressions.

Crim. 8 février 1968 (B N° 42, p. 95) :

« *Attendu qu'il appert de l'arrêt attaqué qu'il est également reproché à Fain et à Lemoine de n'avoir pas davantage révélé au Ministère Public le défaut d'inscription aux bilans d'une provision en contrepartie d'une créance douteuse sur la Société parisienne d'information et de diffusion, créance résultant d'une avance de plus de trois cent mille francs consentie par les dirigeants du Comptoir national du logement à la Société parisienne d'information et de diffusion pour permettre à celle-ci de publier un hebdomadaire politique dépourvu de clientèle et constituant un support publicitaire nul ; que l'arrêt attaqué constate que même Lemoine et Fain, pourtant experts comptables « chevronnés », n'ont pas procédé aux investigations qu'aurait imposées, au commissaire aux comptes le plus naïf, le caractère plus que suspect de cette dépense, et s'ils n'ont pas connu l'abus de biens sociaux qu'elle constituait, ils n'en ont pas moins formulé des critiques à cet égard dans leur rapport à l'assemblée générale du 8 juillet 1960 ;*
Attendu que la Cour d'appel ajoute que Lemoine et Fain sont d'autant plus mal venus à soutenir qu'ils n'avaient pas la certitude du caractère délictueux de ces faits, que non seulement ils les ont dénoncés au Ministère Public après l'ouverture de l'information, mais encore n'ont pas hésité, lors de leur audition par la police judiciaire, à affirmer leur caractère suspect et délictueux. »

Crim. 12 janvier 1981, B N° 10, p. 31 : « *les deux prévenus, en ne dénonçant pas la présentation de deux bilans dont ils connaissaient le caractère inexact, ont fait preuve d'une carence coupable* ».

TGI Strasbourg, 25.11.88 : Bull. CNCC N° 74, juin 1989, p. 203

« *Bien qu'il ait refusé de certifier les comptes en démontrant parfaitement les mécanismes du faux bilan dans son rapport, un commissaire aux comptes peut être déclaré coupable du délit de non-révélation de faits délictueux lorsqu'il n'a pas été au bout de ses obligations en ne procédant pas à la révélation. Il savait en effet que sa cliente entendait obtenir une image de la société non conforme à la réalité et qu'elle allait au moins présenter le bilan de l'assemblée des actionnaires.* »

• ABSTENTION VOLONTAIRE DE RÉVÉLER AU PROCUREUR DE LA RÉPUBLIQUE

La loi n'a pas fixé de délai ; la révélation doit intervenir aussitôt que le commissaire a connaissance du caractère délictueux des faits ; ce dernier ne doit pas attendre qu'une information judiciaire soit ouverte contre les dirigeants (Affaire du Comptoir National du Logement, Crim. 8 février 1968 B N° 42, p. 95).

Arrêt de la Cour d'appel de Besançon du 24 mai 1984 (CNCC N° 56, p. 480) :

« *Se rend coupable du délit de non révélation de faits délictueux, le commissaire aux comptes qui, ayant eu connaissance de la sous-évaluation des stocks de la société qu'il contrôlait le 21 juin 1978, ne dénonça le délit de présentation de bilan inexact au Procureur de la République que le 27 novembre 1978, soit cinq mois plus tard.* »

De même l'arrêt de la Cour d'appel de Paris du 15 février 1979 (BNCC N° 34, p. 197) précise qu'un délai de trois mois peut également être jugé excessif, notamment si, à l'issue de cette période, la COB saisit le Parquet.

Il doit dénoncer dès qu'il a connaissance des faits délictueux (Cass. Crim. 15 septembre 1999 précité).

Le délit est caractérisé même si l'abstention du commissaire a eu pour but d'éviter que la révélation des faits délictueux ne porte préjudice à la société et n'ébranle son crédit. Le commissaire, s'il a l'obligation de dénoncer, n'a pas cependant qualité pour se constituer partie civile, car il n'a pas subi de préjudice direct personnel des infractions qu'il dénonce (Crim. 29 novembre 1960, B N° 553).

• LA MAUVAISE FOI

La Cour de cassation exige pour retenir la culpabilité d'un commissaire aux comptes que la mauvaise foi du prévenu doit être constatée.

Crim. 29 janvier 1963 (B N° 56, p. 109) :

« *Mais attendu qu'il ne résulte pas de ces énonciations que le demandeur ait eu connaissance de faits délictueux à la charge des dirigeants de la société, ni par suite, qu'il ait été de mauvaise foi en ne signalant pas au Procureur de la République ceux qui auraient été commis ; que, de ce chef également, la décision n'est pas justifiée.* »

Dans un arrêt rendu le 31 janvier 2007 (N° 05-85886 Bull. Crim. 2007 N° 25 ; D 2007 26) la Chambre criminelle de la Cour de cassation a considéré *« que la fictivité des comptes annuels et notamment des déclarations mensuelles de TVA remboursable ne pouvaient échapper à des professionnels du chiffre »*.

L'appréciation de la mauvaise foi échappe au contrôle de la Cour de cassation dès lors que les juges du fond l'ont déduite, sans contradiction, des faits constatés (Crim. 14 janvier 1980, D 1980, IR p. 459 et Cass. Crim. 8 avril 1991 B N° 166, p. 421).

Lorsque le commissaire aux comptes est de bonne foi, il doit être relaxé : TGI de Coutances 29 juin 1999 CNCC N° 115 p. 471 et CA Besançon 11 avril 2000 BRDA 23/00 N° 4 p. 4 et Bull. Joly 2000 p. 899.

• L'EXERCICE DES POURSUITES

Le Procureur de la République a seul qualité lorsqu'il reçoit la révélation pour décider s'il y a lieu de mettre en mouvement l'action publique. La complicité peut être retenue contre les auteurs des faits délictueux qui auront incité le commissaire à ne pas révéler les faits délictueux.

La prescription est de trois ans. Elle court du jour où le délit est réputé consommé, c'est-à-dire du jour où il est devenu constant que le commissaire s'est abstenu de révéler les faits délictueux au Procureur de la République. C'est en ce sens que se prononce la Cour d'appel de Paris dans un arrêt du 12 juin 1984 (BNCC N° 56, p. 494, note du Pontavice) : « *le délit de non révélation au Parquet est caractérisé par l'omission de prévenir le Procureur de la République dès que le commissaire a eu connaissance des faits frauduleux* ». C'est donc à la date à laquelle le Commissaire a eu connaissance des faits frauduleux que doit être fixé le point de départ de la prescription du délit de non révélation de faits délictueux.

La Cour de cassation retient le même point de départ du délai de prescription et ajoute une précision : « *Le délai de prescription vaut à compter du jour où le commissaire aux comptes a eu connaissance des faits délictueux, au plus tard à la date de certification des comptes* » (Cass. Crim. 9 mars 1999 B N° 32 et Cass. Crim. 24 mars 1999 RJDA 8-9/99 N° 943).

Dans un arrêt du 6 décembre 1982 (D 1983, IR p. 196), la Cour de cassation rappelle que lorsque deux infractions sont connexes (par exemple abus de biens sociaux et non dénonciation de faits délictueux), un acte interruptif de la prescription concernant l'une d'elles a nécessairement le même effet à l'égard de l'autre.

• L'ACTION CIVILE

Dans un arrêt rendu par la Chambre criminelle le 8 mars 2006 (N° 05-81153) les magistrats de la Cour de cassation ont cassé un arrêt qui avait refusé la constitution de partie civile de la société : « *les infractions de présentation de comptes annuels infidèles, et de non révélation de faits délictueux par un commissaire aux comptes, à les supposer établies, sont de nature à occasionner à la société un préjudice direct et personnel.* »

• LA SOLIDARITÉ

Les magistrats peuvent déclarer la responsabilité solidaire du commissaire aux comptes avec celle du dirigeant (voir Cass. Crim. 17 novembre 2004 N° 03-85455).

b) Obligation de révéler à l'occasion de la surveillance des placements

L'article L. 573-8 du CMF punit d'un emprisonnement de cinq ans et d'une amende de 18 000 €, le commissaire aux comptes qui, soit en son nom personnel, soit au titre d'associé dans une société de commissaire aux comptes, n'aura pas révélé au Procureur de la République les faits délictueux dont il aura eu connaissance.

C) Certaines règles violées

1) Violation du secret professionnel

Responsabilité, faute, prescription triennale, Paris 7.11.1995 D 95 IR 265 et 14.11.1995 D 95 IR 265.

L'article L. 820-5 du Code de commerce précise en son dernier alinéa : « Les articles 226-13 et 226-14 du Code pénal relatifs au secret professionnel sont applicables aux commissaires aux comptes ».

Art. 226-13. La révélation d'une information à caractère secret par une personne qui en est dépositaire soit par état ou par profession, soit en raison d'une fonction ou d'une mission temporaire, est punie d'un an d'emprisonnement et de 150 000 € d'amende.

L'article 226-14 indique que l'article 226-13 n'est pas applicable dans les cas où la loi impose ou autorise la révélation du secret. Il précise aussi les cas où il n'est pas applicable.

L'obligation au secret professionnel est établie et sanctionnée pour assurer la confidence nécessaire à l'exercice de certaines professions (Crim. 5 juin 1985, D 1986 IR p. 120).

a) *Élément constitutif du délit*

• Révélation d'un secret

Les faits qui ne doivent pas être révélés sont ceux qui sont confiés aux professionnels sous le sceau du secret. La Cour de cassation déclare que le texte s'applique à tous ceux auxquels leur état ou leur profession impose l'obligation au secret « *soit que les faits qu'ils approuvent sous le sceau du secret leur aient été confiés par des particuliers, soit que leur connaissance provienne de l'exercice d'une profession aux actes de laquelle la loi, dans un intérêt général et d'ordre public, a imprimé le caractère confidentiel et secret* ». (Cass. 5 février 1979, D 1970, p. 249)

Aussi il faut considérer comme protégés contre la divulgation, tous les documents, actes et faits dont les commissaires ont eu connaissance dans l'exercice de leur mission (art. L. 822-15 du Code de commerce).

Le terme du secret est très large ; selon la jurisprudence, il y aurait même violation du secret professionnel lorsque le commissaire révèle des faits connus, dès lors que ces faits ne sont pas de notoriété publique, si la divulgation apporte à ceux qui les connaissent, une certitude qu'ils ne possédaient pas auparavant. (Cass. 27 juin 1931, S. 1932 I. 37)

Cependant, compte tenu du caractère spécifique de la fonction de commissaire aux comptes, des dispositions spéciales leur font obligation de déclarer ou de dénoncer certains faits.

• Bénéficiaire de la révélation

Les alinéas 1 et 2 de l'article L. 823-12 délient le commissaire aux comptes du secret professionnel dans deux cas précis :

– à l'égard de l'assemblée générale, il doit signaler les irrégularités et inexactitudes révélées au cours de l'accomplissement de sa mission ;

– à l'égard du Procureur de la République lorsqu'il lui révèle les faits délictueux dont il a eu connaissance.

CA Paris 31 mai 2000 RJDA 11/00 N° 999 : « *Lorsque des faits délictueux ont été portés à la connaissance du procureur de la République par le président d'une société, l'obligation au secret professionnel du commissaire aux comptes n'exclut pas qu'il puisse donner au procureur son opinion sur les faits.* »

L'article L. 822-15 délie du secret les commissaires aux comptes et leurs collaborateurs à l'égard du président du Tribunal de commerce ou du TGI dans le cadre du déclenchement de la procédure d'alerte.

L'article L. 822-15 délie également du secret les commissaires aux comptes de la personne morale consolidante à l'égard des commissaires aux comptes de la personne morale considée.

Dans le cadre de la lutte contre le blanchiment, les commissaires aux comptes doivent fournir les renseignements et documents réclamés à l'occasion des inspections et contrôles (art. L. 821-12).

L'article L. 621-9-3 du CMF délie du secret professionnel le commissaire aux comptes à l'égard de l'Autorité des marchés financiers.

L'article L. 823-16-1 du Code de commerce le délie à l'égard du comptable public d'un organisme public dont il certifie les comptes.

En dehors de ces exceptions, le commissaire aux comptes est tenu au secret à l'égard des tiers ; par tiers, il faut entendre le public en général, les créanciers, le banquier de la société (TGI Limoges, 27 novembre 1981, CNCC 82, p. 79), les administrations, sauf dispositions légales ou réglementaires. Il est également tenu au secret, sauf exception, à l'égard de toutes autorités judiciaires. Dans un procès civil, le commissaire n'a pas à témoigner, sauf s'il est délié du secret par son mandant ou s'il est appelé à déposer sur des faits relevant de l'article L. 823-12 al. 1. Aussi, il n'a pas à témoigner devant le juge des affaires matrimoniales qui demande communication du montant de la rémunération d'un administrateur (Aix, 14 juin 1977, CNCC 1977, p. 477).

Devant les juridictions pénales, la solution vaut également avec certaines exceptions. Par exemple, l'article 109 du Code de procédure pénale dispense de déposer devant le juge d'instruction, les personnes assujetties au secret professionnel. Mais le commissaire serait tenu de témoigner si la révélation porte sur un fait délictueux qu'il a révélé ou était tenu de révéler. L'article L. 2323-8 du Code du travail prévoit que le comité d'entreprise peut convoquer les commissaires aux comptes pour recevoir leurs explications sur les différents postes des documents communiqués ainsi que sur la situation financière de l'entreprise.

Les commissaires ont la tâche délicate de distinguer entre les informations qu'ils doivent donner au comité sous peine de délit d'entrave et celles qu'ils doivent s'abstenir de communiquer sous peine de violation du secret professionnel.

• Élément moral

La Cour de cassation a jugé « *que la disposition de l'article 378 (devenu 226-13) est générale et absolue et qu'elle punit toute révélation du secret professionnel, sans qu'il soit nécessaire d'établir à la charge du prévenu l'intention de nuire : « qu'ainsi le délit existe dès que la révélation a été faite avec connaissance, indépendamment de toute intention spéciale de nuire* » (Cass. 27 juin 1967, B 194). Cependant l'auteur doit avoir agi avec connaissance ; il s'agit donc d'un délit intentionnel.

Crim. 7 mars 1989, B N° 291, p. 109 :

> « *L'intention frauduleuse de celui qui commet une violation du secret professionnel, consiste dans la conscience qu'il a de révéler le secret dont il a connaissance, quel que soit le mobile qui a pu le déterminer.* »

b) *Traitement pénal*

• Personnes punissables

Aux termes de l'article L. 820-5, peut être poursuivi pour violation du secret professionnel tout commissaire aux comptes exerçant la profession, individuellement ou en société civile professionnelle, alors que l'article L. 822-15 astreint au secret professionnel outre les commissaires aux comptes, leurs collaborateurs et les experts auxquels ils font appel pour l'exercice de leur mission. L'article L. 820-5 ne visant pour l'application des sanctions pénales que les commissaires aux comptes, les collaborateurs et experts sont-ils tenus au secret professionnel au même titre que les commissaires ?

Il semble logique de retenir que les collaborateurs et experts étant astreints au secret professionnel doivent aussi être punissables sur la base de l'article 226-13 du Code pénal qui institue « *toutes personnes dépositaires par état ou profession ou par fonctions temporaires* ».

Pour les sociétés de commissaires aux comptes, il faut établir une distinction : soit il s'agit d'un type de société où tous les associés ont la qualité de commissaires, ils sont alors tous tenus au secret, soit il s'agit d'une société où certains associés peuvent ne pas être commissaires aux comptes, ces derniers ne sont tenus qu'à une obligation de discrétion qui peut engager leur responsabilité civile, alors que les commissaires aux comptes sont astreints au secret professionnel.

• Prescription

Le délit d'atteinte au secret professionnel est une infraction instantanée (Crim. 30 avril 1968, B N° 135) la prescription triennale court donc du jour de la violation du secret professionnel.

Mais le secret peut être violé par une même personne autant de fois qu'elle la divulgue successivement à des personnes différentes. (Crim. 25 janvier 1978, D 1978, p. 153)

• Pénalités

L'article 226-13 du Code pénal punit d'un emprisonnement d'un an et d'une amende de 15 000 € la violation du secret professionnel.

2) Non respect des règles relatives aux incompatibilités

a) Interdiction de la fonction de commissaire aux comptes

> *Art. L. 820-6. Est puni d'un emprisonnement de six mois et d'une amende de 7 500 € le fait, pour toute personne d'accepter, d'exercer ou de conserver les fonctions de commissaire aux comptes, nonobstant les incompatibilités légales, soit en son nom personnel, soit au titre d'associé dans une société de commissaires aux comptes.*

L'article L. 820-6 sanctionne l'exercice illicite de la profession et de la fonction de commissaire aux comptes dans une société.

Diverses considérations ont été retenues pour interdire à certaines personnes de se voir confier la charge de contrôler l'activité comptable et financière d'une société commerciale ; ce sont essentiellement le lien de parenté ou d'alliance avec les administrateurs et les dirigeants en exercice au moment de la désignation, un lien de subordination avec la société, une rémunération indirecte.

– ÉLÉMENTS CONSTITUTIFS DU DÉLIT

Selon le texte de l'article L. 820-6, trois éléments doivent être réunis :

– le fait d'accepter, d'exercer ou de conserver les fonctions de commissaire aux comptes ;

– l'existence ou survenance d'une incompatibilité légale à l'exercice de ces fonctions ;

– la mauvaise foi.

• En ce qui concerne l'acceptation, le délit suppose que la nomination soit intervenue et qu'elle ait fait l'objet d'une acceptation.

L'exercice des fonctions est caractérisé dès lors qu'une personne atteinte par une des incompatibilités exerce en qualité de commissaire aux comptes. Le fait de conserver des fonctions, indépendamment de tout exercice collectif, est également condamnable. Lorsque survient une cause d'incompatibilité, il importe que le commissaire démissionne et ne se borne pas à s'abstenir des actes de sa fonction.

• Les incompatibilités légales constituent le second élément matériel du délit. Ces incompatibilités sont de deux natures différentes. Il existe les incompatibilités générales prévues par l'article L. 822-10 du Code de commerce :

« *Les fonctions de commissaire aux comptes sont incompatibles :*
1° Avec toute activité ou tout acte de nature à porter atteinte à son indépendance ;
2° Avec toute emploi salarié ; toutefois, un commissaire aux comptes peut dispenser un enseignement se rattachant à l'exercice de sa profession ou occuper un emploi rémunéré chez un commissaire aux comptes ou chez un expert-comptable ;
3° Avec toute activité commerciale, qu'elle soit exercée directement ou par personne interposée. »

Il existe également les incompatibilités spéciales prévues à l'article L. 822-11 du Code de commerce qui renvoie au Code de déontologie Article L. 822-16 I :

« *Le commissaire aux comptes ne peut prendre, recevoir ou conserver directement ou indirectement, un intérêt auprès de la personne ou de l'entité dont il est chargé de certifier les comptes, ou auprès d'une personne qui la contrôle ou qui est contrôlée par elle, au sens des I et II de l'article L. 233-3...* »

À quelles incompatibilités faut-il relier l'infraction pénale ?
Un arrêt récent rendu par la Chambre criminelle de la Cour de cassation (Cass. Crim. 16 juin 2010 N° 09-81813 Bull. Crim. 2010 N° 110) a clairement pris position pour un renvoi aux incompatibilités spéciales :

« *Le fait, pour un commissaire aux comptes, de prendre, recevoir ou conserver un intérêt auprès d'une personne contrôlée par celle dont il est chargé de certifier les comptes n'est constitutif d'une incompatibilité légale, au sens de l'article L. 820-6 du Code de commerce, que dans les conditions prévues à l'article L. 822-11 I du même Code.*
Encourt, dès lors, la cassation l'arrêt qui, sur le fondement de l'article L. 822-10 1° du Code de commerce, déclare un commissaire aux comptes coupable d'exercice de ses fonctions malgré une incompatibilité légale, pour avoir bénéficié gracieusement de séjours de thalassothérapie dans un hôtel exploité par une filiale de la société dont il était chargé de certifier les comptes. »

• L'élément intentionnel, c'est-à-dire la connaissance nécessaire de l'incomptabilité et de la violation commise.
Crim. 3 janvier 1983 (B N° 2, p. 3. D 1983 IR, p. 208) :

« *Est à bon droit déclaré coupable d'avoir contrevenu aux dispositions de l'article 220-4, le commissaire aux comptes d'une société anonyme qui, au sein de celle-ci, y a exercé en outre les fonctions d'expert-comptable et a perçu pour l'ensemble de ses activités une rémunération globale, les juges du fond, n'ayant pas, pour sanctionner l'infraction, à ventiler les divers honoraires reçus par l'intéressé.* »

Dans un arrêt du 24 mai 1983 (D 1984. J. 101, note Vidal), la Cour de cassation a retenu deux chefs de condamnation. En premier lieu le commissaire de la société anonyme T... « *percevait de façon constante et systématiquement une rémunération supérieure de plus du double à celle à laquelle il pouvait prétendre, ce qui révélait à l'évidence la rémunération non d'interventions ponctuelles mais d'un service régulier d'assistance, étranger aux fonctions de commissaires aux comptes...* ». *En second lieu,* « *Le sieur M... était demeuré dans ses fonctions bien qu'il fut le conjoint d'une personne qui, en sa qualité de gérante majoritaire à 80 % des sociétés F... et S... chargées respectivement des activités de secrétariat juridique et de traitement mécanographique de la comptabilité de la société T..., percevait de celle-ci des salaires ou rémunérations autres que celles de commissaires aux comptes* ». Ces deux sociétés dispensaient leurs services rémunérés auprès de la SA où le commissaire exerçait ses fonctions.

Un arrêt de la Cour de cassation du 18 octobre 1983 consacre pour la première fois l'incrimination de la rémunération indirecte (D 1984, J. p. 361, note Dominique Vidal). Dans cette espèce, le prévenu commissaire aux comptes d'une société x... avait été chargé par elle de vérifier les comptes d'une société dans laquelle une des filiales à 99 % de la société x... envisageait de prendre une participation. Cette vérification avait été faite, non par le prévenu, commissaire aux comptes, mais par une société anonyme dont il était actionnaire et salarié. La Cour de cassation déclare que cette vérification n'entrait pas dans les attributions de commissaire aux comptes, qu'elle ne répondait à aucune demande de l'autorité publique et que le prévenu commissaire aux comptes de plusieurs sociétés importantes, avait l'obligation de respecter les textes de loi applicable dans ce domaine, et en cas de doute sur leur interprétation, de consulter au préalable les instances compétentes.

- Pénalités

Les peines encourues sont un emprisonnement de six mois et une amende de 7 500 €.

- Prescription

L'action publique se prescrit par trois ans ; on considère que le fait d'exercer et conserver la fonction de commissaire aux comptes sous le couvert d'une incompatibilité est un délit continu : le point de départ du délai est fixé au jour où prend fin l'état délictueux. Dans ce sens, TGI de Saintes 3 février 1983, BNCC. 1983, p. 225, le délai de prescription court à compter de la date de démission du commissaire aux comptes.

b) Exercice illégal de la profession de commissaire aux comptes

Art. L. 820-5. Est puni d'un an d'emprisonnement et de 15 000 € d'amende le fait, pour toute personne :
1° De faire usage du titre de commissaire aux comptes ou de titres quelconques tendant à créer une similitude ou une confusion avec celui-ci, sans être régulièrement inscrite sur la liste prévue au I de l'article L. 822-1 et avoir prêté serment dans les conditions prévues à l'article L. 822-10 ;
2° D'exercer illégalement la profession de commissaire aux comptes, en violation des dispositions du I de l'article L. 822-1 et de l'article L. 822-10 ou d'une mesure d'interdiction ou de suspension temporaire.

La loi de sécurité financière N° 2003-706 du 1er août 2003 a remplacé la protection de la profession.

Seront sanctionnés ceux qui exercent la profession sans être préalablement inscrit sur une liste dressée par la commission régionale d'inscription (art. L. 822-1 à L. 822-3 du Code de commerce) et ceux qui exercent la profession alors qu'ils sont sous le coup d'une suspension ou d'une interdiction.

La suspension provisoire peut être prononcée par le garde des sceaux lorsqu'il y a des faits d'une particulière gravité (art. L. 821-10 du Code de commerce).

c) *Interdiction dans la représentation des obligataires* (art. L. 245-12 du Code de commerce)

L'obligataire n'est pas tenu d'assister en personne aux assemblées générales des obligataires ; il peut s'y faire représenter par un mandataire de son choix. Les articles L. 225-174, L. 228-62 et 63 du Code de commerce interdisent à certaines personnes liées à la société débitrice dont les commissaires aux comptes, de représenter les obligataires ou la masse des obligataires : la violation de ces dispositions est sanctionnée pénalement par l'article L. 245-12.

– ÉLÉMENTS DE L'INFRACTION

La loi punit le président, les administrateurs, les directeurs généraux, les gérants, les commissaires aux comptes, les membres du conseil de surveillance ou les employés de la société débitrice ou de la société garante de tout ou partie des engagements de la société débitrice ainsi que leurs ascendants, descendants ou conjoints qui auront représenté les obligataires à leur assemblée générale, ou auront accepté d'être les représentants ou la masse des obligataires.

• Élément matériel

Les conditions de l'incrimination sont assez larges : dès lors qu'il a été désigné par les obligataires, ou la masse des obligataires, le commissaire aux comptes commet l'infraction s'il accepte de les représenter, bien qu'il n'ait pas participé à l'assemblée.

• Élément moral

L'infraction est établie du seul fait que l'auteur fait acte de représentation. Aucune autre intention n'est exigée par le texte, sauf pour le jeu de la circonstance aggravante (art. L. 245-15). Dans ce cas, il appartient au Ministère Public de prouver l'existence d'une intention particulière : celle de priver les obligataires d'une part de droits attachés à leurs titres de créance.

– PÉNALITÉS ET PRESCRIPTION

La loi prévoit une amende de 6 000 €. En outre, dans l'hypothèse de la circonstance aggravante visée ci-dessus, l'amende peut être portée à 18 000 € et un emprisonnement de cinq ans peut être prononcé. Le délai de la prescription triennale court du jour de la tenue de l'assemblée.

D) Le commissaire aux comptes, auteur principal ou complice d'autres infractions

Les commissaires aux comptes peuvent aussi être poursuivis pour leur participation à des infractions autres que celles relatives au contrôle. Dans certains cas, ils sont retenus comme auteurs principaux mais leur responsabilité pénale est cependant plus souvent engagée au titre de la complicité.

1) Le commissaire aux comptes, auteur principal de l'infraction

– Faux en écritures de commerce

Dans une décision la Cour de cassation a rejeté un pourvoi contre un arrêt qui avait condamné les commissaires aux comptes pour faux en écritures de commerce.

Ainsi la Chambre criminelle a jugé le 12 janvier 1981 que « *constitue un faux en écritures de commerce le fait pour les commissaires aux comptes de mettre à la disposition des actionnaires un rapport comportant une date fausse qui avait été portée uniquement dans le dessein de dissimuler la date effective de mise à disposition des actionnaires, la date constituant dès lors un élément essentiel de l'acte incriminé* » (D 1981, J. 348, note J. Cosson). Dans cette affaire, les commissaires aux comptes avaient voulu « se couvrir » essentiellement, si des faits délictueux venaient à être découverts mais les actionnaires entre le 1er et le 23 juin au matin, avaient eu en leur possession un rapport faux en ce qu'il cachait la vérité sur la situation de la société et approuvait un bilan inexact.

– Délit d'entrave

Les commissaires aux comptes qui ne répondent pas aux convocations du comité d'entreprise apportent une entrave au fonctionnement régulier du comité et se rendent coupables du délit d'entrave prévu aux articles L. 2146-1 et L. 2328-1 du Code du travail ; ils sont passibles d'un emprisonnement d'un an et d'une amende de 3750 €.

Les mêmes peines sont applicables si l'infraction se rapporte au fonctionnement régulier du comité de groupe (L. 2335-1 du Code du travail)

Pour être punissable, l'entrave doit être apportée sciemment et volontairement (Crim. 9 octobre 1958, B p. 1087). « *L'élément intentionnel se déduit du caractère volontaire des agissements constatés* » (Cass. Ass. Plen. 28 janvier 1983, D 1983, 269 Concl. Cabannes).

2) *Le commissaire aux comptes, complice de l'infraction*

V. Commissaire aux comptes et complicité des délits commis par les dirigeants sociaux, E. du Pontavice, Rev. soc. 1988, N° 4, oct., nov., déc. 1988, p. 489 et s.

Les infractions au titre desquelles la complicité du commissaire est le plus souvent retenue sont celles qui relèvent :

a) du droit commun

– escroquerie (Crim. 5 juin 1975, B N° 146 : affaire dite de la Garantie Foncière) et Cass. Crim. 31 janvier 2007 N° 05-85886 Bull. Crim 2007 N° 25 Rev. sociétés 2007 p. 351 note B. Bouloc).

Les magistrats dans cette dernière affaire ont considéré qu'en certifiant les comptes le commissaire aux comptes avait permis la réalisation de l'escroquerie à la TVA.

– faux en écriture privée, de commerce ou de banque (Trib. corr. Metz, 27 novembre 1980 BNCC 1981, p. 78 ; Trib. corr. Bordeaux, 3 juin 1982 BNCC 1983, p. 71 pour un faux procès verbal d'assemblée).

b) du droit des sociétés

Complicité d'abus des biens sociaux et de recel d'abus des biens sociaux (Paris, 30 novembre 1978, BNCC 1980, p. 294).

Au cours de l'année 1983, deux arrêts de la Cour de cassation ont retenu la complicité du commissaire aux comptes dans le délit de présentation de bilan inexact.

Dans l'arrêt du 3 janvier 1983 (1), la Cour retient le délit de complicité de présentation de bilans inexacts. « *Attendu que pour déclarer X... coupable de s'être rendu complice du délit de présentation de bilans inexacts perpétré par la dame L..., les juges énoncent qu'au cours de l'information, l'intéressé avait reconnu que c'était son cabinet qui avait établi les bilans et documents divers..., et qu'il avait même précisé... que « dans les petites sociétés le rôle du commissaire aux comptes est celui d'un conseil.* »

De même, dans l'arrêt du 2 mars 1983 (2), la Chambre criminelle approuve la condamnation d'un commissaire aux comptes pour complicité de présentation de bilan inexact, celui-ci ayant reconnu par deux fois à l'audience qu'il avait passé des écritures en compensation ayant entraîné la fausseté du bilan et qu'il avait sciemment confirmé des informations mensongères en certifiant la régularité et la sincérité du bilan de l'exercice dont il connaissait la fausseté pour avoir participé à son élaboration.

(1) Cassation criminelle 3/01/1983 N° 82-92127 Bull. Crim. 1983 N°2 BNCC, N° 50, p. 220 – JCP 1983. II. 20069-20070.

(2) Cassation criminelle 2/03/1983 BNCC, N° 54, p. 206.

A. Viandier, note sous Crim. 3 janvier 1983 (JCP 1983. II. 20070). (Rev. soc. 1984, p. 111, obs. Bouloc)

> « *L'embellissement du bilan enlaidit souvent la situation du commissaire aux comptes, surtout lorsqu'il ne s'est pas contenté de fermer les yeux sur les anomalies des comptes, mais qu'il a prêté sa science à l'opération de maquillage. Alors, il risque, d'une part, d'être tenu pour complice des dirigeants de la société et, d'autre part, de se trouver de ce fait en position d'incompatibilité.* » (Voir dans le même sens Cass. Crim. 13 février 1997 Dr. pénal 97 Comm. 98)

Au contraire, dans un arrêt du 27 juin 1983 (BNCC N° 52, déc. 1983, p. 462), la Cour de cassation approuvait la relaxe d'un commissaire aux comptes poursuivi du chef de complicité d'escroquerie aux motifs que sa « connivence » avec le dirigeant n'a pas été jusqu'à vouloir faciliter une escroquerie dont il n'avait pas conscience.

Il résulte de la jurisprudence que le commissaire ne peut être condamné pour complicité que si la preuve est apportée de la volonté d'aider ou d'assister le dirigeant de droit ou de fait dans la réalisation de l'infraction principale.

§2. LE CONTRÔLE EMPÊCHÉ

A) Défaut de désignation des commissaires et défaut de convocation aux assemblées

> *Art. L. 820-4. Nonobstant toute disposition contraire :*
> *1° Est puni d'un emprisonnement de deux ans et d'une amende de 30 000 € le fait, pour tout dirigeant de personne ou de l'entité tenue d'avoir un commissaire aux comptes, de ne pas en provoquer la désignation. Est puni des mêmes peines le fait pour tout dirigeant d'une personne ou entité ayant un commissaire aux comptes de ne pas le convoquer à toute assemblée générale.*

Il s'agit de deux délits d'abstention dont les éléments constitutifs sont les suivants :

1) Défaut de désignation des commissaires

Cette omission ne peut être sanctionnée que si la nomination du commissaire aux comptes était obligatoire. Il sera reproché aux dirigeants sociaux de ne pas avoir fait le nécessaire pour provoquer leur désignation. Il ne leur appartient pas de procéder à cette dernière.

Il faut distinguer les cas où la nomination est obligatoire, de ceux dont elle va dépendre de seuils :

– les nominations obligatoires

Il s'agit de la SA, la SCA et la SE. Il faut y ajouter les SICAV et les sociétés civiles de placement immobilier ;

– les nominations dépendant de seuils.

Dans l'EURL, la SARL, la SNC, la SCS :

• Sont tenues de désigner au moins un commissaire aux comptes les sociétés qui dépassent à la clôture d'un exercice social deux des seuils suivants :

total du bilan	1 550 000 €
Montant hors taxe du chiffre d'affaires	3 100 000 €
Nombre moyen de salariés	50

(art. R. 221-5 du Code de commerce) ;

• Sont également concernées par ces seuils les personnes morales de droit privé non commerçantes ayant une activité économique (L. 612-2 et R. 612-1 du Code de commerce).

• Dans la SAS, le principe est le même, mais les seuils sont différents :

total du bilan	1 000 000 €
Montant hors taxe du chiffre d'affaires	2 000 000 €
Nombre moyen de salariés permanents	20

(art. R. 227-1 du Code du commerce).

• Dans le GIE la nomination est obligatoire si le groupement émet des obligations ou compte cent salariés ou plus (article L. 215-12).

Les sociétés astreintes à publier des comptes consolidés doivent désigner au moins deux commissaires aux comptes (art. L. 823-2). Le texte de l'article L. 820-4 vise le fait par les dirigeants de la société de n'avoir pas « provoqué » la désignation. Chaque fois que le nombre des commissaires requis par la loi ou prévu par les statuts ne se trouve pas en fonction, les dirigeants de la société devront convoquer l'assemblée ordinaire en vue de procéder à cette désignation. Faute pour eux de procéder à cette convocation, le délit sera constitué. La Cour de cassation approuve la condamnation d'un gérant de SARL auquel il était reproché d'avoir omis de faire nommer un commissaire aux comptes contrairement aux prescriptions de la loi (Crim. 16 octobre 1978, D 1979, IR p. 120).

2) *Défaut de convocation aux assemblées*

Aux termes de l'article L. 823-17, les commissaires aux comptes doivent être convoqués à toutes les assemblées d'actionnaires ainsi qu'à la réunion du conseil d'administration ou du directoire, selon le cas, qui arrête les comptes de l'exercice écoulé.

L'obligation de convoquer aux réunions du conseil d'administration ou du directoire ne fait pas l'objet des sanctions pénales de l'article L. 820-4. Par contre, le délit est caractérisé lorsque les commissaires n'auront pas été convoqués à une assemblée quelconque d'actionnaires (ordinaires ou extraordinaires).

L'élément matériel du délit sera constitué dès lors que les dirigeants ne peuvent justifier de ces diligences (voir Cass. Crim. 11 mai 1981 N° 79-94330 Bull. Crim. 1981 N° 152.)

• Élément intentionnel

Le simple fait de méconnaître les obligations légales ou de les négliger implique obligatoirement la mauvaise foi.

• Prescription

La jurisprudence n'a pas eu à se prononcer et la doctrine reste divisée sur la nature de ces délits.

Pour le défaut de désignation des commissaires on peut penser que le délit se poursuit tant que la nomination effective ne sera pas intervenue ; c'est à partir de celle-ci que la prescription de trois ans commencera à courir.

Pour le défaut de convocation aux assemblées, on doit considérer que le délit sera constitué par la tenue irrégulière de l'assemblée ; la prescription commencera à courir à compter du jour de l'assemblée.

B) Obstacles à l'exercice des fonctions des commissaires aux comptes et des experts en gestion

Art. L. 820-4. 2° Est puni d'un emprisonnement de cinq ans et d'une amende de 75 000 € le fait, pour les dirigeants d'une personne morale ou toute personne ou entité au service d'une personne ou entité ayant un commissaire aux comptes, de mettre obstacle aux vérifications ou contrôles des commissaires aux comptes ou des experts nommés en exécution des articles L. 223-37 et L. 225-231, ou de leur refuser la communication sur place de toutes les pièces utiles à l'exercice de leur mission et, notamment, de tous contrats, livres, documents comptables et registres de procès-verbaux.

Le Code de commerce (art. L. 823-9 et L. 823-10) donne aux commissaires aux comptes une mission très étendue de vérification et de contrôle sur les documents comptables, livres et documents sociaux ; l'article L. 820-4 2° punit tout fait d'entrave aux vérifications et contrôles ; il est également applicable aux sociétés à responsabilité limitée et aux sociétés en nom collectif ainsi qu'aux SAS.

Les articles L. 223-37 et L. 225-231 permettent à un ou plusieurs associés ou actionnaires, représentant au moins le dixième du capital social, de demander en justice la désignation d'un ou plusieurs experts chargés de présenter un rapport sur une ou plusieurs opérations de gestion.

1) Éléments constitutifs

– Entrave aux vérifications

Il y a lieu de distinguer le délit d'entrave aux vérifications et le délit de refus de communiquer les livres et documents. Il convient également de retenir que ces deux délits concernent aussi les entraves et obstacles aux vérifications et contrôles des experts de gestion.

L'obstacle est une entrave de nature quelconque apportée par l'auteur du délit aux contrôles et vérifications des commissaires. Il peut résulter, par exemple, du refus de l'accès des locaux, ou de l'opposition à fournir les moyens matériels pour procéder à des travaux.

Il faut que cet obstacle soit mis aux vérifications et contrôles ; le délit ne serait pas constitué s'il ne s'agissait que d'une entrave à d'autres fonctions du commissaire (rédaction ou transmission du rapport, dénonciation des faits délictueux, etc.) Le délit peut également être retenu si l'obstacle est mis au contrôle et vérifications effectués par les collaborateurs et assistants choisis par le commissaire.

V. du Pontavice, délit d'entrave au contrôle du commissaire aux comptes, note sous Paris, 25 mars 1991, CNCC 1991.544.

– Refus de communiquer

Pour que le délit soit constitué, il faut une demande expresse et précise ; la ou les pièces demandées doivent être utiles à l'exercice des fonctions. Un arrêt de la Cour d'appel de Paris avait énoncé que la communication des livres devait se faire là où ils sont tenus, c'est-à-dire sur place (Paris, 29 juin 1976, Rev. Trim. Dr. Com. 1976, p. 559), mais la Cour de cassation a jugé différemment dans un arrêt du 11 mai 1981 (D 1982 J. 653, note B. Bouloc) en énonçant que le refus de communication peut être commis par tous moyens et notamment par le non-envoi des pièces demandées. Dans le cas d'espèce, le commissaire avait demandé certains documents à savoir des actes de prêts consentis par le Crédit Foncier et le Comptoir des Entrepreneurs afin d'apprécier le poste « autres dettes à plus d'un an ». L'administrateur a alors transmis la photocopie des correspondances échangées avec le Comptoir des Entrepreneurs mais n'a pas communiqué l'ensemble des pièces demandées (V. Paris, 9e ch, 1er février 1991, Droit pénal 91.239) (refus par lettre) et V. Crim. 8 juin 1993 N° 92-84092 Bull. Crim. 93 N° 204, D 93 IR 196, Rev. Soc. 93.860 note Bouloc.

– *Élément intentionnel*

Il faut pour constituer chacun des délits que l'auteur ait eu conscience du refus opposé ; la simple négligence ou l'oubli ne suffirait pas à caractériser l'infraction. En revanche, la réticence à fournir des explications a caractérisé le délit (Tribunal correctionnel de Paris 30 mai 1990 CNCC 90 p. 365).

Le délit a été considéré comme constitué contre le dirigeant qui a invoqué un différend contre son commissaire aux comptes, justifiant son opposition. Le relèvement judiciaire n'étant pas intervenu, le dirigeant ne pouvait pas se prévaloir du litige pour faire obstacle à l'accomplissement de sa mission (Cass. Crim. 12 septembre 2001 N° 00-86493 Bull. Crim. 2001 N° 177 RJDA 01/02 N° 56).

2) Personnes punissables

Doit être retenu comme auteur du délit celui qui a, soit fait obstacle aux vérifications et contrôles, soit refusé la communication des pièces. Il peut s'agir des dirigeants de droit ou de fait, mais le texte ajoute : « toute personne au service de la société ». Cette dernière formule désigne non seulement les personnes de la société, mais aussi ceux qui lui apportent une collaboration rémunérée (expert-comptable).

Pour les gérants de SARL et de Sociétés en nom collectif, voir article L. 820-1 (voir Cass. Crim. 8 juin 1992 CNCC N° 93 p. 103 : responsabilité d'une salariée).

3) Prescription

Il s'agit, en principe, d'un délit instantané qui se trouve réalisé par l'obstacle mis aux vérifications et contrôles ou le refus de communiquer les pièces utiles ; mais si l'entrave se perpétue, le délit devient continué. Dans le premier cas, le délai de prescription de trois ans commencera à courir à compter de l'entrave ; dans le second cas, à compter du dernier acte d'entrave au contrôle ou de la dernière manifestation de refus.

Sous-Section II – Les délits boursiers

Il aura fallu attendre l'ordonnance N° 67-833 du 28 septembre 1967 pour que soit assurée en France la protection de l'épargne investie en valeurs mobilières. Auparavant, seul l'article 419 du Code pénal permettait de poursuivre les auteurs d'actions illicites sur le marché boursier (sur le délit de spéculation, v. Traité de droit criminel, R. Merle et A. Vitu, N° 933).

La commission des opérations de bourse a été créée à l'image d'un organisme américain la « Securities and Exchange Commission » (SEC) pour veiller à la protection des porteurs de valeurs mobilières, ou tout autre placement donnant lieu à appel public à l'épargne, à l'information des investisseurs et au bon fonctionnement des marchés de valeurs mobilières ou de produits financiers cotés.

La loi N° 89-531 du 2 août 1989 relative à la sécurité et la transparence du marché financier (*JO* du 4 août, p. 9822) a modifié pour la huitième fois l'ordonnance constitutive de la COB du 28 septembre 1967. Cette loi lui a donné des moyens d'investigation très étendus ainsi que de nouveaux pouvoirs d'intervention auprès de la justice.

L'Autorité des marchés financiers (AMF) est née de la fusion de la COB, du conseil des marchés financiers et du conseil de discipline de la gestion financière en août 2003 (loi N° 2003-706).

On examinera successivement la répression administrative et la répression pénale des manquements (délits boursiers et délits d'entrave).

§1. RÉPRESSION ADMINISTRATIVE

A) Agissements réprimés

Les principaux agissements sont : les opérations d'initié, la diffusion de fausses informations et le fait de se livrer à une manipulation des cours.

B) Procédure d'injonction ou de sanctions pécuniaires

Les auteurs des pratiques incriminées peuvent faire l'objet soit d'une procédure d'injonction, soit peuvent être frappés de sanctions pécuniaires et extra-pécuniaires.

– Procédure d'injonction :

L'article L. 621-14 du CMF précise que le président de l'AMF peut demander au président du Tribunal de grande instance, en la forme des référés, qu'il soit ordonné à la personne responsable de respecter la loi en mettant fin à l'irrégularité et en supprimant les effets. Le président du tribunal peut prononcer une astreinte versée au Trésor Public pour l'exécution de son ordonnance.

– *Sanctions :*

Le législateur prévoit également des sanctions pécuniaires (art. L. 621-1-5 du CMF).

Le montant de la sanction pécuniaire est fixé par la commission des sanctions. Son plafond varie en fonction de la qualité de l'auteur du manquement.

À ces sanctions pécuniaires peuvent s'ajouter : un blâme, un avertissement, une interdiction professionnelle temporaire ou définitive.

Peut-on cumuler les sanctions administratives et pénales pour des faits identiques ?

Si la réponse à cette question est positive (Cass. Crim. 1er mars 2000 N° 99-86299 Bull. Crim. 2000 N° 98 Dr. pén. 2000 Comm. N° 75 note J.H. Robert), on peut le regretter. Une QPC a été rejetée (Cass. Ass. plénière 8 juillet 2010 N° 10-10965 D 2010 1782) :

> « *Et attendu que les questions posées ne présentent pas un caractère sérieux en ce que, sous réserve du respect de l'exigence constitutionnelle de proportionnalité, laquelle implique qu'en tout état de cause, le montant global des sanctions éventuellement prononcées ne dépasse pas le montant le plus élevé de l'une des sanctions encourues, le principe selon lequel une même personne ne peut pas être punie deux fois pour le même fait ne reçoit pas application au cas de cumul entre sanctions pénales et sanctions administratives.* »

Le rapport Coulon s'est penché sur cette question au regard de la règle *non bis in idem*. Il n'a pas proposé l'abandon d'une des deux procédures, mais une unification sous le contrôle du parquet.

C) Les recours contre les décisions de l'AMF
(art. L. 621-30 du CMF)

Les recours des professionnels visées par l'article L. 621-9 II du CMF sont portés devant le Conseil d'État (art. R. 621-45 du CMF).

Pour les autres personnes pour lesquelles l'AMF n'est pas habilité à opérer de contrôle, les recours sont formés devant la Cour d'appel de Paris (art. R. 621-46 du CMF).

§2. RÉPRESSION PÉNALE

A) Délits boursiers

V. Droit des marchés financiers, Economica, T. Bonneau et F. Drummond et le dossier « Particularités du droit pénal des marchés financiers » AJ Pénal 2011 57 J. Lasserre Capdeville, E. Deleuze, E. Allain et M. Nord-Wagner.

1) Délits d'initiés
(art. L. 465-1 et L. 465-3 du CMF)

Art. L. 465-1. Est puni de deux ans d'emprisonnement et d'une amende de 1 500 000 € dont le montant peut être porté au-delà de ce chiffre, jusqu'au décuple du montant du profit éventuellement réalisé, sans que l'amende puisse être inférieure à ce même profit, le fait, pour les dirigeants d'une société mentionnée à l'article L. 225-109 du Code de commerce, et pour les personnes disposant, à l'occasion de l'exercice de leur profession ou de leurs fonctions, d'informations privilégiées sur les perspectives ou la situation d'un émetteur dont les titres sont négociés sur un marché réglementé ou sur les perspectives d'évolution d'un instrument financier ou d'un actif visé au II de l'article L. 421-1 admis sur un marché réglementé, de réaliser ou de permettre de réaliser, soit directement, soit par personne interposée, une ou plusieurs opérations avant que le public ait connaissance de ces informations.

Est puni de un an d'emprisonnement et de 150 000 € d'amende le fait, pour toute personne disposant dans l'exercice de sa profession ou de ses fonctions d'une information privilégiée sur les perspectives ou la situation d'un émetteur dont les titres sont négociés sur un marché réglementé ou sur les perspectives d'évolution d'un instrument financier ou d'un actif visé au II de l'article L. 421-1 admis sur un marché réglementé, de la communiquer à un tiers en dehors du cadre normal de sa profession ou de ses fonctions.

Est puni d'un an d'emprisonnement et d'une amende de 150 000 € dont le montant peut être porté au-delà de ce chiffre, jusqu'au décuple du montant du profit réalisé, sans que l'amende puisse être inférieure à ce même profit, le fait pour toute personne autre celles visées aux deux alinéas précédents, possédant en connaissance de cause des informations privilégiées sur la situation ou les perspectives d'un émetteur dont les titres sont négociés sur un marché réglementé ou sur les perspectives d'évolution d'un instrument financier ou d'un actif visé au II de l'article

L. 421-1 admis sur un marché réglementé, de réaliser ou de permettre de réaliser, directement ou indirectement, une opération ou de communiquer à un tiers ces informations, avant que le public en ait connaissance. Lorsque les informations en cause concernant la commission d'un crime ou d'un délit, les peines encourues sont portées à sept ans d'emprisonnement et à 1 500 000 € si le montant des profits réalisés est inférieur à ce chiffre.

Art. L. 465-3. Les personnes morales déclarées responsables pénalement, dans les conditions prévues par l'article 121-2 du Code pénal, des infractions définies aux articles L. 465-1 et L. 465-2 encourent, outre l'amende suivant les modalités prévues par l'article 131-38 du Code pénal, les peines prévues par l'article 131-39 du même Code.

L'interdiction mentionnée au 2° de l'article 131-39 du Code pénal porte sur l'activité dans l'exercice ou à l'occasion de l'exercice de laquelle l'infraction a été commise.

Pour qu'une information soit considérée comme privilégiée, elle doit réunir différentes conditions. Elle doit être précise, confidentielle, de nature à influer sur le cours de la valeur et être déterminante des opérations réalisées (Cass. Crim. 26 juin 1995 B N° 233).

• Une information *précise*. Cette condition va permettre d'écarter les renseignements vagues et les rumeurs. On soulignera qu'il n'est pas nécessaire que l'information ait un caractère certain ou particulier pour constituer une information privilégiée (Cass. Com. 5 octobre 1999 Dr. sociétés 2000 Comm. N° 14).

L'information doit être précise, « *mais il n'est pas nécessaire qu'elle soit complète, elle doit concerner un projet suffisamment élaboré pour être mené à son terme même si des aléas sont toujours possibles, avoir un caractère confidentiel donc inconnu du public, son utilisation doit être susceptible d'influer sur le cours de l'action, des rumeurs ne constituant pas une information privilégiée.* » (Cass. Crim. 14 juin 2006 N° 05-82453 Bull. Crim. 2006 N° 178).

• Une information *confidentielle*, c'est-à-dire qui n'est pas connue du marché. Dès lors, pour acquérir un caractère public, elle devra être portée à la connaissance du marché, le cas échéant, par voie d'un communiqué faisant l'objet d'une diffusion effective et intégrale.

Cette information doit concerner un ou plusieurs émetteurs, une ou plusieurs valeurs mobilières, contrats à terme négociables, un ou plusieurs produits financiers cotés. Il en résulte que sont visées :

– les informations relatives aux sociétés émettrices et à d'autres émetteurs tels que l'État et les collectivités publiques ;

– les informations susceptibles d'affecter le cours d'une valeur et qui ne sont pas propres à l'entreprise (information fiscale, modification d'une réglementation) ;

– les informations que l'on qualifie d'informations de marché, c'est-à-dire par exemple la connaissance d'un ordre d'achat ou de vente portant sur un paquet de titres suffisamment important pour avoir une incidence sur les cours.

Certains employés de sociétés de bourse avaient acheté à découvert des obligations et les avaient revendues sans délai à l'émetteur dégageant chaque fois un substantiel bénéfice. Le tribunal de Paris a retenu le délit d'initié le 30 mars 1989 (Gaz. Pal. 15 juillet 1989, p. 3, note J.P. Marchi). La Cour d'appel a relaxé les prévenus, mais sur pourvoi du Procureur général, la Cour de cassation a censuré cette décision par arrêt du 18 février 1991 de la Chambre criminelle, (D 1991 IR, p. 112).

> « *Ne tire pas les conséquences légales de ses constatations la Cour d'appel qui, pour relaxer les prévenus poursuivis pour avoir acheté des obligations en utilisant les instructions des émetteurs désireux de les racheter sur le marché obligataire afin de bénéficier d'un cours inférieur au prix de remboursement, énonce que les prévenus n'ont joué que sur l'évolution du marché obligataire pour réaliser à leur profit une marge bénéficiaire et qu'ils n'ont pas tiré avantage des informations sur la marche d'une société, alors qu'il résulte de ses propres énonciations que les prévenus, lorsqu'ils ont spéculé sur le marché obligataire, connaissaient les conditions de rachat des titres par les sociétés émettrices, et donc les décisions prises pour la marche financière de ces sociétés.* »

Le déclenchement d'une procédure d'alerte a été considéré comme une information privilégiée (Cass. Com. 23 mars 2010 N° 09-65827).

• Il faut que l'information soit déterminante. Crim. 26.06.1995, D 95 IR 185 et Somm. 203 ; JCP II 22-599, note Viandier et Crim. 26.10.95 B N° 324 p. 908 (affaire Boublil et Traboulsi).

> Une analyse objective est indispensable.
> « *Le caractère privilégié des informations, au sens de ces textes, ne saurait résulter de l'analyse que peut en faire celui qui les reçoit et les utilise, mais doit s'apprécier de manière objective, excluant tout arbitraire, et en fonction de leur seul contenu* ». L'opération spéculative reprochée ne procédait que d'estimations financières effectuées de longue date à partir de faits et circonstances connues dans le milieu professionnel (Cass. Crim. 26 juin 1995 N° 93-81646 Bull. Crim. 95 N° 233 Dr. pénal 95 Comm. 225).

b) Les personnes visées

On distingue l'infraction commise directement ou par personne interposée :

– Les initiés directs ou initiés primaires

On les appelle aussi initiés de droit ou encore initiés matériels.

Ce sont les dirigeants d'une société mentionnés à l'article L. 225-109 : le président, les directeurs généraux, les membres du directoire d'une société, les personnes physiques ou morales exerçant dans cette société des fonctions d'administrateur ou de membre du conseil de surveillance, les représentants permanents des personnes morales qui exercent ces fonctions.

Ces initiés primaires sont présumés avoir connaissance de l'information privilégiée en raison de leur fonction (Cass. Crim. 15 mars 1993 N° 92-82263 Bull. Crim. N° 113).

Cette présomption peut être combattue par la preuve contraire ou une délégation en bonne et due forme (Cass. Crim. 11 mars 1993 B N° 112 et Cass. Crim. 19 octobre 1995 N° 94-83884 Bull. Crim. 1995 N° 317).

– Les initiés indirects ou initiés secondaires

Ce cercle ne fait pas l'objet, comme le précédent, d'énumération dans le texte, il s'agit des personnes disposant, à l'occasion de l'exercice de leur profession ou de leurs fonctions, d'informations privilégiées sur les perspectives ou la situation d'un émetteur de titres ou sur les perspectives d'évolution d'un instrument financier admis sur un marché réglementé.

À cette catégorie se rattachent l'ensemble des personnes en relation professionnelle avec un émetteur ainsi que toute autre personne ayant accès aux informations confidentielles (commissaires aux comptes, banquiers, personnel des sociétés de bourse, journalistes, agents du fisc, membres du comité d'entreprise qui eux doivent respecter la confidentialité des informations, art. L. 2323-10 du Code du travail).

Paris, 9e ch., 14 janvier 1993, GP avril 1993, Crim. 15 mars 1993, GP 18-20 juillet 1993, note Marchi ; B 113 p. 280. Paris 26 mars 1993, GP 1-3 mai 1994.

– Les initiés tertiaires

Le législateur a ajouté dans le troisième alinéa : *« toute personne autre que celles visées aux deux alinéas précédents, possédant en connaissance de cause des informations privilégiées. »*

c) Élément matériel

– Les deux cas

• Premier cas : sera sanctionné le détenteur de l'information privilégiée qui a réalisé ou permis de réaliser une ou plusieurs opérations directement ou par personne interposée. Le devoir d'abstention ne peut pas être contourné par une interposition de personnes. Il n'est pas indispensable que l'initié ait tiré profit de l'opération.

• Second cas : sera sanctionné celui qui transgresse son devoir de discrétion en communiquant à un tiers, en dehors du cadre normal de sa profession ou de ses fonctions, une information privilégiée.

– Les causes d'exonération

L'initié peut dégager sa responsabilité s'il peut démontrer que la transaction litigieuse a été effectuée dans un intérêt autre que personnel (Cass. Crim. 15 mai 1997 Rev. Soc. mars 1998 p. 135 note B. Bouloc).

L'initié peut également dégager sa responsabilité s'il peut prouver que les opérations réalisées n'ont pas été déterminées par l'information privilégiée (CA Paris 26 octobre 1999 RJDA 11/00 N° 995).

d) Élément d'intentionnalité

Pour être punissable la révélation de l'information doit être consciente.

La même exigence est requise lors de la communication de l'information à un tiers qui doit être aussi intentionnelle.

e) Compétence territoriale en matière de délit boursier

Crim. 3 novembre 1992, D 93 J. 120 note Ducouloux-Favart (affaire Traboulsi) et Paris 15.01.1993 D 93 J. p. 120.

f) Pénalités – Prescription – Complicité – Recel

Dans le cas du délit d'initié sous la qualification de l'alinéa 1er de l'article L. 465-1 (initiés primaires) les peines applicables sont : emprisonnement de deux ans et amende de 1 500 000 € dont le montant pourra être porté au-delà de ce chiffre, jusqu'au décuple du montant du profit éventuellement réalisé, sans que l'amende puisse être inférieure à ce même profit, ou de l'une de ces deux peines seulement. Les peines sont de un an et 150 000 € (initiés secondaires et tertiaires).

Le délit d'initié étant un délit instantané, le délai de la prescription triennale doit commencer à courir le jour où l'ordre a été donné ou le jour où l'information a été communiquée.

La tentative n'est pas applicable, la complicité par contre est punissable.

Le recel de délit d'initié ne peut résulter de la simple détention d'informations privilégiées. Il est caractérisé quand le receleur réalise en connaissance de cause une ou plusieurs transactions en exploitant l'information privilégiée dont il est détenteur et qu'il bénéficie du produit du délit d'initié (Cass. Crim. 26 octobre 1995 B N° 324 et Cass. Crim. 9 septembre 2009 N° 08-87312).

Le délit d'initié peut constituer un acte de terrorisme (art. 421-1 du CP) quand il est réalisé en relation avec une entreprise ayant pour but de troubler gravement l'ordre public.

g) Action civile

Les magistrats ont reconnu dans un arrêt du 11 décembre 2002 (N° 01-85176 Bull. Crim. 2002 N° 224) que le délit d'initié « est susceptible de causer un préjudice personnel aux actionnaires ».

2) Diffusion d'informations fausses ou trompeuses

Art. L. 465-2 al. 2 du CMF

> *Art. L. 465-2. Est puni des peines prévues au premier alinéa de l'article L. 465-1 le fait, pour toute personne, de répandre dans le public par des voies et moyens quelconques des informations fausses ou trompeuses sur les perspectives ou la situation d'un émetteur dont les titres sont négociés sur un marché réglementé ou sur les perspectives d'évolution d'un instrument financier ou d'un actif visé au II de l'article L. 421-1 admis sur un marché réglementé, de nature à agir sur les cours.*

Peu importe les voies et moyens employés puisque le texte les qualifie de « quelconques » donc très larges : envoi de lettres ou de circulaires, publicité par voie de presse. Les informations doivent avoir été répandues « sciemment ». Le délit, selon la formulation du texte, peut être commis par « toute personne ». Les pénalités applicables sont celles prévues pour le délit d'initié (voir *supra*).

Les magistrats vont devoir rechercher si les informations diffusées sont de nature à induire en erreur (Cass. Crim. 4 novembre 2004 N° 03-82777).

B) Délits d'entrave

1) *Entrave à l'exercice des missions des enquêteurs de l'AMF* (art. L. 642-2 du CMF)

> *Art. L. 642-2. Est puni d'un emprisonnement de deux ans et d'une amende de 300 000 € le fait, pour toute personne, de mettre obstacle à une mission de contrôle ou d'enquête de l'Autorité des marchés financiers effectuée dans les conditions prévues aux articles L. 621-9 à L. 621-9-2 ou de lui communiquer des renseignements inexacts.*

2) *Entrave au fonctionnement régulier du marché (délit de manipulation des cours)* (art. L. 465-2 du CMF)

> *Art. L. 465-2. Est puni des peines prévues au premier alinéa de l'article L. 465-1 le fait, pour toute personne, d'exercer ou de tenter d'exercer, directement ou par personne interposée, une manœuvre ayant pour objet d'entraver le fonctionnement régulier d'un marché réglementé en induisant autrui en erreur.*

L'élément matériel du délit consiste en une manœuvre (mensonge ou réticence) ayant pour objet « d'entraver le fonctionnement régulier d'un marché réglementé » (art. L. 421-1 du CMF).

Les peines applicables sont très lourdes ; il s'agit de celles prévues pour le délit d'initié : emprisonnement de deux ans et amende de 1 500 000 €, la tentative est punissable.

Tombe sous le coup de l'article L. 465-2 la technique dite de la « bouilloire » qui consiste à manipuler rapidement, à la hausse, une valeur dont le marché est étroit et sensible, en passant de très nombreux ordres d'achat, généralement sans disposer de la couverture nécessaire, pour persuader les spéculateurs de l'imminence d'une opération sur ce titre et les amener ainsi à entretenir la hausse (TGI Paris, 14 mars 1990, Gaz. Pal. 20/21 juin, p. 28, obs. Marchi).

Pour l'élément moral, voir CA Paris, 2 février 2007 Bull. Joly Bourse 1er mars 2007 N° 2 p. 200 note E. Deleuze.

3) *Obstacles aux mesures conservatoires ordonnées par le président du tribunal de grande instance*

a) *Délit d'entrave aux mesures de séquestre* (art. L. 621-13 et L. 642-3 du CMF)

Le président du TGI peut, sur demande motivée du président ou du secrétaire général de l'AMF, prononcer la mise sous séquestre en quelque main qu'ils se trouvent des fonds, valeurs, titres ou droits appartenant aux personnes mises en cause par elle. Il statue par ordonnance sur requête, à charge pour tout intéressé de lui en référer.

Toute entrave aux mesures de séquestre est punie d'un emprisonnement de deux ans et d'une amende de 300 000 €.

b) *Délit d'inobservation de l'interdiction temporaire d'activité professionnelle* (art. L. 621-13 et L. 642-3 du CMF)

Dans les mêmes conditions que la mise sous séquestre, le président du TGI peut ordonner l'interdiction temporaire de l'activité professionnelle.

L'auteur du délit est « toute personne » qui ne respecte pas cette interdiction temporaire d'activité.

Les pénalités encourues sont les mêmes que celles prévues ci-dessus pour le délit d'entrave aux mesures de séquestre.

c) *Délit de retard de consignation* (art. L. 621-13 et L. 642-3 du CMF)

Le président du TGI peut, sur demande motivée du président ou du secrétaire général de l'AMF, ordonner en référé qu'une personne mise en cause soit astreinte à consigner une somme d'argent. Il fixe le montant de la somme à consigner, le délai pour consigner et son affectation.

Si la personne consignataire est mise en examen, le juge d'instruction saisi de l'information est seul habilité à donner main levée totale ou partielle de la consignation ou pour la maintenir ou l'augmenter par décision rendue en application du 11° de l'article 138 du Code de procédure pénale.

Est puni d'un emprisonnement de deux ans et d'une amende de 75 000 € le fait, pour toute personne, de ne pas consigner la somme fixée par le juge, en application de l'article L. 621-13, dans le délai de quarante-huit heures suivant la date à laquelle la décision est devenue exécutoire. (art. L. 642-3 dernier alinéa)

CHAPITRE IV

La société et sa comptabilité

Au cours de la vie sociale des dirigeants doivent se soumettre à diverses obligations relatives :

– d'une part, aux comptes sociaux (Section I : Les comptes sociaux et le Droit pénal) ;

– d'autre part, aux distributions de dividendes (Section II : Les dividendes et le Droit pénal).

SECTION I
Les comptes sociaux et le droit pénal

La multiplication des infractions relatives aux comptes sociaux témoigne du souci du législateur d'accroître l'information des actionnaires, des tiers et des salariés (comité d'entreprise).

On constate l'existence de nombreuses infractions d'omission et un délit d'action. Si certaines violations de règles du droit comptable ne sont pas directement sanctionnées sur le plan pénal, elles peuvent cependant se trouver réprimées sous la qualification éventuelle de banqueroute, présentation de comptes annuels infidèles ou de fraude fiscale.

§1. LES OMISSIONS SANCTIONNÉES

A) Délit d'omission d'établissement de documents comptables

Art. L. 242-8. Est puni d'une amende de 9 000 € le fait, pour le président, les administrateurs ou les directeurs généraux d'une société anonyme, de ne pas, pour chaque exercice, dresser l'inventaire et établir des comptes annuels et un rapport de gestion.
Art. L. 241-4. Est puni d'une amende de 9 000 € :
1° Le fait, pour les gérants, de ne pas, pour chaque exercice, dresser l'inventaire, établir les comptes annuels et un rapport de gestion.

1) Éléments constitutifs

Le législateur énumère les documents à établir :
l'inventaire, les comptes annuels et le rapport de gestion (Crim. 26 juin 1989 Rev. Soc. 1990 p. 59).
Le non-respect de ces obligations est sanctionné pénalement.
L'intention coupable existe dans la simple *« constatation de la violation, en connaissance de cause, d'une prescription légale ou réglementaire »* (Cass. Crim. 8 avril 2010 n° 09-85298 RJDA 11/10 n° 1086).

2) Traitement pénal de l'infraction

a) Personnes punissables

Les dirigeants de droit dans la SA classique (L. 242-8), la SA dualiste (L. 242-30), la SCA (L. 243-1), la SAS (L. 244-1), la SE (L. 244-5). Le législateur incrimine également les directeurs généraux délégués (L. 248-1). Il faut y ajouter le gérant de SARL (L. 241-4).

À côté des dirigeants de droit, l'article L. 246-2 prévoit également la possibilité de poursuivre des mêmes chefs les dirigeants de fait. Toute personne ayant participé à la réalisation du délit peut être retenue comme complice (Crim. 9 novembre 1992 Rev. Soc. 93, note Bouloc).

b) Pénalités

La sanction est une amende de 9 000 €.

c) *Prescription*

Elle est de trois ans. La question est de savoir à partir de quand le délit est consommé. Certains auteurs retiennent la date à laquelle les documents doivent être mis à la disposition des commissaires aux comptes ; mais, l'opinion dominante préconise une autre solution qui tend à faire courir la prescription du jour où les documents auraient dû être présentés à l'assemblée générale appelée à se prononcer sur les comptes de l'exercice (Constantin, Droit pénal des sociétés par actions, p. 664 ; Viandier, Droit comptable N° 293).

B) Défaut de présentation des comptes annuels à l'assemblée

Art. L. 242-10. Est puni d'un emprisonnement de six mois et d'une amende de 9 000 € le fait, pour le président ou les administrateurs d'une SA de ne pas réunir l'AGO dans les six mois de la clôture de l'exercice ou, en cas de prolongation, dans le délai fixé par décision de justice ou de ne pas soumettre à l'approbation de ladite assemblée les comptes annuels et le rapport de gestion prévus à l'article L. 232-1.

Dans la SARL, l'infraction est réprimée par l'article L. 241-5.

L'article L. 242-10 sanctionne pénalement deux omissions :

– d'une part, le défaut de convocation de l'assemblée générale dans les six mois de la clôture de l'exercice ;

– d'autre part, le défaut de présentation des comptes à ladite assemblée.

La première infraction a été examinée (V. *supra*) ; il convient de préciser la seconde.

Aux termes de l'article L. 232-1, le conseil d'administration, le directoire ou les gérants doivent à la clôture de chaque exercice, dresser l'inventaire, les comptes annuels conformément aux dispositions de la loi et établir un rapport de gestion écrit.

Le second délit de l'article L. 242-10 sanctionne à la fois le retard dans la présentation des comptes et le défaut de présentation.

Les auteurs sont identiques à ceux de l'infraction précédente à l'exception du directeur général et du directeur général délégué.

Les peines sont d'un emprisonnement de six mois et d'une amende de 9 000 €.

C'est un délit instantané : il est constitué par le retard ou le défaut de présentation des documents sociaux à l'assemblée. Le délai de prescription de 3 ans court du jour de la réunion.

C) Omission d'informer les actionnaires sur les comptes consolidés

> *Art. L. 247-1. Est puni d'une amende de 9 000 € le fait, pour les membres du directoire, du conseil d'administration ou les gérants des sociétés visées à l'article L. 233-16, sous réserve des dérogations prévues à l'article L. 233-17, de ne pas établir et adresser aux actionnaires ou associés, dans les délais prévus par la loi, les comptes consolidés. Le tribunal peut en outre ordonner l'insertion du jugement, aux frais du condamné, dans un ou plusieurs journaux.*

L'article L. 233-16 du Code de commerce, impose aux dirigeants des sociétés commerciales l'obligation d'établir et de publier chaque année à la diligence du conseil d'administration, du directoire, du ou des gérants, selon le cas, des comptes consolidés ainsi qu'un rapport sur la gestion du groupe, dès lors qu'elles contrôlent de manière exclusive ou conjointe une ou plusieurs autres entreprises ou qu'elles exercent une influence notable sur celles-ci dans les conditions définies par ledit article. Toutefois, l'article L. 233-17 prévoit des dérogations.

« *Les comptes consolidés comprennent le bilan et le compte de résultat consolidés ainsi qu'une annexe et ils forment un tout indissociable* » (art. L. 233-20). Les comptes consolidés sont établis et publiés selon les modalités fixées par un règlement de l'autorité des normes comptables.

En vertu de l'article L. 247-1, les membres du directoire, du conseil d'administration ou les gérants des sociétés visés à l'article L. 233-16, sous réserve des dérogations prévues à l'article L. 233-17, qui n'auront pas établi ou adressé aux actionnaires ou associés, dans les délais prévus par la loi, des comptes consolidés, seront punis d'une amende de 9 000 €. Le tribunal pourra en outre ordonner l'insertion du jugement, aux frais du condamné, dans un ou plusieurs journaux.

D) Omission de communiquer les documents financiers au comité d'entreprise

Aux termes de l'article L. 2323-8 du Code du travail, le chef d'entreprise est tenu de communiquer au comité d'entreprise, avant leur présentation à l'assemblée générale des actionnaires ou à l'assemblée des associés, l'ensemble des documents obligatoirement transmis annuellement à ces assemblées et le rapport des commissaires aux comptes.

Dans les sociétés par actions, les membres du comité ont droit aux mêmes communications et aux mêmes copies que les actionnaires et aux mêmes époques ; ils reçoivent donc les documents de synthèse. Pour recevoir des explications sur les différents postes des documents communiqués ainsi que sur la situation financière de l'entreprise, le comité peut convoquer les commissaires aux comptes (art. L. 2323-8 du Code du travail). La méconnaissance de ces dispositions peut entraîner des poursuites pour délit d'entrave (art. L. 2328-1 du Code du travail). Les peines applicables sont un emprisonnement d'un an et une amende de 3 750 €.

E) Omission de déposer au greffe les comptes sociaux

Il s'agit d'une contravention commune à toutes les sociétés commerciales.

Art. R. 247-3 du Code de commerce. Le fait de ne pas satisfaire aux obligations de dépôt prévues aux articles L. 232-21 à L. 232-23 est puni de l'amende prévue par le 5e de l'article 131-13 du Code pénal pour les contraventions de la cinquième classe. En cas de récidive, la peine applicable est celle prévue par le 5e de l'article 131-13 du Code pénal pour les contraventions de la cinquième classe commises en récidive.

Doivent être déposés au greffe du tribunal de commerce, pour être annexés au registre du commerce, dans le mois qui suit l'approbation des comptes annuels : les comptes annuels, le rapport de gestion, les rapports du commissaire aux comptes et le cas échéant les comptes consolidés. S'y ajoutent la proposition d'affectation du résultat et la résolution d'affectation votée (Cass. Crim. 28 janvier 2009 n° 08-80884). Depuis une circulaire du 30 juin 2009, le dépôt peut être effectué par voie électronique (art. A. 123-61 du Code de commerce).

§2. L'ACTION DISSIMULATRICE SANCTIONNÉE

Art. L. 242-6. Est puni d'un emprisonnement de cinq ans et d'une amende de 375 000 € le fait pour :
2° Le président, les administrateurs ou les directeurs généraux d'une société anonyme de publier ou présenter aux actionnaires, même en l'absence de toute distribution de dividendes, des comptes annuels ne donnant pas, pour chaque exercice, une image fidèle du résultat des opérations de l'exercice, de la situation financière et du patrimoine, à l'expiration de cette période, en vue de dissimuler la véritable situation de la société ;

Les dispositions de cet article s'appliquent à la SAS, la SCA, la SE.
Dans la SARL, elle est réprimée à l'art. L. 241-3 3° du Code de commerce.

A) Éléments constitutifs

Le délit suppose la réunion de trois éléments.

1) Des comptes annuels inexacts

Ceux-ci ne donnant pas, pour chaque exercice, une image fidèle du résultat des opérations de l'exercice, de la situation financière et du patrimoine, à l'expiration de cette période.

Les comptes annuels dans la terminologie du plan comptable général sont des états périodiques présentant la situation et les résultats de l'entreprise comprenant au moins le bilan, le compte de résultat et l'annexe.

Cette énumération correspond à celle du Code de commerce (art. L. 123-12). On y ajoute l'inventaire.

L'article L. 232-1 précise : « *à la clôture de chaque exercice, le conseil d'administration, le directoire ou les gérants dressent l'inventaire, les comptes annuels conformément aux dispositions de la section 2 du chapitre III du Titre II du livre I.* ».

- Le bilan

Selon la formule employée par l'article L. 123-13 du Code de commerce « *le bilan décrit séparément les éléments actifs et passifs de l'entreprise et fait apparaître, de façon distincte, les capitaux propres* ». On le compare à une photographie de l'entreprise à une date déterminée.

Le bilan est représenté par un tableau portant à droite les postes du passif, et à gauche les postes de l'actif. La différence entre l'actif et le passif à l'égard des tiers correspond aux capitaux propres de l'entreprise augmentés ou diminués des résultats.

• Le compte de résultat

Ce compte réalise la fusion des anciens comptes d'exploitation générale et comptes de pertes et profits qui accompagnaient le bilan.

Aux termes de l'article L. 123-13 du Code de commerce : « *le compte de résultat récapitule les produits et les charges de l'exercice, sans qu'il soit tenu compte de leur date d'encaissement ou de paiement. Il fait apparaître, par différence après déduction des amortissements et des provisions, le bénéfice ou la perte de l'exercice* ».

• L'annexe

Selon l'article L. 123-13 du Code de commerce, « *l'annexe complète et commente l'information donnée par le bilan et le compte de résultat* ».

Il s'agit d'un état qui comporte les explications nécessaires pour une meilleure compréhension des autres documents de synthèse ; c'est un document obligatoire.

Les principes comptables fondamentaux sont : sincérité, régularité et fidélité. Ils sont énoncés dans l'article L. 123-14 du Code de commerce : « *les comptes annuels doivent être réguliers, sincères et donner une image fidèle du patrimoine, de la situation financière et du résultat de l'entreprise* ». Cet article poursuit « *lorsque l'application d'une prescription comptable ne suffit pas pour donner l'image fidèle mentionnée au présent article, des informations complémentaires doivent être fournies dans l'annexe* ». Les documents comptables composant les comptes annuels (bilan, compte de résultat, annexe et inventaire) sont des pièces capitales car elles renseignent les dirigeants, les associés et les tiers sur la situation sociale. Il faut donc que ces documents soient « conformes aux principes comptables (régularité), utilisant des chiffres exacts (sincérité) afin de présenter une image aussi objective que possible, c'est-à-dire sans déformation intentionnelle ou omission de faits significatifs ». « Objectivité, bonne foi, recherche de la vérité, voilà à quoi paraît correspondre la fidélité » (A. Viandier, *op. cit.* N° 363).

Ainsi parmi les inobservations de la règle de régularité des comptes figurent : la méconnaissance de la règle de la spécialisation des exercices, la violation de l'interdiction des compensations (art. L. 123-19 du Code de commerce : aucune compensation ne peut être opérée entre les postes d'actif et de passif du bilan ou entre les postes de charges et de produits du compte de résultat).

Ce sont principalement les fraudes affectant les bilans qui constituent la source principale des condamnations ; elles peuvent jouer sur un ou plusieurs postes de l'actif ou du passif, soit séparément soit simultanément. Elles consisteront par exemple :

– À l'actif :
• dans la majoration des immobilisations ;
• dans l'omission de constitution de provisions (Cass. Crim. 14.12.1966 B., p. 678 ; 12.01.1981 JCP 81 IV 107 ; Cass. Crim. 27 novembre 2002 n° 02-80957 ; Cass. Crim. 10 mars 2004 n° 03-84215 ; Cass. Crim. 17 mai 2006 n° 05-81758 et Cass. Crim. 17 octobre 2007 n° 07-81033).
• dans l'omission des amortissements nécessaires (Cass. Crim. 26 juin 1978 B. N° 212) ;
• dans la sous-évaluation des stocks (Cass. Crim. 18.12.1956 B., p. 678 ; Crim. 8 avril 1991, Rev. Soc. 91 p. 776 note Bouloc) ;
• dans le maintien de l'inscription à l'actif de biens n'appartenant plus à la société (Cass. Crim. 19 octobre 1971 B. N° 272) ;
• dans l'inscription d'un apport jamais réalisé (Cass. Crim. 1er décembre 2010 n° 09-86125).

– Au passif :
• dans le fait de masquer des rémunérations occultes constitutives d'infractions fiscales (Cass. Crim. 15 mai 1974, B. N° 177) ;
• dans le fait d'omettre d'inscrire des dettes certaines (Cass. Crim. 3 août 1938, GP 1938 II 814) ;
• dans la minoration des soldes débiteurs des comptes de la clientèle ; des provisions qui s'imposaient n'avaient pas été constituées ; loin du bénéfice annoncé une perte considérable était subie. (TGI de Paris, 11 juillet 1980, D. 1981 IR 181).

– À l'actif et au passif :
Cass. Crim. 28 juin 2011 n° 10-17813 : la falsification des comptes avait porté sur la majoration des stocks et des ristournes à recevoir mais aussi une minoration des effets à payer.

2) Publication ou présentation

a) La publication

Selon la jurisprudence on entend par publication : « *tout procédé ayant pour but et pour effet de faire connaître (le bilan) aux tiers fût-ce individuellement dans le cadre de l'administration de la société et pour les besoins de celle-ci* » (Paris, 12 juillet 1969, GP 1969 II 270)

Parmi ces procédés, il peut s'agir d'articles dans la presse, de circulaires, d'affiches, de prospectus, etc.

Il y a publication des comptes annuels dès lors qu'ils sont portés à la connaissance des tiers par l'un de ces procédés. Il faut noter que la publication n'est pas prévue dans le cas des SARL (art. L. 241-3 3°).

Seule, la présentation sera sanctionnée.

b) La présentation

La présentation des comptes annuels aux actionnaires ou associés s'entend principalement du fait de les soumettre à l'approbation de l'assemblée générale (art. L. 225-100). Crim. 16 février 1987, B. N° 72, p. 194.

Elle se réalise également par toute communication aux actionnaires ou associés, à savoir, le dépôt de l'inventaire, des comptes annuels au siège social dans le délai de quinze jours qui précède la réunion de l'assemblée générale ordinaire annuelle (art. L. 225-115, L. 242-14) et leur envoi aux actionnaires ou associés qui en ont fait la demande (art. L. 225-115 pour les SA ; L. 221-7 pour les SARL).

Il s'ensuit que la présentation est réalisée dès la mise à disposition des comptes annuels (Affaire du Comptoir du logement, Tribunal de Paris, 13.07.1963 GP 1963 2 325.)

(Pour les SA, Crim. 25.04.1995 ; pour les SARL, 11.05.1995 Dr. pénal 1995 Comm. 205).

Dans un arrêt rendu par la Chambre criminelle (Cass. Crim. 29 novembre 2000 BRDA 5/01 p. 6 N° 7), les magistrats ont sanctionné un administrateur qui en ayant connaissance du caractère inexact des comptes, a participé à la délibération du conseil d'administration qui a décidé de les présenter à l'AGO.

3) Élément intentionnel

L'article L. 242-6 prévoit un dol spécial :

Il est prévu que l'acte ait été commis en vue de « *dissimuler la véritable situation de la société* ».

La jurisprudence est divergente sur ce dernier point. Certaines décisions relèvent l'existence de ce dol spécial.

Cass. Crim. 20 juillet 1977 (B. N° 267, p. 668) :

> « *Le délit de présentation d'un bilan inexact n'est constitué qu'autant que ladite présentation a été faite sciemment en vue de dissimuler la véritable situation de la société.* »

(Voir dans le même sens Aix 23.06.1994 Dr. pénal 95 Comm. 99.)

Pour d'autres décisions, le mobile découle de l'intention et n'a pas à être relevé.

Cass. Crim. 18.12.1956 (GP 57 I 366 et B. N° 849) :

> « *La loi est générale et absolue et prohibe la présentation aux actionnaires d'un faux bilan, quel que soit le mobile qui ait guidé les auteurs de ce faux bilan, dès lors qu'ils avaient en vue la dissimulation de la véritable situation de la société.* »

Le délit a été déclaré également constitué à l'encontre de dirigeants qui avaient voulu masquer des rémunérations occultes. (Cass. Crim. 15 mai 1974, B. N° 177)

La mauvaise foi a été caractérisée par les juges comme étant déterminée par « *le souci d'éviter la révélation publique d'une situation financière obérée puis compromise, en dépit d'une apparente prospérité* ». (Cass. Crim. 12.01.1981, D. 81 348, note Cosson)

Il s'agit d'une obligation pour les juges de rechercher « les circonstances propres à établir l'existence de l'intention coupable dans chacun des cas visés à la prévention ». Ainsi, dans un arrêt de la Cour de cassation du 2 mars 1983, la Chambre criminelle a cassé un arrêt qui s'était fondé sur une présomption de mauvaise foi du dirigeant :

> « *Cassation de l'arrêt qui condamne un dirigeant social pour présentation et publication de faux bilans au prétendu motif que si le président de la SA était privé de toute responsabilité réelle, il ne pouvait, en raison de son instruction et de son expérience, ignorer que, en acceptant de demeurer à la présidence, il devenait le prête-nom du dirigeant réel ;*
> *... Alors que ces motifs reposent sur une présomption de mauvaise foi que ni l'article 437 de la loi du 24 juillet 1966, ni les articles 131 et 133 de la loi du 13 juillet 1967 n'instituent.* » (D. 83 IR 492)
>
> Crim. 26.03.1990 n° 89-80448 B. N° 133, p. 357 :
>
> *Dans cette espèce où les dirigeants soutenaient que n'était pas caractérisé l'élément intentionnel, la Cour de cassation approuve les juges du fond qui constatent que des manipulations ont été opérées pour transférer des charges de certains chantiers sur d'autres pour majorer de manière artificielle les encours des travaux effectués à l'étranger ; qui soulignent que ces opérations ont permis de modifier de manière significative, à hauteur de 300 000 F, le résultat de l'exercice et que les prévenus savaient de par leurs fonctions que l'apparence recherchée et donnée aux comptes, était contraire à la réalité ; qui concluent que les intéressés ont agi de mauvaise foi.*

Pour déterminer le dol spécial les magistrats ont refusé de retenir l'absence de plainte des associés (Cass. Crim. 23 février 2011 n° 10-83266).

B) Les personnes punissables

Les auteurs principaux du délit sont d'après la loi : les gérants de SARL (art. L. 241-3 3°), les gérants des sociétés en commandite par actions (art. L. 243-1), le président, les administrateurs et les directeurs généraux et délégués pour les SA (art. L. 242-6 2°), auxquels peuvent s'ajouter, le cas échéant, les membres du directoire (art. L. 242-30). Les dirigeants de fait des sociétés susvisées peuvent être également poursuivis. Il faut ajouter également les dirigeants de SAS (art. L. 244-1) et de SE (art. L. 244-5).

Les auteurs du délit doivent avoir été en fonction lors de la présentation ou de la publication du bilan (Cass. Crim. 20 juillet 1977, B. N° 267, p. 668).

Les complices du délit : « *peuvent être aussi poursuivis comme complices tous ceux qui ont provoqué le délit, ou donné des instructions pour le commettre ou qui ont, en connaissance, aidé ou assisté les auteurs de l'infraction* ».

Cass. Crim. 3.01.1983 (D. 83 IR. 208) :

> « *Est à bon droit condamné comme complice du délit de présentation de bilans inexacts, dont a été déclarée coupable la dirigeante d'une société anonyme, le commissaire aux comptes à l'encontre duquel les juges du fond déclarent qu'il a, en connaissance de cause, confectionné les bilans qu'il savait inexacts, lesquels furent ultérieurement présentés aux assemblées générales d'actionnaires réunies pour les approuver, les actes positifs retenus contre lui comme générateurs à son égard de complicité punissable étant antérieurs ou concomitants au délit.* » (Voir dans le même sens Cass. Crim. 13 février 1997 Dr. pénal 97 Comm. 98.)

Cass. Crim. 14.01.1980 D. 1980 IR. 459 : la Cour suprême approuve une décision de Cour d'appel qui, pour déclarer « *coupable de s'être rendu complice du délit de présentation de bilans inexacts le directeur administratif d'une SA, chargé de la comptabilité générale, relève que celui-ci a pris, en pleine connaissance de cause, la responsabilité des irrégularités comptables ayant permis l'établissement des bilans inexacts destinés à être présentés aux actionnaires, se prêtant d'ailleurs, en outre, à la confection d'autres jeux de faux bilans devant être remis, les uns à l'administration fiscale, les autres aux banques. Il est vainement soutenu que le lien de subordination invoqué par le prévenu aurait dû avoir pour effet de soustraire celui-ci à la responsabilité pénale* ».

Le comptable est souvent poursuivi comme complice quand il a faussé les résultats en connaissance de cause (Cass. Crim. 8 avril 1991 Bull. Crim. 91 n° 166 ; Cass. Crim. 9 novembre 1992 Bull. Crim. 92 n° 364 : Cass. Crim. 1er juillet 2009 n° 08-88308 RJDA 11/09 n° 975).

L'article L. 122-2 du CP n'admet comme cause de non imputabilité que la force majeure et nullement l'obéissance que l'employé doit à celui qui l'emploie si cet employé se rend complice des délits commis par son employeur, lorsqu'il l'assiste dans les actes dont il peut apprécier le but et les conséquences coupables (Cass. Crim. 31.03.1933, B. N° 70 ; 28.02.1962, B. N° 111 ; 22.06.1976, B. N° 229 et D. 76 IR. 258).

La sous-évaluation des stocks pour fausser les résultats bénéficiaires de l'entreprise constitue l'élément matériel du délit de présentation aux actionnaires des comptes annuels ne donnant pas, pour l'exercice considéré, une image fidèle de la situation financière et du patrimoine de la société (Crim. 8 avril 1991, B. 166, p. 421).

Caractérise le délit de présentation de comptes annuels ne donnant pas une image fidèle l'arrêt qui constate que le prévenu, professionnel de la comptabilité, est intervenu dans l'établissement des comptes annuels, qu'il a omis d'y faire mention d'une provision pour dépréciation des stocks et y a fait figurer une augmentation de capital non certifiée par le commissaire aux comptes (Crim. 9 novembre 1992, B. 364, p. 1011).

C) La tentative

Elle n'est pas punissable ; seul, l'établissement des comptes infidèles ne constitue qu'une tentative non punissable, mais pourrait être retenu comme manœuvre frauduleuse éventuelle caractérisant le délit d'escroquerie.

D) Pénalités

Les peines sont rigoureuses : un emprisonnement de cinq ans et une amende de 375 000 €.

E) Action civile

Peut être exercée par toute personne ayant subi un préjudice direct. Ce délit est de nature à causer un préjudice direct et personnel à chaque associé ou actionnaire (Cass. Crim. 30 janvier 2002 n° 01-84256 Bull. Crim. 2002 n° 14 RJDA 6/02 n° 646 ; Dr. pén. 2002 Comm. 73 Obs. J.H. Robert ; Rev. Soc 2002 p. 350 note B. Bouloc).

Les magistrats ont déclaré recevable l'action intentée par une personne devenue associée après cette présentation (Cass. Crim. 18 octobre 1993 Dr. pén. 94 Comm. n° 69 et Cass. Crim. 16 avril 2008 n° 07-84713 RJDA 2/09 n° 114).

L'action civile d'un créancier a été déclarée recevable (Cass. Crim. 3 avril 1995 n° 94-82484 Dr. pén. 1995 Comm. n° 286 obs. J.H. Robert et Cass. Crim. 13 février 1997 RJDA 10/97 n° 1217).

La victime doit prouver un préjudice direct (Cass. Crim. 16 juin 2011 n° 10-81744).

Lorsque la société dont les comptes sont infidèles bénéficie d'un plan de redressement, le commissaire à l'exécution du plan est recevable à se constituer partie civile contre les dirigeants (Cass. Crim. 27 novembre 1997 n° 96-85520 RJDA 3/98 n° 323 et Cass. Crim. 17 novembre 2004 n° 03-82657 Bull. Crim. 2004 n° 291).

F) Prescription

La publication ou la présentation de comptes annuels infidèles est un délit instantané.

La jurisprudence est divergente concernant le point de départ du délai. On peut en effet choisir le premier acte de communication de la comptabilité infidèle.

« *La présentation ultérieure du même bilan, lors de l'assemblée générale des actionnaires, ne constitue pas un nouveau délit, et ne peut avoir pour effet de reporter à la date de cette assemblée générale le point de départ de la prescription.* » (CA Paris 12 juin 1984 GP 84 2 p. 587)

On peut également considérer que chaque acte de communication pour une même comptabilité constitue une nouvelle infraction (Cass. Crim. 31 octobre 2000 Dr. pénal 2001 Comm. 20). Il est en revanche impossible de retarder le point de départ du délai au jour de la découverte de l'infraction (Cass. Crim. 9 juillet 1996 Dr. pénal 96 Comm. 248 et CNCC 96 N° 214 p. 713).

G) Sur les délits voisins

L'inobservation des règles comptables peut être la source d'autres délits.

• Délit d'escroquerie

La falsification de documents comptables peut être constitutive des manœuvres de l'escroquerie (art. 313-1 CP).

Cass. Crim. 16.03.1970 (B. N° 107, p. 245) ; 10.11.1971 (B. N° 307, p. 760) ; 31.10.1981 (D. 81 IR. 125) :

« *L'établissement et la production de faux bilans faisant ressortir frauduleusement des résultats bénéficiaires, constitue une manœuvre frauduleuse caractérisant le délit d'escroquerie.* »

Cass. Crim. 17.12.1974 (B. N° 371, p. 944) :

« *Constituent des manœuvres frauduleuses caractérisant le délit d'escroquerie, le fait par un directeur de société coopérative agricole de présenter à une banque pour obtenir des prêts, des bilans établis à partir d'une comptabilité falsifiée et qui font ressortir une situation prospère alors qu'en réalité ces bilans, s'ils avaient été sincères, auraient été déficitaires.* »

(Voir également Cass. Crim. 23 février 2011 n° 10-83266.)

• Délit de faux
La falsification des documents comptables peut être constitutive de faux en écritures de commerce. (Cass. Crim. 24 avril 1984, D. 27 mars 1986, p. 125, note Cosson)

• Délit de banqueroute (voir *infra*) :
En cas de comptabilité fictive (v. art. L. 626-2 4° 5°) ; ou avoir tenu une comptabilité manifestement incomplète ou irrégulière au regard des dispositions légales.

• Délit de répartition de dividendes fictifs :
C'est un délit conditionné par l'absence d'inventaire ou un inventaire frauduleux (art. L. 241-3 2° et L. 242-6 1° du Code de commerce).

• Infractions fiscales (voir *supra*) :
L'article 1743 du Code général des impôts prévoit un délit d'omission d'écritures ou de passation d'écritures inexactes ou fictives (Cass. Crim. 3.12.1979, B. N° 343, p. 935, Cass. Crim. 24.4.1984 préc.).
L'article 1767 du CGI réprime le concours apporté à « l'établissement ou à l'utilisation de documents ou renseignements reconnus inexacts ».
L'article 1742 du CGI qui organise la répression de l'aide et l'assistance apportée par le professionnel de la comptabilité à l'auteur de l'infraction fiscale (Cass. Crim. 20.06.1957, B. N° 515).
L'article 1772 du CGI prévoit l'organisation de la fausse comptabilité.

SECTION II
Les dividendes et le droit pénal

Art. L. 242-6. Est puni d'un emprisonnement de cinq ans et d'une amende de 375 000 € le fait pour :
1° Le président, les administrateurs et les directeurs généraux d'une société anonyme d'opérer entre les actionnaires la répartition de dividendes fictifs, en l'absence d'inventaire ou au moyen d'inventaires frauduleux.

Le délit trouve son origine dans une loi du 17 juillet 1856 qui avait institué dans les sociétés en commandite par actions, l'infraction spéciale de distribution de dividendes fictifs. Cette disposition fut reprise par la loi du 24 juillet 1867 sur les sociétés anonymes.

Le délit est maintenant régi par le Code de commerce : articles L. 241-3 (SARL), L. 244-1 pour les sociétés par actions simplifiées, L. 243-1 (sociétés en commandite par actions), L. 242-6 pour les SA, L. 244-1 pour les SAS et L. 244-5 pour les SE.

§1. ÉLÉMENTS CONSTITUTIFS

Le délit comprend quatre éléments :

– la distribution a été opérée en l'absence d'inventaire, ou au moyen d'inventaire frauduleux ;
– la répartition des dividendes ;
– la fictivité du dividende distribué ;
– l'élément intentionnel.

A) Absence d'inventaire ou inventaire frauduleux

Selon la définition légale, « *l'inventaire est un relevé de tous les éléments d'actif et de passif au regard desquels sont mentionnées la quantité et la valeur de chacun d'eux à la date de l'inventaire* ». La Cour de cassation a de son côté défini aussi l'inventaire « *tableau descriptif et estimatif des divers éléments de l'actif et du passif, de nature à permettre à chaque associé d'exercer son droit de regard et de critique sur la conduite des affaires sociales* » (Chambre commerciale, 24 décembre 1960, D. 1961, 402 note Dalsace). Il importe de noter que pour l'application de l'article L. 242-6 1°, l'inventaire doit être entendu au sens de « inventaire ou bilan ».

Le bilan a été souvent comparé à une photographie de l'entreprise à un moment donné ; l'article L. 123-13 du Code de commerce le définit ainsi : « *Le bilan décrit séparément les éléments actifs et passifs de l'entreprise et fait apparaître, de façon distincte, les capitaux propres...* ».

La doctrine s'accorde à reconnaître que l'absence d'inventaire ou de bilan est rare en pratique ; dans la plupart des cas il s'agit d'un inventaire ou d'un bilan frauduleux.

L'article L. 123-14 du Code de commerce rappelle les principes qui doivent présider à l'établissement des comptes annuels : « *Les comptes annuels doivent être réguliers, sincères et donner une image fidèle du patrimoine, de la situation financière et du résultat de l'entreprise.*

Lorsque l'application d'une prescription comptable ne suffit pas pour donner l'image fidèle mentionnée au présent article, des informations complémentaires doivent être fournies dans l'annexe ».

On sait que l'établissement d'une annexe est imposé pour toute entreprise commerciale (personne physique ou morale) par l'article L. 123-13 du Code de commerce. L'annexe complète et commente l'information donnée par le bilan et le compte de résultat ; elle doit comporter toutes les informations d'importance significative sur la situation patrimoniale et financière et sur le résultat de l'entreprise.

B) Répartition des dividendes

Le délit est généralement dénommé « distribution des dividendes fictifs » alors que le texte emploie le terme « répartition » comme le fait observer avec pertinence un auteur (Mireille Delmas-Marty, Droit pénal des affaires, p. 330). Le délit suppose en réalité qu'ait été « opérée entre les actionnaires la répartition des dividendes fictifs ». Alors que l'exigence d'un acte de distribution impliquerait que les actionnaires aient effectivement perçu des dividendes, la répartition existe dès qu'il y a mise à la disposition des actionnaires et peut aussi bien s'accomplir par compensation. C'est l'assemblée générale des actionnaires sur la proposition des administrateurs qui décide la répartition. Or, la répartition décidée ne peut être considérée comme opérée, sauf si la décision comporte un ordre de paiement du dividende aux guichets de la société ou d'une banque. Le plus souvent c'est la décision du conseil d'administration de mettre les dividendes en paiement qui réalise du point de vue pénal, la répartition. À partir de cette décision, les actionnaires acquièrent un droit de créance sur la société égal au montant de leur part de dividende : de revenu social, le bénéfice devient alors un revenu personnel, propre à chaque actionnaire. (H. Croze et Y. Reinhard, note sous Lyon, 23 février 1984, D. 1985 J. p. 127)

• Distribution d'acomptes sur dividendes

Dans certaines sociétés il est d'usage de distribuer un acompte sur dividendes en cours d'année ; cette faculté est autorisée par l'article L. 232-12 qui fixe les règles de cette distribution.

« *Lorsqu'un bilan, établi au cours ou à la fin de l'exercice et certifié par un commissaire aux comptes, fait apparaître que la société depuis la clôture de l'exercice précédent, après constitution des amortissements et provisions nécessaires et déduction faite, s'il y a lieu, des pertes antérieures ainsi que des sommes à porter en réserve en application de la loi ou des statuts, a réalisé un bénéfice, il peut être distribué des acomptes sur dividende avant l'approbation des comptes de l'exercice.* »

Ces acomptes sont répartis aux conditions et suivant les modalités de l'article R. 232-17 du Code du commerce.

• Distribution de dividendes en numéraire ou en actions

L'art. L. 232-18 du Code de commerce prévoit que dans les sociétés par actions, l'assemblée générale a la faculté d'accorder à chaque actionnaire, pour tout en partie du dividende mis en distribution une option entre le paiement du dividende en numéraire ou en actions. Toutefois, en cas d'augmentation du capital, le conseil d'administration ou le directoire, selon le cas, peut suspendre l'exercice du droit d'obtenir le paiement du dividende en actions pendant un délai qui ne peut excéder trois mois (art. L. 232-20).

La possibilité offerte aux actionnaires de choisir entre le paiement de leur dividende en numéraire ou en actions est étendue aux acomptes sur dividende.

• Distribution occulte de bénéfices (Crim. 11 décembre 1989, GP 90.2 p. 370 Rev. Soc. 90.452 note Bouloc).

C) Fictivité du dividende

– Dissimulation de dettes, Colmar 13 janvier 1982, BNCC 82, N° 46.

– Répartition de dividendes fictifs du fait de l'absence de dotation à l'amortissement des frais d'établissement. GP 1980.2.712, Rev. Soc. 81.142 note Bouloc.

– Distribution des dividendes *« sans qu'une délibération d'assemblée générale ni inventaire ni approbation des comptes n'aient été formalisés ce qui, en application de l'article L. 232-12 du Code de commerce, les rend fictifs »* (Cass. Crim. 31 octobre 2007 n° 06-85676).

– Majoration des résultats par comptabilisation de chantiers non commencés, Angers 13 décembre 1990, Jurisdata 05.03.86 ;

Le bénéfice est la différence entre les produits (pratiquement le chiffre d'affaires) et les charges. Parce qu'il est le résultat du fonctionnement de l'outil de production (c'est-à-dire de la combinaison de divers facteurs de production : capital, travail et marchandises) le chiffre d'affaires constitue le revenu brut de l'entreprise : le bénéfice est donc le revenu net. Mais une fois réalisé, ce revenu net de l'entreprise doit être affecté, soit il est conservé dans le patrimoine de l'entreprise sous forme de réserves ou de reports à nouveau (il est une plus-value de l'actif net), soit il est distribué aux associés. Le dividende est la rémunération de la qualité d'associé (H. Croze et Y. Reinhard, note sous Lyon, 23 février 1984, D. 1985, J., p. 127). L'article L. 232-11 donne la définition légale du bénéfice distribuable : « *Le bénéfice distribuable est constitué par « le bénéfice de l'exercice » diminué des pertes antérieures, ainsi que des sommes à porter en réserve en application de la loi ou des statuts, et augmenté du report bénéficiaire* ». La notion de dividendes fictifs résulte des dispositions de l'article L. 232-12 : « *Après approbation des comptes annuels et constatation de l'existence des sommes distribuables, l'assemblée générale détermine la part attribuée aux associés sous forme de dividendes* ». Tout dividende distribué en violation de ces règles constitue un dividende fictif.

La question s'est posée de savoir si l'existence de réserves permettait de justifier la distribution de dividendes ; il convient donc de distinguer les différentes sortes de réserves.

Le plan comptable général qualifie de réserves les « bénéfices affectés durablement à l'entreprise ».

• RÉSERVE LÉGALE

L'article L. 232-10 rend obligatoire la constitution d'une réserve légale par prélèvement d'un vingtième au moins du bénéfice de l'exercice diminué, le cas échéant, des pertes antérieures. Ce prélèvement cesse d'être obligatoire lorsque la réserve atteint le dixième du capital. Cette réserve est assimilée au capital et ne peut être comme lui, distribuée. Elle ne peut donc justifier une distribution opérée en l'absence de bénéfices. Il en serait de même de la réserve statutaire ou contractuelle.

• RÉSERVES LIBRES

Elles proviennent de bénéfices réalisés au cours d'un exercice précédent et que l'assemblée décide de ne pas distribuer. Ces réserves ne font pas partie du capital.

Avant la loi du 24 juillet 1966, la question s'était posée de savoir si les dirigeants, en l'absence de bénéfices, pouvaient distribuer ces réserves et les faire concourir à la distribution d'un dividende.

Aussi, pendant longtemps, a-t-on estimé qu'une distribution de dividendes, réalisée en dehors de bénéfices effectifs durant l'exercice considéré ne devrait pas entraîner de poursuites pénales quand ils peuvent s'imputer sur des réserves constituées de bénéfices antérieurs accumulés, puisqu'une semblable distribution ne porterait aucune atteinte au capital.

Cette manière de voir s'est trouvée remise en cause par la Cour de cassation dans deux arrêts des 22 novembre 1935 (Guiraut) et 22 janvier 1937 (Léonard) qui ont estimé que le délit *était caractérisé dès lors que la distribution de dividendes est présentée comme une répartition des bénéfices de l'exercice écoulé alors que ce dernier n'en a pas produit*.

L'arrêt Léonard (Crim. 22 janvier 1937 D. 1937.1.71 S 1938.1. 293) a décidé qu'il fallait protéger les tiers qui risqueraient d'être trompés sur la provenance des sommes distribuées ; il convenait pour échapper aux pénalités légales de dire qu'il s'agissait d'une répartition des réserves par l'assemblée générale et présentée comme telle par la société.

Dans cette affaire, la question se posait ainsi : la société avait établi un bilan qui faisait apparaître un bénéfice de 5 millions. Mais, dans le bilan, on avait fait figurer à l'actif deux créances, *au total 15 millions* dont la réalisation était incertaine. Ces créances n'auraient donc pu être portées pour leur valeur nominale ; néanmoins l'assemblée générale avait décidé, au vu du bilan, la distribution d'un dividende. L'administrateur délégué, Léonard, fut poursuivi du chef de distribution de dividendes fictifs.

Celui-ci se défendit en disant que, même si les créances devaient être déduites de l'actif et que les bénéfices devaient devenir ainsi inexistants, la société disposait néanmoins de réserves extraordinaires importantes dont elle pouvait se servir pour distribuer des dividendes. Léonard fut cependant condamné par la Cour d'appel. La Cour de cassation rejeta le pourvoi en énonçant :

> « *Il y a distribution de dividendes fictifs lorsque le dividende distribué était représenté à l'assemblée générale comme étant prélevé sur les bénéfices nets de l'exercice alors que, en réalité, l'exercice avait été clôturé sans bénéfice et que le dividende avait été prélevé sur les réserves extraordinaires...* »

Léonard n'a pas été autorisé par l'assemblée générale à effectuer un prélèvement sur les réserves, *l'assemblée générale a décidé, non pas une répartition des « réserves »*, mais la mise en distribution des bénéfices afférents à l'exercice écoulé et tels que les faisait apparaître le bilan établi par Léonard, et celui-ci a agi de « mauvaise foi ». Il ressort de cet arrêt qu'une société ne peut distribuer ses réserves que d'une manière apparente en précisant que la distribution porte sur des réserves, et non sur des bénéfices.

L'article L. 232-11 al. 2 a consacré la thèse jurisprudentielle, il dispose : « *L'assemblée générale peut décider la mise en distribution de sommes prélevées sur les réserves dont elle a la disposition ; en ce cas, la décision indique expressément les postes de réserve sur lesquels les prélèvements sont effectués. Toutefois, les dividendes sont prélevés par priorité sur le bénéfice distribuable de l'exercice* ». La loi précise encore que « *hors le cas de réduction du capital, aucune distribution ne peut être faite aux actionnaires lorsque les capitaux propres sont ou deviendraient à la suite de celle-ci inférieurs au montant du capital augmenté des réserves que la loi ou les statuts ne permettent pas de distribuer* ».

Tout dividende distribué en violation de la loi est un dividende fictif.

• RÉSERVES OCCULTES

Ce sont des réserves qui comme leur nom l'indique n'apparaissent pas au bilan ; elles sont « constituées à défaut de toute expression comptable ». (F. Goré, Les réserves occultes dans les sociétés par actions, Journal des sociétés, 1947, p. 149)

Elles proviennent soit d'une volonté délibérée : majoration du chiffre d'un poste du passif ou minoration de celui d'un poste de l'actif. (La constitution de telles réserves peut entraîner des poursuites du chef de présentation ou publication de bilan inexact) soit de « l'inadéquation flagrante entre la valeur comptable de certains biens et leur valeur réelle qui est souvent supérieure ». (A. Viandier, *op. cit.* N° 255)

La Cour de cassation avait décidé que les réserves « cachées » pourraient être distribuées puisque le capital n'était pas entamé et le bénéfice n'était pas fictif. (Affaire Moreau, Sauvegarde-capitalisation ; Crim. 17 juin 1942, JCP 1943 II.2120, note Bastian, Sirey 1944 I.141, note Legal). Cette jurisprudence ne paraît plus pouvoir être maintenue depuis que l'article L. 232-11 oblige l'assemblée générale à indiquer expressément sur quels postes de réserves les prélèvements sont effectués.

• RÉSERVES DE RÉÉVALUATION

Le droit fiscal assimile les plus-values de réévaluation à des bénéfices imposables et certains auteurs en ont déduit que celles-ci sont équivalentes à un bénéfice. Cette conception ne peut être retenue en droit pénal car, dans ce cas, l'actif n'a pas été effectivement réalisé, il est « un actif en puissance » et non un bénéfice distribuable.

L'article L. 232-11 alinéa 4 énonce que « *l'écart de réévaluation n'est pas distribuable : il peut être incorporé en tout ou partie au capital* ».

Dans ces conditions, tout dividende prélevé sur les réserves de réévaluation doit être considéré comme dividende fictif.

D) Élément intentionnel

La connaissance du caractère fictif du dividende distribué et l'absence d'inventaire ou son caractère frauduleux consacre la mauvaise foi.

La preuve de la mauvaise foi appartient au Ministère Public et résulte souvent de la nature des fraudes constatées. Certaines fraudes sont tellement évidentes, qu'on ne peut concevoir qu'elles aient pu échapper à la connaissance des dirigeants. (Ex. : augmentation de certaines valeurs en stock « d'un trait de plume et de tant pour cent » ; « lissage » des bénéfices pour assurer une rémunération régulière de 8 % l'an.)

Les juges trouvent aussi les éléments de l'intention frauduleuse dans la qualité des prévenus et des connaissances comptables qu'ils avaient ou devaient avoir sur la situation de la société.

Comme en matière d'abus des biens sociaux, la jurisprudence retient l'intention frauduleuse, même si l'assemblée générale des actionnaires a approuvé la répartition des dividendes.

Cass. Crim. 22 septembre 2004 n° 03-83107 :

> « *Attendu que, pour déclarer Jeanne X... coupable de distribution de dividendes fictifs, l'arrêt énonce que des dividendes prioritaires ont été distribués à hauteur de 500 293 francs par an, alors qu'à partir de l'exercice 1995, les bilans de la société Jeanne X... "auraient dû être déficitaires, sans versement de dividendes" ; Attendu qu'en l'état de ces énonciations, la Cour d'appel qui a, par ailleurs, caractérisé le caractère volontaire des manipulations comptables, a justifié sa décision ;* »

§2. TRAITEMENT PÉNAL DE L'INFRACTION

A) Personnes punissables

La responsabilité pénale ne peut être exercée que contre ceux qui sont pénalement responsables, c'est-à-dire l'auteur principal et éventuellement les complices du délit.

1) Auteurs principaux

L'article L. 242-6 désigne pour les sociétés anonymes comme auteurs principaux du délit : le président, les administrateurs ou les directeurs généraux ; si la société est régie par les dispositions des articles L. 225-57 à L. 225-93, l'article L. 242-6 est alors applicable, selon leurs attributions respectives, aux membres du directoire et aux membres du conseil de surveillance. Dans les SAS, les dirigeants sont concernés (art. L. 244-1).

Dans les SARL et les sociétés en commandite par actions, le délit concerne les gérants (art. L. 241-3 et L. 243-1).

Les dirigeants de fait encourent la même responsabilité pénale que les dirigeants de droit.

2) Complices

Si la qualité de dirigeant, telle qu'elle est mentionnée dans les textes ci-dessus visés, est un élément constitutif du délit, cette circonstance n'exclut pas la complicité de tiers dans les termes du droit commun. Crim. 14 janvier 1980 B. N° 21, p. 49 (employé de l'auteur principal).

C'est ainsi que la complicité de distribution de dividendes fictifs peut être retenue à l'encontre du commissaire aux comptes qui consigne dans son rapport à l'assemblée générale des informations mensongères sur la situation de la société alors qu'il en connaît les difficultés financières, ou qui a sciemment approuvé le bilan inexact. À cette occasion, deux autres délits pourraient être relevés contre lui : communication d'informations mensongères et non révélation au Procureur de la République des faits délictueux (voir *supra*).

Peuvent être également poursuivis en qualité de complices : les directeurs de services ou employés supérieurs comme le chef comptable qui en connaissance de cause ont fourni aux dirigeants de fausses indications comptables.

B) Pénalités – Prescription

Les peines sont un emprisonnement de cinq ans et une amende de 375 000 €.

La prescription triennale commence à courir à partir de la date de la mise en distribution effective des dividendes, c'est-à-dire du jour où est ouvert pour les actionnaires ou associés le droit privatif.

C) Action civile

– Prévue par les articles L. 225-251 et L. 225-252, la société peut poursuivre à l'encontre des administrateurs responsables de la distribution des dividendes fictifs, le reversement des sommes irrégulièrement réparties déduction faite des dividendes récupérées par les actionnaires pris individuellement (Aix-en-Provence, 2 avril 1992, Jurisdata N° 04.22.28).

– Action individuelle au profit des actionnaires ayant subi un préjudice personnel du fait de la répartition irrégulière (Crim. 4 novembre 1969, B. 281 ; D. 1970 Somm. 83.

CHAPITRE V

La société et son capital modifié

Il arrive très souvent que le capital subisse des modifications au cours de la vie de la société. Les augmentations de capital sont les plus nombreuses, mais il arrive parfois que les actionnaires ou associés réduisent le capital ou décident son amortissement.

Toutes ces opérations sont strictement réglementées par le Code de commerce.

L'inobservation de ces dispositions est pénalement sanctionnée.

SECTION I
Augmentation de capital

Il faut retenir d'abord que l'article L. 242-21 a étendu aux augmentations de capital les dispositions pénales applicables aux constitutions des sociétés : L. 241-1 pour les SARL ; L. 242-21 pour les sociétés anonymes, L. 244-1 pour les sociétés par actions simplifiées et L. 243-1 pour les sociétés en commandite par actions.

Par ailleurs, il existe à l'article L. 242-17 des infractions particulières à l'émission d'actions nouvelles ou de coupures d'actions ; on notera que l'alinéa 5 du texte exclut l'application des pénalités si l'augmentation de capital se réalise par la conversion d'obligations convertibles à tous moments, ou par utilisation des bons de souscription et par émission d'actions prévues par les articles L. 232-18 à L. 232-20 (paiement des dividendes en actions).

Le détournement de fonds versés en vue d'une augmentation de capital caractérise le délit d'abus de confiance à l'encontre du dirigeant social (Crim. 16 mars 1987, B. N° 122, D. 1987, IR, p. 89).

A) Les délits d'émission

Dans les sociétés faisant, pour le placement de leurs actions, offre au public ou offre visée au II de l'article 411-2 du CMF, l'augmentation de capital est réputée réalisée lorsqu'un ou plusieurs établissements agréés à cet effet ont signé un contrat garantissant de manière irrévocable sa bonne fin (art. L. 225-145).

Les souscriptions et les versements sont constatés par un certificat du dépositaire établi, au moment du dépôt de fonds, sur présentation des bulletins de souscription.

Les libérations d'actions par compensation de créances liquides et exigibles sur la société sont constatées par un certificat du notaire ou du commissaire aux comptes. Ce certificat tient lieu de certificat de dépositaire.

Les irrégularités commises par les dirigeants lors de l'augmentation de capital à l'occasion de l'émission ou de libération des actions sont pénalement sanctionnées par l'article L. 242-17 qui dispose :

Art. L. 242-17. I. Est puni d'une amende de 9 000 € le fait, pour le président, les administrateurs ou les directeurs généraux d'une société anonyme, d'émettre, lors d'une augmentation de capital, des actions ou des coupures d'actions :
1° Soit avant que le certificat du dépositaire ait été établi, ou le contrat de garantie prévu à l'article L. 225-145 signé ;
2° Soit encore sans que les formalités préalables à l'augmentation de capital aient été régulièrement accomplies.

II. Un emprisonnement d'un an peut, en outre, être prononcé, si les actions ou coupures d'actions sont émises sans que le capital antérieurement souscrit de la société ait été intégralement libéré, ou sans que les nouvelles actions d'apport aient été intégralement libérées antérieurement à l'inscription modificative au registre du commerce et des sociétés, ou encore, sans que les actions du numéraire nouvelles aient été libérées, lors de la souscription, d'un quart au moins de leur valeur nominale et, le cas échéant, de la totalité de la prime d'émission.

III. Est puni des peines d'amende et d'emprisonnement prévues aux I et au II le fait, pour les mêmes personnes de ne pas maintenir les actions de numéraire en la forme nominative jusqu'à leur entière libération.

IV. Les peines prévues au présent article peuvent être portées au double lorsque les actions ou les coupures d'action émises ont fait l'objet d'une offre au public.

V. Les dispositions du présent article ne sont applicables ni aux actions qui ont été régulièrement émises par conversion d'obligations convertibles à tout moment, ou par utilisation des bons de souscription, ni aux actions émises dans les conditions prévues aux articles L. 232-18 à L. 232-20.

Cet article est applicable aux SAS (art. L. 244-1) et aux SE (art. L. 244-5).

Les articles L. 232-18 à L. 232-20 visés *in fine* de l'article concernent le paiement du dividende ou des acomptes sur dividende en numéraire ou en actions.

La proposition de loi relative à la simplification du droit adoptée le 18 octobre 2011 simplifie cet article. Sont conservées les irrégularités du II. L'amende est majorée à 150 000 € et la peine d'emprisonnement supprimée.

B) Droit préférentiel de souscription

Constantin, Droit pénal des sociétés par actions, 1968, p. 805 :

« *Lorsqu'une augmentation de capital est réalisée, elle a pour résultat de faire entrer dans la société de nouveaux actionnaires ; les droits des anciens associés subissent une atteinte d'autant plus sensible que le nombre des nouveaux venus est plus élevé. Anciens et nouveaux concourront désormais à la répartition des réserves et au partage des bénéfices réalisés et, d'autre part, l'équilibre au sein des assemblées va se trouver réduit.* »

Il a donc été institué au profit des anciens actionnaires et de certains obligataires un droit préférentiel de souscription.

L'article L. 225-132 du Code de commerce énonce :

« *Les actions comportent un droit préférentiel de souscription aux augmentations de capital.* »

L'exercice de ce droit fait l'objet d'une réglementation dans les articles L. 225-132 et s. Toutefois, l'article L. 225-135 autorise l'assemblée générale à supprimer le droit préférentiel de souscription, sous certaines conditions.

Article L. 242-20. *Est puni d'un emprisonnement de deux ans et d'une amende de 18 000 euros le fait, pour le président, les administrateurs ou les commissaires aux comptes d'une société anonyme, de donner ou confirmer des indications inexactes dans les rapports présentés à l'assemblée générale appelée à décider de la suppression de droit préférentiel de souscription des actionnaires.*

Dans l'hypothèse d'une suppression du droit préférentiel de souscription un rapport doit être établi. Le législateur sanctionne les dirigeants et le commissaire aux comptes qui donnent des informations fausses dans ce rapport spécifique.

Dans la nouvelle proposition de loi on retrouvera ce délit à l'article L. 242-6 5°.

Il a été jugé que l'omission, dans le rapport du conseil d'administration, des noms des nouveaux actionnaires ne constitue pas le délit de non-respect du droit préférentiel de souscription. (Crim. 27 février 1978 n° 77-91733 B. N° 76, p. 192).

L'arrêt précise que l'article L. 242-20 ne pouvait s'appliquer « l'omission d'un renseignement ne pouvant en principe équivaloir à la communication d'une information inexacte ».

SECTION II
Réduction du capital

Art. L. 242-23. Est puni d'une amende de 9 000 € le fait, pour le président ou les administrateurs d'une société anonyme, de procéder à une réduction du capital social :
1° Sans respecter l'égalité des actionnaires ;
2° Sans assurer la publicité de la décision de réduction du capital, au registre du commerce et des sociétés et dans un journal habilité à recevoir les annonces légales.

L'article L. 244-1 étend aux SAS cette disposition, l'article L. 244-5 aux SE.

La réduction du capital est réglementée par les articles L. 225-204 et L. 225-205.

Il résulte des dispositions de l'article L. 225-204 :

– que la réduction du capital est autorisée ou décidée par l'assemblée générale extraordinaire, qui peut déléguer au conseil d'administration ou au directoire, selon le cas, tous pouvoirs pour la réaliser. En aucun cas, elle ne peut porter atteinte à l'égalité des actionnaires ;

– qu'un rapport doit être établi par le commissaire aux comptes et communiqué aux actionnaires quinze jours avant la réunion de l'AGE ;

– que l'opération de réduction de capital doit faire l'objet d'un procès-verbal qui est soumis aux mesures de publicité (registre du commerce et journal d'annonces légales) et que les dirigeants procèdent à la modification corrélative des statuts.

L'article L. 242-23 prévoit une peine d'amende correctionnelle de 9 000 € à l'encontre des dirigeants sociaux de droit ou de fait qui ne respectent pas l'égalité entre actionnaires et qui ne font pas les publicités légales.

La proposition de loi relative à la simplification du droit majore l'amende à 30 000 € et ne conserve que le 1° de cet article

SECTION III
Consultation des associés en cas de perte de la moitié du capital social

> *Art. L. 242-29. Est puni d'un emprisonnement de six mois et d'une amende de 4 500 € le fait, pour le président ou les administrateurs d'une société anonyme, lorsque les capitaux propres de la société, du fait de pertes constatées dans les documents comptables, deviennent inférieurs à la moitié du capital social :*
> *1° De ne pas, dans les quatre mois qui suivent l'approbation des comptes ayant fait apparaître ces pertes, convoquer l'assemblée générale extraordinaire à l'effet de décider s'il y a lieu à dissolution anticipée de la société ;*
> *2° De ne pas déposer au greffe du tribunal de commerce, inscrire au registre du commerce et des sociétés et publier dans un journal d'annonces légales la décision adoptée par l'assemblée générale.*

Disposition applicable aux SAS (art. L. 244-1), aux SCA, aux SE (L. 244-5) et aux SARL (art. L. 241-6).

Pour cette dernière société, le législateur a prévu une nuance. L'infraction consiste dans le fait de ne pas avoir consulté les associés dans ce même délai (Cass. Crim. 28 novembre 2007 n° 07-82460).

Les capitaux propres sont définis par le Code de commerce à l'article R. 123-191 :

> *« Les capitaux propres correspondent à la somme algébrique des apports, des écarts de réévaluation, des bénéfices autres que ceux pour lesquels une décision de distribution est intervenue, des pertes, des subventions d'investissement et des provisions réglementées. »*

La résolution adoptée doit être déposée au greffe du tribunal de commerce et publiée dans un journal d'annonces légales (art. L. 223-42 et L. 225-248). Les sociétés en procédure de sauvegarde et en redressement judiciaire échappent à cette obligation.

Le défaut de convocation de l'assemblée extraordinaire en cas de pertes prévues par les articles susvisés et le défaut des mesures de publicité prescrites sont sanctionnés. (Voir Cass. Crim. 20.03.1995 Dr. pénal 95 Comm. 203)

Les peines applicables sont un emprisonnement de six mois et d'une amende de 4 500 €. Il s'agit d'une infraction intentionnelle.

V. Crim. 27 avril 1987, B. N° 167, p. 449 et Rev. soc. 1987, p. 427, note Bouloc.

Il n'est pas nécessaire de solliciter chaque année le renouvellement de la décision par laquelle les associés ont refusé de dissoudre la société qui fait des pertes. Paris 25 mars 1991, GP 14 juin 1991, p. 20, note Marchi.

Le délai de prescription court à compter de l'expiration du délai de quatre mois suivant l'approbation des comptes ayant fait apparaître les pertes (Cass. Crim. 24 mars 1999 D. affaires 99 N° 164 p. 911).

Cette infraction est supprimée dans la proposition de loi relative à la simplification du droit (abrogation des articles L. 241-6 et L. 242-29).

SECTION V
Information des actionnaires de SAS

La loi n° 2001-420 du 15 mai 2001 a complété l'article L. 244-2 du Code de commerce :

« *Le fait, pour un président ou un dirigeant de société par actions simplifiée de ne pas consulter les associés dans les conditions prévues par les statuts en cas d'augmentation, d'amortissement ou de réduction du capital, de fusion, de scission, de dissolution ou de transformation en une société d'une autre forme est puni de six mois d'emprisonnement et de 7 500 € d'amende.* »

C'est le fait de ne pas consulter les associés qui est sanctionné.

CHAPITRE VI

Filiales, participations et sociétés contrôlées

Lorsqu'une société possède plus de la moitié du capital d'une autre société, la seconde est considérée comme « filiale » de la première (art. L. 233-1 du Code de commerce).

Lorsqu'une société possède dans une autre société une fraction du capital compris entre 10 et 50 % la première est considérée comme une « participation » dans la seconde (article L. 233-2).

Toute participation même inférieure à 10 % détenue par une « société contrôlée », est considérée comme détenue indirectement par la société qui contrôle cette société (article L. 233-4).

En raison des liens qui existent entre les sociétés constituant un groupe, diverses obligations s'imposent à leurs dirigeants. Certaines d'entre elles sont sanctionnées pénalement.

On distingue principalement des infractions relatives à l'obligation d'information à l'occasion du franchissement de certains seuils de participation dans le capital des sociétés par actions (Section I).

On relève également l'existence d'infractions venant sanctionner la violation des règles relatives aux participations réciproques et à l'auto contrôle (Section II).

SECTION I
Infractions relatives aux franchissements des seuils de participation

Le non-respect de la réglementation sur les informations est pénalement sanctionné.

Art. L. 247-1. *I. Est puni d'un emprisonnement de deux ans et d'une amende de 9 000 € le fait, pour les présidents, les administrateurs, les directeurs généraux ou les gérants de toute société :*

1° De ne pas faire mention dans le rapport annuel présenté aux associés sur les opérations de l'exercice, d'une prise de participation dans une société ayant son siège sur le territoire de la République française représentant plus du vingtième, du dixième, du cinquième, du tiers, de la moitié ou des deux tiers du capital ou des droits de vote aux assemblées générales de cette société ou de la prise de contrôle d'une telle société ;
2° De ne pas, dans le même rapport, rendre compte de l'activité et des résultats de l'ensemble de la société, des filiales de la société et des sociétés qu'elle contrôle par branche d'activité ;
3° De ne pas annexer au bilan de la société le tableau prévu à l'article L. 233-15 et comportant les renseignements en vue de faire apparaître la situation desdites filiales et participations.

Art. L. 247-2. *I. Est puni d'une amende de 18 000 € le fait, pour les présidents, les administrateurs, les membres du directoire, les gérants ou les directeurs généraux des personnes morales, ainsi que pour les personnes physiques de s'abstenir de remplir les obligations d'informations auxquelles cette personne est tenue, en application de l'article L. 233-7, du fait des participations qu'elle détient.*

II. Est puni de la même peine le fait, pour les présidents, les administrateurs, les membres du directoire, les gérants ou les directeurs généraux d'une société, de s'abstenir de procéder aux notifications auxquelles cette société est tenue, en application de l'article L. 233-12, du fait des participations qu'elle détient dans la société par actions qui la contrôle.

III. Est puni de la même peine le fait, pour les présidents, les administrateurs, les membres du directoire, les gérants ou les directeurs généraux d'une société, d'omettre de faire mention dans le rapport présenté aux actionnaires sur les opérations de l'exercice de l'identité des personnes détenant des participations significatives dans cette société des modifications intervenues au cours de l'exercice, du nom des sociétés contrôlées et de la part du capital de la société que ces sociétés détiennent, dans les conditions prévues par l'article L. 233-13.

IV. Est puni de la même peine le fait, pour le commissaire aux comptes, d'omettre dans son rapport les mentions visées au III.

V. Pour les sociétés, dont les actions sont admises aux négociations sur un marché d'instruments financiers mentionné au II de l'article L. 233-7, les poursuites sont engagées après que l'avis de l'Autorité des Marchés financiers a été demandé.

La délégation de pouvoirs par un président-directeur général pour « exécuter certaines opérations », au demeurant non précisées, ne saurait faire échapper ce dernier à sa responsabilité pénale, alors que la déclaration de franchissement de seuil à la baisse ne constitue pas pour le législateur une simple formalité mais une obligation fondamentale destinée à assurer l'information et l'égalité des opérateurs intervenant sur un titre coté ainsi que, plus généralement, la transparence des marchés. Délit prévu par les articles L. 233-7 et L. 247-2 le PDG et le directeur financier d'une entreprise ont été déclarés coupables de s'être abstenus de procéder à la déclaration de franchissement à la baisse du seuil de détention de 5 % du capital d'une société cotée en bourse (Paris 9e éd. A 15 mars 1993 RJDA 5/93, N° 409, GP 18-20 juillet 93, note Marchi).

Art. L. 233-15. *Le conseil d'administration, le directoire ou le gérant de toute société ayant des filiales ou des participations, annexe au bilan de la société un tableau en vue, de faire apparaître la situation desdites filiales et participations.*

I. Lorsque les actions d'une société ayant son siège sur le territoire de la République sont admises aux négociations sur un marché réglementé d'un État partie à l'accord sur l'Espace économique européen ou sur un marché d'instruments financiers admettant aux négociations des actions pouvant être inscrites en compte chez un intermédiaire mentionné à l'article L. 211-3 du Code monétaire et financier, toute personne physique ou morale agissant seule ou de concert qui vient à posséder un nombre d'actions représentant plus du vingtième, du dixième, des trois vingtièmes, du cinquième, du quart, des trois dixièmes, du tiers, de la moitié, des deux tiers, des dix-huit vingtièmes ou des dix-neuf vingtièmes du capital ou des droits de vote informe la société dans un délai fixé par décret en Conseil d'État, à compter du franchissement du seuil de participation, du nombre total d'actions ou de droits de vote qu'elle possède.
L'information mentionnée à l'alinéa précédent est également donnée dans les mêmes délais lorsque la participation en capital ou en droits de vote devient inférieure aux seuils mentionnés par cet alinéa.

La personne tenue à l'information doit en plus dans sa déclaration préciser certaines mentions et doit enfin informer l'AMF lorsque les actions de la société sont admises aux négociations sur un marché réglementé.

Art. L. 233-12. *Lorsqu'une société est contrôlée directement ou indirectement par une société par actions, elle notifie à cette dernière et à chacune des sociétés participant à ce contrôle le montant des participations qu'elle détient directement ou indirectement dans leur capital respectif ainsi que les variations de ce montant. Les notifications sont faites dans le délai d'un mois à compter soit du jour ou la prise de contrôle a été connue de la société pour les titres qu'elle détenait avant cette date, soit du jour de l'opération pour les acquisitions ou aliénations ultérieures.*

Art. L. 233-13. *En fonction des informations reçues en application des articles L. 233-7 et L. 233-12, le rapport présenté aux actionnaires sur les opérations de l'exercice mentionne l'identité des personnes physiques ou morales détenant directement ou indirectement plus du vingtième, du dixième, des trois vingtièmes, du cinquième, du quart, du tiers, de la moitié, des deux tiers des dix-huit vingtièmes ou des dix-neuf vingtièmes du capital social ou des droits de vote aux assemblées générales. Il fait également apparaître les modifications intervenues au cours de l'exercice. Il indique le nom des sociétés contrôlées et la part du capital de la société qu'elles détiennent. Il en est fait mention, le cas échéant, dans le rapport des commissaires aux comptes.*

SECTION II
Infractions relatives aux participations réciproques et à l'auto contrôle

Art. L. 247-3. Est puni d'une amende de 18 000 € le fait, pour les présidents, les administrateurs, les membres du directoire, les directeurs généraux ou les gérants de sociétés, de contrevenir aux dispositions des articles L. 233-29 à L. 233-31.
Pour les sociétés dont les actions sont admises aux négociations sur un marché réglementé, les poursuites pour infraction aux dispositions de l'article L. 233-31 sont engagées après que l'avis de l'Autorité des Marchés financiers a été demandé.

Le législateur interdit certaines participations croisées entre sociétés et fait de la violation de cette interdiction un délit correctionnel.

Les participations réciproques peuvent en effet servir à la constitution fictive de tout ou partie du capital d'une société par actions.

Le législateur réglemente d'une part les participations réciproques entre sociétés par actions et d'autre part, celles entre sociétés par actions et une société d'une autre forme (art. L. 233-29 et L. 233-30).

– Les participations entre sociétés par actions :

Art. L. 233-29. *Une société par actions ne peut posséder d'actions d'une autre société, si celle-ci détient une fraction de son capital supérieure à 10 %.*
À défaut d'accord entre les sociétés intéressées pour régulariser la situation, celle qui détient la fraction la plus faible du capital de l'autre doit aliéner son investissement. Si les investissements réciproques sont de la même importance, chacune des sociétés doit réduire le sien, de telle sorte qu'il n'excède pas 10 % du capital de l'autre.
Lorsqu'une société est tenue d'aliéner les actions d'une autre société, l'aliénation est effectuée dans le délai fixé par décret. « La société ne peut exercer les droits de vote attachés à ces actions ».

– Les participations entre une société par actions et d'autres formes de sociétés

Art. L. 233-30. *Si une société autre qu'une société par actions compte parmi ses associés une société par actions détenant une fraction de son capital supérieure à 10 %, elle ne peut détenir d'actions émises par cette dernière.*
Si elle vient à en posséder, elle doit les aliéner dans le délai fixé par décret et elle ne peut, de leur chef, exercer le droit de vote.
Si une société autre qu'une société par actions compte parmi ses associés une société par actions détenant une fraction de son capital égale ou inférieure à 10 %, elle ne peut détenir qu'une fraction égale ou inférieure à 10 % des actions émises par cette dernière.
Si elle vient à en posséder une fraction plus importante, elle doit aliéner l'excédent dans le délai fixé par décret et elle ne peut, du chef de cet excédent, exercer le droit de vote.

Art. L. 233-31. *Lorsque des actions ou des droits de vote d'une société sont possédés par une ou plusieurs sociétés dont elle détient directement ou indirectement le contrôle, les droits de vote attachés à ces actions ou ces droits de vote ne peuvent être exercés à l'assemblée générale de la société ; il n'en est pas tenu compte pour le calcul du quorum.*

CHAPITRE VII

La société liquidée

La société est en liquidation dès l'instant de sa dissolution pour quelque cause que ce soit.

Sa raison ou sa dénomination sociale est suivie de la mention « société en liquidation ».

La personnalité morale de la société subsiste pour les besoins de la liquidation, jusqu'à la clôture de celle-ci. La dissolution d'une société ne produit ses effets à l'égard des tiers qu'à partir de la date à laquelle elle est publiée au registre du commerce.

Le liquidateur est désigné dans l'acte de société ou par les associés, ou par le président du tribunal de commerce ou par décision judiciaire de dissolution.

Dans le cadre d'une liquidation trois types d'infractions peuvent être commises :

– des infractions relatives à la publicité (Section I) ;
– des infractions spécifiques aux liquidations judiciaires (Section II) ;
– des infractions relatives aux fonctions du liquidateur (Section III).

SECTION I
Infractions relatives à la publicité lors de la liquidation de la société

§1. LE DÉBUT DE LA LIQUIDATION

> *Art. L. 247-6. Est puni d'un emprisonnement de six mois et d'une amende de 9 000 € le fait, pour le liquidateur d'une société :*
> *1° De ne pas publier dans le délai d'un mois de sa nomination, dans un journal d'annonces légales dans le département du siège social, l'acte le nommant liquidateur et déposer au registre du commerce et des sociétés les décisions prononçant la dissolution ;*
> *2° De ne pas convoquer les associés, en fin de liquidation, pour statuer sur le compte définitif, sur le quitus de sa gestion et la décharge de son mandat, et pour constater la clôture de la liquidation, ou de ne pas, dans le cas prévu à l'article L. 237-10, déposer ses comptes au greffe du tribunal ni demander en justice l'approbation de ceux-ci.*

La nomination d'un liquidateur donne lieu à deux mesures de publicité distinctes et dont l'omission fait l'objet de sanctions pénales :

1) Tous les actes et documents émanant de la société et destinés aux tiers, notamment toutes les lettres, factures, annonces et publications diverses doivent porter la mention « société en liquidation » et le nom du ou des liquidateurs.

2) Dans le délai d'un mois de sa nomination, le liquidateur doit publier l'acte le désignant dans un journal d'annonces légales dans le département du siège social et déposer au registre du commerce les décisions prononçant la dissolution (Bordeaux 2 mars 1993, Droit pénal 94.13, Crim. 7 mars 1994, D. 94 IR 133).

L'omission intentionnelle d'accomplir les formalités est sanctionnée par une peine d'emprisonnement de six mois et d'une amende de 9 000 € (art. L. 247-6 du Code de commerce).

Dans la proposition de loi relative à la simplification du droit, cet article est abrogé.

§2. LA FIN DE LA LIQUIDATION

L'article L. 247-6 2° (ci-dessus) punit d'une amende de 9 000 € le liquidateur d'une société qui, sciemment, n'aura pas convoqué les associés en fin de liquidation, pour statuer sur le compte définitif, sur le quitus de sa gestion et la décharge de son mandat et pour constater la clôture de la liquidation, ou n'aura pas, dans le cas prévu à l'article L. 237-10, déposé ses comptes au greffe du tribunal, ni demandé en justice l'approbation de ceux-ci.

L'article L. 237-10 prévoit, en effet, que si l'assemblée de clôture ne peut délibérer ou si elle refuse d'approuver les comptes du liquidateur, il est statué par décision de justice à la demande de celui-ci et de tout intéressé.

SECTION II
Infractions relatives aux liquidations ordonnées par décision judiciaire

L'article L. 247-7 prévoit trois catégories d'infractions qui seront punies des peines édictées par l'article L. 247-6 ci-dessus, s'il s'agit d'une liquidation intervenant en l'absence de clauses statutaires ou par décision de justice.

Il existe donc trois infractions distinctes à l'encontre du liquidateur qui ayant agi sciemment :

– n'a pas, dans les six mois de sa nomination, présenté un rapport sur la situation active et passive, sur la poursuite des opérations de liquidation, ni sollicité les autorisations nécessaires pour les terminer (inobservation des prescriptions édictées par l'article L. 237-23) ;

– n'a pas, dans les trois mois de la clôture de chaque exercice, établi les comptes annuels au vu de l'inventaire et un rapport écrit dans lequel il rend compte des opérations au cours de l'exercice écoulé (inobservation des prescriptions édictées par l'article L. 237-25 1°) ;

– n'a pas déposé en banque ou à la caisse des dépôts et consignations, dans les délais fixés par l'article L. 247-7 6°, les sommes affectées aux répartitions entre les créanciers et les associés, ou les sommes attribuées à des créanciers ou à des associés et non réclamées par eux.

– Cas du liquidateur amiable :

À défaut de clauses statutaires ou de convention expresse entre les parties, les dispositions des articles L. 237-14 à L. 237-31 relative à la liquidation d'une société sur décision de justice, sont applicables à la liquidation d'une société dissoute amiablement (Crim. 7 mars 1994. B. N° 90, p. 196. Rev. Soc. 94, p. 506, note Bouloc).

Dans la proposition de la loi relative à la simplification du droit, seule la dernière infraction est conservée. La peine d'amende est majorée à 150 000 € et l'emprisonnement est supprimé.

SECTION III
Infractions relatives aux fonctions du liquidateur

§1. LES INCAPACITÉS ET INCOMPATIBILITÉS

Art. L. 237-4. Ne peuvent être nommées liquidateurs, les personnes auxquelles l'exercice des fonctions de directeur général, d'administrateur, de gérant de société, de membre du directoire ou du conseil de surveillance, est interdit ou qui sont déchues du droit d'exercer ces fonctions.

Art. L. 247-5. Est puni d'un emprisonnement de deux ans et d'une amende de 9 000 € le fait de contrevenir à l'interdiction d'exercer les fonctions de liquidateur.
Quiconque est condamné par application de l'alinéa précédent ne peut plus être employé, à quelque titre que ce soit, par la société dans laquelle il a exercé les fonctions prohibées. En cas d'infraction à cette interdiction, la personne condamnée et son employeur, si ce dernier en a eu connaissance, sont punis des peines prévues audit alinéa.

L'élément intentionnel qui est nécessaire sera constitué lorsqu'il sera établi que l'auteur ne pouvait ignorer la déchéance ou l'interdiction le concernant.

L'employeur pourra être poursuivi comme coauteur s'il est prouvé qu'il avait eu connaissance de l'interdiction frappant son employé. La prescription triennale part du jour où la personne a cessé d'exercer les fonctions prohibées.

§2. INFRACTIONS RELATIVES AUX ACTES DE DISPOSITION DU PATRIMOINE SOCIAL

Art. L. 247-8. Est puni d'un emprisonnement de cinq ans et d'une amende de 9 000 € le fait, pour un liquidateur, de mauvaise foi :

1° De faire des biens ou du crédit de la société en liquidation un usage qu'il sait contraire à l'intérêt de celle-ci, à des fins personnelles ou pour favoriser une autre société ou entreprise dans laquelle il est intéressé directement ou indirectement ;
2° De céder tout ou partie de l'actif de la société en liqidation contrairement aux dispositions des articles L. 237-6 et L. 237-7.

• L'abus de biens et du crédit

On retrouve la même rédaction que celle employée dans les articles L. 241-3 4° et L. 242-6 3° visant les dirigeants de SARL et de SA. Il convient de se reporter aux développements consacrés à ces infractions.

• La cession irrégulière d'actif

Pour éviter les fraudes, les articles L. 237-6 et L. 237-7 réglementent les cessions d'actif en prononçant certaines interdictions. L'article L. 247-8 sanctionne la violation de ces prescriptions par le liquidateur ; la mauvaise foi est exigée par le texte.

Les pénalités : dans les deux cas prévus par la loi, le liquidateur peut être frappé d'une peine d'emprisonnement de cinq ans et d'une amende de 9 000 €.

Art. L. 245-5. Est puni d'un emprisonnement de six mois et d'une amende de 6 000 € le fait pour le liquidateur d'une société de ne pas respecter les dispositions de l'article L. 237-30.

§3. INFRACTION LIÉE AUX ACTIONS À DIVIDENDES PRIORITAIRES SANS DROIT DE VOTE

L'article L. 237-30 précise que le remboursement des actions à dividendes prioritaires sans droit de vote doit s'effectuer avant celui des actions ordinaires et qu'il en est de même pour le dividende prioritaire qui n'a pas été intégralement versé.

L'article L. 245-5 ci-dessus sanctionne pénalement le liquidateur qui n'a pas respecté ces dispositions.

La proposition de loi relative à la simplification du droit abroge cet article.

Titre II — **Banqueroute et autres infractions liées à une procédure de redressement ou de liquidation judiciaire**

Deux lois du 25 janvier 1985 (N° 85-98 relative au redressement et à la liquidation judiciaire des entreprises et N° 85-99 relative aux administrateurs judiciaires, mandataires et experts en diagnostic d'entreprises), ont profondément modifié les règles applicables aux procédures collectives telles qu'elles étaient prévues par la loi du 13 juillet 1967 relative au règlement judiciaire et à la liquidation de biens et les textes régissant les professions habilitées à intervenir dans les procédures collectives.

Il faut y ajouter une ordonnance n° 2008-1345 du 18 décembre 2008 et une ordonnance n° 2010-1512 du 9 décembre 2010.

Le législateur maintient la distinction traditionnelle entre le délit de banqueroute (chapitre I) et les autres infractions susceptibles d'être relevées à l'occasion du redressement judiciaire ou de la liquidation d'une entreprise ; elles concernent les infractions commises par les débiteurs, les tiers, des parents, des créanciers et certains auxiliaires de justice (chapitre II).

CHAPITRE I

Banqueroute

Le terme banqueroute a une origine italienne (banco rotto) ; dans les foires du Moyen Âge on pratiquait la rupture du banc des marchands qui ne tenaient pas leurs engagements.

Le droit pénal vient réprimer certains agissements commis dans le cadre d'entreprises en difficulté.

SECTION I
Éléments constitutifs

§1. OUVERTURE D'UNE PROCÉDURE DE REDRESSEMENT OU LIQUIDATION JUDICIAIRE

L'article L. 654-2 du Code de commerce subordonne la poursuite pénale pour banqueroute à l'ouverture d'une procédure de redressement ou de liquidation judiciaire qui est la condition préalable de procédure selon la Cour de cassation (Crim. 10 mars 1986, B. N° 97, D. 1986.182, note F. Derrida).

La question s'est posée de savoir s'il s'agit d'une condition de fond préalable ou d'une condition procédurale déterminant la régularité de la mise en mouvement de l'action publique. Les magistrats se sont ralliés à cette seconde conception (Cass. Crim. 10 mars 2004 n° 03-87441 Bull. Crim. 2004 n° 65 et Cass. Crim. 24 mars 2010 n° 09-84599 Bull. Crim. 2010 n° 55 ; RJDA 8-9/10 n° 872 ; Dr. pén. 2010 Comm. 70 obs. M. Véron et J.H. Robert).

Dans la dernière affaire les magistrats ont indiqué que les pourvois formés par la demanderesse importaient peu : *« dès lors que l'ouverture d'une procédure de redressement judiciaire ou de liquidation judiciaire n'est qu'une condition préalable à l'exercice de l'action publique.* » Cette position est pourtant en contradiction avec l'article L. 654-16 qui fonde la prescription sur le jugement d'ouverture (voir *infra*). Si celui-ci venait à être anéanti, comment procéder au calcul de la prescription ? N'oublions pas également que c'est le jugement d'ouverture qui constate la cessation des paiements.

Cependant, la date de cessation des paiements demeure un élément important de la poursuite pénale. D'après l'article L. 631-1, cette date correspond à la situation du débiteur qui se trouve dans l'impossibilité « de faire face au passif exigible avec son actif disponible » ; la juridiction répressive retenait « la situation immédiatement compromise du débiteur ». De cette distinction découle la possibilité de fixation de dates différentes par le tribunal correctionnel et le tribunal ayant ouvert la procédure collective.

C'est ce qui résulte de la jurisprudence de la Cour de cassation, dans les arrêts rendus le 18 novembre 1991 (B. 415 ; D. 92 IR 54) et le 21 juin 1993 (B. 217) la Chambre criminelle a jugé que pour déclarer constitué le délit de banqueroute, « le juge répressif a le pouvoir de retenir, en tenant compte des éléments soumis à son appréciation, une date de cessation des paiements autre que celle fixée par la juridiction consulaire ». (V. P. Gioanni, La cessation des paiements dans l'infraction de banqueroute, D. 1994. Chron. p. 53.)

§2. ÉLÉMENT MATÉRIEL

Art. L. 654-2. En cas d'ouverture d'une procédure de redressement judiciaire, ou de liquidation judiciaire sont coupables de banqueroute les personnes mentionnées à l'article L. 654-1 contre lesquelles a été relevé l'un des faits ci-après :
1. Avoir, dans l'intention d'éviter ou de retarder l'ouverture de la procédure de redressement judiciaire ou de liquidation judiciaire, soit fait des achats en vue d'une revente au-dessous du cours, soit employé des moyens ruineux pour se procurer des fonds ;
2. Avoir détourné ou dissimulé tout ou partie de l'actif du débiteur ;
3. Avoir frauduleusement augmenté le passif du débiteur ;
4. Avoir tenu une comptabilité fictive ou fait disparaître des documents comptables de l'entreprise ou de la personne morale ou s'être abstenu de tenir toute comptabilité lorsque la loi en fait l'obligation ;
5. Avoir tenu une comptabilité manifestement incomplète ou irrégulière au regard des dispositions légales.

A) Premier cas

Avoir, dans l'intention d'éviter ou de retarder l'ouverture de la procédure de redressement judiciaire, soit fait des achats en vue d'une revente au-dessous des cours, soit employé des moyens ruineux pour se procurer des fonds.

1) L'achat en vue d'une revente au-dessous du cours

En ce qui concerne les achats effectués en vue d'une revente au-dessous des cours, il convient pour caractériser le délit, de préciser les prix de revient et de vente. Cette infraction vise à réprimer les manœuvres qui consistent à effectuer des achats plus ou moins massifs de marchandises dans l'intention bien arrêtée de revendre rapidement celles-ci à des prix nettement inférieurs de manière à se procurer des disponibilités permettant de faire face aux échéances les plus pressantes et de prolonger ainsi artificiellement la vie de l'entreprise. (Trib. correct. Paris, 11° ch. 12 octobre 1965, Czichanowski, 10 février 1966, Levy et Lains et Cass. Crim. 12 mars 1974 D. 74 IR 102). Ces agissements sont parfois appelés « carambouillage ».

Est coupable de banqueroute le président d'une société anonyme qui achète en vue de revendre au-dessous des cours (Paris, 15 décembre 1986, JCP 88 éd. E. II 15118).

2) L'emploi de moyens ruineux

En ce qui concerne l'emploi de moyens ruineux pour se procurer des fonds, il faut observer qu'il s'agit de recours à des pratiques de financement (escompte, découverts bancaires, etc.) ou des emprunts à des taux même habituels qui entraînent des frais financiers importants alors que la situation financière de l'entreprise est irrémédiablement compromise.

– L'escompte de fausses factures et de traites de complaisance Crim. 14 mai 1984 (B. N° 172, p. 449) :

« *Constitue un moyen ruineux de se procurer des fonds caractérisant le délit de banqueroute, la remise à l'escompte de traites non causées entraînant des frais financiers qu'aucun bénéfice commercial ne peut couvrir.* » (Voir dans le même sens, Cass. Crim. 6 décembre 1993 Bull. Crim. N° 370 et Cass. Crim. 24 mai 2000 Dr. pénal 2000 Comm. 129.)

Sera sanctionné comme complice celui qui accepte des traites de complaisance en connaissance de cause (Cass. Crim. 24 mai 2000 n° 99-83815).

– Le caractère ruineux des crédits bancaires

Le recours à des moyens ruineux exige pour être caractérisé à la charge du prévenu, la réunion d'un ensemble d'éléments constitutifs et notamment le caractère ruineux des crédits bancaires utilisés et l'intention frauduleuse (Paris, 22 avril 1992, GP 1992.2.520).

« *Constitue le délit de banqueroute par emploi de moyens ruineux pour se procurer des fonds, la souscription de prêts entraînant un taux d'endettement excessif générant des frais trop importants au regard des possibilités de l'entreprise* » (Cass. Crim. 12 mars 1998 n° 96-85739 Bull. Crim. 1998 n° 100).

Il en va de même pour le dirigeant qui obtient des prêts à court terme assortis de sûretés onéreuses qui excédaient les capacités financières des sociétés (Cass. Crim. 6 mai 2009 n° 08-84378).

Les imprudences dans la distribution du crédit à des entreprises en voie de liquidation judiciaire, entraînent des poursuites contre les banquiers.

Dans ce cas, la jurisprudence applique les règles générales de la complicité (V. Koering-Joulin. L'élément moral de la complicité par fournitures de moyens D. 1980, chron. p. 131).

Ducouloux-Favard, Banqueroute par moyens ruineux et complicité des établissements financiers au regard du nouveau Code pénal, Petites Affiches 6 octobre 1993.

(Mouly, La responsabilité pénale du banquier en cas de banqueroute de son client : un révélateur. D. 1984, chron. p. 32).

Crim. 18 mai 1976 (D. 1976, J. p. 578, note Gavalda) :

« *Une entreprise qui pour assurer sa trésorerie accepte de payer des intérêts et agios hors de proportion avec son chiffre d'affaires recourt à un moyen ruineux de se procurer des fonds constitutifs du délit de banqueroute ; le banquier qui, en connaissance de cause, a consenti un découvert dans de telles conditions, s'est rendu coupable de complicité.* »

Crim. 3 janvier 1985 (B. N° 2, p. 2) :

« *Caractérise à la charge du directeur d'un établissement bancaire la complicité de banqueroute l'acceptation d'effets, qu'il savait sans cause, tirés par une société dont il connaissait personnellement la situation irrémédiablement compromise, dès lors que cette pratique, constituant pour ladite société un moyen ruineux de se procurer des fonds, avait pour objet de retarder la constatation de l'état de cessation de paiements.* »

Dans d'autres cas, la jurisprudence écarte la responsabilité du banquier du chef de complicité de banqueroute.

Il a été jugé que « *ne comportait aucune anomalie de nature à faire ressortir qu'en connaissance de cause, les préposés d'une banque auraient participé à un emploi de moyens ruineux pour se procurer des fonds, par le soutien apporté après la cessation des paiements à une entreprise en difficulté* ». (Crim. 20 novembre 1978, B. 319, p. 283 et Voir Crim. 12 oct. 1987, D. 1987. IR. 237).

Tout emprunt ne sera pas constitutif du délit (Cass. Crim. 26 septembre 1996 RJDA 1/97 N° 135).

3) Le but commun

Les deux hypothèses susvisées doivent avoir été réalisées dans l'intention d'éviter ou de retarder l'ouverture de la procédure de redressement judiciaire. (CA Paris 17 décembre 1990 GP 91, 1, 359)

Cet objectif particulier de l'auteur de la banqueroute est essentiel. Illustrons ces propos d'un exemple : l'émission de traites de cavalerie.

Si cette émission est réalisée sans cette intention spécifique, les magistrats peuvent qualifier ces faits d'escroquerie.

Si cette émission est réalisée avec cette intention spécifique, les magistrats qualifient de banqueroute : Cass. Crim. 5 décembre 2001 n° 01-81234.

B) Deuxième cas

Avoir détourné ou dissimulé tout ou partie de l'actif du débiteur.

Le détournement ou la dissimulation consiste à disposer, après la cessation des paiements, des fonds (meubles ou immeubles) compris dans l'actif de l'entreprise (Crim. 30 avril 1965, B. N° 122).

Crim. 21 avril 1980 (D. 1981 J. 33, note Cosson) :

« *Le délit de banqueroute par détournement d'actif implique une dissipation volontaire d'un élément du patrimoine social par le dirigeant d'une société en état de cessation des paiements.* »

Les magistrats doivent relever un acte positif de disposition (Cass. Crim. 24 avril 1984 n° 83-92675 Bull. Crim. 1984 n° 141 et Cass. Crim. 12 janvier 2005 n° 04-81545 Dr. pén. 2005 Comm. 92).

1) La notion de détournement ou de dissimulation

Plusieurs exemples peuvent être cités.

– Des retraits effectués dans la trésorerie

Cass. Crim. 14 mai 1984 B. N° 172 p. 449

« *Le dirigeant a émis à son ordre, sur le compte postal de cette société, un chèque de 280 528 F, en remboursement, selon lui, des sommes qu'il avait versées en vue d'une augmentation de capital restée à l'état de projet sans rapporter la preuve de l'existence d'une créance certaine, liquide et exigible* » (Cass. Crim. 23 octobre 1997 RJDA 2/98 N° 200).

A été également sanctionné le remboursement de comptes courants à des membres de la famille du dirigeant (Cass. Crim. 27 novembre 1997 RJDA 3/98 N° 323).

En revanche, s'il existe une créance certaine, liquide et exigible, il s'agit de paiements préférentiels non réprimés pénalement (Cass. Crim. 16 janvier 1989 D. 89 IR 78) et CA Dijon 14 septembre 2011 N° 09/01046, 2011/701 jurisdata 2011-021212.

– La cession d'un élément d'actif pour une somme bien inférieure à sa valeur vénale au bénéfice d'une autre société dans laquelle le dirigeant a des intérêts (Cass. Crim. 7 décembre 1992 RJDA 1/93 N° 67).

La cession d'un actif à son juste prix n'est pas répréhensible si le produit de la vente reste dans le patrimoine de la société (Cass. Crim. 10 mars 2010 n° 09-83016 RJDA 10/10 n° 991).

– La dissimulation aux créanciers du produit de la vente d'un élément d'actif, fût-il cédé à sa juste valeur (Cass. Crim. 29 mars 2000 RJDA 11/00 N° 1024).

– L'octroi de rémunérations excessives (Cass. Crim. 18 juin 1998 Dr. pénal 98 Comm. 156).

– Le paiement d'une créance que l'on sait éteinte, faute d'avoir été déclarée (Cass. Crim. 20 mars 1995 RJDA 7/95 N° 907).

– Le transfert de contrats (Cass. Crim. 22 septembre 2010 n° 09-87885).

– Le détournement de la clientèle (Cass. Crim. 14 février 2007 n° 06-86721 Dr. pén. 2007 Comm. n° 73 obs. J. H. Robert).

– Les abandons de créance peuvent constituer des actes positifs de disposition d'un élément du patrimoine de la société tendant à amoindrir le gage des créanciers (réponse ministérielle n° 1563 JO Sénat 15 novembre 2007 p. 2092).

– Le fait de ne pas remettre au liquidateur puis au repreneur les codes sources permettant d'adapter les logiciels appartenant à l'entreprise (Cass. Crim. 26 novembre 1998 RJDA 6/99 N° 706 et D. affaires 1999 N° 148 p. 260).

– La perte d'un droit au bail peut constituer un détournement d'actif (Cass. Crim. 26 octobre 1995 RJDA 2/96 N° 279).

En revanche, n'est pas constitutif du délit le détournement de la clientèle d'une société locataire gérante d'un fonds de commerce puisque cette clientèle « *n'est pas la propriété de la société et ne figure pas dans ses actifs* » (Cass. Crim. 22 août 1995 RJDA 11/95 N° 1298).

2) Distinction avec l'abus de biens sociaux

Les qualifications de banqueroute et d'abus de biens sociaux sont incompatibles pour des mêmes faits. Les deux infractions sanctionnent des atteintes à des valeurs sociales différentes « *l'abus de biens sociaux ayant pour finalité de protéger l'actif social et les droits des actionnaires ou associés contre les malversations des dirigeants alors que la banqueroute a pour objet de prévenir la fraude aux créanciers* ». Les peines encourues sont également différentes (Cass. Crim. 27 octobre 1999, n° 98-85651 Dr. pénal 2000 Comm. 48 et RJDA 3/00 N° 284).

Si le détournement est postérieur à la date de cessation des paiements, les magistrats qualifient les faits de banqueroute (Cass. Crim. 7 avril 1998 Dr. pénal 98 Comm. 99 ; Cass. Crim. 27 octobre 1999 précité et Cass. Crim. 30 juin 2004 N° 03-87427).

Si le détournement est antérieur à la date de cessation des paiements, les magistrats qualifient les faits d'abus de biens sociaux (Cass. Crim. 5 juin 1989 B. N° 233). Toutefois, si les faits incriminés ont provoqué la cessation des paiements ou se sont poursuivis après cette date, le délit de banqueroute peut être retenu (Cass. Crim. 21 septembre 1994 JCP 95, édition E, II 690) :

> « *Le délit de banqueroute est constitué, que les faits constatés soient antérieurs ou postérieurs à la date de la cessation des paiements, dès lors que, comme en l'espèce, procédant d'une même intention et tendant au même but, ils ont pour objet ou pour effet, soit d'éviter ou de retarder la constatation de cet état, soit d'affecter la consistance de l'actif disponible dans des conditions de nature à placer l'intéressé dans l'impossibilité de faire face au passif exigible.* »

3) L'intérêt de groupe

Il n'est pas accepté pour justifier un détournement d'actif.

Cass. Crim 27 avril 2000 (RJDA 11/00 N° 1025 et Petites Affiches 2001 N° 70 p. 13) :

> « *Si l'intérêt du groupe peut constituer, en cas de poursuite pour abus de biens sociaux, un fait justificatif, il en est autrement en cas de poursuites pour banqueroute par détournement d'actifs d'entreprises en redressement ou liquidation judiciaire.* »

4) Complicité du délit de détournement d'actif

Crim. 3 octobre 1983 (B. N° 234, p. 517) :

« *En acceptant en connaissance de cause d'ouvrir deux comptes bancaires dans deux établissements différents pour y faire transiter des sommes importantes au profit de son employeur, mais au détriment du Trésor Public, qui ne pouvait recouvrer directement ce que lui devait le contribuable, Duwat, son employé, s'était, par aide et assistance et fourniture de moyens, rendu complice du détournement d'actif par son ancien employeur.* »

C) Troisième cas

Avoir frauduleusement augmenté le passif du débiteur.

Ce cas de banqueroute peut avoir pour objet de sanctionner une pratique qui consiste à faire apparaître des créanciers fictifs qui recevront une part du produit de la réalisation de l'actif.

Le dirigeant peut aussi majorer arbitrairement le passif, il réduit ainsi la part revenant aux véritables créanciers sociaux dans la réalisation de l'actif et leur cause préjudice.

Cass. Crim. 16 juin 1999 RJDA 8-9/99 N° 980 :

« *Caractérise le délit de banqueroute par augmentation frauduleuse du passif la cour d'appel qui relève que le gérant d'une société, méconnaissant une décision de justice ayant autorisé la poursuite de l'activité de la société pour la liquidation du stock, a acheté des marchandises qui sont demeurées impayées bien qu'elles aient été revendues.* »

D) Quatrième cas

« **Avoir tenu une comptabilité fictive, ou fait disparaître des documents comptables de l'entreprise ou de la personne morale ou s'être abstenu de tenir toute comptabilité.** »

La formulation du texte a posé aux auteurs et aux juridictions des problèmes d'interprétation.

1) Tenue d'une comptabilité fictive

Dans l'article 1743 du code général des impôts relatif à la fraude fiscale (v. *supra*), on trouve l'expression « d'écritures fictives ». Mais l'article L. 654-2 4° vise une « comptabilité fictive ». Selon M. Thorin (« De la théorie comptable à la comptabilité fictive et à l'absence de toute comptabilité », GP 1989, 1, p. 193) : « si le nombre et la nature des erreurs, omissions ou altérations comptables sont importantes, il est possible de dire que les écritures donnent une vision dénaturée de l'entreprise et que la comptabilité est fictive ».

Dans un premier arrêt, la Cour de cassation avait jugé que l'irrégularité d'une comptabilité ne constituait pas nécessairement une absence de comptabilité, ni une comptabilité fictive (Crim. 26.01.1987, B. N° 38, D. 87, IR 43). Par la suite, sa jurisprudence a évolué et dans un arrêt du 25 juillet 1989 (B. N° 295, p. 720), elle a considéré qu'une comptabilité irrégulière était une comptabilité fictive dès lors que les écritures correspondent à des opérations fictives, c'est-à-dire des inscriptions sans aucun fondement réel. Elle a décidé qu'en pareil cas les faits entraient dans la nouvelle définition du délit.

Une comptabilité est considérée comme fictive quand il y a des manipulations informatiques pour transférer des charges de certains chantiers sur d'autres et pour majorer de manière artificielle les encours des travaux effectués à l'étranger (Cass. Crim. 26 mars 1990 D. 90, IR 129 ; Rev. soc. 1990, p. 632, note Bouloc et B. Crim. N° 133, p. 357).

La fictivité d'une comptabilité dépend du nombre et de la gravité des omissions qui l'entachent (Cass. Crim. 1er octobre 1998 Dr. pénal 99 Comm. 41 et Cass. Crim. 28 mars 2007 N° 06-82666).

2) Disparition des documents comptables

Il s'agit de la destruction ou de la soustraction des documents comptables qui était déjà réprimée par l'ancien texte de 1967.

La définition donnée par la Cour de cassation (Crim. 10 octobre 1973, B. N° 349, p. 862) demeure donc valable. Elle a jugé que ce texte sanctionne dans tous les cas les agissements du commerçant tendant à empêcher tout contrôle de la situation réelle de son entreprise et à compromettre la bonne réalisation de la liquidation au préjudice des créanciers.

La non-représentation des comptes ne peut pas être assimilée à la disparition (Cass. Crim. 11 juin 1998 Dr. pénal 98 Comm. 155). Il faut qu'elle soit accompagnée d'un refus volontaire et conscient (Cass. Crim. 19 janvier 2000 RJDA 6/00 N° 708).

La jurisprudence exige que la preuve de la dissimulation des documents comptables soit rapportée (Paris, 24 juin 1991, GP 5 et 6 février 1992, note Marchi).

A été sanctionné le dirigeant qui a refusé de remettre la comptabilité invitant le liquidateur à « venir en prendre possession dans des combles d'accès particulièrement difficile » (Cass. Crim. 25 février 2004 n° 03-84357 Bull. Crim. 2004 n° 52).

3) Abstention de tenue de toute comptabilité lorsque la loi en fait l'obligation

L'article L. 626-2 4° réprime l'abstention de toute comptabilité.

Cette notion nouvelle a fait l'objet d'une interprétation par les magistrats.

Malheureusement, il existe une divergence profonde d'interprétation.

a) L'interprétation stricte de la loi

Dans un premier temps, la Cour de cassation a donné une interprétation restrictive de cette notion : Cass. Crim. 26.01.1987 (B. Crim. N° 38, D. 1987 IR 43).

Cette position a été suivie par le tribunal correctionnel de Paris à plusieurs reprises (17 nov. 87 ; 27 janv. 88).

Toutefois ces décisions ont été réformées en appel.

b) L'interprétation plus large de la loi

À plusieurs reprises, la Cour d'appel de Paris (7.12.87 GP du 17 mai 88 ; 14.12.87 ; 20.01.88 GP 17 mai 88 ; 14.06.88 GP 14 et 15 octobre 88) a considéré l'infraction constituée en cas de non tenue d'un des documents obligatoires. Ces décisions se rapprochent de la définition ancienne de tenue irrégulière de comptabilité.

Dans un arrêt du 8.01.1979 (D. 79 633, note Cosson) la Cour de cassation avait défini cette notion. Etait irrégulière d'une part la comptabilité non tenue conformément à la loi (défaut d'un des livres obligatoires) et d'autre part celle qui n'était pas correctement tenue.

C'est vers cette nouvelle orientation que s'est dirigée la Cour de cassation dans un arrêt rendu le 4 septembre 1990 (B. Crim. N° 309, p. 781).

> « *Mais attendu qu'en statuant ainsi, alors que l'omission par un mandataire social de tenir toute comptabilité, fait spécialement incriminé depuis le 1er janvier 1986 par l'article 1974 de la loi précitée, entrait antérieurement dans les prévisions de l'article 131-5 de la loi du 13 juillet 1967 qui réprimait la tenue irrégulière de la comptabilité d'une société, la cour d'appel a méconnu le principe sus énoncé.* »

A été sanctionné le dirigeant qui n'avait pas tenu les registres obligatoires (Cass. Crim. 5 décembre 2001 n° 01-83973) ; celui qui a fourni des éléments de comptabilité ne répondant pas aux exigences légales (Cass. Crim. 24 février 2010 n° 09-83130).

L'incrimination peut concerner des exercices comptables antérieurs à la date de cessation des paiements (Cass. Crim. 26 janvier 2005 n° 04-81206).

E) Cinquième cas

« **Avoir tenu une comptabilité manifestement incomplète ou irrégulière au regard des dépositions légales** »

La dépénalisation de ce cas de banqueroute par la loi du 25 janvier 1985 avait été très critiquée ce qui avait entraîné certains flottements dans la jurisprudence comme on l'a vu dans l'examen du quatrième cas (voir *supra*).

Le législateur pour combler cette lacune a donc ajouté à la liste des cas de banqueroute, la tenue d'une comptabilité manifestement incomplète ou irrégulière au regard des dispositions légales.

Sera sanctionné le dirigeant qui n'a pas renseigné de nombreuses écritures (Cass. Crim. 8 octobre 2008 n° 08-81769 RJDA 6/09 n° 568 ; Cass. Crim. 6 avril 2011 n° 10-86008).

Sera également sanctionné celui qui remet des documents qui ne sont pas à jour (Cass. Crim. 19 mai 2010 n° 09-85877), mais aussi celui qui refuse de fournir au liquidateur l'inventaire annuel des stocks (Cass. Crim. 4 novembre 2010 n° 09-87044) ou des justificatifs de dépense (Cass. Crim. 12 septembre 2001 n° 01-80064 RJDA 2/02 n° 185).

La frontière entre le cinquième cas et le précédent n'est pas toujours aisée à faire.

A été retenue comme comptabilité incomplète des courriers adressés par le dirigeant à son expert-comptable (Cass. Crim. 4 mai 2011 n° 10-84210) mais aussi des comptes qui n'existent qu'à l'état de projet (Cass. Crim. 19 novembre 2008 n° 08-82013 RJDA 5/09 n° 463).

Pour cette infraction la complicité du commissaire aux comptes et de l'expert-comptable pourra être retenue (Cass. Crim. 3 mai 2011 n° 11-80865).

§3. ÉLÉMENT MORAL

Les divers cas du délit de banqueroute comportent l'élément d'intentionnalité qui doit consister dans la conscience de la faute commise, dans une volonté de fraude chez le prévenu.

La mauvaise foi résulte de la connaissance de l'état de cessation des paiements et du dommage causé aux tiers et aux créanciers sociaux.

Il a été jugé par le tribunal correctionnel de Paris (27 décembre 1986, Gaz. Pal. 27-28 février 1987, note J.P. Marchi) que l'intention délictueuse devait consister dans la conscience de la faute commise, et a été relaxé le dirigeant de la société qui, à défaut de livres comptables, avait enregistré une opération par des saisies informatiques qui tenaient lieu d'un embryon de comptabilité, ce qui excluait l'intention coupable de son auteur.

« *Tous les actes incriminés par l'article 197 de la loi du 25 janvier 1985 ne se conçoivent pas sans la conscience de la faute et la mauvaise foi de leurs auteurs, qu'il s'agisse de détournement, dissimulation et destruction d'actif.* »

SECTION II
Les personnes punissables

L'article L. 654-1 du Code de commerce énonce les personnes physiques qui sont soumises aux dispositions relatives à la banqueroute.

Les personnes morales sont également concernées.

§1. LES COMMERÇANTS, ARTISANS ET AGRICULTEURS ET PROFESSIONS INDÉPENDANTES (art. L. 654-4 1°)

C'est-à-dire les commerçants personnes physiques et comme le champ d'application de la loi de 1985 a été étendu aux artisans et aux agriculteurs, ceux-ci peuvent être désormais soumis aux procédures collectives et poursuivis pénalement du chef de banqueroute ; les tribunaux devront rechercher le critère de la notion d'artisan (immatriculation au répertoire des métiers).

Le législateur y a ajouté les personnes physiques exerçant une activité professionnelle indépendante y compris une profession libérale.

§2. LES DIRIGEANTS DE DROIT OU DE FAIT ET LES LIQUIDATEURS (art. L. 654-1 2°)

« *Toute personne qui a directement ou indirectement, en droit ou en fait, dirigé ou liquidé une personne morale de droit privé.* »

Cette disposition vise les dirigeants de droit et les dirigeants de fait ; la loi étend aux dirigeants de fait les sanctions prévues à l'encontre des dirigeants de droit.

Si ces derniers figurent dans les statuts de la société, la recherche du dirigeant de fait est plus délicate, car comme toutes notions de fait, la notion de dirigeant de fait se prête mal à une définition précise. Selon la définition proposée par le professeur Rives Langes « est un dirigeant de fait celui qui, en toute souveraineté et indépendance, exerce une activité positive de gestion et de direction » (la notion de dirigeant de fait au sens de l'art. 99 de la loi du 13 juillet 1967 sur le règlement judiciaire et la liquidation des biens, D. 1 975 chron. p. 41). Parmi les pouvoirs que la jurisprudence retient pour caractériser la gestion de fait, on relève : la signature sociale lorsqu'il y a délégation de pouvoir du dirigeant statutaire, la signature et l'acceptation des traites, les accords avec les fournisseurs, le recrutement et le licenciement du personnel, etc.

V. délits de banqueroute et responsabilité pénale d'un dirigeant de fait, Crim. 6 oct. et 8 déc. 1980, note Bouloc, Rev. soc. 1981, p. 351.

Crim. 22 octobre 1979 (D. 1980 IR. p. 129) :

> « *Pour attribuer au prévenu la qualité de gérant de fait d'une société, la Cour d'appel énonce justement que les gérants légaux n'ont fait qu'exercer une gestion courante sous la dépendance du prévenu, tandis que celui-ci s'est immiscé dans la direction de l'entreprise : sa responsabilité pénale s'est trouvée engagée dès lors qu'il s'était réservé les décisions sur le sort commercial et financier de la société, notamment en recevant délégation de signature pour les comptes bancaires, en sollicitant directement des banquiers des crédits, en donnant des instructions au comptable, en recevant des informations de celui-ci ainsi que du Conseil juridique qui lui soumettait les actes tels que les procès-verbaux des assemblées.* » (voir également Cass. Crim. 9 janvier 2008 n° 07-83715).

Dans un arrêt rendu par la chambre criminelle de la Cour de cassation le 22 septembre 2010 (N° 09-83274 RJDA 6/11 n° 565) les magistrats ont retenu comme gérant de fait : la banque de l'entreprise et son directeur d'agence.

Par contre, est insuffisante pour caractériser une situation de dirigeant de fait, la constatation que le prévenu, en raison des services qu'il rendait à la société recevait de celle-ci la mise à sa disposition d'importants moyens matériels (Crim. 21 avril 1980, B. N° 116, D. 1981, note Cosson J. 33).

Voir aussi : Crim. 28 juin 1993, Dr. pénal 93, Comm. 264, Dr. pénal 1994, Comm. 14 et Jcl Sociétés Fasc. H N° 54.

Un dirigeant de société d'économie mixte locale peut être sanctionné (Cass. Crim. 2 juin 1999 RJDA 11/99 N° 1223).

§3. LES REPRÉSENTANTS PERMANENTS ET LES PERSONNES MORALES
(art. L. 654-1 3°)

Les personnes physiques représentants permanents de personnes morales dirigeants de personnes morales de droit privé.

On sait qu'en application de la loi une personne morale peut être nommée administrateur et que lors de sa nomination elle est tenue de désigner un représentant permanent qui encourt les mêmes responsabilités civile et pénale que s'il était administrateur en son nom propre.

SECTION III
Traitement pénal de la banqueroute
(poursuites, pénalités
recel, prescription, action civile)

§1. POURSUITES

Chacun des cas de banqueroute visés à l'article L. 654-2 est un délit distinct et qui peut être réprimé indépendamment des autres.

La juridiction répressive ne peut être saisie que par : le Ministère Pubic ou sur constitution de partie civile de l'administrateur, du représentant des créanciers, du représentant des salariés, du commissaire à l'exécution du plan, du liquidateur ou de la majorité des créanciers nommés contrôleurs lorsque le mandataire de justice ayant qualité pour agir ne l'a pas fait (art. L. 654-17).

Le débiteur n'a pas qualité pour mettre en mouvement l'action publique (Cass. Crim. 10 mars 2010 n° 09-82063 Bull. Crim. 2010 n° 50).

§2. PÉNALITÉS

La réforme des dispositions relatives à la banqueroute par la loi du 16 décembre 1992 commande de distinguer entre peines applicables aux personnes physiques et peines applicables aux personnes morales.

A) Les peines applicables aux personnes physiques

La banqueroute est punie de cinq ans d'emprisonnement et de 75 000 € d'amende (art. L. 654-3) ; l'article L. 654-4 prévoit une circonstance aggravante lorsque l'auteur ou le complice est un dirigeant d'une entreprise prestataire de services d'investissement : les peines sont alors portées à sept ans d'emprisonnement et 100 000 € d'amende.

Les personnes physiques encourent également les peines complémentaires suivantes (art. L. 654-5) :

« 1° L'interdiction des droits civiques, civils et de famille, suivant les modalités de l'article 131-26 du Code pénal ;

2° L'interdiction, suivant les modalités prévues par l'article 131-27 du Code pénal, soit d'exercer une fonction publique ou d'exercer l'activité professionnelle ou sociale dans l'exercice ou à l'occasion de l'exercice de laquelle l'infraction a été commise, soit d'exercer une profession commerciale ou industrielle, de diriger, d'administrer, de gérer ou de contrôler à un titre quelconque, directement ou indirectement, pour son propre compte ou pour le compte d'autrui, une entreprise commerciale ou industrielle ou une société commerciale. Ces interdictions d'exercice peuvent être prononcées cumulativement ;

3° L'exclusion des marchés publics pour une durée de cinq ans au plus ;

4° L'interdiction, pour une durée de cinq ans au plus, d'émettre des chèques autres que ceux qui permettent le retrait de fonds par le tireur auprès du tiré ou ceux qui sont certifiés ;

5° L'affichage ou la diffusion de la décision prononcée dans les conditions prévues par l'article 131-35 du Code pénal. »

L'interdiction d'exercer une activité professionnelle visée par l'article L. 654-5 2° est soit définitive, soit temporaire ; dans ce dernier cas elle ne peut excéder une durée de 10 ans.

La juridiction répressive qui reconnaît l'une des personnes mentionnées à l'article L. 654-1 coupable de banqueroute peut, en outre, prononcer soit la faillite personnelle de celle-ci, soit l'interdiction prévue à l'article L. 653-8.

La juridiction répressive ne peut le faire si une juridiction civile ou commerciale a déjà prononcé une telle mesure par une décision définitive « prise à l'occasion des mêmes faits » (art. L. 654-6). Il s'agit d'une consécration de la jurisprudence (Cass. Crim. 31 octobre 2007 RTD Com 2008 Obs. B. Bouloc). Le renvoi de l'article L. 654-6 à l'article L. 653-11 entérine la jurisprudence souhaitant que le plafond de quinze ans s'applique à la juridiction répressive (Cass. Crim. 8 novembre 2006 RTD Com 2007 466 Obs. B. Bouloc).

La procédure de relèvement en faveur des personnes frappées d'une telle sanction peut être exercée dans les conditions fixées par le Code de commerce (art. L. 653-11).

Le fait pour une personne d'exercer une activité professionnelle ou des fonctions en violation des interdictions prévues par les article L. 653-2 et L. 653-8 est puni d'un emprisonnement de 2 ans et d'une amende de 375 000 €.

B) Peines applicables aux personnes morales

Les peines encourues sont :

1) L'amende suivant les modalités prévues par l'article 131-38 du Code pénal. *« Le taux maximum de l'amende applicable aux personnes morales est égal au quintuple de celui prévu par les personnes physiques par la loi qui réprime l'infraction. »*

2) Les peines mentionnées à l'article L. 131-39 du Code pénal : il s'agit des peines restrictives et privatives de droit (voir *supra*).

§3. RECEL

La Cour de cassation décide que le recel de droit commun est applicable en matière de banqueroute.

Crim. 18 janvier 1968 (B. N° 17, p. 35) :

> *« Constitue le délit de recel et non celui de complicité de banqueroute, le fait pour un agent d'affaires de recevoir une commission provenant, à sa connaissance, d'un détournement d'actif commis par un commerçant en état de cessation de paiements. »*

Crim. 1er octobre 1980 (B. N° 243), Crim. 4 octobre 1974 B. N° 276 sur le recel. Voir aussi 2 avril 1984 (B. N° 135, p. 345) :

> *« Constitue le délit de recel le fait pour un conseil juridique de recevoir d'une société des émoluments, alors qu'il savait par la mission qui lui était confiée, que cette société était en état de cessation des paiements et que les fonds reçus étaient obtenus à l'aide d'un délit assimilé à la banqueroute simple par paiements préférentiels. »*

C'est le fait également de bénéficier d'avantages anormaux en connaissance de cause : jouissance de locaux sans contrepartie, octroi de délais de règlement, livraisons occultes... (Cass. Crim. 16 juin 2010 n° 09-86159).

Il faut cependant relever que dans certains cas, le Code de commerce fait du recel des effets dépendant de l'actif du débiteur, un délit distinct et autonome (art. L. 654-9 1° et L. 654-10) (*infra*, chapitre II § 2 et § 3).

§4. PRESCRIPTION

L'article L. 654-16 précise le point de départ du délai de trois ans de la prescription de l'action publique. Ce texte dispose que le délai

« *ne court que du jour du jugement ouvrant la procédure de sauvegarde, de redressement judiciaire ou de liquidation judiciaire lorsque les faits incriminés sont apparus avant cette date.* »

Cette règle n'est valable que lorsque les faits litigieux se situent avant cette date ; en ce qui concerne les faits postérieurs, la Cour de cassation décide que le point de départ du délai est fixé au jour de la commission des faits incriminés. (Crim. 25 février 1958, D. 1958 J. 373 et 26 mai 1959, B. N° 267)

§5. ACTION CIVILE

Pour pouvoir se constituer partie civile, il faut appartenir à la catégorie des personnes expressément visées à l'article L. 654-17 du Code de commerce (administrateurs, représentant des créanciers, représentant des salariés, commissaire à l'exécution du plan, liquidateur).

Doit être rejeté toute demande émanant d'autres personnes (Cass. Crim. 20.02.1997 RJDA 7/97 N° 967 et Cass. Crim. 28 janvier 1998 Dr. pénal 1998 Comm. 84).

Les créanciers ne sont pas habilités à mettre en mouvement l'action publique en se constituant parties civiles (Cass. Crim. 11 avril 2002 n° 02-80778 Bull. Crim. 2002 n° 87).

Toutefois, il est possible pour un créancier d'invoquer un préjudice particulier distinct du montant de leur créance.

A été déclaré recevable une action individuelle contre les complices du banqueroutier ne faisant pas l'objet d'une procédure collective (Cass. Crim. 11 octobre 1993 B. N° 283 ; Cass. Crim. 14 février 1994 RJDA 5/94 N° 590).

A été déclarée recevable la constitution de partie civile d'une personne réclamant la réunion des éléments de preuve pour établir le montant de sa créance.

Cass. Crim. 31 janvier 1996 Dalloz affaires 96 p. 558 :

« *La constitution de partie civile demeure recevable en ce qu'elle tend seulement à ce que soit fixé le montant du préjudice découlant des infractions poursuivies pour lequel le créancier doit déclarer.* »

Dans un arrêt rendu par la Chambre criminelle le 4 décembre 1997 (Dr. pénal 98 Comm. 52), la partie civile réclamait la publication du jugement et invoquait la perte d'une chance de récupérer sa créance.

Les créances nées d'une infraction pénale doivent faire l'objet d'une déclaration. Le délai est de deux mois à compter de la publication du jugement d'ouverture. Ce délai court à compter de la date de la décision définitive qui fixe le montant de la créance, lorsque la décision intervient après la publication du jugement d'ouverture (article L. 622-24 al 6 du Code de commerce).

§6. DROIT DE COMMUNICATION DU MINISTÈRE PUBLIC

L'article L. 654-18 prévoit un droit de communication au profit du Parquet qui peut requérir de l'administrateur ou du liquidateur, la remise de tous les actes et documents détenus par ces derniers.

§7. FRAIS DE POURSUITES

La disparition de la masse et la suppression du droit de poursuite individuelle des créanciers ont entraîné également une simplification.

L'article L. 654-19 opère une distinction :

- en cas de relaxe les frais de poursuite sont supportés par le Trésor Public quel que soit le poursuivant ;
- en cas de condamnation, les frais de poursuites sont supportés dans un premier temps par le Trésor Public, mais ce dernier ne peut exercer un recours contre le débiteur qu'après clôture des opérations de liquidation judiciaire.

En ce qui concerne les frais de publicité des jugements et arrêts rendus en matière de banqueroute et autres infractions, l'article L. 654-20 dispose que ces décisions sont publiées aux frais du condamné.

CHAPITRE II

Les infractions liées à une procédure de redressement ou de liquidation judiciaire

Dans l'ordonnance du 23 septembre 1967, il était prévu des dispositions pénales pour sanctionner certains actes du débiteur ou des tiers contractant avec lui pendant la période de suspension des poursuites.

De même le Code de commerce assortit de sanctions pénales l'interdiction de certains paiements ou de certains actes de disposition.

§1. INFRACTIONS COMMISES PAR LE DÉBITEUR

1) *Dissimulation frauduleuse de biens par un débiteur* (art. L. 654-9 3° et L. 654-14)

Sont concernées par cette infraction les personnes susceptibles d'être auteur de banqueroute (article L. 654-1) mais également depuis l'ordonnance du 9 décembre 2010 l'entrepreneur individuel à responsabilité limitée. On va leur reprocher d'organiser leur insolvabilité soit en détournant, soit en dissimulant tout ou partie de leurs biens. Il s'agira pour l'entrepreneur individuel de tout ou partie des biens de son patrimoine non affecté. Dans tous les cas, le débiteur souhaite échapper à ses créanciers. A été sanctionné celui qui « a vendu, quelques jours après le jugement déclarant la liquidation judiciaire quatre propriétés personnelles... » (Cass. Crim. 10 janvier 1994 n° 93-81678 GP 24-26 avril 1994).

La tentative de détournement ou de dissimulation est punissable. Les peines encourues sont les peines principales ou complémentaires de la banqueroute.

2) *Déclaration frauduleuse de dettes supposées par un débiteur* (art. L. 654-9 et L. 654-14)

Sont punis des mêmes peines ces mêmes personnes qui se font frauduleusement reconnaître débiteur de sommes indues.

3) *Passation par le débiteur d'acte de gestion ou de disposition non autorisé – entreprise en observation* (art. L. 654-8 1°)

Est passible d'un emprisonnement de deux ans et d'une amende de 30 000 € : les personnes pouvant être auteur de banqueroute qui ne respectent pas les interdictions prévues à l'article L. 622-7. Le jugement d'ouverture emporte de plein droit l'interdiction de payer toute créance née avant ce jugement. Il leur est également interdit de consentir une garantie sans l'autorisation du juge commissaire.

Les comportements incriminés rompent au profit de certains créanciers la règle d'attente qui est imposée à tous.

4) *Passation par le débiteur d'acte de disposition ou paiement en violation du plan de continuation de l'entreprise* (art. L. 654-8 2°)

Est passible d'un emprisonnement de deux ans et d'une amende de 30 000 € : les mêmes personnes qui ont effectué un paiement en violation des modalités de règlement du passif prévues au plan de continuation ou qui ont fait un acte de disposition sans l'autorisation prévue par l'article L. 626-14.

Il s'agit là de réprimer les agissements frauduleux commis par le débiteur pendant l'exécution du plan de continuation de l'entreprise.

§2. INFRACTIONS COMMISES PAR DES TIERS

1) *Détournements ou recel par un tiers des biens d'un débiteur en redressement judiciaire* (art. L. 654-9 1°)

Sont punies des peines prévues par les articles L. 654-3 à L. 654-5 de cette même loi, ceux qui ont, dans l'intérêt des personnes mentionnées à l'article L. 654-1, soustrait, recelé ou dissimulé tout ou partie des biens, meubles ou immeubles de celles-ci, le tout sans préjudice de l'application de l'article 121-7 du Code pénal.

2) *Production frauduleuse de créances supposées dans un règlement judiciaire*
(art. L. 654-9 2°)

Sont punis des peines prévues par les articles L. 654-3 à L. 654-5 de cette même loi, ceux qui ont frauduleusement déclaré dans la procédure de sauvegarde, de redressement judiciaire ou de liquidation judiciaire, soit en leur nom, soit par interposition de personne, des créances supposées.

3) *Passation par un tiers d'acte de gestion ou de disposition illicite avec un débiteur, entreprise en observation ou en continuation*
(art. L. 654-8 3°)

Est passible d'un emprisonnement de deux ans et d'une peine de 30 000 € : toute personne qui, pendant la période d'observation ou celle d'exécution du plan de sauvegarde ou de redressement, en connaissance de la situation du débiteur, a passé avec celui-ci l'un des actes mentionnés aux 1° et 2° de l'article L. 654-8, ou en a reçu un paiement irrégulier, c'est-à-dire un paiement non conforme au mode de règlement du passif prévu par le plan.

4) *Passation par un tiers d'un acte de cession illicite*

Est passible des mêmes peines celui qui procède à la cession d'un bien rendu inaliénable par le jugement arrêtant le plan de cession.

§3. INFRACTIONS COMMISES PAR LES PARENTS OU ALLIÉS DU DÉBITEUR
(art. L. 654-10)

Aux termes de l'article 1. 654-10 sont passibles des peines prévues par le premier alinéa de l'article 314-1 du Code pénal (abus de confiance), le conjoint, les descendants ou les ascendants ou les collatéraux ou les alliés des personnes mentionnées à l'article L. 654-1 qui ont détourné, diverti ou recélé des éléments d'actif du débiteur soumis à une procédure de redressement judiciaire ou de liquidation judiciaire.

En ce qui concerne les personnes retenues par ce texte, il faut signaler la présence des collatéraux et des proches de dirigeants de personnes morales qui ne figuraient pas dans l'ancien texte.

Si la personne est un entrepreneur individuel, les biens concernés sont ceux du patrimoine visés par la procédure.

Les pénalités applicables sont celles de l'abus de confiance simple (art. 314-1 du Code pénal) : emprisonnement de trois ans et amende de 375 000 €.

L'immunité de l'article 311-12 du Code pénal concernant les soustractions entre parents ne peut s'appliquer dans ce cas, car le préjudice est causé aux créanciers (Crim. 11 février 1959, D. 1959. 227). Il va sans dire que si le débiteur est une personne morale le texte ne s'applique pas même si l'auteur du détournement est un proche des dirigeants sociaux (Crim. 11 janvier 1968, B. N° 10).

§4. RÉINTÉGRATION DANS LE PATRIMOINE DU DÉBITEUR DES BIENS SOUSTRAITS ET DOMMAGES INTÉRÊTS (art. L. 654-11)

L'article L. 654-11 prévoit que le tribunal doit statuer, même en cas de relaxe, sur la réintégration dans le patrimoine du débiteur de tous les biens, droits ou actions qui ont été frauduleusement soustraits. C'est en raison de la suppression de la masse que ces biens sont réintégrés dans le patrimoine du débiteur. Le tribunal statue également sur les dommages et intérêts.

§5. INFRACTIONS COMMISES PAR LES CRÉANCIERS (art. L. 654-13)

Aux termes de l'article L. 654-13, est puni des peines de l'abus de confiance simple (art. 314-1 du Code pénal) le créancier qui postérieurement au jugement ouvrant la procédure de sauvegarde, redressement judiciaire ou de liquidation judiciaire, a passé une convention comportant un avantage particulier à la charge du débiteur : il est précisé que la juridiction saisie prononce la nullité de la convention incriminée.

L'objet de ce texte est de réprimer les agissements des créanciers qui tentent d'améliorer leur situation en se faisant accorder des avantages par la voie de conventions particulières avec le débiteur.

§6. LES INFRACTIONS COMMISES PAR LES AUXILIAIRES DE JUSTICE DÉSIGNÉS PAR LE TRIBUNAL

La loi de 1967 avait prévu dans son article 146 des sanctions pénales contre les syndics qui se rendaient coupables de malversations en retirant un profit personnel d'une partie de l'actif du débiteur.

L'article 207 de la loi de 1985 prévoyait les mêmes dispositions à l'encontre des auxiliaires de justice qui commettaient des fautes graves dans l'exercice de leurs obligations professionnelles.

C'est aujourd'hui l'article L. 654-12 du Code de commerce.

Art. L. 654-12.
I. Est puni des peines prévues par l'article 314-2 du Code pénal le fait, pour tout administrateur, mandataire judiciaire, liquidateur ou commissaire à l'exécution du plan :
1° De porter volontairement atteinte aux intérêts des créanciers ou du débiteur soit en utilisant à son profit des sommes perçues dans l'accomplissement de sa mission, soit en se faisant attribuer des avantages qu'il savait n'être pas dus ;
2° De faire, dans son intérêt, des pouvoirs dont il disposait, un usage qu'il savait contraire aux intérêts des créanciers ou du débiteur.
II. Est puni des mêmes peines le fait, pour tout administrateur, mandataire judiciaire, liquidateur, commissaire à l'exécution du plan ou toute autre personne, à l'exception des représentants des salariés, de se rendre acquéreur pour son compte, directement ou indirectement, de biens du débiteur ou de les utiliser à son profit, ayant participé à un titre quelconque à la procédure.
La juridiction saisie prononce la nullité de l'acquisition et statue sur les dommages intérêts qui seraient demandés.

A) Le délit de malversation
(art. L. 654-12)

L'article 146 de la loi de 1967 ne donnait pas de définition du délit et la jurisprudence avait jugé que par « malversations » il fallait entendre toute faute commise par un syndic dans sa gestion et révélant sa volonté d'enfreindre ses obligations vis-à-vis du débiteur ou de la masse (Crim. 11 juin 1979, B. p. 550 D. 1980 IR. p. 45, obs. F. Derrida).

Le législateur distingue deux cas de malversation commis par les auxiliaires de justice au préjudice des créanciers et du débiteur :

1) user à leur profit des sommes perçues dans l'accomplissement de leur mission et se faire attribuer des avantages qu'ils savaient n'être pas dus ;

2) faire dans leur intérêt un usage des pouvoirs dont ils disposaient en sachant que cet usage était contraire aux intérêts des créanciers ou du débiteur.

Le Code de commerce aux articles L. 622-18 et L. 641-8 prévoit que dans certains cas l'administrateur, le mandataire judiciaire et le liquidateur doivent verser en compte de dépôt à la Caisse des dépôts et consignations les sommes provenant des procédures auxquelles ils ont été nommés.

Le délit de malversation sera constitué si, par exemple, *« un administrateur omettait de verser à la Caisse des dépôts et consignation des sommes provenant d'une procédure de redressement ou de liquidation judiciaire et déposées à divers comptes professionnels qu'il s'était fait ouvrir à la même banque, les intérêts de ces sommes ayant été versés à un compte spécial auquel il faisait des retraits en espèces pour lui-même alors que ces intérêts devaient faire partie de l'actif de cette procédure »*. (Crim. 20 juillet 1982, B. N° 195, p. 530)

La Cour d'appel de Poitiers avait relaxé un syndic poursuivi pour avoir prélevé une somme à titre d'émoluments, sans avoir obtenu la signature de la taxe par le président du Tribunal de Commerce : elle avait considéré que ce fait ne constituait pas « une faute très lourde commise dans une intention frauduleuse ». La Cour de cassation a cassé cet arrêt car le délit de malversation exige seulement pour être constitué que soit établie une faute quelconque à la charge du syndic : ainsi la gravité de la faute n'a pas à être prise en considération. La Cour suprême se fonde sur l'élément matériel de l'infraction, c'est-à-dire sur les faits constitutifs des fautes commises par le syndic (Crim. 24 juillet 1985, D. 1986, IR. 175, obs. F. Derrida et D. 1986, J. p. 220, note J.P. Marchi).

Parmi les actes interdits au mandataire par la loi on peut citer :

– L'utilisation au profit du mandataire de sommes perçues dans l'accomplissement de sa mission (CA Paris 31 mai 1990, D. 91, p. 35).

Voir aussi Crim. 12 juin 1989, B. N° 251, D. 89, p. 585, note Derrida, GP 89.2, p. 819, note Marchi.

A été sanctionné l'administrateur judiciaire qui a fait migrer sur des comptes études ou des comptes personnels des sommes inscrites au crédit des comptes qu'il gérait (Cass. Crim. 12 décembre 2007 n° 07-80886 Bull. Crim. 2007 n° 307).

– Le prélèvement des sommes que le syndic à perçu dans l'accomplissement de sa mission, Paris 31 mai 1990, D. 91-J-35, note Fortin, GP 1990.2, p. 259, note Marchi, Crim. 5 juillet 1993, B. N° 239, p. 598, D. 93 IR p. 240.

– Le fait de créer et accueillir dans ses locaux *« des sociétés de façade dissimulant les liens l'unissant à ses subordonnés qui en étaient les gérants de fait, et leur a confié l'exécution d'une partie de son mandat, provoquant l'accroissement des charges de ces entreprises »* (Cass. Crim. 26 septembre 2001 n° 00-86 525 Bull. Crim. 2001 n° 190).

Cependant, dans un arrêt du 13 mai 1986 (D. 1987, som. com. 4, obs. Derrida), la Cour d'appel de Versailles a relevé que, malgré ses fautes professionnelles avérées, il n'était pas établi que le syndic ait fait dans son intérêt personnel et sciemment un usage contraire aux intérêts d'un créancier chirographaire.

La prescription de ce délit suit les règles étudiées pour l'abus de biens sociaux (Cass. Crim. 20 juillet 1982 B. n° 195 p. 530). Ce délit ne cause un préjudice direct qu'aux seules personnes pouvant revendiquer les sommes détournées (Cass. Crim. 12 décembre 2007 n° 07-80 886 précité).

B) Délit d'acquisition ou d'usage des biens du débiteur
(art. L. 654-12 II)

L'acquisition peut être directe ou indirecte. Ainsi un syndic qui voulant acquérir un certain nombre de meubles que le débiteur avait dans ses stocks, les avait fait choisir par sa sœur, livrer au domicile de sa mère et fait établir la facture au nom du courtier assermenté qui avait procédé à l'inventaire, et qui avait accepté de servir de prête-nom ; les meubles avaient été retrouvés en grande partie à l'étude du syndic, à son domicile ou à celui de sa mère. (Crim. 20 juillet 1982, B. N° 195, p. 530 D. 1983 IR. p. 59, note Derrida)

Dans une autre espèce, un syndic avait procédé à l'acquisition indirecte de la clientèle d'un fonds de commerce par l'intermédiaire d'une société dans laquelle il était intéressé (Crim. 15 nov. 1982, Gaz. Pal. 1983, I som. 96).

« Lorsqu'il est démontré que le collaborateur d'un expert financier désigné par le syndic profite de sa participation à l'administration du règlement judiciaire d'une société pour se rendre acquéreur à travers les sociétés qu'il contrôlait en fait, des actifs de la société en règlement judiciaire, l'infraction retenue à son encontre est établie sans qu'il y ait lieu de démontrer que la cession des actifs constituait une spoliation des créanciers. »

L'infraction était d'autant plus établie en l'espèce que le prix de cession apparaissait singulièrement peu élevé. (TGI, Paris, 7 nov. 1985, Gaz. Pal., 12-14 janvier 1986, p. 4).

(Cass. Crim. 19 juin 1997 JCP 97, éd. E pan. 1061 et Cass. Crim. 30 juin 99 B. N° 175 et RTD Comm. 2000, 201 obs. Bouloc).

Le point de départ de la prescription court, comme en matière de recel, à la date à laquelle l'intéressé a cessé de détenir le bien et non à la date de l'acquisition (Cass. Crim. 19 février 2003 n° 01-86 809).

C) Personnes punissables

Le législateur énumère les auxiliaires de justice qui peuvent être sanctionnés pénalement :

– l'administrateur et le mandataire judiciaire ;

– le liquidateur nommé par le tribunal qui prononce la liquidation judiciaire ;

– le commissaire à l'exécution du plan (Cass. Crim. 16 juin 2011 n° 10-84962).

À ces auxiliaires la loi ajoute toute personne à l'exception des représentants des salariés, qui a participé à un titre quelconque à la procédure et se rend acquéreur pour son compte, directement ou indirectement, des biens du débiteur ou les utilise à son profit. Cette expression doit s'interpréter dans un sens très large et devrait comprendre non seulement les membres du tribunal saisi de la procédure et leurs collaborateurs, mais également les experts désignés par le tribunal et notamment les experts en diagnostic.

D) Pénalités

Les auteurs des délits de l'article L. 654-12 sont passibles des peines édictées pour le délit d'abus de confiance aggravé (art. 314-2 du Code pénal) ; durée de l'emprisonnement : sept ans et amende de 750 000 € avec la possibilité pour le tribunal de prononcer des peines complémentaires prévues par l'article 314-10 : l'interdiction des droits civiques, civils et de famille, interdiction d'exercer une activité professionnelle ou sociale, fermeture de l'établissement, exclusion des marchés publics, interdiction d'émettre des chèques, confiscation, affichage ou diffusion de la condamnation.

En ce qui concerne le délit d'acquisition des biens du débiteur, le texte précise que la juridiction saisie prononce la nullité de l'acquisition et statue sur les dommages-intérêts qui seraient demandés.

Il est permis de penser qu'en dehors des sanctions pénales, les auxiliaires de justice pourront être frappés de peines disciplinaires.

Abréviations

Al.	alinéa
AMF	autorité des marchés financiers
Art.	article
B. crim.	bulletin criminel de la Cour de cassation
BRDA	bulletin rapide de droit des affaires
BCC	bulletin des commissaires aux comptes
CA	Cour d'appel
C Com	Code de commerce
C Consom	Code de la consommation
Cass. Crim.	Cour de cassation, chambre criminelle
chr.	chronique
CIF	Commission des infractions fiscales
CGI	Code général des impôts
CNCC	bulletin des commissaires aux comptes
COB	Commission des opérations de bourse
CP	Code pénal
CPP	Code procédure pénale
D.	recueil Dalloz
DL	décret-loi
Dr. pénal	revue mensuelle de droit pénal
GP	gazette du palais
IR	informations rapides
JCL	Jurisclasseur
JCP	jurisclasseur périodique (semaine juridique)
JO	Journal officiel
L	loi
LPF	livre des procédures fiscales
Ord.	ordonnance
QPC	question prioritaire de constitutionnalité
Rev. soc.	revue des sociétés
RJDA	revue de jurisprudence de droit des affaires
som. com.	sommaire commenté
SOM	sommaire
V.	voir

Orientation bibliographique

Bouloc, *Droit pénal général*, Précis Dalloz.
Cabrillac, *Le droit pénal du chèque*, Litec.
Constantin, *Droit pénal des sociétés par actions*, PUF.
Delmas-Marty, *Droit pénal des affaires*, PUF.
Derrida, Godé, Sortais et Honorat, *Redressement et liquidation judiciaires des entreprises*, Dalloz.
Desportes et Le Gunehec, *Le nouveau droit pénal,* Economica.
Dupont-Delestraint, *Droit pénal des affaires et des sociétés commerciales*, Dalloz.
Giudicelli Delage, *Droit pénal des affaires*, Mémentos Dalloz.
Jeandidier, *Droit pénal des affaires*, Précis Dalloz.
Larguier, *Droit pénal des affaires*, Collection U, Armand Colin.
Levasseur, Chavanne et Montreuil, *Droit pénal général et procédure pénale,* Sirey.
Lombois, *Droit pénal général,* Hachette.
Lucas de Leyssac, *Droit pénal des affaires*, Economica.
Merle et Vitu, *Traité de droit criminel*, Cujas.
Patin, Caujolle, Aydalot et Robert, *Droit pénal général et législation pénale appliquée aux affaires*, PUF.
Pradel, *Droit pénal général,* Cujas.
Pradel et Varinard, *Les grands arrêts de droit criminel*, Sirey.
Rassat, *Droit pénal spécial*, Précis Dalloz.
Rousselet, Arpaillange et Patin, *Précis de droit spécial*, Sirey.
Soyer, *Droit pénal et procédure pénale*, LGDJ.
Stéfani, Levasseur et Bouloc, *Droit pénal général*, Précis Dalloz.
Touffait, Robin, Audureau et Lacoste, *Délits et sanctions dans les sociétés*, Sirey.
Veron, *Droit pénal des affaires*, Dalloz

Index

A

Abrogation de la loi, 117
Abus de blanc seing, 169
Abus de confiance, 135 et s.
– aggravé, 156 et s.
– bien incorporel, 137
– commodat, 145
– compensation, 161
– complicité, 164
– contrats, 139 et s.
– crédit-bail, 139
– délaissement, 150
– dépôt, 140
– détournement, 149
– échange, 146
– exceptions de nullité, 160 et s.
– fins de non recevoir, 159 et s.
– immunité, 158
– intention, 153
– liquidateur, 450
– location-gérance, 139
– location-vente, 139
– louage, 139
– mandat, 141 et s.
– nantissement, 144
– novation, 162
– nullité de contrat, 160
– peines, 155 et s.
– préjudice, 152
– prescription, 158
– prêt à usage, 145
– prêt de consommation, 145
– preuve, 147 et s.
– recel, 164
– refus de restituer, 149
– remise, 136 et s.
– travail salarié ou non, 145
– usage abusif, 150
– vente, 146
Abus de faiblesse, 202, 266 et s.
Abus de qualité vraie, 176
Abus des biens et du crédit, 345 et s.
– action civile, 362
– complicité, 358
– groupe de sociétés, 353
– intérêt personnel, 355
– prescription, 359
– recel, 358
Abus de position dominante, 251
Abus de pouvoir et de voix, 363
Acceptation d'un chèque contrefait ou falsifié, 311
Accusé, 53
Achat en vue de revente au-dessous des cours, 457
Achat sans facture, 259
Actes interruptifs de prescription, 113 et s.
Actes préparatoires, 19
Actes suspensifs de prescription, 116
Actionnaire, 370, 375, 416, 439
Actions à dividendes prioritaires sans droit de vote, 341, 451
Action civile, 108 et 118
Actions de numéraire, 341
Actions (émission), 334
Actions (négociation), 338
Action publique, 108 et s.
Affichage, 61
Aggravation de la peine, 71

Agriculteur, 466
Aide ou assistance, 99
Aide juridictionnelle, 127
Ajournement, 77
Altération de la vérité, 213 et s.
Amende pénale, 62, 69
Amnistie, 85, 117
Appel, 49, 52, 53, 57
Application de la loi dans le temps, 8 et s.
Application de la loi dans l'espace, 11 et s.
Apports en nature, 328
Assemblée générale, 370
Associations, 119
Association de consommateurs, 280
Association de malfaiteurs, 19
Associé, 375, 376, 439
Atteinte aux droits civils, civiques et politiques, 60
Atteinte aux droits professionnels, 61, 64
Augmentation de capital, 435
Auteur, 87 et s.
Auto-contrôle, 444
Autorité de la chose jugée, 117
Autorité de la concurrence, 250 et s.
Autorité des marchés financiers, 403
Auxiliaire de justice (infractions), 476
Avantages pour voter dans un certain sens, 372
Avertissement adressé par le Parquet, 109

B

Banqueroute, 455 et s.
– action civile, 471
– cas, 456 et s.
– circonstance aggravante, 468
– complicité, 462
– comptabilité, 462 et s.
– détournement d'actif, 459
– frais de poursuite, 472
– moyens ruineux, 457
– pénalités, 468
– personnes punissables, 466 et s.
– poursuites, 468
– prescription, 470
– recel, 470
Bénéfice, 429
Bilan inexact, 418
Blocage de la provision, 310
Boule de neige, 268
Bourse (délits boursiers), 403 et s.

C

Capital
– augmentation du, 435 et s.
– perte de la moitié du, 439
– réduction du, 438
Carambouillage, 177, 457
Carrousel, 302
Carte de paiement, 312
Casier judiciaire, 73 et s.
Cavalerie, 189
Cessation des paiements, 456
Chambre de l'instruction, 49
Chambre des appels correctionnels, 52
Chèques, 307 et s.
– blocage de la provision, 310
– contrefaçon, 311
– émission de chèque sans provision, 307
– falsification, 223, 311
– interdictions judiciaires, 312
– opposition, 310
– peines, 313
– retrait de la provision, 311
– tentative (usage de chèque contrefait ou falsifié), 311
Chose jugée, 117
Circonstances aggravantes, 71
Citation directe, 110, 123
Classification des infractions, 33 et s.
Class action, 280
Coauteur, 95 et s.
Comité d'entreprise, 376, 416
Commandement de l'autorité légitime, 12

Commerçant (banqueroute), 466
Commencement d'exécution, 20 et s.
Commissaire aux apports, 332
Commissaires aux comptes, 376 et s.
– convocation aux assemblées, 398
– complicité, 397
– défaut de désignation, 398
– exercice illégal, 394
– incompatibilités, 391
– informations mensongères, 378 et s.
– non révélation de faits délictueux, 382
– obstacles à fonctions, 400
– secret professionnel, 388
Commission des infractions fiscales, 289
Commissions d'indemnisation, 128
Commission rogatoire, 44
Commodat, 145
Comparution immédiate, 37, 110
Compensation, 161
Compétence
– chambre des appels correctionnels, 52
– cour d'assises, 53
– cour de justice de la République, 56
– haute cour de justice, 55
– juridictions en matière de terrorisme, 56
– juridictions militaires, 55
– juridictions pour enfants, 54
– tribunal correctionnel, 51
– tribunal de police, 50
Complicité, 97 et s.
Comptabilité fictive, 462
Comptes annuels, 415 et s.
Comptes annuels infidèles, 418 et s.
Comptes collectifs, 308
Comptes consolidés, 416
Concours réel d'infractions, 71
Concurrence, 250 et s.
Confiscation, 60
Confusion de peines, 72
Consentement de la victime, 15
Consignation, 124
Consommateur (protection du), 249 et s.
Contrainte, 28
Contrainte judiciaire, 83, 293
Contrat (abus de confiance), 139 et s.
Contravention, 34, 51
Contrôle et participation, 444
Contrôle judiciaire, 43, 129
Contumace, 53
Convocation des actionnaires, 370
Corruption au sein des assemblées, 372
Cour d'assises, 53
Cour d'assises des mineurs, 55
Cour de justice de la République, 56
Crédit imaginaire, 182
Crime, 34
Cumul des peines, 72
Cumul idéal d'infractions, 4

D

Décès du délinquant, 84, 111
Déclaration frauduleuse de dettes supposées, 474
Défaut de présentation des comptes à l'assemblée, 415
Délai de prescription de l'action publique, 111
Délai prescription de la peine, 84
Délégation, 90 et s.
Délit, 34
Délit continu, 18, 38
Délit continué, 113
Délit de fausse information, 339
Délit d'initié, 405
Démarchage, 264
– valeurs mobilières, 343
Démence, 31
Dénonciation calomnieuse, 124
Dénonciation téméraire, 124
Détention politique, 37
Détention provisoire, 46 et s.
Détournement

– d'actif, 459
– abus de confiance, 149
– d'objets mis en gage, 166
– d'objets saisis, 166
Dirigeant de fait, 357, 466
Dispense de peine, 78
Dissimulation d'actif, 473 et s.
Dissimulation de sommes sujettes à l'impôt, 285
Dissolution de la personne morale, 69
Distribution de dividendes fictifs, 426 et s.
Dividendes fictifs, 426 et s.
Divulgation d'informations fausses, 410
Documents comptables (omission), 295, 414
Dol éventuel, 25
Dol général, 24
Dol spécial, 25
Droits civils, civiques et de famille, 60
Droit fiscal, 281 et s.
– complicité, 287
– dissimulation de sommes sujettes à l'impôt, 285
– enregistrement et timbres, 299
– entremise illicite, 297
– impôts directs, 284 et s.
– impôts indirects, 302 et s.
– obstacles au contrôle fiscal, 297
– omission d'écritures, passation d'écritures inexactes ou fictives, 295
– omission de déclaration dans le délai prescrit, 284
– organisation de l'insolvabilité, 285
– pénalités, 291
– personnes punissables, 287
– prescription, 294
– tentative, 287
– TVA, 301
Droit préférentiel de souscription, 381, 437
Droits professionnels, 61, 64

E

Ecoutes téléphoniques, 43
Ecritures
– authentiques, 220
– de commerce et de banque, 206
– privées, 209
– publiques, 220
Effets de complaisance, 189
Elément légal, 3 et s.
Elément matériel, 16 et s.
Elément moral, 24, 39
Emission d'actions, 334, 436
Emprisonnement, 62
Enfance, 32, 54
Enregistrement et timbres, 299
Ententes illicites, 251
Entrave à la participation d'une assemblée, 371 et s.
Entrave à l'exercice des agents de l'AMF, 411
Entrave à l'expert de gestion, 400
Entrave au commissaire aux comptes, 400
Entremise illicite, 297
Erreur, 30 et s., 39
Escroquerie, 171 et s.
– abus de qualité vraie, 176
– action publique, 199
– au jugement, 195
– carrousel, 302
– complice, 201
– crédit imaginaire, 182
– documents mensongers, 184, 191
– fausse entreprise, 177
– fausse qualité, 172 et s.
– faux nom, 172
– intervention d'un tiers, 179, 189, 191
– manœuvres frauduleuses, 177 et s.
– mise en scène, 180, 182, 190
– peines, 196 et s.
– pouvoir imaginaire, 181
– préjudice, 194
– prescription, 199
– recel, 201

– remise, 192
– société taxi, 177
– tentative, 195
– TVA, 177, 301
Etat de nécessité, 14
Euthanasie, 16
Excuses absolutoires
– de minorité, 54, 76
Exemption de la peine, 77
Expert de gestion, 400
Extinction de l'action publique, 111 et s.
Extradition, 49

F

Factures, 187, 211, 259
Faillite, 74, 469
Faits collectifs, 95
Faits délictueux (non révélation des), 382
Faits interruptifs de prescription, 113 et s.
Faits justificatifs, 12 et s., 163, 253 et s.
Fausse qualité de propriétaire, 175, 203
Faute, 25
– caractérisée, 27
– délibérée, 26
– d'imprudence, 26
Faux bilan, 207
Faux en écritures, 205 et s.
– altération de la vérité, 213 et s.
– certificat, 222
– chèque, 223, 311
– complicité, 226
– documents administratifs, 221
– écritures authentiques, 220
– écritures de commerce ou de banque, 206 et s.
– écritures privées, 209
– écritures publiques, 220 et s.
– écritures, source d'un droit, 210
– expertise, 220
– factures, 211
– intention, 219
– mention substantielle, 212
– omission d'écriture, 216
– pénalités, 219
– préjudice, 217
– prescription, 225
– procès verbal, 207, 218
– recel, 226
– signature, 213
– simulation, 216
– spéciaux, 220 et s.
– support, 206
– supposition de personnes, 215
– tentative, 226
– titre, 210
– usage de faux, 223 et s.
Feuille de présence, 208, 218, 371
Fermeture d'établissement, 60, 69
Fictivité du dividende, 426
Filiale, 441 et s.
Filouterie, 202
Fonds de garantie des victimes, 127
Force majeure, 28
Fourniture d'instructions, 100
Franchissement de seuils, 441
Fraude fiscale, 281 et s.

G

Garde à vue, 41 et s.
Grâce, 84
Groupe de sociétés, 353, 441, 461

H

Happy slapping, 101
Haute cour de justice, 55

I

Immatriculation au registre du commerce et des sociétés, 344 et s.
Immunité familiale, 78, 158, 200
Immunité diplomatique, 11
Impôts directs, 284
Impôts indirects, 302
Incapacité commerciale, 64

Incompatibilités commissaires aux apports et commissaires aux comptes, 332, 391
Incompatibilités du liquidateur, 450
Indemnisation des victimes, 127 et s.
Information des actionnaires, 375 et s., 463
Information des associés, 376
Informations mensongères, 378
Infraction, 3 et s.
- classification, 33 et s.
- collectives, 95
- commise à l'étranger, 11
- de commission, 16
- continue, 18, 38, 113
- de droit commun, 36 et s.
- économique, 253 et s.
- fiscales, 289 et s.
- flagrantes, 39
- formelle, 38
- d'habitude, 18, 39
- impossible, 22
- instantanée, 18, 38, 112
- intentionnelle, 24
- involontaire, 26
- manquée, 22
- matérielle, 17, 39
- militaire, 37
- non intentionnelle, 26 et s.
- d'omission, 16
- politique, 36 et s.
- tentée, 19
Initiés (délit d'), 405
Injonction de faire, 376
Insertion dans la presse, 61, 69
Instigation, 100
Instruction, 41 et s.
Interdictions
- bancaires ou judiciaires d'émettre des chèques, 67, 69, 70
- de l'exercice des droits civiques, civils et de famille, 60, 468
- de séjour, 61
- du territoire, 62
- en matière fiscale, 292
- professionnelle, 61, 64
Intérêt de groupe, 353, 461
Interprétation de la loi pénale, 6
Inventaire (défaut), 427 et s.

J

Jour amende, 63
Juge de l'application des peines, 82
Juge des libertés et de la détention, 46 et s.
Juge d'instruction, 42 et s.
Juge unique, 51
Juré, 53
Juridiction de jugement, 50 et s.
Juridictions d'exceptions, 54
Juridictions d'instruction, 41 et s.
Juridictions militaires, 55

L

Légalité des infractions, 3 et s.
Légitime défense, 13
Libération conditionnelle, 82
Libération du capital
- SARL, 328
- SA, 335, 339
Liquidateur, 450
Liquidation de société, 447 et s.
Location, 139
Lois pénales
- de fond, 8
- de forme, 10

M

Majoration frauduleuse des apports en nature, 328
Majorité de faveur (cour d'assises), 53
Majorité pénale, 32
Malversations (délit de), 477
Mandats
- d'amener, 44
- d'arrêt, 44
- de comparution, 44
- de recherche, 44
Manipulation des cours, 411 et s.
Manœuvres frauduleuses, 177

Médiation pénale, 109
Mesures de sûreté, 10, 58
Mineurs, 32, 54
Ministère public, 108
Mise en examen, 43
Mobiles, 24
Moyen ruineux pour se procurer des fonds, 457

N

Négociation d'actions, 338
Non cumul des peines, 35, 72
Non lieu, 46
Non maintien des actions de numéraire en la forme nominative, 341
Non rétroactivité, 9 et s.
Non révélation des faits délictueux, 382

O

Obligataires, 373
Obstacle au contrôle (délit fiscal), 297
Omission d'écritures, 216, 295, 414
Opposition, 56
Opposition à l'impôt, 298
Ordonnances du juge d'instruction
- de mise sous contrôle judiciaire, 45
- de mise en accusation, 46
- de non lieu, 46
- de renvoi, 46
Ordre de la loi, 12
Organisation frauduleuse de son insolvabilité, 129, 168, 285, 473

P

Parquet, 49, 108 et s.
Participations réciproques, 444
Participation aux négociations irrégulières, 340
Partie civile, 123
Passation d'écritures inexactes ou fictives, 295
Peines
- accessoires, 62, 65, 293
- ajournement, 78
- alternatives, 65, 68
- complémentaires, 59, 64, 68, 69, 71, 72
- contraventionnelles, 67, 69
- correctionnelles, 62, 69
- criminelles, 59, 69
- dispense, 78
- extinction, 84 et s.
- fractionnement, 81
- période de sûreté, 81
- prescription, 84
- principales, 59, 67, 69
- réduction, 82
- suspension, 79
- travail d'intérêt général, 65, 68
Période de sûreté, 81
Personnes morales, 69 et s., 75, 93
Perte du capital, 439
Placement à l'extérieur, 81
Plainte avec constitution de partie civile, 114 et s., 123
Poursuites, 108 et s.
Pourvoi en cassation, 58
- en révision, 58
Pouvoir
- abus, 363
Pratiques commerciales agressives, 274 et s., 277
Pratiques commerciales trompeuses, 274 et s.
Préjudice, 121
Prescription de l'action publique, 111 et s.
Prescription de la peine, 84
Présentation de comptes annuels infidèles, 418
Prêt usuraire, 315
Prévenu, 46
Présomption d'innoncence, 44
Primes, 255
- autorisées, 256
- interdites, 255
Prise de participation, 444
Prix

– pratiques de minima imposés, 263
Procès-verbal
– d'assemblée, 371
Prorogation de compétence, 129
Publication de comptes annuels infidèles, 420 et s.
Publicité des comptes, 417
Publicité des prix, 254
Publicités interdites, 273
Publicité comparative, 273 et s.
Publicité fausse ou de nature à induire en erreur, 274
Publicité mensongère, 275
Publicité sur les documents sociaux, 342

Q

Qualification, 4 et s.

R

Recel, 227 et s.
– aggravé, 239
– à retardement, 236
– choses recelées, 230
– connexité, 241
– continuité, 241
– détention, 228
– intention, 233
– peines, 239 et s.
– prescription, 244
– profit, 229
– simple, 239
– solidarité, 242
Recels spéciaux
– des biens du débiteur en redressement judiciaire, 474
– de cadavre, 245
– de délinquant, 245
– de document, 245
Récidive, 72 et s.
Réclusion, 34, 59
Récusation, 53
Réduction de peine, 76, 82
Réduction de capital, 438
Refus de communiquer les documents sociaux, 400
Refus de vente, 257
Registre du commerce et des sociétés, 344
Réhabilitation, 49, 86
Relèvement, 85
Réquisitoire introductif, 42, 110, 115
Réserves légales, 430
– libres, 430
– occultes, 432
– de réévaluation, 432
Responsabilité pénale de la personne morale, 93
Responsabilité du fait d'autrui, 88
Responsabilité pénale du chef d'entreprise, 88
Rétention, 41
Rétention sûreté, 83
Retrait de la provision, 311
Rétroactivité in mitius, 9, 38
Revente en dessous du prix d'achat, 261

S

Sanction réparation, 67, 68
Secret professionnel (violation), 388
Semi-liberté, 82
Seuil de participation, 441 et s.
Société par actions simplifiée, 340, 341, 346, 363, 418, 439, 440
Solidarité, 127, 292
Sources de la loi, 7 et s.
Stage de citoyenneté, 66
Subordination de vente, 258
Sursis, 79 et s.
Suspension de peine, 79

T

Taux
– effectif global, 316
– effectif moyen, 316
Tentative, 20 et s.
Téléachat, 272
Témoin assisté, 43
Territorialité, 11

Terrorisme, 56
Tiré (chèque), 309
Tireur (chèque), 309
Traite de cavalerie, 189
Transaction (droit fiscal), 118, 290
Travail d'intérêt général, 65, 68
Tribunal
- correctionnel, 51
- correctionnel pour mineurs, 54
- pour enfants, 54
- militaire, 51
- de police, 50
Trouble psychique, 31

U

Usage de faux, 223
Usure, 315 et s.
Usurpation d'identité, 203

V

Valeurs mobilières (négociation de), 338 et s.
Vente
- à distance, 272
- à domicile, 264 et s.
- à la sauvette, 270
- à perte, 261
- au déballage, 272
- au-dessous du prix, 261
- avec loterie, 270
- avec primes, 255
- boule de neige, 268
- envoi forcé, 270
- liées ou jumelées, 258
- multiniveaux, 268
- prix imposé, 263
- pyramidale, 269
- refus de, 257
- sans facture, 259
- sans commande préalable, 270
Victime, 15, 108 et s.
Voies de recours, 56
Vol, 7, 78, 163
Vote des actionnaires, 370 et s.
- des obligataires, 373
- frauduleux, 372, 374

Table des matières

PREMIÈRE PARTIE

La théorie générale de l'infraction

Chapitre I – La définition de l'infraction 3

Section I : Les éléments de la constitution 3

§1. L'élément légal 3

A) Son élaboration 5

B) Ses applications 8

C) Sa disparition 12

§2. L'élément matériel 16

A) Les modalités de la réalisation 16

B) Les degrés de la réalisation 18

§3. L'élément moral 24

A) Sa définition 24

B) Sa disparition 28

Section II : La classification des infractions 33

§1. Les classifications fondées sur l'élément légal 33

A) La division tripartite fondée sur la peine 33

B) La division tripartite fondée sur 1a nature de l'infraction.. 36

§2. Les classifications fondées sur l'élément matériel 38

§3. Les classifications fondées sur l'élément moral 39

Chapitre II – La répression de l'infraction 41

Section I : Le juge de l'infraction 41

§1. Les juridictions d'instruction 41

A) Le juge d'instruction :
juridiction d'instruction du premier degré 42

B) Le juge des libertés et de la détention 46

C) La Chambre de l'instruction : la juridiction d'instruction du second degré 49

§2. Les juridictions de jugement 50

A) Les Juridictions de droit commun 50
B) Les Juridictions d'exception 54
C) Les voies de recours 56
Section II : La sanction de l'infraction 58
§1. Les peines édictées 59
A) Les peines applicables aux personnes physiques 59
B) Les peines applicables aux personnes morales 69
§2. Les peines infligées 70
A) La fixation de la peine 70
B) L'exécution de la peine 79
C) L'extinction de la peine 84
Section III : L'auteur de l'infraction 87
§1. L'auteur 87
A) L'action en solo 87
B) La coaction 95
§2. Le complice 97
A) La complicité qualifiée 97
B) La complicité réprimée 106
Section IV : Les victimes de l'infraction 108
§1. L'intérêt général : l'action publique 108
A) L'action publique déclenchée 108
B) L'action publique entravée 111
§2. L'intérêt particulier : l'action civile 118
A) L'action civile déclenchée 118
B) L'action civile entravée 126
C) Le dommage réparé 127

DEUXIÈME PARTIE

Les infractions principales de la vie en société

Titre I — L'ordre public général

Chapitre I – L'abus de confiance 135

Section I : La confiance trahie 136
§1. Les conditions préalables 136
A) La remise 136
B) L'objet de la remise 137
C) Cause de la remise 138
§2. L'élément matériel 149
A) Le détournement 149
B) Le préjudice 152
§3. L'élément moral 153

Section II : Le détournement puni 154
§1. Les pénalités 154
A) L'abus de confiance simple 155
B) L'abus de confiance aggravé 156
§2. Les actes de poursuites 157
A) L'action publique 158
B) L'action civile 159
§3. Les fins de non recevoir et les exceptions 159
A) Les fins de non recevoir 159
B) Les exceptions 160
C) Le fait justificatif 163
§4. Diverses règles de droit commun 164
A) La tentative 164
B) La complicité d'abus de confiance 164
C) Le recel d'abus de confiance 164

Section III : Divers délits voisins 165
§1. Divers détournements 165
A) Le détournement d'objets saisis 166
B) Le détournement d'objets donnés en gage 166
§2. L'organisation frauduleuse de l'insolvabilité 168
A) Les éléments constitutifs 168
B) Pénalités 168
C) Prescription de l'action publique 169
§3. La disparition du délit d'abus de blanc-seing 169

Chapitre II – L'escroquerie 171

Section I : Le délit commencé 172
§1. Le mensonge utilisé 172
A) L'usage d'un faux nom 172
B) L'usage d'une fausse qualité 172
§2. L'abus de qualité vraie 176
§3. Les manœuvres frauduleuses employées 177
A) La tromperie porte sur une fausse entreprise 177
B) La tromperie porte sur un pouvoir ou un crédit imaginaire 181
C) La tromperie porte sur des promesses 190

Section II : Le délit consommé 191
§1. Le délit constitué 192
A) L'élément matériel 192
B) L'élément moral 196
§2. Le délit réprimé 196
A) Les pénalités 196
B) Les actes de poursuite 199
C) Diverses règles de droit commun 200

Chapitre III – Le faux et usage de faux en écriture 205

Section I : Les délits de faux 205

§1. Le faux en général 206

A) Le support 206

B) L'altération de l'écrit 213

C) Le préjudice 217

D) La mauvaise foi 219

E) Les pénalités 219

§2. Les faux spéciaux 220

A) Les faux en écriture publique ou authentique 220

B) Les faux dans un document délivré par l'administration publique 221

C) Les faux certificats et fausses attestations 222

D) La falsification d'expertise 222

E) Le faux registre du brocanteur ou de l'antiquaire 222

F) Faux chèque ou fausse carte de paiement ou de retrait 223

Section II : Les délits d'usage de faux 223

§1. Les éléments constitutifs 223

A) L'élément légal 223

B) L'élément matériel 223

C) L'élément moral 225

§2. Les pénalités 225

§3. Diverses règles de droit commun 225

A) La prescription 225

B) La tentative de faux et d'usage de faux 226

C) La complicité 226

D) Le recel de faux 226

Chapitre IV – Le recel de choses 227

Section I : La sévérité dans la qualification 228

§1. Élément matériel 228

A) Receler 228

B) Les choses recélées 230

§2. Élément moral 233

A) Son appréciation 234

B) La confrontation des règles du Droit civil avec celles du Droit pénal 236

Section II : La sévérité dans la répression 238

§1. Les pénalités 238

A) La peine spécifique du recel 239

B) La peine prévue pour l'infraction principale 240

§2. Les poursuites 241

A) La continuité 241

B) La connexité 241

C) Prescription 244

D) Délits voisins 245

Titre II — L'ordre public économique et fiscal

Chapitre I – La protection du consommateur 249
Section I : L'autorité de la concurrence 250
§1. Sa composition 250
§2. Compétence et saisine 250
A) La fonction consultative de l'Autorité 250
B) Les atteintes à la transparence et les pratiques restrictives 250
C) La compétence décisoire de l'Autorité 250
D) Les recours 251
Section II : Le délit d'action frauduleuse dans les pratiques anticoncurrentielles 251
§1. Prohibition des ententes illicites 251
§2. Prohibition des abus de domination 251
§3. Éléments constitutifs 252
§4. Poursuites et pénalités 252
A) Les poursuites 252
B) Pénalités 253
§5. Faits justificatifs 253
Section III : Droit pénal de la vente : de la transparence et des pratiques restrictives 254
§1. Infractions concernant les relations entre professionnels et consommateurs 254
A) Publicité des prix et des conditions de vente 254
B) Interdiction des ventes et prestation de services avec primes 255
C) Interdiction des refus de vente et des ventes liées à l'égard des consommateurs 257
D) Hausse ou baisse artificielle du prix de biens ou de services par diffusion d'informations mensongères ou pour tout autre moyen frauduleux 259
§2. Infractions concernant les professionnels entre eux 259
A) Ventes sans factures 259
B) L'interdiction de revente au-dessous du prix d'achat 261
C) Conditions générales de vente non conformes 262
D) Délit de prix imposé 263
E) Respect du délai de paiement pour certains produits 263
F) Interdiction de certaines formes de para-commercialisme. 263
Section IV : Autres ventes interdites ou contrôlées 264
§1. Démarchage, vente à domicile, et abus de faiblesse 264
A) Démarchage. Vente à domicile 264
B) Abus de faiblesse 266
§2. Ventes multiniveaux 268
§3. Vente sans commande préalable 270
§4. Vente à la sauvette 270
§5. Vente avec loteries 270
§6. Vente au déballage 272

§7. Vente à distance et « téléachat » 272
§8. Publicités commerciales réglementées 273
A) Publicités interdites 273
B) Publicité comparative 273
Section V : Pratiques commerciales trompeuses ou agressives .. 274
§1. Éléments constitutifs du délit 274
A) Élément légal 274
B) Élément matériel 274
C) Élément moral 277
§2. Traitement pénal de l'infraction 277
A) Personnes punissables – Responsabilité pénale 277
B) Constatations, poursuites, prescription, pénalités et action civile 278
Section VI : Actions en justice des associations de consommateurs 280
§1. Action exercée dans l'intérêt collectif des consommateurs. 280
§2. Action en représentation conjointe 280

Chapitre II – La protection des intérêts fiscaux de l'État 281

Section I : Infractions relatives à l'impôt direct 284
Sous-section I – Délit général de fraude fiscale 284
§1. Élément légal et matériel 284
A) Omission de déclaration dans les délais prescrits 284
B) Dissimulation de sommes sujettes à l'impôt 285
C) Organisation d'insolvabilité tendant à mettre obstacle au recouvrement de l'impôt 285
D) Autres moyens frauduleux 286
§2. Élément intentionnel 286
§3. Personnes punissables 287
A) Auteurs principaux 287
B) Complicité et tentative 287
§4. Exercice des poursuites pénales preuve du délit 289
§5. Faits sans influence sur la poursuite 290
§6. Pénalités 291
A) Peines principales 291
B) Peines complémentaires 291
C) Peines accessoires 293
D) Peines disciplinaires 294
§7. Prescription de l'action publique 294
Sous-section II – Délits tenant à la comptabilité 295
§1. Omission d'écritures ou passation d'écritures inexactes ou fictives 295
A) Éléments constitutifs 296
B) Personnes punissables 296
C) Pénalités et prescription 297
D) Autres délits concernant la tenue de la comptabilité 297

§2. Délit d'entremise illicite 297

Sous-section III – Délits d'obstacle à l'exercice du droit de contrôle fiscal 297

§1. Opposition individuelle 298

§2. Opposition collective 298

A) Article 1746-2 du CGI 298

B) Article 1747 du CGI 298

Sous-section IV – Délits spéciaux en matière d'enregistrement et de timbre 299

§1. Article 1837 CGI 299

§2. Article 1838 CGI 300

§3. Article 1839 CGI 300

Sous-section V – Autres infractions relatives aux impôts directs ... 300

Sous-section VI – Délits voisins 301

Section II : Impôts indirects 302

§1. Les délits 302

§2. Les personnes punissables 303

§3. Recherche et traitement pénal des infractions 304

Chapitre III – La protection de la monnaie scripturale chèques et cartes de paiement 307

Section I : La sécurité des chèques 307

Section II : Sanctions pénales dans certains cas (pour le tireur, son mandataire et pour le tiré) 309

§1. Le tireur et son mandataire 309

§2. Le tiré 309

§3. Opposition au paiement par chèque ou blocage de la provision 310

§4. Retrait de la provision. acceptation ou endossement en connaissance de cause d'un chèque irrégulier 311

§5. Contrefaçon, falsification de chèque, usage ou tentative d'usage, acceptation en connaissance de cause d'un chèque contrefait ou falsifié 311

Section III : Les interdictions judiciaires 312

Section IV : Sécurité des cartes de paiement 312

§1. Définition de la carte de paiement 312

§2. Sanctions pénales 313

Chapitre IV – La protection des emprunteurs 315

Premier élément : existence d'un prêt ou crédit accordé à l'occasion de ventes à tempérament 315

Deuxième élément : une stipulation d'intérêts excessifs au regard des articles L. 313-1 à L. 313-3 Code consom... 316

Troisième élément : élément intentionnel 317

Troisième partie
Les infractions principales de la vie des sociétés

Titre I — Vie sociale et infractions

Chapitre I – La société constituée 327

Section I : Le capital formé 327
§1. L'infraction spécifique dans la SARL 328
§2. Les apports en nature et le droit pénal 328
A) Éléments constitutifs 329
B) Traitement pénal de l'infraction 331
C) Exercice irrégulier des fonctions de commissaire aux apports 332
Section II : Émissions et négociation de valeurs mobilières réglementées 334
§1. Délit d'émission d'actions ou de coupures d'actions 334
A) Éléments constitutifs 334
B) Traitement pénal de l'infraction 337
§2. Le délit de négociation d'action et le délit d'établissement ou publication de la valeur d'actions non négociables 338
A) Délit de négociation 338
B) Traitement pénal de l'infraction 340
C) Délit d'établissement ou publication de la valeur d'actions non négociables 340
D) Délits sans irrégularités préalables 341
§3. L'émission de valeurs mobilières réglementée 341
A) Émission dans les SARL 341
B) Délits concernant les actions à dividende prioritaire sans droit de vote 341
§4. Publicité sur les documents sociaux 342
§5. Démarchage en matière bancaire ou financière 343
Section III : Publicité et immatriculation organisée 343
§1. Publicité relative aux émissions de titres et au capital 343
§2. Infractions spécifiques en matière d'immatriculation au registre du commerce et des sociétés 344

Chapitre II – La société administrée 345

Section I : L'abus des biens et du crédit 345
§1. Éléments constitutifs du délit 347
A) Élément matériel 347
B) Élément intentionnel 356
§2. Traitement pénal de l'infraction 357
A) Personnes punissables : imputation de la responsabilité pénale 357

B) Le recel ... 358
C) Prescription ... 359
D) Compétence pénale. Fraudes commises à l'étranger ... 361
E) Pénalités ... 361
F) Action civile ... 362

Section II : Abus des pouvoirs et des voix ... 363
§1. Abus des pouvoirs ... 364
§2. Usage abusif des voix ... 366
§3. Usage contraire à l'intérêt social et effectué dans un but personnel ... 366
§4. La mauvaise foi ... 367

Chapitre III – La société vérifiée ... 369

Section I : Les organes de contrôle dans la société ... 369
§1. L'assemblée tenue ... 369
A) Les actionnaires ... 370
B) Obligataires ... 373
C) Associés ... 375
§2. L'information détenue ... 375
A) Information des actionnaires ... 375
B) L'information des associés ... 376
C) Information des institutions représentatives du personnel dans l'entreprise ... 376

Section II : Les organes de contrôle de la société ... 376

Sous-Section I – Les commissaires aux comptes ... 376
§1. Le contrôle refusé ... 378
A) Les mensonges dévoilés ... 378
B) Les omissions sanctionnées ... 381
C) Certaines règles violées ... 388
D) Le commissaire aux comptes, auteur principal ou complice d'autres infractions ... 396
§2. Le contrôle empêché ... 398
A) Défaut de désignation des commissaires et défaut de convocation aux assemblées ... 398
B) Obstacles à l'exercice des fonctions des commissaires aux comptes et des experts en gestion ... 400

Sous-Section II – Les délits boursiers ... 403
§1. Répression administrative ... 403
A) Agissements réprimés ... 403
B) Procédure d'injonction ou de sanctions pécuniaires ... 403
C) Les recours contre les décisions de l'AMF ... 404
§2. Répression pénale ... 405
A) Délits boursiers ... 405
B) Délits d'entrave ... 411

Chapitre IV – La société et sa comptabilité 413

Section I : Les comptes sociaux et le droit pénal 413
§1. Les omissions sanctionnées 414
A) Délit d'omission d'établissement de documents comptables 414
B) Défaut de présentation des comptes annuels à l'assemblée . 415
C) Omission d'informer les actionnaires sur les comptes consolidés 416
D) Omission de communiquer les documents financiers au comité d'entreprise 416
E) Omission de déposer au greffe les comptes sociaux 417
§2. L'action dissimulatrice sanctionnée 418
A) Éléments constitutifs 418
B) Les personnes punissables 422
C) La tentative 424
D) Pénalités 424
E) Action civile 424
F) Prescription 425
G) Sur les délits voisins 425

Section II : Les dividendes et le droit pénal 426
§1. Éléments constitutifs 427
A) Absence d'inventaire ou inventaire frauduleux 427
B) Répartition des dividendes 428
C) Fictivité du dividende 429
D) Élément intentionnel 432
§2. Traitement pénal de l'infraction 433
A) Personnes punissables 433
B) Pénalités – Prescription 434
C) Action civile 434

Chapitre V – La société et son capital modifié 435

Section I : Augmentation de capital 435
A) Les délits d'émission 436
B) Droit préférentiel de souscription 437

Section II : Réduction du capital 438

Section III : Consultation des associés en cas de perte de la moitié du capital social 439

Section IV : Information des actionnaires de SAS 440

Chapitre VI – Filiales, participations et sociétés contrôlées 441

Section I : Infractions relatives aux franchissements des seuils de participation 441

Section II : Infractions relatives aux participations réciproques et à l'auto contrôle 444

Chapitre VII – La société liquidée 447

Section I : Infractions relatives à la publicité lors de la liquidation de la société 448

§1. Le début de la liquidation 448

§2. La fin de la liquidation 448

Section II : Infractions relatives aux liquidations ordonnées par décision judiciaire 449

Section III : Infractions relatives aux fonctions du liquidateur . 450

§1. Les incapacités et incompatibilités 450

§2. Infractions relatives aux actes de disposition du patrimoine social 450

§3. Infraction liée aux actions à dividendes prioritaires sans droit de vote 451

Titre II — Banqueroute et autres infractions liées à une procédure de redressement ou de liquidation judiciaire

Chapitre I – Banqueroute 455

Section I : Éléments constitutifs 455

§1. Ouverture d'une procédure de redressement ou liquidation judiciaire 455

§2. Élément matériel 456

A) Premier cas 457

B) Deuxième cas 459

C) Troisième cas 462

D) Quatrième cas 462

E) Cinquième cas 465

§3. Élément moral 465

Section II : Les personnes punissables 466

§1. Les commerçants, artisans et agriculteurs et professions indépendantes 466

§2. Les dirigeants de droit ou de fait et les liquidateurs 466

§3. Les représentants permanents et les personnes morales 467

Section III : Traitement pénal de la banqueroute 468

§1. Poursuites 468

§2. Pénalités 468

A) Les peines applicables aux personnes physiques 468

B) Peines applicables aux personnes morales 470

§3. Recel 470

§4. Prescription 470

§5. Action civile 471

§6. Droit de communication du Ministère Public 472

§7. Frais de poursuites 472

Chapitre II – Les infractions liées à une procédure de redressement ou de liquidation judiciaire 473
§1. Infractions commises par le débiteur 473
§2. Infractions commises par des tiers 474
§3. Infractions commises par les parents ou alliés du débiteur . 475
§4. Réintégration dans le patrimoine du débiteur des biens soustraits et dommages intérêts 476
§5. Infractions commises par les créanciers 476
§6. Les infractions commises par les auxiliaires de justice désignés par le tribunal 476
A) Le délit de malversation 477
B) Délit d'acquisition ou d'usage des biens du débiteur 479
C) Personnes punissables 480
D) Pénalités 480

Abréviations 481
Orientation bibliographique 483
Index 485